石田和男教育著作集〔第二巻〕

運動方針の転換

石田和男教育著作集編集委員会〔編〕

花伝社

石田和男教育著作集　第二巻「運動方針の転換」◆目次

第一部　勤評闘争と恵那教育会議

第二部　教育正常化攻撃とのたたかい

第三部 「地肌の教育」の展開

第一部　勤評闘争と恵那教育会議

◆論文1（一九五七年）

運動方針の転換——一九五七年度岐教組恵那支部運動方針

私たちは、前年度の大会で、民主教育を育て、平和と民主主義を守るために、内部の組織を強化し、広く民主的な力の結集を図ることをきめ、そのたたかいを忠実に実践してきた。

だが、今年度この基本的な目標を達成するたたかいを、さらに深め拡げるためには、私たちは私たちの活動を大胆に転換させる必要に迫られていることを率直に認めたい。それは、私たちをとりまく情勢が、変化しているからなのである。

1　私たちは大胆に運動を転換しなければならない

私たちをとりまく情勢の特徴

第一に、昨年度来の私たちに対する敵の攻勢は、教委法（教育委員会法）の改悪、それにともなう任命制教委の設置、それに学区制の廃止と学校管理規則の制定、人事異動における教師への圧迫など、教育行政を通じての攻撃が強化され、しかもそれが、国会などの形式的な民主機関で問題にすることすらしない形で、おし進められているところにその特徴がある。

このことは、それ以前にあらわれたような攻撃、たとえば教科書問題などの取りあげ方とは、基本的に異なっているのである。そのうえ、佐賀県教組弾圧などに見られるように、形式的な組合活動の弱さに対しては、地公法（地方公務員法）違反というような口実のもとに、組合内の幹部と一般組合員との矛盾を拡大し、国民から教組をひきはなそうとしている点にも、攻撃の本質と意図がうかがえるのである。

しかも、そうした攻撃を長期にわたって強行するために、彼らは本腰を入れはじめているのである。

第二に、味方の側から見れば、かつて敵の攻撃が強化され、労働戦線が分裂の危機にさらされた時にくらべれば、全体としては組合内における派閥がなくなり、団結が強化されてはいるものの、教育研究を通じての父母との統一についても、所期の目的は達成されたとしても、今では形式的な臭いをおおいかくすことができなく、自信をもってさらに父母の中に拡大して行くことについては、無理ができないという状態である。

同じことは、昨年度までのたたかいの主要な特徴であった「統一行動」戦術についてもいえる。それは労働者の足なみを揃えるということが、確信をもった行動にならず、組合の運動について行けないというような気分すら、組合員の中から生まれている事実が物語っている。それはかつて労働運動のたたかいの前面にあった教組が、いまでは、たたかいの後方にあるという点にもあらわれている。

だが、それが組合幹部の主観主義的なあせりや押しつけと相まって、組合活動のワクをせばめ、敵の攻撃をより容易にするスキを与えているのである。

第三の特徴は、平和運動の拡がりが組合運動の発展を促しているという点である。それは平和擁護、原子兵器禁止のことならば、組合員の誰だとて父母に自信をもって訴えることができるまでに平和運動は進められているが、カンパニヤ的な面が多く、平和運動がさらに根強く組織されて行くためには、組合運動における日常闘争と結びつく必要を生じていることである。その点では、組合運動が平和運動の拡がりに学びつつ、広く国民の間の支持を得なければならない点に、第三の特徴があるのである。

運動の転換とは、以上のような情勢の変化の中から、私たちにいま必要とされていることは、組合運動をさらに幅広いものとして、運動の質をかえることによって味方の弱点をおぎない、味方の力を拡大し、敵の力を弱めることなのである。私たちの運動の転換とは、まさにこのことなのである。

2　私たちの運動は、どのように転換したらよいか

生活と権利を守る問題について

「先生は高い月給をもらって、休みなんかもたくさんあって、全く楽なもんや。」などという一般父母の声の中で、依然として苦しい生活にあえいでいる私たちが、賃金の引上げを要求し、権利を主張するたたかいをおこない、安心して働ける条件を作り出すことは、本当に無

理なことなのであろうか。

特に昨年度の賃金要求の統一行動のおりなど、一率二〇〇〇円ベースアップの要求が、強く自己のものになっていないところから、たたかいが指令まかせ、幹部まかせになっていた面にも、私たちのたたかいの困難さがあらわれている。

だが、この困難さは、たたかいの基礎が組合員の真に強い要求の上に組み立てられていないところから、組合員の自発性や創造性を高め、本当に根強いたたかいにできないということに起因しているのではあるまいか。そのことについては、たとえば、地方自治法改正後におけるある分会での諸手当獲得のたたかいに見られるごとく、たたかいが組合員の本当に根強い要求の上に組み立てられていたならば、そのたたかいは必ず自発と創意に満ちたたたかいとなり、要求が獲得されるということが証明されているように、組合員の根強い要求ということが、たたかいの第一条件にならなければならない。

一体、「根強い要求」とは何か。

第一に、それはある種の漠然とした不満とは異なるということである。

第二に、それは自分自身が本当に理解し、自身が承認したものであって、その正しさに確信の持てるものであることである。

第三に、感じただけのものでなく、自らたたかいに立ちあがらなければならないものである。

以上のようなことから、私たちは、根強い要求を統一し、できるだけ父母の支持も得られる条件を生み、その中で自発と創意に満ちた、たたかいを進めて行くことを活動の内容としなければならない。

子どもと教育を守る問題について

子どもと教育を守る問題はさまざまあるがその中でも私たちは、子どもに真実を学ばせることを、何より主要な内容としなければならない。なぜならば、子どもが真実を学ぶことをおそれ、子どもに真実をおおいかくすことに、敵が一番力をそそいでいるからである。

そのために、私たちが教育内容に目をつけること、そして、教育内容におけるギマンを一皮一皮はいでいき、真実に根ざした教育をうちたてることこそが、どんなに偉大な私たちの務めであり、光栄ある仕事であるかを考えてみなくてはならない。教育研究は、決して組合活動の方便ではない。これをさらに発展させることにこそ、労働者としての教師に課せられた任務がある。

だがこの点では、いままでの形式的な教育研究の拡がりが、そのままでは行きづまり、教育研究活動にみずみずしさが欠けて、教育研究活動が停滞している現状を正しく把握しなければならない。

自分では問題もないのに、サークルだとか、研究会だとかの形式だけを重んじているような傾向に対しては、その誤りを認め、日々、生きた子どもと対決する中で生まれる具体的な問題をもとに、私たちは真実をつらぬく教育の内容をあきらかにしなければならない。

親との結びつきについて

この問題に関しては、いままでの教育活動の果した役割の大きさを特に自覚する必要がある。

それは、父母と結びつくということが、教育を本当に正しく伸ばして行くための、必須の条件になっているからである。親の理解が得られないで、あるいは親との同盟ができないで、子どもと教育が完全に守りぬけることは絶対にあり得ない。このことは、いままでのさまざまな運動とたたかいが証明しているが、この子どもと教育を守るための親との結びつきも、時には教師の要求を押しつけることによって、理解どころか反発すら招いたり、あるいは、教師が保身のための策として親との結びつきを考えていた面などが、正しい親との結びつきをさまたげていたことを率直に認め、一切の利用根性をすてた親との結びつきを強めるよう努力しなければならない。

特に親と教師との、協同した子どもを守る組織であるＰＴＡなどでは、Ｔが入っていることを自覚し、平等の義務と権利を行使することによって、あるいはＰＴＡを利用し、あるいは利用されることを避け、一般の親の声がＰＴＡに反映し、組織されるように努力しなければならない。

そのためには、素朴な親の要求がまとめられることを大切にし、おしつけが多くなっている会の現状を反省し、本当のＰＴＡのあり方などを親とともに研究する必要がある。

校長との関係について

いままでは、組合として校長に対する態度が、はっきりしていなかったのではなかろうか。そのため、校長の個性の面に目をうばわれ、個性をとり去った後の校長はすべて敵として、校内民主化闘争ということで、学校の中に必要以上の混乱をおこしていたことも認めないわけにはいかない。

私たちは、いま、行政機構を通じて分裂と弾圧を図る攻勢の中で、行政の末端である管理職としての校長に対して、すべて敵として争うことは、本当に正しいことなのであろうか。職場は矛盾にみちているが、私たちは小さな矛盾に目をうばわれて、主要な要求をみのがしてしまうわけにはいかない。

そのために、管理職としての校長と、組合員の要求や利益とは一致しない面も多々あるが、無謀な攻勢とたたかうためには、校長と協力してたたかわなければならない面が、ますます多くなっていることを考えなければならない。それには、私たちが、校長の立場を正しく判断し、対立する面を強調しないで、統一できる面を拡げることに努力すべきである。

職場での活動について

私たちは、今までの職場における組合活動のさまざまな無理をなくして、本当に納得と信頼にみちた明るい職場の活動を進めなくてはならない。

そのためには、「組合活動において、現場のことを問題にするゆとりがない」と述懐していた、ある組合役員のコトバにもよくあらわれているように、上からのおしつけと引き廻しによって、職場の団結がこわされていた点の多いことも、深く反省してみなければならない。

たとえば、職場において協議員をはじめ分会役員の引き受け手がない事実は、何を物語っているだろうか。あるいは、職場でせっかくの話が出ていても、執行委員会の決定はこうだったというと、もう何もいえなくなる状態は、一体何を示しているのだろうか。あるいは、「二言めには『組合意識』といわれるために、もう何もいえなくなってしまう」という組合員のなげきは――。

こうしたさまざまな職場での組合活動の状態は、団結の強化どころか分裂のすきさえ作っているのである。この状態をなくすために、私たちは「何もしゃべらないで決めるより、みんなで話し合って決まらないほうがよい」という徹底した組合員の納得と自覚を尊重し、みんなが問題にしないことを強引に決議したりすることをつつしみ、行動については、みんなの意見が一致した問題についてだけ行動し、一致しない問題については、一致した点についてだけ行動するか、一致するまで問題を保留するということにより、いままで職場の中で無理になっていた「仕方がない、どうでもいい」の行動をやめ、本当に納得し、理解したうえでの自らの行動を大切にしなければならない。

そのために、私たちが発言を少なくすれば責任や失敗も少なくてすむという経験に頼らないで、自己の中に民主主義をつらぬき、たとえ一つの問題についても反対の場合には、自由に反対の意見を述べるようにしなければならないことはもちろんである。

組合機関の問題について

1、組合でのいろいろな会合

組合の重要な決議機関である協議員会が、「お通夜」の異名をもっていることなどに、組合の会合における討論のさびしさをよくうかがうことができるが、これは、組合におけるさまざまな会合が、職場の問題を組織し発展させる場であるにもかかわらず、伝達とおしつけのための機関に堕していることを物語っているのではなかろうか。

このことは、こうした会合が「正常でない」ことを感じつつも、民主主義を手続き上の問題としてだけにとどめ、「お通夜」の変則を深く追及し反省してみなかった執行部の官僚主義の誤りとして、まず自己批判しなければならない。

だが、このような組合での諸会合を真に実のある討論の場とし、生きてはたらく機関とするためには、どのようにすべきであろうか。

私たちは――

第一に、会合での問題をみんなの要求にあったものしなければならない。

第二に、決議することばかりをあせることなく、みんなが納得することこそ大切にしなければならない。

第三に、決議は単純多数決制をやめて、出席者の過半数による多数決制にしなければならない。そのために、過半数の賛成が得られない問題については、継続審議し、さらに討論を深めるようにしなければならない。

以上のようなことが、組合でのいろいろな会合をさらに役立つものにするために、当面留意すべき点ではなかろうか。

2、役員について

「高い組合費を出しておるにもかかわらず、組合役員はおれのために何もやってくれなんだ。」とか、「組会の役員は、ボスではないはずだけれどボスである。」あるいは、「組合の役員は、下手なことをいうと叱らっせる。」とかいう組合員の率直なコトバの中に、現在の組合の役員のあり方に対する組合員の批判の声をくみとり、組合役員の態度や任務について深く反省してみなければならない。

いままで、現にいまでもおこないつつあるような、「ひきまわし」「おしつける」などという誤りが、役員の学習不足や理論の低さから生じたものではあるにしても、選出時に、無理に推されたり、出したら後はまかせきりにされた悲しみが、問題を一人で背負い込んだりしなければならない苦しみと相まって、組合員の自発的な立ちあがりを信ずることができにくいという、全く誤った考えにもとづくものである。この点をまず反省しなければならない。

役員が、「組合員の要求は、組合員自らがたたかいとるべきものである。」という指導上の原則を正しく把握するならば、役員の基本的な活動の方法としては、特に説明・納得させるという方法をとるべきであって、命令主義はさけなければならない。納得のないところに、自覚や自発的意志が問題になることはなく、自覚や自発的意志のないところに、何事もうまくやれるという保障はないのである。そのために、役員は学習につとめ、組合員に学ぶことが何より大切である。

自由論議の花を咲かせよう

以上述べたような私たちの運動の転換は、どのようなことによってなしとげることができるのであろうか。私たちは、ここで自分の意見を率直に述べることが、何よりも大切であることを知らなければならない。

私たちは、いままで自分の自由な意見を、酒をのんだ時や、宿直室の片隅や、ほんの二三の同僚の間でしか吐くことができないというような不自由な経験を、あまりに多く得たのではなかろうか。またそのことが、職場での会合のおりなど、「こんなことをいっても、どうせ最後には否決されるにきまっている」とか、「下手なことをいうと、組合意識が低いなどといわれるのではないか」とかいう点で問題を納得しないどころか、深めもしないままに追いやっていたことが、職場の暗さを自ら招くことにもなっていた一面であることについては、反省もしなければならない。あるいは、お互いに反対の意見が出ることを恐れ、反対の意見は分裂に通ずるというような、錯覚におちいってきたきらいはなかったのだろうか。

だが私たちは、ここで反対の意見が出ることよりも、反対意見も出ないことこそが、分裂の危機に近いものであることを率直に認めよう。そのために私たちは、お互いの考えや意見のちがいを認め、尊重しながら自分の意見を固執することなく、自由な論議をたたかわせ、組合員相互のへだたりを説得と納得により一致させ、真に根強い自分たちの要求を、組合員相互の信頼と団結で執拗にたたかいとる運動を進めなければならない。これこそが、組合を真にみんなのものにする保障であり、それ以外に転換の保障はない。
　自由論議の花のさくところにこそ、私たちは、勝利への道が開かれていることを信じなければならない。

大会スローガン
一、子どもの問題で父母の中へ入ろう。
一、説得と納得で組織を強化しよう。

＊『教師の友』一九五八年五月号、通巻六〇号。一九五七年七月九日の岐阜県教組恵那支部定期大会で決定された昭和三二年度恵那支部の運動方針。執筆は石田。『恵那の教育」資料集』第一巻に収録。署名は〈岐阜県教組恵那支部〉。

◆論文2（一九五七年）

勤評闘争――恵那支部臨時協議員会（一九五七年十月）

1　勤務評定は絶対に阻止できないか

勤務評定について、私たちの間で一致している点

1、勤務評定は、教員をいじめることによって教育をゆがめることである

勤務評定については、私たちの間でいままでになかった真剣な話し合いがおこなわれているが、その中で、勤務評定の本質は、「教員を卑屈にし、正しい教育をさせないものだ」とか、「昇給ストップにより、教師間の分裂をはかるものだ」とか、「教育の中央集権化をねらうものだ」とか、あるいは、「教育の自由をうばうために、将棋でいえば、飛車、角がなり込むようなものだ」などと、それぞれの考え方、それぞれの立場から、さまざまな意見が出されているが、その表現のちがいや、立場による実感としての度合の大小はあるにしても、それらのすべてに共通していることとしては、「勤務評定は教員をいじめることによって、教育をゆがめるものである」という点ではなかろうか。

また、「教員をいじめ、教育をゆがめる」という点については、勤務評定が教師の自由をうばうことによって、教育の自由をうばおうとしているところにその特徴があり、しかもそれは、過去の経験から考え、「教員をいじめることによって、教育をゆがめるもの」という見解が、現在、私たちの間で一致している点ではなかろうか。この一致した見解こそ、私たちが今後、勤務評定を問題にする基本的な観点であり、それを深めることによってのみ、勤務評定の本質を掴みとることができるのである。

2、勤務評定は阻止したい

勤務評定にどう対処するか、という問題について、私たちの間には二つの異なった意見がある。その一つは、

「いまの情勢では阻止できない」というものであり、いま一つは、「みんなが本当に団結してたたかえば阻止できるだろう」というものである。

この相反する意見は、さらに充分討論される必要があるが、ただ、どちらにも共通している点といえば、「困った」というコトバに代表されているような、できれば阻止したいという気持ちではなかろうか。しかも、その「困った」というコトバの裏には、この問題は一般の父母に理解されない、理解されにくいという、私たちだけという孤立感があることも、共通している面ではなかろうか。

私たちのたたかいの力は、「なんとか阻止したい」という点にあり、しかもそれが、いままでに例をみないほどの拡がりと、根深さとを持っていることに、私たちは注目しなければならない。

3、行動に確信がもてない

勤務評定について、私たちの間にあるいま一つの重要な問題は、「教員をいじめ、教育をゆがめるための勤務評定」をなんとか阻止したいが、どのように阻止するか、という問題である。それについては、現在、次の三つの意見にみんなの考えが大別できるであろう。

一、一斉ストをも辞せず、犠牲も覚悟で教組だけでもたたかえ。

二、父母の支持を得たいが、どう働きかけてよいかわからない。

三、玉砕はだめだし、父母への働きかけもむずかしいから、通っても心配ない職場をいまこそ作ろう。

たたかいは、団結と統一による行動によってのみ勝利できるものであるならば、現在の私たちの間にある行動の方向は、実に重要な問題を含んでいる。重要とあえていうのは、三つにわかれた行動の方向が一致している点が、「行動に確信がもてない」ということなのである。確信にみちた行動であってこそ、自主的で創造的なたたかいとなり得るのに、「行動の方向に確信がない」ようでは、たたかいが発展することは不可能だからである。

すでに私たちの間には、「おしつけや引きまわしになってもよいから、執行部は何か指令をだせ」という意見もでている。だが、残念ながら、現在の執行部は、そのような意見に対し、指令をもってこたえることはできないのである。自主的でないところに、たたかえる保障はないからである。ここに現在の組合の苦しみが如実にあらわれている。一体、この苦しみはどのようにしてのりこえていったらよいのであろうか。

いま一度、運動方針に集約されたたたかいの原則にもとづいて考えてみよう。

運動方針は、過去のたたかいにおける「教訓」を、今年度の情勢の中で生かそうとしたものであるが、組合としては、この困難を解決するために、運動方針にあらわれた原則をいまこそ生かす必要があるのではなかろうか。その意味で私たちは、次の原則によって現在の苦しみを解決する必要を認めるのである。

「たたかいを勝利に導くためには、第一に要求が真に根深いもので、たたかいが自主的なものでなければならないし、第二に、それは父母に私たちの要求の正しさが認められ、しかもできるだけ父母とともにたたかわなければならない。」

以上の原則を正しく確認し、それを忠実に履行する以外に、勤務評定を阻止する方向で、現在の苦しみを正しく解決する保障はないと考えるのである。

右のようなことから、私たちがいまの苦しみに対処するために、次のような具体的問題について、全組合員がさらに討論をおこされるよう要望したい。

一、勤務評定について「困った」と一般的にいわれていることは、自分自身にとってはいったいどういうことなのか。それはみんなの問題とどういう点で一致しているのか。

二、勤務評定は、なろうことならないほうがよいという程度のものか、絶対にあってはいけないというものなのか。

三、私たちが、子どもに責任をおう教師として考えてみた場合、子どもに対する教師の責任として、勤務評定はどのように問題なのか。

四、私たちのたたかいが父母に支持されるということは、父母にとって勤務評定のどういうことがわかったときなのか。

五、勤務評定について父母とともにたたかうという場合、勤務評定の持つさまざまな面のうち、私たちにはわかっても、父母にわからない面はどうすればよいのか。

六、勤務評定を先生の通信簿と思いこむことは、実は勤務評定の本質をみずからぼやかしていることではないのだろうか。

七、勤務評定は、だれがどうしたとき実際に実施できなくなるのか。

勤務評定は、岐阜県だけでも恵那地区だけでも阻止したい

勤務評定はいくつかの弱点をもっている

前に要望したような討論の中で、さらに勤務評定阻止についての私たちの主体的条件が確立され、阻止への確信を深めることができるであろうが、たたかいを間違いなく発展させるため、つぎの点にみられるような、勤務評定自体がもっている弱点を知る必要がある。

その第一は、勤務評定は憲法や教育基本法の精神に反しているということである。それゆえに、勤務評定の本質を国民にあきらかにすることができないなやみを、みずから持っているのである。「先生の通信簿」というコトバは勤務評定の本質をかくすために、苦肉の策として生みだされたものなのではなかろうか。いいかえれば、勤務評定の本質が本当にわかれば、憲法や教育基本法の精神を愛し、民主主義の教育を愛する国民（父母）がみずからの問題として、阻止のたたかいに参加すべきものであるともいえるのである。勤務評定は、この点に本質的な矛盾をもっているのである。

その第二は、勤務評定の実施者が地教委であるという点である。このことは、勤務評定が教育の中央集権化をねらいながらも、中央集権の意図は国民の前に露骨に示すことができなく、任命制地教委のその存在すら無視することができず、やむなく、勤務評定の実施責任を地教委に委ねなければならないという矛盾としてあらわれている。中央集権に対する地方分権の矛盾は、政府がいかなる方法をもってしても、一挙にくつがえすことができないほどに、そだっている。この地教委の側に主要な側面があるところに、勤務評定のもつ第二の弱点がある。

この二つの弱点において、私たちが優勢を示せば、勤務評定の実施は阻止できるのである。いいかえれば、国民の要求と支持によって、地教委が、みずからの責任として実施を拒否すれば、それで阻止できるのである。岐阜県下の各地教委が拒否すれば、県内での実施は不能となるわけである。

父母とともに行動しないかぎり地教委が拒否するという保障はない

1、父母に働きかけられないということは、どういうことなのか

国民の願いに反した勤務評定の本質が、国民であるべき父母に理解されないということは、いったいどういうことなのであろうか。

勤務評定の本質を、たんに教師の問題として宣伝して

いる側に責任をおわせているだけでは、問題は解決しないのである。

民主教育をうちたてることに教師としての責任を感ずるならば、教育の自由をうばいさる勤務評定の本質を、正しく父母に理解させるべき責任も、また教師の任務の一つではなかろうか。

つぎに、理解させようとしても、させることのできない悩みについて考えてみよう。そこには問題が二つある。その一つは、私たちが勤務評定の本質を、全く自分だけの問題としてとらえている、その誤りに気づかない場合であり、また一つは、理解のさせ方が、おしつけ的・命令的で、説得と納得の方法をとらない場合である。

こうしてみると、「父母の理解」云々は、いまの場合、私たちの側に解決の鍵があると考えなければならないであろう。

2、地教委の父母に責任を負う面はいかなる場合に強化されるか

地教委といえども、その一人一人は、わが子を愛する父母であることに間違いはない。その限りにおいては、勤務評定の本質が理解されないということはない。

しかし、任命制地教委にあっては、直接父母一般に感じる責任よりも、為政者の意向にそう面が多くなることも、一般的な傾向として認めないわけにはいかない。任命制地教委である限り、そうした矛盾が存在しているのである。

こうした矛盾のうち、父母が責任をおう面が拡大され、強化されることはあるだろう。だがそれは、地教委個々の良心に委ねておけば、自然に発展するものであるということについては、私たちはその保障をなにも知らないのである。

間接的ではあるにしても、管理の責任を委任した父母が、一致して強く要求するとき、そして、その要求にしたがう地教委の行動を支持するとき、私たちははじめて、地教委の矛盾が拡大し、父母に責任をおう面が強化されるということを信じるのである。

教師と父母との要求が一致したとき、地教委がどのように変化するものであるかということについて、小さくとも尊い、いままでの経験を静かにふりかえってみよう。

このたたかいの道は、けわしく困難であろう。だが、その道を歩むことがいかに難かしくとも、私たちは自信と勇気をもって、歩みはじめる以外に、勤務評定を絶対阻止するための道を知らない。

「道は自然にできるものではない。歩く人が多くなれば、それがやがて道になるのだ」という古人の教えをかみしめながら、「教え子を再び戦場へ送らない」と決意したはずの私たちが、教え子に直接責任をおうべきみずからの問題として、間違いなく勤務評定に対決しなければならない。

以上のような考えにもとづいて、執行部は勤務評定のたたかいを、つぎのように提案する。

提案——

一、たたかいの方針

勤務評定を絶対阻止する。

一、たたかいの目標

各地教委に拒否させる。

一、たたかいの方法

1、分会の意志は必ず校長と一致させて父母に働きかける。

2、教員と父母で地教委に働きかける。

一、たたかいの組織

1、支部、分会に勤務評定阻止闘争委員会を設ける。

(略称・闘争委員会)

①支部闘争委員会は執行部全員と各専門部役員で構成する。

②分会闘争委員会は分会長を含む三名以上で構成する。

③支部、分会の闘争委員会は実状に応じて拡大する。

2、地域に校長、父母を含める勤務評定問題連絡会を設ける。

必要と実状に応じて共同闘争委員会に発展させる。

一、指令権の委譲

支部闘争委員会に各分会への指令権を委譲する。

一、たたかいの費用

たたかいに要する費用は一般会計の中で捻出することを原則とするが、捻出不能の分については、全組合員のカンパをもって充当する。

2　これまでの勤評闘争の教訓と当面の問題

民主教育を守るために

私たちは、昨年の十月、臨時協議員会において、教育をゆがめる勤務評定（以下勤評という）には妥協の余地がないことを確かめ、それを阻止するために分会の意志を必ず校長と一致させて父母に働きかけ、教師と父母の一致した要求（国民的な教育要求）で地教委に働きかけることによって、各地教委に拒否させれば、その実施は不能になり、当面の教育の危機を突破することができると考え、そうしたたたかいの方針を決定し、以来五ヵ月、私たちは忠実にたたかいを展開してきた。

その間、私たちはさまざまな苦難にあいながらも、一貫して職場の団結を基調とした民主教育を守る父母との統一を拡げるために、各市町村で、自発と創意に満ちたたたかいを進めることに努力し、その結果、多くの市町村で勤評問題を、一応、父母の問題とすることに成功した。

だが一方、全国的には、勤評闘争のテストケースとして注視のマトであった愛媛のたたかいが十二月に終結し、それと前後して、県教委の自主性に名を借りた全国教育長協議会勤務評定試案が、文部省案にかわって発表され、それにともない各県教委における実施の動きが活発化するなど、現在では勤評をめぐる情勢は五ヵ月前にくらべて大きな変化を示している。

私たちが、いま、新しい情勢の中でさらに新しいたたかいを進めるためには、いままでのたたかいをふりかえり、その中での教訓を明らかにし、それを学ぶとともに、現在の情勢を正しく判断し、今後のたたかいの方向について、間違いない意志統一をはからなければならない。

経過一──

たたかいの当初、私たちは勤評を父母とともにたたかわないかぎり、このたたかいにおける発展の道が拓けないことを感じつつも、「先生の通信簿」と名づけて宣伝せられた勤評を、果して父母に理解してもらうことができるかという、自らの不安が先立つことによって、いかにして父母を説得するかという点で、ある分会では、説得のための資料不足をなげいたり、またある分会では、父母への働きかけを不可能なことと考えようとしたりした傾向が強かった。

だが、「それでも勤評が実施されたら──」という私たちの心配は、ある分会における八回にもわたる研究討論会のごとく、あらゆる職場で、かつてないはげしい論議をまきおこした。

こうした、職場での問題化は、「先生の通信簿」というコトバが全く勤評の本質をおおいかくすためのコトバでしかなく、勤評の本質が「教師の自由をうばう」ものであり、「国民の手から教育をうばいとる」以外の何物でもないことを徐々に明らかにしたのである。

このように、私たち自身の問題とするための職場でのねばり強い努力は、次第に私たち自身に父母への働きかけの勇気と確信を呼び、〈わかったものから父母のところへ〉という自主的な行動となって運動がはじまったのである。

経過二——

〈わかったものから父母のところへ〉と一口にいっても、それは実に困難なことであった。勤評の本質が、ほんとうに自分の問題としてはっきりしていない場合は、説得どころか、何もいいだせないままに冷汗をかいて、早々に退去しなければならなかった者もあった。また一般的に父母といっても、まず母親からということで、母親にむかって得意然として話しているとき、ふっとそこの父親が帰宅されたような場合、これまた話の中途で、早々に引きあげなければならなかったと述懐している者もあるほどだ。

だが、こうしたさまざまな失敗の経験も、また職場へもちかえり、みんなで話しあわれることによって、つぎには新たな創意を生みだしていったのである。

私たち一人一人が、こうした苦難のさ中にあったとき、「勤務評定は慎重に　中津川ＰＴＡが態度表明」（十一月一四日付、朝日新聞）という見出しで報道された中津川市連合育友会の動きは、各地での行動を発展させるのに全く大きな役割をはたした。

「父母には勤評は理解されない」「理解されないものを父母自身の問題にすることは絶対にできない」とまでいわれていた迷信が、一挙にくつがえったのである。それはたんに父母一個人ではなく、連合育友会という組織での態度表明だったのである。中津川市校長会がおこなった連合育友会役員への説得は、勤評を父母自身の問題とするという点において、不可能を可能ならしめたのであった。

このような動きが明らかにされた頃、私たちの間では、個々の行動の中からいくつかの問題が明らかにされてきた。

その第一は、

勤評が学校や子どもに影響するということがわかったとき、はじめて父母に理解されるということ。いいかえれば、教師の利己心から端を発した勤評問題の説得では、父母は理解どころか反発しか感じることができないという結果をみた。それは勤評問題に対する私たちのつかみ方に関する問題である。

第二は、

「先生のいわっせることはようわかるが、それでもおぞい先生がおらっせるでなも」という率直な父母の声にみられるように、教師に対する父母の不満が圧倒的に多くでてきたということ。いいかえれば、私たちに対し、もっと良い教師になってほしいということを、父母は教育に対する強い要求として持っている問題である。

第三は、

味方の力を拡大するというねらいから、勤評をPTAの問題にしようとする場合、校長の力が絶対に大きく、校長と教員が一致しないままではPTAの問題にならないので、教育を守る力を飛躍的に拡大することができないということ。いいかえれば、校長は職場の意志の結集点としての存在であって、一般的には、学校教育の代表者であるという問題である。

第四は、

多くの父母は、勤評そのものにあまり関心がないということ。いいかえれば勤評はどうなろうとも別に自分の子どもには影響がないと考えられている問題である。

第五は、

「信賞必罰」論と「教育の独自性」の問題で私たちの行動がにぶったこと。いいかえれば、たたかいには理論が必要であるという問題である。

第六は、

日教組統一行動第二波（愛媛闘争支援、十一月二〇日）に、私たちは私たちの土地で阻止の力を拡大することこそが、最も愛媛を支援し、日本の教育を守る具体的保障と考え、その日は、「各分会で最も困難な行動を実施する」という形で参加したことである。いいかえれば、統一行動戦術にあらわれている日教組、岐教組と私たちのたたかいの方針とのくいちがい、いわば勤評闘争にあらわれた組合民主主義の問題である。

こうしたさまざまの問題の発生は、まさに私たちのたたかいの拡がりと深まりを示したものであり勤評闘争が父母の中へ入ることによって、「教師の問題」から「教育の問題」に発展したことを物語っているのである。

私たちは、このような形で、はじめて勤評闘争における国民的基盤――教育のたたかいの芽――を獲得することができたのである。

経過三――

こうして勤評問題が父母の中へ入ることによって、教育の問題に発展しはじめるとともに、問題になってきたのは、私たちの内部における意志統一の弱さであった。

たとえば、〈わかったものから〉という個々の説得活動が実を結び、PTAの会合で父母の問題として話しあわれるおりなど、「その先生がそういわしても、この先生はこういわした。」とか、「校長先生のいわれることと、ほかの先生のいわれることと、どうもちがっておるようだが、一体わしらはどう考えたらよいのだ。」というような、父母の間における混乱にも再々あわなければならなかった。

ここに見られるような混乱は、私たちの内部における意志統一の不充分さをそのままあらわしたものであり、それはそのまま、一方において、私たちの活動の整理という形で、職場でのてっていした論議によるさらに強固な意志統一の必要を生み、他方において、組織としての校長会との統一点を明らかにしなければならないという要求となって発展したのである。

支部全体としてのこの二つの発展は、十二月はじめにもたれた二つの会合（分会闘争委員長会議と二市一郡校長会代表者との話しあい）の成果に集約することができるであろう。

分会闘争委員長会議では、先にあげた六つの問題について論議され、さらに父母の中へ入ることによってのみ、勝利の道が開かれることが確認された。そのために今後の問題として、

1、現在の教師に対し、父母の間から「おぞい先生」という形で出されている私たちの間にある欠陥を認め、教師の質を高める必要。（これは「良い先生」といわれる教師の側の問題でもある。）

2、活動が順調にいかない分会、個々の組合員に対するレッテルはりをさけ、援助と協力により、たたかいの歩調を整える必要。

3、政党、警察力の不当な介入によって、勤評を政治問題化させないことの必要。

4、個々の説得を力として結集するために、正しくPTAの機関で問題とすることの必要。

5、道徳教育問題に対する論議を深め、私たちの正しい見解を明らかにする必要。

6、教員憲章の研究と討論をおこし、それによって私たちの要求の立場を明らかにし、その質を高める必要。

以上のようないくつかの必要に、私たちが正しく対処することを避けてはならない、ということについて語りあわれた。

二市一郡校長会代表者と支部役員との話しあいでは、勤評に対し一致できる点として、教師に差別をつける勤評には反対ということと、そのために父母と一致した力で、地教委に働きかけることの必要が確認された。

この場合、差別評定に反対する理由として、

1、教師に差別をつければ、学校教育における教師の眼は、自然と子どもや親の方へは向かなくなる。

2、校長として職員に差をつけることができない。（公

的立場）

３、教員に差別をつければ、職場が暗くなり、そうした人間関係の中では、のびのびした教育ができなくなり、教育の自由が失われ、人工衛星が生まれるような質の高い教育が日本ではおこなわれなくなる。

以上のようなことが話しあわれた。

経過四――

深浅、緩急の度合に差こそあれ、私たちがこうした内部での意志統一に努力しているとき、日教組全体のたたかいとまでいわれて、全国的に注視のマトであった愛媛の勤評闘争が大詰にきて、連日の商業新聞に大きく報道されるようになった。

私たちは、時々の指令によっておこなわれる抗議支援の打電や集会だけで、上級機関の指導語にある「愛媛を全国でたたかう」という意味は、どうしても実感として理解できなかった。だが私たちは、朝夕の商業新聞に報道された愛媛のたたかいには異常なまでの関心と、「勝利へのひそかな願い」を持ちつづけていた。そうしたねがいの中でも、私たちをたえず不安にしていたのは、新聞その他で私たちが知る限り、愛媛のたたかいには、ＰＴＡが参加していない（教育のたたかいになっていない）ということ。そして、労働組合の支援・共闘に対し、親としての労働者などといって、問題の本質をはずしているということ。

そのためにといったほうがよいかもしれないが、愛媛では地教委への方針がはっきりしていないことであった。だから、私たちからの時々の支援電報は、すべてそのたたかいは支援するも、教組に対しては、「校長と統一して父母の中へ入れ」という主旨のもの、地区労に対しては、「ＰＴＡの問題とせよ」という内容のもので一貫してきたのである。

一二月一二日の夕刊にはじまる収拾の動き……「涙で組合歌合唱、悲壮な闘争の幕切れ」（十二月一三日、朝日新聞夕刊）というかたちで私たちに知らされたときも、私たちの間では、「勤評闘争はこれでもうだめになった」というような大きな形ではなくても、多少動揺した様子がみられたが、一般的には、私たちのたたかう意志が、さらに強まったのである。

そこで私たちは、「愛媛のたたかいをどう観たらよいか」とか、「愛媛の成果をさらに発展させるために」とかいった〝合コトバ〟で、あらゆる機会をとらえて愛媛の教訓を学ぼうとした。そして、その直後に開かれた青年部委員会や協議員会では、

１、校長との統一の問題

2、父母との一致したたたかいの問題
3、教育を守る力の拡大の問題
4、たたかいと収拾の時期、方法の問題
が重要な教訓として論議された。

その後、日教組からも「愛媛闘争の成果と欠陥」という題で、その教訓の整理が発表されたが、それに対する私たちの批判の論議なども含め、いままでに私たちが学んだ愛媛の教訓は、大体つぎのようにまとめることができるであろう。

愛媛闘争の教訓

一、愛媛の教師は、「点数、序列、割合による差別評定反対」というたたかいの目標を生みだしたということ。
愛媛教組が昨年度の苦い経験の中から、校長や、昨年度拒否できなかった職場をも含めて、統一した力でたたかうため、愛媛勤評の特徴を明らかにしたうえで、標記のような具体的な行動の統一点を生みだしたということは、私たちが愛媛県教組に学ばなければならない第一の教訓ではなかろうか。愛媛の教師が昨年一年間に、神経衰弱者を何人も生んだような差別主義の評定実施下にあって——それは言語に絶する悲しみであり苦しみであったろう——、勤評にはげしいいきどおりを感じながら、特殊で複雑な条件の中で、力を拡大するためにその統一点として、「差別評定反対」の目標を明らかにしたところに、根強い要求にもとづいた愛媛の教師の創造性を見出さなければならない。
二、愛媛の教師のたたかいは、点数、序列、割合による差別主義を、その形式において、全国的に一歩後退させたということ。
愛媛の勤評の特徴である差別主義に反対する教師のたたかいは、教師に差別をつけることの間違いを全国的な問題として提起した。

それによって、愛媛勤評にあらわれた差別の形式をそのまま全国的にもちいることはできなくなった。それは、全国教育長協議会試案がその点について、緩和した形をとっていることにもみられる。

それはまた、本県においては、山本教育長の「三段階ぐらいならよいだろう」といったコトバにもあらわれているのである。
三、愛媛では勤評が父母自身の問題にならなかったということ。
愛媛のたたかいからの教訓という場合、私たちはほとんどこの問題に終始した。それはまた、私たち自身が当面している問題であるからなのである。

この問題からの教訓は大きく、四つの内容にわけることができる。

第一は、

勤評は教師自身の問題だけでなく、学校教育の問題であるという、勤評の本質のつかみ方の問題である。

第二は、

学校教育は、校長によって代表されるということについての問題である。

第三は、

学校教育は、教師（学校）と父母（家庭）の二つの側面によってのみ、成立するという問題である。

第四は、

「教師と労働者階級との同盟の具体的な形の一つが、父母組織（ＰＴＡ）である。」（ポール・ドラヌー）というコトバにあらわされているように、共闘における教員組合運動の特殊性の問題である。

以上、四つの内容について、いますこしくわしくまとめてみよう。

第一の問題は、

「勤評は教師の能率をたかめるためのもの」ではなく、教師に差別をつけることによって、教師の眼を政府にむけさせる。いいかえれば、教師の自由をうばうことによって、民主教育を破壊する点が勤評の本質であるのに、愛媛ではこの点を深く追究しなかったのではなかろうか、という私たちからの批判の声である。

第二の問題は、

勤評が学校教育の問題であるならば、学校教育の代表者である校長と私たちは意見を一致させなければならないし、また一致させることができるという、校長との統一の必要と可能のことである。それはまた、学校や教育・教師の問題を、学校教育を代表する責任者としての校長は、父母の間に浸透させ、父母の問題にする任務があるということにもなるべき問題ではなかろうか。

愛媛の場合、この点が明らかにされなかったため、地教委への力の結集がおろそかにされ、いたずらに校長との間の混乱を巻きおこし、それが勤評の本質をそらし、たたかいの力を弱めていたというような結果になってあらわれている問題のことである。

第三の問題は、

いままで一般的には、子どもの教育は、父母と教師の協力があってこそ成功するといわれていながら、実際には、協力の内容がはっきりしないままになっている問題のことである。

だが、この内容がはっきりしていない協力の問題は、私たちも父母も、毎日の子どものうえにあらわれた教育の矛盾として感じつづけながらも、でたとこ勝負で適当に処理している問題なのである。

たとえば、「家で子どもが勉強してくれ」という父母と、「宿題なんかいくらだしても、問題の解決にならない」と感じながらも、協力の名のもとに毎日宿題をだしている教師との矛盾――。

また、「子どものムダ遣いが多すぎるから学校でうまく話してやってほしい」という父母と、「そういうムダな金を与える親なのに！」と思いながらも、一応協力ということで、子どもに話してきかせる教師との矛盾――。

あるいは、本が読めない子や、九九が覚えられない子どもを何とかしようとして、「家庭で少しみてやってくれ」という教師と、先生に協力ということで、家で面倒みてもちっともうまくいかない父母との矛盾――。

こうしたさまざまな矛盾を、私たちはいままで、学校教育の両側面というコトバで深く考え、学校教育における、責任や役割（協力の原則）については、あまり論議をしなかったのではなかろうか。それはまた、私たちがいままで、学校教育の問題や教育を守る運動を考える場合、「父母の協力」とか「父母の支持」とかいいながらも、真にそれを教育運動の必須の条件として、私たちの要求にまで高めることができなかった点となってあらわれている。

いいかえれば、「学校教育の問題は、父母をぬいて考えることが絶対にできない」ということを、私たちの思想にまで高めなければならない問題ともいえるのである。

勤評が学校教育の問題であるならば、勤評を父母の問題にしなければならない私たちの責任も、おのずから明らかになるのではなかろうか。

第四の問題は、

まだ私たちの間の論議が不充分で、その特殊性がすべてあきらかにされるまでにはいたっていないが、原則的にいえば、私たちの共闘の場合、父母（ＰＴＡ）との共闘が基本であるという問題である。

このことは、きわめて経験的ないい方をすれば、私たちが日頃すべての組合のたたかいにおいて、たたかいが提案されると、まっさきに「父母が反対するので」とか、「ＰＴＡを使えば」とかいわなければならなかったことの中にあらわれているであろう。

この態度の中には、私たちの根強い要求になっていないままに、たたかいを進めようとしたり、父母の力を利用の対象として考えたり、教育が自分たちだけで守れると、勝手に考えたりしていた多くの誤りがあるにしろ、いろいろなたたかいの中で、私たちが「親が理解してくれる時ほど、勇気がでたことはない」とか、「労組の幹部だけで交渉したときには反対したが、そこへＰＴＡの役員が加わったら、コロッと賛成してくれた」などと簡単にいっていた経験の中に、共闘の正しい原則を見出していたのではなかろうか。

このことはまた、ＰＴＡ組織の入らない共闘を、教員組合の場合には、共闘と考えることができないのにかかわらず、愛媛のたたかいに対して、「県評、地区労を中心とする共闘体制は完璧に近いまでに成功した」（十二月二〇日、日教組教育新聞）といっている日教組の評価（教組の共闘に対する考え方）は、「どうもおかしい」という声や、愛媛の場合、「県評、地区労を中心とする共闘は、まず第一に〝勤評をいかにして愛媛のＰＴＡみずからの問題とするか〟という方向と内容を持つべきであった」という、私たちの間の批判の声ともなってあらわれている問題なのである。

愛媛のたたかいの終結後、「待っていました」とばかり文部省の代案として、〝全国教育長協議会試案〟が発表され、全国的に実施の意図がさらにはっきりしてきた。一方、日教組は、臨時大会を招集して、〝非常事態宣言〟を発し、本格的な勤評闘争の段階に入ったことを確認した。

それはそのままこの地方で、教育課長が地教委の代表者や校長を集めて、勤評実施はやむを得ぬこととしたうえで、勤評についての意見をきく会を持ったとか、愛知県での実施に対し、愛知教組が臨時大会を開いたとかいう動きとなってあらわれ、それが私たちに、日々新たな関心を呼びおこしている。

私たちはこの時にあたり、いままでのたたかいが誤りでなかったことを確認し、その成果のうえに立って、さらに広範な力を結集して、民主教育を守るたたかいを進めなければならない。

教育問題としての勤評の当面する諸問題

勤評闘争を民主教育を守る中心のたたかいとするために、過去五ヵ月間、私たちは「父母の中へ」という合コトバでけんめいにたたかってきた。

その結果、一応勤評を父母自身の問題とすることはできたが、それとともに、またいくつかの問題が生まれてきた。

「父母の中へ入ることによって、勤評が教育の問題になり、国民的な基盤での発展の芽ができた——情勢が発展した——」といったことは、実はこのことなのである。

第一の問題は、

教員の中には、「良い先生」と「悪い先生」があり、勤評によって「悪い先生がなくなるのではないか」と父母の間で考えられている問題である。

これは私たちが、父母の中へ入ることによって、その存在が明らかになった問題のうち、私たちにとっていちばん大きな問題である。

この問題については、各職場でまだ充分な討論がおこなわれていないが、勤評闘争を発展させ、民主教育を守るために、私たちにとっては、どうしても避けることのできない問題である。

この問題は、父母からだされたことによって、教育の問題としてはっきりしたのであるが、実は私たち内部におていも、昔からその存在を認めながら、しかもその存在が日々の職場を暗くし、学校教育における教師間の統一をはばんでいることによって、子どもに悪影響していることも知りながら、「教師の良し悪し」が私たちの間で問題になるときは、「程度の悪いやつや」とか、「困ったやつや」とか、「理クツばっかでなんにもならんやつや」などという同僚間のささやきや中傷でいい加減に片づけていて、本質的に解決しようとしなかった——できなかった——問題なのである。

また、それは時々には、酒の席における教師間のケンカとなってあらわれたり、金や女の問題となって父母にもわかり、教員間だけではどうにもならなくなると、「依願退職」とか「不意転」とかいう形で泣き寝入りをしなければならなくなっていたり、三月の異動期にこうした問題が集中的にあらわれると、「人事協議会の力だけでは何ともならなかった」という結果を生み、「〝人協〟なんかなんにもならん」とか、「自分のできが悪いことも忘れて……」などという相互不信を深める結果を生み、私たちの団結を弱め、民主教育を内部で破壊していた問題なのではなかろうか。

いわば、与えられたといわれる組合の悲劇の中心であり、最後には「教員根性」というコトバであきらめられていた、私たちの問題なのである。

この「良い先生、悪い先生」という問題の父母の側から出されている点については、勤評問題を父母のところへ説得に行った者のすべてが自分でない他の先生への批判という形で耳にしていながら、まだ職場で問題にしていない（問題にすることを避けている）ため、充分に明らかにされていないが、「あの先生は熱心や」「あの先生は、親切に子どもの面倒をみておくれる」「あの先生は、たあけの子にもようわかるように教えておくれる」「あの先生は、子どもをよう叱らっせるが、きちんと教えておくれる」「あの先生は、私の前では『心配ない』といわっせるが、家の子はこんなに悪い」「あの先生は、わしんたあのような貧乏人の子にはあんまり親切にしておくれん」「あの先生は、よう勉強しとらっせる」「あの先生は、気さくくって話しいい」「あの先生は、存外ぶっとらっせる」「あの先生は、子どもにうけがええ」「あの先生は、ええ先生やがあれだけ休まれては困る」等々、いわれている中にも、その一端をうかがうことができる。

ここにもあらわれているように、父母が「良い先生、悪い先生」という場合、たいていは子どもを通じての問題であり、しかもそれは、「熱心」「親切」「実力」などというコトバに集約できるような内容であるということに、その特徴があるのではなかろうか。

第二の問題は、

道徳教育がおこなわれていないので、子どもが悪くなったといわれている問題である。

この問題は、勤評以前からでていたものであるが、私たちが勤評の説得で父母のところへ行くと必ずといってよいほど、話題となっていながら、そして、学校教育の現在いちばん大切な問題だと思いながら、その内容や方法について、教師も父母もともに意見が一致していない問題である。

第三の問題は、

勤評問題が、愛媛のようになってはかなわんといわれている問題である。

この問題は勤評の賛否はともかく、政治権力の介入によって、政治の問題にされたり、話しあいもしないで、力ずくだけで争われて、子どもに迷惑がかかっては困るといわれながら、そして、私たちも父母もそれをのぞみながら、現在、勤評問題がこの土地において、愛媛のようにならないという具体的な保障のない問題である。

第四の問題は、

先生一人一人は良いけれど、日教組に繋がっているから困るといわれている問題である。

この問題は、第三の問題にも含まれる内容をもっているが、教員組合の役割、特殊性について、私たちも、父母も、はっきりしていないために、勤評闘争の中でもでてきた問題である。

それは、日教組の方針がきまると「それでは困る」と思いながら、その運動の枠から抜けることができない、

――抜けたら間違うために、何とか日教組を本当に国民のためのものにしなければならない、と考えられている問題である。

以上あげた四つの問題は、私たちの勤評闘争が父母の中へ入り、発展したことによって生まれてきた問題である。

私たちは父母とともに、この問題に正しく対処しなければ、勤評闘争をこれ以上進め、所期の目的を達成することはできない。

＊『教師の友』一九五八年五月号。「勤務評定は絶対に阻止しなければならないし、また、必ず阻止できるものである。岐阜県だけでも阻止しよう」（一九五七年十月十八日の岐阜県教組恵那支部の臨時協議員会で決定。）『「恵那の教育」資料集』第一巻に収録。執筆は石田。

◆論文３（一九五八年）

転換が生んだ情勢の変化——一九五八年度恵那支部定期大会運動方針

《大会スローガン》

一、原子戦争の脅威をのぞくために町や村に平和の組織をつくろう

一、職場に自由を拡大し自主的な規律をつくることによって職場の民主化をすすめよう

一、かしこい子どもを育てるために実力、識見、人間性のゆたかな良い教師になろう

一、子ども、父母、教師、学校のすべての問題を持ちよって教育会議を発展させよう

《昭和三十二年度経過報告》

一、転換が生んだ情勢の変化

昨年度の定期大会で、私たちをとりまく情勢を検討した結果、「私たちの運動を更に幅広いものとして、運動の質をかえることによって、味方の弱点をおぎない、味方の力を拡大し敵の力を弱める」ために「組合運動を大胆に転換」することを決定した。

以来一ヶ年間、私たちは民主教育を育て、平和と民主主義、生活と権利を守るためにさまざまな苦難にあいながら大胆に運動の転換をおしすすめてきた。その結果、現在では、職場において以前にまして自由を拡大し、地域的には恵那教育会議の発足をみるなど、全体として団結をつよめ統一の発展を一歩前進させることができた。

だが他方では、この運動の転換の体験は、私たちをとりまく情勢が決して容易なものでないことも教えている。

教育二法の制定、教委法の改悪にはじまる敵の攻撃は戦後最高の反動性と最大の規模をもってたちはだかってきている。

それはなによりも民主教育の破壊を直接教師に攻撃を

加えることによって成功させようとしているところに基本的な特徴がある。

私たち教師に、直接加えられる攻撃は、

一つは、校長の権限を増大させ同時に校長をも無視し、校長を政府のシモベにすることによって教師の自由を奪いながら、学校教育の構造を根底から破壊しようとしている。

他の一つは、教師への攻撃が父母の教育に対する素朴なねがいを利用しながら、教師の弱い部分に攻撃を加え教師と父母をきりはなすことによって教育の主権者である、父母——国民——を教育の場から追い出し、学校教育を政府に奉仕させようとしている。

こうした二つの形をとった敵の攻撃は、教師から子どもに真実を伝える自由をうばい、同時に昇格昇給の権利をうばって、教育と財政の両面から戦争への道を開くものであるということにその本質をもっている。

大胆な運動の転換を通じて、いま私たちはこのことを実感をもってつかむことができはじめた。それは、こうした敵の攻撃が、昨年は以前に比して、より激しく露骨に進められたからなのである。

それに対し徐々にではあっても、決定的な面においてはじめられた私たちの転換は、この一年間に私たちをとりまく情勢をある程度、基本的な点で変化させることに成功した。

二、情勢の変化はどのようにあらわれているか

職場における変化の特徴

この一年間に、職場の中には明確な変化がおきはじめている。このことは「自由に意見が言えるようになった」「組合のことが楽にいえる」とか「無理がなくなって、楽になった」という組合員の声にあらわれている。

こうした職場での変化は私たち組合の心臓とも言うべき協議員会にもあらわれてきている。

	議案審議総数	議案否決数	継続審議議案数	分会提出議案数
三一年度	六五	一（1.5）	二（3.0）	二（3）
三二年度	七四	四（5.4）	二一（28.3）	一三（17.5）

こうした数字（（　）内は%）にあらわれた協議員会の変化は、協議員会が〝伝達〟と〝おしつけ〟のための決議よりも職場の要求を組織し発展させるために、一致点を見出すことに重点をおく機関に変りはじめていることを物語っている。その具体的な姿は、本大会の期日を協

議し決定した第二回協議会において、鮎の解禁のために大会の期日を延期した論議の中にもあらわれている。延期したことの正否はともかく、「正月の一日でも無理して出るが、鮎の解禁日だけは、理屈ぬきに自由にしてほしい」というK分会の率直な意見をとりあげて一致点を見出すことに協議員会が努力するなどということは以前の組合の会議には見られなかった現象ではなかろうか。

この変化を何故私たちは重要視するのか。それはすでにのべたように勤務評定をはじめとする政府の一連の反動的な教育政策が個々の教師を攻撃し、校長と対立させ、父母と引きはなすことによって教育を分裂させ孤立させ、教師の目を政府に向けさせようとしてきているときに、私たちはその反対に職場で「気楽に話し合うことができるようになり」「一致点を求める努力がはじまっている」ということは、はげしい形こそとっていないけれども、ジリジリと反動的な教育政策をおしかえし、私たちの権利を守る力の源泉となっているし、この力こそ勝利を保障する基本的なものだからこそ私たちは職場におけるこの変化を大切なものと考えるのである。

職場の中での一致点の強調

勤評闘争で父母に働きかける場合、職場の意志が一致しておらないかぎり働きかけが成功しなかったということから、子どもの状態と指導の方向について、職場の見解や意見が一致しない場合には子どもを正しく教育することが出来ないことが問題となり、職場の一致が強調されはじめた。これは職場の自由が拡大される度合に比例しているが、そのことは一致点の強調が〝統制と命令〟のために問題とされるのではなく、内側からの要求となって問題化していることに職場の民主化についての新しい芽ばえがあらわれていることを示している。

組合は自分たちのものだという考え方が生まれてきた

昨年度の協議員会で「組合民主主義」が何度も問題となったり、職場で役員選出が問題となった折に「組合はあった方が良いか、ない方がよいか」とか「結局組合は誰のために存在するのか」とかいう、基本問題で論議の花が咲いたことによってもあらわれているように、組合についての論議が深まったことは、役員まかせでない組合員の組合へと変りつつある証拠ではなかろうか。

このことは、いまでは分会役員の選出が以前とかわった観点で行われたり、組合の運動方針が、日常活動の中で問題にされるなどという変化となってあらわれている。

こうした私たちの間の変化は、上からの組合でなく、下からの組合という要求となって「岐教組、日教組と支部とのくいちがい」という問題となって、更に「岐教組、日教組の運動方針への関心」という傾向となり、「組合は自分たちのものだ」という考え方に、かつて見られなかった変化を生みだしている。

校長会と組合の新しい関係ができはじめてきた

いま私たちは、校長を敵とし、校長と対立する側面だけを強調するかぎり、教育が正しく発展しないことを確信している。それは、「学校教育については校長が代表者である」とか「学校運営における校長は、職場の意志の結集点としての存在」とかいうコトバであらわされているが、これは校長会と組合との間では両者が「おつきあいで」というようなことではなく、子ども、学校を守るために真に協力を強化し発展させるための、批判と援助、協同という形となってあらわれ、両者の関係は、正常化という点で大きな変化を示している。

これは、校長が個々の組合員との接触に当って管理面でなく指導面をつよめはじめている事実となってもあらわれてきている。このことは、政府が強行しようとしている勤評や管理職手当、校長の非組合員化法案などの企てをおし返す地盤をきずく手がかりをもつことに成功したといえるのではあるまいか。

私たちの父母に対する考え方 態度が大きく変りはじめている

かつて私たちの間にあった「父母はおくれた者だ」とか「父母は利用するものだ」という見方や、またその反対に「父母は恐ろしい者、近寄りがたいものだ」という考え方が影をひそめ、そして、「教えてやる」「おべっかをつかう」とか「当らずさわらず適当に」という態度もいまではしだいに弱まって来ている。そして、父母の言うことはよく聞き、父母に言うべきことはよく言う、そのために父母とは率直に話し合うことが何より大切だという考えが私たちの間に気風として育ちはじめている。これは実に大きな変化であり「教育を父母と共に」というこの気風こそ、父母のねがいを利用しながら教師を父母から孤立させようとねらっている敵の政策に立ちはだかる一大障壁として重要視しなければならない。

この気風は、私たちがこの一年間「教育の主権は親(国民)である」とか「学校教育は父母と教師の協力という両側面によってなりたっている」とか「父母を抜いて教育は成立しない」「父母との統一」とかいう数々の論議のなかで発展したものであるが、その芽は、勤評闘争のなかで私たちが、父母の中へ直接入ることによって生みだされたものなのである。

それはまた、勤評闘争の中で私たちが、PTAの単なる決議や署名を求め利用する態度を徹底的につつしんだことの中にもくみとることができるであろう。こうした父母に対する見方や考え方は、学校PTAの中で、T（教師）も平等の義務と権利を行使するという自覚をつよめ、PTAの在り方に対するさまざまな問題、すなわち、

・PTAは役員だけの会になっているのではないか。

・父親は特別な問題の時は出てくるが、子どもの教育については母親だけしか出てこない。

・父母の本当に素朴な声が反映されるにはどうすればよいのか。

・労働者階級がPTAの中では、どのような役割を果すべきか。

等々の問題を生み出して来ている。

このような私たちの父母に対する変化は、一方では、父母の教師、組合に対する見方の変化を生み、学校教育における父母の主体性を促すという点でも以前とは異なった問題を生んでいることにも注目する必要があろう。こうした情勢の変化が教育会議の成立をもたらし、その教育会議こそ、あとにのべるように反動的な教育政策を阻止し、粉砕し、新しい民主的教育を生み出す力であるという明るい期待をそこに寄せることは決して私たちの思いすごしではないのである。

他労組との関係が正常化しはじめている

私たちは、平和と民主教育を守り、同時に私たちの生活と権利を守るために、民主団体、とくに父母の組織と同様に、私たちと同じ仲間である労働者階級の組織、他の労働組合との関係について新しい一歩をふみ出している。

それは、他労組との関係が、「役員だけのおつきあい」とか「お互いに利用しあう」という状態から「東労会議（本部と支部）の役員会に中津川市と恵那市の対策協議会の代表が出席する」というちがいとなってあらわれて来ている。ここではお互いに利用しあうことが実際には不可能となり、それぞれの単組の要求を基礎に自発と創意だけがお互いにたよりになるものだということが切実に感じられはじめている。そこに、真に力の伴う協力と共同の関係があるという形で徐々にではあるが、他労組との関係の正常化が私たちの問題として生まれて来ている。

地教委の自主性を守るという要求が生れてきた

「地教委が公選制なら、勤評なんか問題にならなかっただろうになあ」という、ある組合員のコトバに示されているように、私たちが子どもと教育を守ろうとする場合、地教委の自主性がどんなに大切なものであるかという問題があらためて私たちの間に生れて来た。それが、勤評闘争の初期には「地教委を反対にまわすのは間違っている」というカンにたよった結論となっていたが、その後の運動の発展のなかで私たちは、国民の力によって地教委自身の矛盾を拡大して行くことの可能性と実現性が、次第に明らかとなって来た。それは恵那教育会議において、勤評については「法には幅がある」とか、「みなさんが止めよと言われれば止めるより仕方がない」という地教委自身のコトバとなってもあらわれているのである。

こうした父母を通じ、あるいは私たちの直接、地教委に対する働きかけによる地教委自身の矛盾の拡大は、私たちの間で、「地教委を無能な存在にするのではなく、支配のためではなしに反対に下から要求に支えられた地教委の自主性を拡大強化しよう」という要求となってあらわれて来ている。

このことも、また重要な内容をもっている。教育における官僚支配の強化は必然的に地教委を無力なものにしようとしている現在、地教委のもつ自主性の度合こそ教育に結集された、平和と民主主義を守る国民の力の度合でもあるからなのである。

良い先生と悪い先生の問題を私たち自らの問題にしはじめている

私たちが外側に向って働きかけて行く中で、私たちの間では自らが「良い教師」になることに努力しなければならないという問題が出はじめて来ている。

それは「私たちは勉強不足だ」という自覚となったり、「悪い先生なんということは他人事にしていたことはまちがいだった」という反省となったり「良い先生とはどういう先生か」という問題提起となり、更に「どうしたら良い先生になれるだろう」というなやみとなって話されている。

このような私たち自らが「良い教師」となる問題が組合の問題となって来たことの中に、この一年間の活動による全く新しい変化があらわれている。いわば運動全体の転換が、自らを転換させずにはおかない性質を持っているという最も大きな変化を私たちはこのなかにくみとることができるのである。

私たちの間で、教育の方向と内容への関心が高まっている

私たちの重要な任務である子どもの教育について、私たちは勤評闘争の中で「教育は誰に奉仕すべきか」ということを深刻に考えざるを得なかった。それは現在、「このままの教育ではいけない」というコトバになってもあらわれているが、いままで私たちの営んだ教育が、必ずしも親の要求する教育と一致していない。そのために子どもの状態を正しく改善できないというなやみとなって問題を深刻にしているのである。そしてこのなやみは教育の基底ともいうべき教育の方向と内容について私たちの間で、また私たちと父母の間で一致しなければならないという要求となり、私たちの間における教育問題への新しい関心の高まりとなってあらわれている。

恵那教育会議が成立したという事実

以上のような組合内部における変化を主体として、対校長、対父母、対地教委との関係のいくつかの変化は運動の発展のなかで集中的には、恵那教育会議の成立という事実のなかに示されている。もちろんこの恵那教育会議は分会活動の中で要求され運動の流れのなかで必然的に成立したとはいいきれない「幹部の会だ」と批判される弱さを内蔵しているにしろ、勤評反対闘争が直接の動機となって教育問題をめぐって私たちと校長、父母、地教委が自由に率直に話し合う必要をみとめ、それを可能にしたことは情勢の大きな変化であり徐々にではあっても決定的な面においての運動の転換が生みだした成果の一つの段階である。

この恵那教育会議は、いままでの僅かな実践からみても、

・教育に加えられる不当な支配——具体的には勤評——についての見解と評価について話し合われ、それに応じたそれぞれの態度について意見の交換がされはじめている。

・また「いまのままではいけない」「勤評でもよくすることはできない」教育問題について広く衆智を集める結集点として、この恵那教育会議が出席した多くの人々の関心と要求をとらえはじめている。

ということは決して過大なみかたとはいえないであろう。

もちろんまだ私たちは恵那教育会議の性格と方向内容と形態をあきらかにしてしまったとはいえないし、むしろそれは今後に課せられた議題ではあるとしても、ここに勤評などにあらわれている教育の反動化を阻止し粉砕する味方の力が結集する教育戦線統一の発芽をみること

ができるのではなかろうか。

「団結と統一」を私たちの思想としはじめている

こうした情勢の変化をもたらした力は私たちが「団結と統一」を思想としてとらまえはじめたところからきているとみることはできないだろうか。

いまでは私たちの仲間の間をひきさいたり、私たちと他との関係にクサビを打ちこむような傾向に対しては、極めて強い不安と警戒心を抱き、それを強行するものには激しいいきどおりを覚えるようになりはじめてきている。

これは「あの人のことなら自分には関係がない」とか「おつきあいなら仕方がない」「とにかく物事はなるようにしかならない」などとひそかに考えていた時代とくらべると大きな変化ではなかろうか。

私たちが、そうした考えを特別に勉強したわけではなくとも、自然とこうした考え方が身につきはじめたことはなぜだろうか。私たちが教師として集団性の必要を子どもに教えているというだけでなく、私たちの苦しいたたかいが、分裂と孤立の危険性を私たちに教えたからではなかろうか。

これは私たちにとって、まことに貴重な前進といわなくてはなるまい。

三、運動の転換にあらわれた私たちの弱点

昨年一年間を通じてすすめられた「運動の大胆な転換」は、さまざまな分野においてある程度私たちをとりまく情勢をかえることができた。

だからといって私たちは私たちの運動の内部に弱点がないというのではない。

多くの前進にかかわらず、なお少なからぬ弱点をもっている。その弱点を率直にみとめ、それをのりこえた時こそ、教育と生活を守る力が更に拡大される時なのである。

私たちの内部の弱点は、どんな形をとってあらわれているだろうか。

職場のなかでは、このごろ、「無理がなくなってラクになった」というなかに「メンドウなことはやらんでいい」とか「一致点がみいだせないからほうっておく」という傾向があらわれている。また自由論議もよそから与えられた問題の枠の中で物を言うところにとどまって自分の持っている切実な問題がだされないという弱点をもっている。

協議員会の一年間をふりかえってみても継続審議の件数がふえていることは説得と納得の努力のあらわれであるけれども、例えば闘争資金のつみたて（日教組千円、岐教組千円）の継続審議にしても分会討議が進まないというために、のびのびとなっている面が少なくない。「納得できない」というかげにかくれて「金をだしたくない」という気持ちが率直に言いだされてはいない。

また「鮎か大会か」の協議員会の討議にしても鮎の解禁日に大会では困るという声が率直にだされたことはよいことであるにしても、そのために大会を延期しなければならない必然的な関係はない。だからある人は、「こんな馬鹿なことを親が聞いたら組合は信用されなくなる」とか「鮎の解禁で延期された大会にバカバカしくていかん」というコトバになってだされており、「鮎の解禁でのばさなければならないような状態だから大会へ行ってしっかりせんとあかん」と言われるようにバカラシイとわかっていても、それを全く否定出来ない弱さを私たちはその内部にもっていることを率直に認めなければならない。

職場での一致点についても一致点は自分の意見もなしに生れるものでないことが自覚となっていない弱さをはらんでいる。「新聞にこう出ていた」とか「組合ではきまっているからしかたがない」といって自分の意見をいわない傾向や、「校長会ではこうきまった」「教育長がいった」といって校長自身の意見をださずにいては職場の一致点は生れてはこない。

また、一致点が「おしつけ」のために利用されたり、一致したからといって一部の者だけが請負って行動しているところでは当然自発的な活動が生れてはいない。

原則についての一致点によってのみ創意は発揮されるものである。一致点を見出す努力はとくに学校運営の問題のなかでおろそかにされている。ある学校の職員会議では「子どもの実力をつけるためのテスト帖を学校でまとめて買わせるか、どうか」について八回にわたって継続審議をやっているところもあるが、こと、職員会に関する限り、不一致は八対七というような多数決できめているという例も少なくはない。

意見が自分のものでないという弱点をのりこえたとき職場での一致点をもとめる努力は意識的なものとなるであろう。

組合幹部との関係についても、組合は自分達のものだという考え方が生れはじめてはいるが他方では「組合は叱りつけんようになったが、なんにもしてくれん」とか「役員はみんなのことをしらん」というコトバとなってあらわれる弱点を依然としてもっている。それはまた役員の分会オルグの不足にもなってあらわれている。

校長との関係が正常化しはじめたとはいうものの、「校長に叱られた」とか、「校長にホメられた」ということが心理的な影響を大きく与えている状態は根づよく私たちの間に存在している。そして、「校長とは本当のことがなかなか言えない」のが現状である。

また、校長の側からの形式的な指導性の強調がかえって自発性をそこなう結果を生みだしている傾向もあらわれている。

父母とのむすびつき方という形式についてやかましく言われる割合にその内容がとりあげられないという不均衡の傾向が生れてきている。そのために、父母との統一がやかましく強調されはじめたらかえって、「話しにくくなった」という面が出てきている。

ＰＴＡに対しても確信が持てずにTが平等な権利と義務をもたねばならないといってもはっきりせず、具体的な問題の処理にあたって混乱が生れてきている。

ＰＴＡからでる研修手当の問題一つ取ってみても、「もらってしまえばおもったことが言えない」といって、けってしまった分会もあり、また、「出してくれるものを、ことわることはない」と受け取る分会もあるなど、まちまちの形をとってあらわれている。

問題は、ＰＴＡがすべての父母の自覚によって行われているかどうかということ、その状態の一歩改善の方向に進んでいるかどうかであるのに、局部にこだわって全体の発展が忘れられる弱さをなお私たちはたくさん内蔵している。

他労組との関係についても、勤評阻止で、「東労会議の名前でビラを出してもらおう」とか、その反対に「いま東労会議が出てきたら具合が悪い」とかいうコトバで言われている様に利用しようという面と必要を感じないという、二つのあやまった傾向となってでて来ている。

共通の敵に対して、それぞれの立場からそれぞれの自発を基礎としてたたかってこそ共同の実があるということこそ大切なことである。

地教委に対しても、オベッカを使ったり、ビクビクしながら接するという傾向があらわれているが、他方では地教委を利用しようという裏がえしの感情が強く残っており、このことが教育と生活を守る力によって地教委の矛盾を拡大し、地教委の自主性を強めて行く運動の発展をさまたげている。

また、私たちが地教委との接触を個人とだけ通じて行い、委員会との接触がないという弱点ともなっている。

教育の方向と内容についてのとまどいは、いま重要な問題となっている。

「教室で教えることがはっきりしない」というコトバは良い先生に見られなければならないというあせりとなって宿題を山程だすというような傾向を生みだしてはいないだろうか。

「自由に叱ったり、ホメたりしにくい」という私たちの間のなやみも教育の方向と内容についてわかっていないということから来ている。また「自治会や生活綴方」があやまった実力主義から、かろんぜられはじめたことも考えてみなければならないことである。

昨年は研究授業という方法で、ある程度これに取りかかることができたけれども、ここでも技術を求めることが先になっているという弱点（弱さ）を否定することはできない。

教育会議は勤評反対闘争が中心問題となって、地教委、ＰＴＡ、校長会と組合の四者が集って生れたものであり、私たちの各分野の運動の集中的なあらわれである。

だから教育会議がたたかいの成果の集中点であると同時に、私たちの弱点も教育会議に集中的にあらわれている。

教育会議では、たしかに「勤評でよい教育はできない」とか「勤評は教育をみだすもの」とかいうコトバもでているけれども、いま全体として一致できる点は、「勤評によって混乱をおこさない」という点である。

勤評は当然混乱をおこさなければならないものであるのに、「混乱をおこさない」という点で一致しているということの中に、成果と欠陥は集中的にあらわれている。

そして、恵那教育会議が「幹部の会」といわれ下へも上へも伸びられないという弱さを率直に認め、そこから、出発しなければなるまい。

これらの弱点をのりこえる力は、いままでの苦しいたたかいを通じて私たちが、団結と統一を思想としはじめているこの新しい変化のなかにある。

しかしここまでもまた、団結と統一が私たちの自覚的なものと言えず、理論としてとらえられず、すべての物事の判断の基準となっていないことを深くかみしめなければならない。

四、さいごに

以上、「大胆に転換しよう」ということではじまった昨年度一ヶ年の活動をふりかえり、転換のもたらした意義や問題、成果や欠陥をまとめてみた。

だが、転換によって明らかとなった最大の問題は、実はあらゆる敵の攻撃の意図が人間の尊厳さと生活の破壊を通じて、再び戦場への道を切りひらくことにあり、私たちのたたかいが実は、人類の課題である平和を守る道に連なっていたということを私たちが実感をもって知りはじめたということなのではあるまいか。

またこのことは、

「世界中の教師が平和のためにたたかう義務を無視できなくなる程、警鐘をうちならしていただきたい」(アンリ・ワロン)と、日本の教師に寄せられている世界の良心に応える、私たちのたたかいの教訓ともなるであろう。

*一九五八年六月の岐教組恵那支部定期大会に提案討議された運動方針。『「恵那の教育」資料集』第一巻に収録。執筆は石田。

◆論文4（一九六〇年）

安保反対闘争の発展のための若干の問題

六・四統一行動にあらわれた情勢の変化に着目しよう

一九六〇年六月四日、安保反対を中軸とした民主主義ヨーゴの国民の怒りは、「岸政府の即時退陣」と「国会の解散」を中心要求とした大統一行動となってあらわれた。

この六・四統一行動が、その質においても、量においても日本史上最大のものであったことは、新聞紙上等において世人が等しく認めるところである。

例えば、この恵那の地において私たち教員組合が極めて短時間ではあるにしても、実力行使戦術をもって参加したとか、今までデモ等の全く行われたことのなかった付知町では空前の人員を擁するデモが行われたこと等、そしてそのデモも中津川市における高校生の参加や、恵那市における学校長、商店主の参加等全く新しい層を加えていることなど私たちのまわりにあらわれた状態にも六・四統一行動の大きさをみることができる。そしてその大きさは全国的には、総評系労組の時限ストがゼネストといえるものであったり、部分的ではあるにしても全国で三万軒の商店ストが行われたり、また、統一行動本部である国民共闘会議の計画以外に、数多くの文化人、市民の抗議デモが行われるとか、東京では、全く自然発生的な、一般市民十三万人余に及ぶ国民請願が起こるなどの形をとってあらわれているのである。

だが、こうした国民の側での変化が反映して安保推進をたくらむ側へも変化を生み出していることを見のがすわけにはいかない。

六月四日の統一行動以後、なお居座りを続ける岸首相の発言の中にもその変化を読みとることができる。

例えば、六月八日、危険な単独審議をはじめた参議院安保特別委員会での岸首相の所信表明では、「安保反対は反米」（六月九日付朝日新聞朝刊見出し）ということで、「安保新条約に対する反対論者は日米間の離反をねらっているものだ。それには共産主義に立つもののほか中立主義の名のもとに共産主義の方へ一歩近づこうとする考え方がある。（中略）安保に賛成か反対かは、日本の進路として自由主義の立場に立つか、それとも共産主義と手を結ぶかという二つの道の対立なのだ。」ということを新たに強調しはじめている。

これは、民主勢力に追いつめられたファシスト岸がアイク訪日にあらわれるアメリカ帝国主義の援助を頼みにした、体制挽回のための居直りであり、国民に対する新たな攻撃宣言に他ならない。

あの中津川市長選で追いつめられたファシストたちは、「平和か戦争か」に連なるべき「西尾か間か」の問題を「アカかシロか」にすりかえて、善良なる市民におどしをかけてきたが、私たちはあの卑劣なけだものの姿を決して忘れていないのだ。

岸所信にみられる新たな攻撃も中津川市長選と全く同じ思想にもとづいている。岸によれば「安保反対か賛成か」は直ちに「反米か、親米か」ということで、それはまた「親ソか反ソか」にかえられて、私共の地域へ来るときは「アカかシロか」の命題となって、善良な国民への脅迫となって来ることをほのめかせているのだ。私たちは安保反対はアカだ、という命題から出発する、新たな攻撃が決して生やさしいものではないことも考えなければならない。権力、暴力、金力にじゅうりんされた中津川市長選は「アカをやっつけろ」のスローガンに、遅れた人々が鼓舞されたとき、権力、暴力、金力の汚なさを忘れてしまい、自らが狂人化してしまうことを物語っている。それはまた、最も遅れた思想の持ち主・右翼暴力団の人々がアカとのたたかいに命を捨ててかえりみない姿にもあらわれている。

こうした岸所信にあらわれた新たな攻撃は私たちのまわりへすでにあらわれはじめている。例えば、県のファシスト、松野知事に代表される県自民党は県内各地で安保推進の策動におくれた人々をひきつけるための地方大会を準備し終えた、とも伝えられている。そして中津川市内では、自民党の地域組織が、そろそろ動きはじめたとも聞いている。

だが攻撃がはげしくなれば反撃もそれに倍して大きくなるものであることが、世界平和勢力の圧倒的な優位下にある今日の日本の情勢の特徴である。

私たちが情勢の特徴にあぐらをかいて、空前の統一行動の発展に酔いしれていることなく、こうしたたたかいの中での情勢の変化にするどく着目し、その中での問題を正しく発展させ、更に行動を拡大することによって、文字通りの全国民の闘争にするならば今日の国民闘争は私たちの基本目標である「平和と独立の達成、民主主義と生活の擁護、民主教育の確立」に基いた当面の課題、「安保阻止」をたたかいとることを可能とするのである。

統一行動への参加と教員組合の実力行使における特殊性の問題

次に、この統一行動を更に発展させるための教員組合の独自行動としての、実力行使戦術について考えてみたい。六・四統一行動の際に、私たちは少時間なりとも実力行使戦術を採用することによって、抗議の意志表明をした。だが、この戦術をめぐって統一行動全体に対する、いくつかの混乱が生じているので、先ずその点を明らかにしよう。

今日のたたかいの中での、統一行動の重要性については、私たちは現在、いささかも見解をかえていない。だが、条件を無視した画一行動の強要については依然として反対の見解を持っている。その点、六・四統一行動への参加についても支部の態度には、それ以前と何等異なるところはないのである。

いままでのさまざまな統一行動では、実力行使を含んだ時間規制による画一的な日教組指令とは対立しても支部はその実状に応じ、その特殊性を生かして最大限の効果をあげるべく参加していた。

その場合、支部が日教組指令のままに行動しなかったのは、要求の特殊性と情勢を無視したところからは、自発性が発揮されないし、条件無視の実力行使戦術の採用には、統一行動発展の保障がないと判断したからに他ならない。

その点、六・四統一行動に参加する場合でも同じである。日教組指令によれば「始業から一時間の職場集会、そして、二割の休暇という実力行使を含めた、午後からの市民集会への参加」という内容であるのに、そうしたこの地域の条件を無視した内容ではなくて、私たちは異なった内容で統一行動へ参加したのである。その限り以前と何等異なった方針を決定したわけではない。

ただ、以前と異なっていたのは、私たちも六・四には「実力行使」の戦術を採用したという点だけなのである。ここで「統一行動」と「実力行使」とが混同されてしまったのではあるまいか。

改めていうけれど、私たちは「統一行動に参加する」ことと「統一行動への参加に実力行使戦術を用う」ということは、同じに考えていないのである。まして「実力行使を伴わなければ統一行動参加とはいえない」とか、

「統一行動参加に実力行使戦術を用いてはいけない」とか機械的に統一行動と戦術とをくっつけて論ずることには反対し続けているのである。

統一行動への参加は、至上的ともいえる命題ではあっても、いかなる戦術を採用するかは、その時々の主体的、客観的条件で決定すべきことであって、統一行動の発展についての見通しと、要求の正しさと（国民的支持の度合い）教員組合の実力行使の特殊性をぬきにしては考えられないのである。

では、私たちが、六・四統一行動への実力行使戦術での参加には、その条件があったのかという問題があろうが、それについては「まさにその通り、それこそ最も重大なことである」と私たちはいいたいのである。

なお、その条件は、私たちの要求の正しさと、国民的統一行動にあらわれた情勢に（以前の情勢とは全く異なっている）求めなくてはならないが、そのことについては、前述したのでここで論ずることはやめよう。

では、次に本題である「教員組合における実力行使戦術の特殊性」ということを明らかにして、私たちの、実力行使についての見解を述べることにしよう。

そのためには先ず私たちの間で、六・四統一行動が、「後味の悪い実力行使やった」といわれていることについて考えてみよう。この「後味の悪さ」こそが、当日の実力行使の弱点そのものであろうが、そこには次のような問題がある。

その第一は「授業放棄」という言葉に代表されるように教育擁護者が教育放棄を行ったと自らで感じられている問題である。

その第二は「校長との統一」といいながら、抗議の意志を、その内容においてではなく戦術処理上の配慮で一致させようと考えた、組合の責任回避ともいえる利用根性の問題である。

その第三は「国民にアッピール」といいながら、実力行使をはっきり表明しないために、行動の目的について無意味と感じられている問題である。

ところで、この三点こそが、教員組合の実力行使における特殊性に係わる問題であろうが、この問題を明確にするために先ず実力行使の特殊性全般についての見解を明らかにしよう。

今更、教員組合について改めて述べる必要はあるまいが、教員組合の活動（闘争）はたえずその内容において、教師の生活擁誰と教育擁護の両側面を持っていることを私たちはよく知っている。従ってその闘争における戦術としての実力行使においても労働者としての権利行使の側面と、教師としての教育の危機表明の側面とが存在していることを考える必要がある。例えば、こうしたことを含めて世界教員組合連盟の書記長であるポール・ドラヌー氏は、その論文「民主教育について」で次のようなことを述べている。

> 教員の闘争は、表面にあらわれたある種の行動形態……たとえば資本主義諸国あるいは植民地諸国における教員のストライキは、一般労働者の闘争の手段と同一である。とはいえ、窮極の目的は、教師の正しさに対して大衆の理解を求めることにある。それは利潤あるいは経済的圧力という直接の問題ではない。マルクスが述べたように、教師は……月給生活者と同じように……自己の労働力を、労働者と同じ方法で売ってはいないのである。彼は剰余価値の直接の生産者ではない。

このドラヌー氏のコトバにもあるように、私たちの実力行使の窮極の目的が「教師の正しさに対して大衆の理解を求めることにある」点が、一般的にいう場合の私たちの実力行使の特殊性なのである。

こうした点から、私たちの行った、あるいは日本各地にみられる教員組合の実力行使をみる場合、あまりにも、特殊性が無視されている様にも感じられる。

第一に「教師の正しさ」ということについても「子どもをすてては困る」ということに出会うと「子どもをすてることによって子どもを守る」という様な教師としての自己矛盾におちいっていたり、授業放棄ということばで教師の側面をつかれると、労働者としての権利だといって簡単に問題の本質をそらしてしまったりする点に現在の矛盾があらわれている。

第二に「大衆の理解（支持）を得る」ということについても、実力行使によって統一が発展するというよりも、しばしばその逆の現象があらわれるという結果になってあらわれたり、時には校長との関係をより悪化させて、教育、子どもに混乱を生みだすという点になっていることも見のがせないことであろう。

こうした誤りは、私たちが特殊性に深く着目しないために生ずるもので、それは実力行使そのものが、全く非合法的なもので自分たち教師の日常活動とは別の次元で考えなければならない、またそれは教育労働者ではなく、一般労働者としてしか考えることが出来ない行為だ、という様に自らが支配者の枠の中でしか考えることが出来ないという思想上の弱点にも起因しているのではなかろうか。

以上のようなことを考慮して先の後味の悪さを問題としてみる時、教員組合の実力行使では、次に述べる様な立場が守られなければならないと考えるのである。

第一は、教育、子どもを放棄しないという立場である。学校教育においては、日常の授業にはさまざまな形態が用いられる。その中、先生が教室にいないで学習が行われるというようなことはいくらでもあり得ることなのである。

例えば、先生が出張のため不在だとか、何かの用事で一時間欠けるとか、時には、校内研究授業のため、ほとんどの先生が教室で不在になる等、私たちのまわりには先生が教室で子どもに接していないままに学習が進められることはいくらでもある。そしてこうした時、事前に教師の配慮さえあれば、自習だとか協同学習だとかの形で教育は進められるのである。こうした時「子どもをすてた」とか「授業放棄」をしたなどとは誰もいわないし、誰もとがめることは出来ないのである。一日臨時に休校する場合だって同じことなのである。

それなのに、教員組合の実力行使戦術として、そうした授業形態が一斉にとられれば、それに対し権力者は違法だといい、授業放棄だというのである。私たちが、教育、子どもを放棄しない立場を守り、子どもの学習に対して事前、事後の教育的配慮を行うならば学校教育の全分野で一斉に特殊な形態がとられても、それは何等、教師自らの良心を苦しめる問題ではないのである。

いわば教員組合の実力行使は教育の危機を明らかにするために学校教育において、日常的でない特殊な授業形態を個人的ではなく集団的・組織的に採用するものであるともいえるのではなかろうか。

第二は、校長と統一しなければならない立場である。学校教育が校長によって代表されている今日、私たちが実力行使を行うにあたって「教育、子どもを放棄しない」立場をとる限り校長とは統一しなければならない。

私たちは実力行使を行う場合、その要求の本質について、校長に理解されない、または理解させられないようなものは掲げないが、要求の正しさについて見解の一致をみるならば、お互の立場の相違は認めあわなくてはならない。

例えば、いくら要求の本質について一致していても、労働者的側面と管理者的側面での立場の相違は私たちの有給休暇の申請に対し、校長が許可しない立場をとるという形であらわれるのである。私たちがこの場合、不許可にこだわるならば、それは有給休暇を校長に許可させることによって、権力者からの一切の責任を校長に背負い込ませるという様な利用根性があるからではなかろうか。正しいことを自らが行う場合、それによって生ずる責任も、また自らが負うだけの覚悟はなければならない(もちろん、実力行使については組合の指令ということによって、個々の責任を組合へ集中し、個を集団化することは原則である)。

この場合、校長に組合としての行動についての責任は転嫁しないが、学校内において、教師と対立するような自己の管理者的立場から生じる教育、子どもへの干渉は行わない様、要求すべきである。

例えば、教師が事前に子どもの授業について教育的配慮を行っているのに、校長が子どもを一堂に集めて、組織的・計画的な、教育でない権力者の代弁的行動をとるなど、教育、子どもを混乱に導くようなことは止めさせねばならない。また、教師の要求の正しさを認める限り、教師の行動について責任は負わなくとも、特定の子どもに対し、特定の教師によって営まれる学校教育においては、教師の子どもに対する行動を信頼すべきである。まして、不許可の矛盾を業務命令的な権力者的処置で解決することは絶対に止めさせねばならない。

いわば、組合員と校長は、教師の要求の正しさと行動の本質についての理解に一致をみるならばお互いの立場の相違を認めあいながらも、教育放棄をしないという点で統一出来、実際にはお互いの立場をのりこえることができるのであるともいえるのではなかろうか。

そのために教員組合の実力行使に当っては、私たちが、年次有給休暇申請の手続きをとるということによって校長の立場を認めるという配慮を失ってはならない。

第三は、教師の要求の正しさを、子どもと父母に説明し、理解を求めなければならない立場である。

私たちは、教師と子どもが信頼し合わなければ、また教師と父母が協力し理解し合わなければ原則的には教育が成立しないことを認めている。

こうした点からも、実力行使に当たっては、私たちの要求と行動の正しさを最低子どもと父母には説明し理解を求めなければならない。

そのためには、子どもに対しては、教師としての信念をおしつけたりすることなく、よく熟慮された教育的配慮に基いた説明をすることが大切である。また、父母に対する説明では教師の要求の正しさが、子どもと教育に関係するものであることを明らかにするという考慮を失ってはならない。

いわば、教員組合の実力行使は、子どもと父母にその正当性を認めさせることをぬきにしては考えられないということなのではなかろうか。

だが、その場合にも、私たちは子どもや、父母の気分感情等を無視したりしないが、ただ、表面にあらわれた一部の事象だけで、情勢を判断する結果、歴史的真実としての理解を求める点を忘れるという基本的な誤りをおかさない様、充分に留意しなければならない。

こうした三つの立場は、教員組合の実力行使の特殊性から生じる原則ともいうべきものである。

私たちは、今後のたたかいの中で、この原則が、更に発展させられるものであることを信じているが、それにしても実力行使についての執行部の見解が確かでなかったために、六・四統一行動において「後味の悪い実力行使」という結果を生じたことについては、深く自己批判をしているところである。

＊一九六〇年六月一〇日に岐教組恵那支部執行委員会で討議された議案。『「恵那の教育」資料集』第一巻に収録。署名は〈岐教組恵那支部執行委員会〉。執筆は石田。

◆論文5（一九七二年）

「勤評」の本質をどうとらえたか

――シンポジウム・「『勤評闘争』から何を学ぶか」から

石田　まとまって何か申しあげるということが十分できませんし、それから「勤評闘争から何を学んだか」というようなことは、ある意味でいえば学ぶことが多すぎたということで、十分整理ができない状態で、大変申しわけありませんが、色々なことを気にしないでお話しします。当時私は、岐阜県教組の恵那支部の書記長をやっていたというようなめぐりあわせから、私達がやったことをかいつまんで申しあげまして、色々と御批判をお願いしたい。なお、全体的な、本当に学ばなければならない全国的問題その他というようなことについては、山原先生（高知）の方からあとで十分まとめられてお話があると思いますので、その方でお願いしたいと存じます。

「勤評闘争」の国際的意義

「勤評闘争」は、「資本主義国の教師たちがおこなってきた最も重要で、最も広汎な、最も持続的な闘争」であったと、一九五九年世界教員組合連盟（ＦＩＳＥ）の書記長であったポール・ドラヌーがその拡大理事会で報告したとか、あるいは「勤評」当時以降ドラヌーが日本にみえたとか、そういうふうに、国際的にも高く評価され、日本における民主主義擁護の闘争としてすいぶん大きな役割を果したものだ、と今からまとめていえば思うわけです。当時は無我夢中であったので、自分でこういうふうにまとめておったわけではないのですが。

「勤評は戦争への一里塚」

私たちの場合、「勤評」を一体どう把むかということが、一番最初にぶつかってきた大きな問題であったわけです。全国的にいえば「日教組」が当時掲げていたように「勤評は戦争への一里塚」ということが合言葉になり、私たちもそうとらえようとしていたし、事実そういうふうにとらえていた。一九五三年の池田・ロバートソン会談にはじまる「教育、広報を通じての自衛と愛国心の高揚」ということがこういう形であらわれたのだという一面と、新たに復活してきた日本の独占資本の要求に見合った教育再編成のねらいなのだという点で、今日の「中教審答申」といわれる「教育改革」というようなものになってくる、全く制度的にそういうものを切り開いてくる、特に教師に対して切り開いてきたものであると思うのです。教員を支配する形を通じて教育を支配することをねらっておったと当時考えてたわけです。確かに、「勤評」の政治的本質をどのようにとらえるかということでは、実際にはなかなかむずかしい状況もあったわけですけど、しかしながら、そのなかでどうやらこうやら「戦争への一里塚」という合言葉でその内容あるいは性格をとらえながらたたかったわけです。けれども教育的な意図は何であったのか、当時の私達の間では十分にとらえられていなかった。一番困った問題は、「勤評」は「教師の通信簿」だという話がいっぱい出てきたことです。新聞もいう、当局ももちろん宣伝する。親の中でもそういうことをいう。教師の中からさえそういうふうにとらえる人が出る。「先生も通信簿をつけているやないか」、「先生だって勤めぶりによって通信簿をつけたっていいやないか」といわれるとはたと困ってしまう。僕らの場合、親の中へ、「勤評」というものが「戦争への一里塚」として是非とも防がにゃならんものだということで問題を投げかけていくと、「そんなことといったってい い先生と悪い先生があるやないか。わしら、『勤評』が戦争につながるということそれ自体には反対だが、そのいい先生と悪い先生とをきちんとする通信簿という点ではいいやないか。反対だけではどうも釈然とせん」という意見がずいぶん出された。「戦争への一里塚」ということはそのまま通るけれど、「先生の通信簿」という場までおし返されるという状態がずいぶんあった、そういう意味での困難に、最初にぶつかったわけです。

父母の教育要求

二つめに、「勤評」というものは、実際には教師の権利を剥奪するものだ、しかもそれを差別という形をもって強行するものだ、そういう教師の権利が剥奪されるということは即ち戦争というものを導き出してくるものなんだ、ということには非常にばく然といきつくのだけれど、ではその権利というのは一体どういう権利なのか、教師の持っている特性としてどういう内容なのか、という点がはっきりしない。だから労働者としての一般的権利という点だけでいくと労働者の人には分りやすいけれど、その他の人にはなかなか分かりにくい。そして相変わらずいい先生と悪い先生という問題が片方から出てくる。教師に対する差別という点では、単に一般的な差別というものではないものを持っている。そこで、私自身も、理屈として十分はっきりできなかったけれど、感覚みたいなもので、権利という言葉でいいんだけれど、単純に僕らが習ってきた権利という概念だけでは駄目なのではないか、あるいは僕らの習ってきた権利の概念は非常に不正確であった、ということに気がついてくる。もっと教育上の危険なものを含んでいるという問題が出てくる。そういう中で、新聞は、文部省対「日教組」の争いとしきりに書きたてる。国民には関係がないかのように大宣伝がなされる。だから、「『日教組』も『日教組』やし、文部省も文部省や、騒ぎが勃発する前に何とかならんものか」という傍観者的な状況というものがずいぶん一般の人々の中にあった。僕らの地域にはそういうものがあった。で、そのころ、親は何をしきりにいっておったかというとこういうことです。教師に対するそんな新しいしめつけ、教師を支配することによって教育を支配するその前段には、当然、教員の政治活動の禁止というくさびを打ちこんでくるわけですけど、その前に、教育委員会の任命制を強行する。「勤評」の前に、教育委員会の任命制が出るのですが、岐阜県などの場合は任命制になったとたんに高校の大学区制をしいたわけですね。ここが本当のねらいというところもあったわけです。で、すぐ小学区制をつぶしにかかる。その中で親は、差別的進学体制というものに対して、何とかそこのところをつきぬけていけるような教育内容、そういうものに対する要求が一番強かった。いってみれば「学力」という言葉で当時出されてきたわけですけれど、そういうような要求を親が持っているのに、そこのところにうまくかみあわずに「戦争への一里塚」という形だけでは、なかなかはっきりしなかったわけです。そういう問題なんかがだんだんたたかいの中ではっきりしてくる。そのころから進学率が急速にのびてくる。教育の要求が単に文化的な意味を持つだけでなく、もっとパンの要求というような生活のギリギリの問題を持ってきているのではないかという問題として、当時「パンの要求」だというようないい方までして、親の要求の本質の中味を知っていったわけです。「通信簿」といういい方の中には、実は親のこういう要求がこめられていたわけです。もちろん、通信簿というものは、少なくとも子どもを教育的にのばそうとするためにつけるもので、子どもを差別したりするものではない、そういうことなんですが、親は逆に当時の通信簿を、そういうものとしてとらえていた。今からいえば、差別的な本質をもっと敏感にとらえていたのだなーと、思うわけですけど。

教育の自由を奪う武器

通信簿という場合、それは教育的配慮の上からなされるものである。しかし「勤評」は何ら教師の自発性を引き出すものではない。だから「勤評」は通信簿ではないはずだ、という問題ですいぶん悩んだわけです。そして一体何が問題なのかということで、「勤評」の教育的意図というようなものをもっと明確にしていくという点で結局、教育の自由という問題につきあたった。教育の自由を剥奪する武器、教育の自由を奪うということがいちばん問題じゃないかということから、教育支配と教育の自由の圧迫という点でずいぶん論議をしたわけなんです。そして、教育の自由を圧迫するために教師の自由というものを制限し、それを剥奪するという形ででてくる場合、教育そのものが死滅するということから、今までの教育の歴史というものを色々と勉強したんです。孔子なんかの偉人、聖人などというものはきっと教育の自由について何かいっとるはずや、そんなことでなけりゃ偉人などといえんはずや（笑い）ということで、孔子や孟子など、それこそ儒教の精神がどうのこうのにかかわらず彼らのいったことから、あるいはペスタロッチやルソーなどいろんな教育学者や教育者といわれる人の文献をひもときながら、一体昔の人は教育の自由というものをどういうふうにとらえていたのかという問題を、執行委員会等で検討し、資料みたいなものをつくって、みんなに知らせていたわけです。そのうち、親でも教育の自由というものを経験的に知っておる、国民全部が共通して知るべき言葉があるはずだ、自分の経験の中で教育の自由に関する言葉というものをみんな持っているはずや、ということで、そんなものを聞き出しにいったり、あるいは調べたりしながら、教育の自由というものをどうとらえたらいいのかを深めていったのです。

そして、民主的な教育という場合、教師の自由という問題は単に教師の自由というだけでは分らない二つの側面があるのじゃないか。一つは教師の市民的な自由、もう一つは教師の教育的な自由、職業上の自由なんだ、という問題にぶつかっていく。当時、市民的な自由として最も基本的な政治活動の自由が、今でも続いておりますが、一応剥奪されていた、それに抑圧が加えられているわけです。そういう点では既に当時から我々は本当の意味の民主教育の担い手としての教師の基本的な資格を失っているのではないか。自由をとりもどすというたたかい、ないしは教師の市民的自由を最大限に自分で発揚することなくしては、本当の意味での民主的な教師でありえないということは分っていたのですが、教育の自由、職業上の自由、教師の持つべき教育的な自由という問題については、余り深く考えていなかった。そして、その辺が「勤評」というものの中心的なねらいじゃないか、というふうに考えられるようになった。すでに一九五九年に「学習指導要領」が改訂されていました。これや、これを何とか国民におしつけさせるために教師の教育の自由を奪うことが中心なのだということをはっきりさせていった。そして当時出ていて今はもうなくなっちゃっているが、『教師の友』という雑誌があって、その別冊としてポール・ドラヌーの書いた『教師と国際労働者階級運動』が発行されていましたが、いってみれば第三回世界教員会議にむけての戦後の国際教員組合運動の総括的文書で一九五七年に出されたものですが、これをずっと学習した。ここには教師の自由という重要な問題について二つの面があることが述べられています。教室の外における自由、いいかえれば市民的自由、他の一つはいわゆる教育学的または専門的自由に関することです。特に専門的な自由について、教室における教師の自由とは一体何なのだということが、そのころから国際的に問題になっていました。アメリカでマッカーシズムというものがはびこる中で、比較する自由すらないという問題がここにも出てくるわけですけど、例えばロシア革命とフランス革命とを、あるいはそういったふうなものを、子どもに教室で取り扱う場合、どちらがより本質的に革命的な性格を持っているのかなどに関して、教師はどういうふうに取り扱う自由があるのか。アメリカではもはやこの二つを比較する自由すらない。どちらが、というふうに比較する自由すらもないほどアメリカというのは自由が圧迫されている。そんな問題を通じて、真の自由とは一体何なのかという問題がずいぶん国際的に論議されていたわけです。モスクワにおける「教育の自由についてのモスクワの討論」というようなものや、世界教員会議、教員組合連盟等を中心とした論議、アンリ・ワロンといったような人びとの発言がずいぶんたくさんでてきて、私達が考えていたことと共通する見解や、大いに参考になる考えがたくさん出されている。例えば、「今日この高度な精神科学を教えていく教師の唯一の道は、この新しい社会状態を予見する、そのために準備する自由をもっているということである」などと書かれている。そうすると新しい社会状態を予見し、そのために準備する自由といった場合、教育的な意味での学問的な自由もあるだろうし、市民的な自由というものも同時に含まれているに違いない、そういうものが国際的にも問題になっている。また、「あるいはいいかえると、学校の中と学校の外で、労働者階級と腕を組んでたたかう革命的教師になるということ、そしてあらゆる場合に現代の世界の科学的な真実な正確な事実をよりどころにするということなのである」というようなことが、たくさん出されている。こういったことを学習しながら、片方で市民的な自由を奪いながら、もう一方で教師が教室で教える自由、教育的な自由を制度的に奪っていくところに、やっぱり、「勤評」の一番の中心があるのだということを確信していった、ということなのです。

そういう意味で、国際的な論議に学んでいったわけですけど、さらにその中から、当時はまだ国民の教育権という形で明確には把んでおらなかったと思いますが、「国民教育」という言葉がまた新たなうるおいを持って使えるようになったような気がします。教育の自由が奪われている時には国民の教育に対する権利が失なわれ、国民の教育ではなく国家の教育になってしまうという点で、教師の自由の問題も国民の教育権といった問題も全て含めて総合した形で、「国民教育」の問題として闘争を発展させていったわけです。

そういうわけで、私達が悩んだ最大の問題は教育の自由ということであった。教育の自由を守る、あるいは教育の自由を確立するためには、親の問題、国民の問題、そのための労働者階級の役割というものをどうしても明確にせざるをえない、ということから、教育と親という問題をあらためて追求することになったわけです。「勤評闘争」の中で一番困難だった僕らの行動は、親の中へ入ることであったし、親を組織することだったのです。労働者の問題、その他をぬいちゃって大変申しわけないですけれども、そういうことであったわけです。（拍手）

＊教育運動史研究会「（一九七二年開催シンポジウム）『勤評闘争』から何を学ぶか」（『教育運動史研究』一六号、一九七四年九月）による。この発言のあと、他者の発言記録が入り、さらに「恵那のたたかい」として「たたかいの輪を広げる」「統一の組織・教育会議」「団結と統一――その課題」「教育闘争と政治変革」の項目で石田発言が収録されているが、本巻論文6と重複するので、省略した。このシンポジウムでは「教育の自由を守る」がたたかいの本質であることを強調している。

◆論文6（一九九〇年）

【集中講座】恵那地域での勤評闘争――戦後民主主義教育運動の中心的教訓を学ぶ

(1) 恵那支部書記長になって

私たちの地域での勤評闘争や恵那教育会議を考えていただくための前提としては、一九五七年度の岐教組恵那支部における「運動方針の転換」ということを理解していただかなければならないと思います。それは一口にいえば統一をめざして組合民主主義の徹底を図るために、組合活動の発想を転換させたとでもいうものですが、やはりこのときの転換がなければ、これからお話しする勤評闘争も教育会議もなくて、たたかいはもっと別の形をとっていたことは確かだろうと考えられます。

一九五七年のこの年、私はそれまで予想もしていなかった教員組合恵那支部の専従書記長に選ばれたのです。事情はいろいろありますが、生活綴方教育の精神といいますか、その実践的教訓を組合活動の中に生かして、新しい困難に直面してきている組合活動に生気をとりもどし活力をつけることが必要だといったことが、私を押しだしてくれた人達の私への期待といいますか、推せんの理由だったように思います。

ところで書記長として専従になりましたものの、最初は何からどのように手をつけたらよいのかさっぱりわかりませんでした。日常的には、前年度から引き続いて支部長として専従をやっておられた水野博典先生と書記の三人だけが、あのころの大井小学校の理科の準備室の隣を借りていた組合事務所にいるだけです。

また、この資料（昭和三二年度運動方針案）の表紙裏を見ていただくとおわかりのように、通常の三役というのは、水野先生と私の二人だけで、体制も極めて貧素なものとして転換していたのです。

詳しいこと、細かいことは省きますが、私たちにとっては組合活動に生気をとりもどすということだけが中心の仕事になるわけですから、会議の仕方や組合業務のあり方など随分あれこれ変えることに努めたように思い出します。そして、結局は運動方針をどうまとめるかというところにぶつかってきたわけです。

(2) 運動方針の作成

定期大会の日どりを決めて、方針案を書くいうことでは、執行部としてどれだけの議論をどのようにしたのかはっきり記憶しているわけではありませんが、その議論の中で私の方から「転換ということですべての発想を変えなければ、みんなにわかってもらうわけにはいかん」ということを言って、議案の内容だけでなく、記述のスタイルも変えることを執行部で了承してもらったことを覚えています。

でも、どうしたらよいかということははっきり浮かびません。大会の期日は迫り議案書配付のぎりぎりの日が迫りました。私は書記次長的な役になっていた永井孝雄先生に鉄筆とガリ版をたずさえてもらって、ある食堂の空き部屋へこもって書くことにしたのです。

二人でなんだかんだいいながら、私が原稿用紙に五～六行も書くと、それを永井先生が直ちにガリ版で原紙にというようにして、そして、その一枚の原紙ができると、専務所へ持っていって待機している人の手でプリントしてもらうといった具合でようやく間に合わせたものでした。そうした点では、のんびりといえばのんびりした時代であったともいえます。

だから最初に配ったものは誤字、脱字も含めて文章上もはっきりしない点がたくさんあり、たしか大会当日に何カ所も訂正、追加してもらうということになったのだと思います。そうしてできたのが「転換の方針」ということですが、その内容の主な点についてお話ししてみたいと思います。

何といっても「転換」とは何かということになりますが、その必要を当時の情勢に求めています。具体的には資料（方針書）を読んでいただきたいのですが、支配としての敵の攻撃の新しい特徴は反撃の側の弱点を利用してきていて、形式的な反撃では克服しきれない問題を生みだしている。平和運動にみられるような統一の視点から学び、たたかいが父母・国民の支持を得るようにならねばならないという情勢の変化のとらえ方から、「組合運動を更に幅広いものとし、運動の質をかえることによって、味方の弱点をおぎない、味方の力を拡大し敵の力を弱めること――それが転換なのだ」としたのです。

このことは今日の情勢の中での組合活動という場合にも考えてみなければならない問題を含んでいるように思います。それを述べているゆとりはありませんので、転換の内容となる具体的な問題についてお話しします。

第一は生活と権利を守る問題ということですが、この分野の活動における困難の基本については、みんなが自らのたたかいとなし得るような根強い要求をはっきりさせることとの関係を問題にしました。それは、その当時の中国の文献などからも学んだ部分でありますが、根強い要求とは単なる不満とはちがい、自分自身が本当に理解し、自身が承認したもので、その正しさに確信の持てるものであり、さらに感じただけのものではなく、自らたたかいに立ちあがらなければならないものとしてとらえることが大事だというのです。

そして、「その要求を統一して、できるだけ父母の支持も得られる条件の中で、自発と創意に満ちたたたかいをすすめて行く」ことが大事だといっていますが、そのころはまだ父母の支持ということでもできるだけというような言い方しかできない状態だったのです。これは勤評闘争を通してもっとはっきりしたものになってくるのですが、それにしても教師だけのたたかいでは教師の生活や権利が守りきれないことをとらえていたのだと思います。

また、教師の生活と権利の要求につきましては、その後のたたかいの中で、その性質といいますか、要求のもつ教育性ということが随分はっきりしてきていますが、ここでは根強いというだけで、教育性の問題にまでは深まっていなかったのが事実だといえます。

二つ目は、子どもと教育を守るという問題でいえば、内容に目をつけることが最大なんだという問題なのです。いかに熱心に教育をやるかというような問題だけでなくて、子どもに真実を学ばせるということをいちばん恐れておる者が敵なのだから、「平和と真実を貫く民主教育」というようなのが、日教組の長い間のスローガンになっておったわけですけれども、まさに教育内容における支配の欺瞞をはいでいきながら、真実に根ざした教育を打ち立てることが教師の中心的な任務なんだというとらえ方をきちんとする。ここが、逆にいえば、組合型とか、教研型とかというふうにいう問題をも超えて、すべての教師が、教育実践ということについて責任を負う教師にならなきゃならんということになるわけです。その場合、教育実践に責任を負うということの中心は、真実に根ざした教育を打ち立てるという、そういう一致点で、われわれは子どもを守るという立場をとらなければならない。だから、さまざまな教育研究活動、あるいはサークル活動といったものにもみずみずしさが欠けておったけれども、そういうものを真にみずみずしいものにしていかなきゃならんというような意味で、そういった立場をとるということが、実は転換なんだと。これは、今まででも、民主教育の確立というような言い方だとか、さまざまな言い方で一般的にいわれてきておったことです。けれども、このときに、特に教育内容の点に集約して、教育内容での真実性の追求という点を明確にしたというのが一つの特徴だろうと思うのです。

それから、三つ目の問題は、親といかに結びつくかという問題。ここは、いまもまさにそうなのです。去年もどこかでお話ししたことがあるのですけれども、親と結びつくというか、親と一緒になって教育を守るということ以外に守りようがないわけですから、本当にそこのところを大事にしていかなきゃならんという問題になるわけですが、このときは、親との関係についていえば、親を単に大事にするというような言い方よりも、もっと親との関係をすっきりするというような意味で、教師と親との立場を明確にしなきゃいかんということなのです。

「父母と結びつくということが、教育を本当に正しく伸ばして行くための、必須の条件になっている。」

この「必須の条件」というとらえ方の問題です。それは、ある個人が主観的に必須ととらえるということじゃなしに、組合にとって、全教師が父母と結びつくということが、教育を正しく発展させていくのに必須の条件だ。だから、親の理解が得られないで、あるいは親と一緒にならないでいて、子どもと教育が完全に守り抜けることは絶対にあり得ない。その「絶対に」というあたりの言い方が転換だったわけです。それは単に「必要だ」というようなものじゃないのです。

これは勤評闘争の中でもっともっと明確になるわけです。そして、後には、学校教育というものは、教師と親の両側面から成り立っておるのだというようなことまで、もう少し理屈の上でも整理するようになるわけですけれども、そういうことの萌芽的なとらえ方というのが、この転換の中にあるわけです。親と一緒にならん限りどうにもならんのだ。だから、親との結びつきということでいえば、一切の利用根性を捨てて、親との結びつきを強めるよう努力しなきゃならんという言い方です。一切の利用根性というようなことを、PTAというところにもう少し集約していえば、全部そうだというわけじゃないですが、それまでは、恵那地域の中には、PTAという名前を使うけれど、先生は会費をちっとも出さんという学校がたくさんあったわけです。それだけじゃなしに、PTAから研修費をもらうという状況も随分あった。先生の給料が安い。だから、PTAから研修費という名前で生活費を補助してくれる。ある意味でいえば、親から見た場合に、どれだけか教師の地位を高く見るという問題もあったのかもわかりませんけれども、それにしても、教室の中では、PTA会費を出せないような親もあって、苦労して集めておるのに、教師自身はPTA会費を出さん。そして、PTA会費の中から、教員だけが生活費の足しになるようなものを得ておるというようなPTAとの関係をとっておる限り、対等の権利というものが全然できないのだ。きちんと教師の言い分を親の中へ伝えるわけにはいかんというようなことまで含めて、一切の利用根性を捨てるというようなところに一つ問題を絞って、親との関係をまず整理し始めてくる。あるいはもう一遍改善して、つくり直していくというようなふうに考えていったものです。

それから、親との関係で、もう一つは、本当に親との理解、協力なくして、教育なんて守れんのだ、発展できんのだという意味のことは、皆さんでも、いま理解できる。けれども、じゃあ、親との理解、協力というものは、現実的にはどういう姿で、どうしたものがいちばんいいのかということになると、いま学校で行われておるような状況で必ずしもいいというわけにはいかんだろうと思うのです。当時、ここで理想的に生み出してきたのが、一つは恵那教育会議であったわけです。けれども、これはつぶされてくるわけですから、また育てる会をつくって、そしてPTAに反映させてというようなことをやりながら、またそれが破壊されてくるというような長い歴史があって、非常に困難が重なってきておるわけですけれども、いま皆さんが親との結びつきというふうなものを考える場合、必ずしもこの転換の時期に考えたほど、これでいけるというような感じはなくて、皆さんの中には、「そんなことといってもなあ」という気分はあるだろうと思うのです。「昔はそう言えたかしらんけれども、いまはそうは言えん。父母の中へ入ることはえらいこっちゃ。おれはPTAのおかげでひどい目を食った」というような人まで含めて、気分的にはあるだろうと思うのです。けれども、理論的にというのか、原則的にじゃあこれが違っておるかどうかという問題を、一遍、皆さん、いまここで論議していく必要があるだろうと思うのです。

例えば、権利を守る闘争というような場合に、根強い要求というようなことについて、それは確かだと。要求みたいなものはなくたって闘争はできるんだなどとは考えんという意味で、根強い要求を持っておることについても賛成だろうし、それから、子どもと教育を守る問題の中心が、教育内容、特に教育実践における教育内容の問題になるのだということについても、皆さんご同意できるだろうと思うのですけれども、親との結びつきが必須なものだという問題と、すべての利用根性を捨てるという場合の、結びつきの原則というようなものをどういうふうにイメージしていくかということは、なかなか出にくいいまの状況があるというふうに思うのです。

けれども、その時期でも、そういう言い方をして、何とかそこを切り抜けようとしたという問題があるわけです。

それから、四つ目の校長との関係。ここが最も困難な問題。

「組合として校長に対する態度が、はっきりしていなかったのではなかろうか（それまで、校長を規定したという文章は組合の中になかったわけです）。／そのため、校長先生の個性の面に目をうばわれ（性格がいいとか、にくたらしいとか、そのうちに、顔つきだとか、背丈まで含めて物を言う人があるけれども、ともあれ、非常に個性的な、そういう面に目を奪われて）、個性をとり去った後の校長はすべて敵として、校内民主化闘争ということで、学校の中に必要以上の混乱をおこしていたことも認めないわけにはいかない。」

こういうふうにおとなしく言うところが、非常にその当時の状況を反映しておると思うのです。控え目に問題を出しておるけれども、本当はあるんだと、こういうことを言いたいわけです。私もそういうことをやってきておったということはいっぱいあるわけですから、個性の面をとれば、みんな校長は敵で、むしょうたらやっつける。やっつけておりさえすればいいと思っておったときがあるわけです。だから、あの人は人柄がいいとか、あの人は理解者だとか、あの人は考えがいいとかというと、校長先生というけれども、そうでない、一般的な管理の権化みたいな顔をしておるという人は、もう全然見向きもせん。一緒に酒を飲みもせんというような意味で、非常に校長の個性というような面だけにとらわれて、校長というものの持つ地位とか位置というようなものを全く無視というか、軽く見ておったという問題があっただろうと思うのです。

「私たちは、いま、行政機構を通じて分裂と弾圧を図る攻勢の中で、行政の末端である管理職としての校長に対して、すべて敵として争うことは、本当に正しいことなのであろうか。職場は矛盾に満ちているが、私たちは小さな矛盾に目をうばわれて、主要な要求をみのがしてしまうわけにはいかない。／そのために、管理職としての校長と、組合員の要求や利益とは一致しない面も多々あるが（いまは多々ぐらいじゃないわけでしょう。「日の丸・君が代」で、もう決定的ともいえるような矛盾にぶつかってしまうという問題もあるわけですから）、無暴な攻勢とたたかうためには、校長と協力してたたかわなければならない面が、ますます多くなっていることを考えなければならない。それには、私たちが、校長の立場を正しく判断し、対立する面を強調しないで、統一できる面を拡げることに努力するべきである。」

皆さん、「とてもじゃない、そんなことは、言ってみるだけの、昔の話さ」みたいな顔をしておられるけれども、今でも、どうやってこういうふうにしていくのかという問題はあると思う。そうでなければ、ますますやられてくるという問題があると思う。

どうやってというのは、当時、勤評闘争等も含めてよくいわれたことで、私もよそでも何遍も言ったことがあると思うのですけれども、校長はアマガエルで、教育長はヒキガエルだと。でかい顔をして、こうやってにらんだような顔をしておるけれども、へそはない。校長もへそはない。お天気次第で、下の色が変われば、赤くもなったり、青くもなったりして、それで、いじめれば、小便かけて逃げていくだけというのが大体アマガエル。それで、天気予報はよく知っておって、あした雨が降るぞというようなことだけ、があがあといって、あっちの色になったり、こっちの色になったり、どこやしらんの枝へとまったりするみたいなもんだというようなことを、勤評闘争以降の中で、私たちはよく言い合ったものです。要するにへそがない。そういう本質的ないまの管理職の弱さというものが矛盾としてある。支配の側から生み出されてくる管理職は、へそが持てないわけです。選挙制度でつくるような管理職だったら、へそ持ちの管理職になるだろうと思う。けれども、上からの都合でつくられてくる管理職なので、へそを持っておっちゃ困るから、いわゆる母体から生み出されるという哺乳類としての証明は何もないわけです。へそはない。せいぜい両生類みたいな形のものです。

そこの問題を、もっと自信を持って見なさいなどと言ったって、自信が持てるわけじゃないし、そんなこと言ったって、嫌いなものは嫌いだし、悪いやつは悪いしということで毎日お悩みだろうけれども、どうでしょう、一年三六五日のうち一〇〇日ぐらい校長のことで悩んで、あと一〇〇日ぐらい同僚のことで悩んで、そしてあと一

○○日ぐらいうちのことで悩んで、六五日子どものことで悩むという、そんな言い方は非常に失礼ですけれども、三六五日のうち一○○日ぐらい校長のことで悩むのだったら、われわれはそこでどうやって対応するかということを考えてみなきゃならない。それも皆さん、何か校長との関係さえうまくいけばいいということじゃない、子どもと民主教育を守ることに関係するわけです。民主教育と子どもを圧迫してくるから、校長とたたかわなきゃならんということですけれども、たたかうという立場だけで、本当に変えれるかどうか。もう一つ言えば、たたかうということはどういうことなんだということをうんともう一遍考えてみてください。いかに統一するかという問題を抜きにしてしまって、たたきつぶして、みんなどの校長もノイローゼにして、自殺してもらうのかということです。どのような者が来ようと、何をしようと、全部三日後には自殺してしまうというような状況をつくるわけにはいかんだろうし、そんなことをして学校がよくなるとも思わんでしょう。

そういう場合に、ともあれ、どうやっていい校長を生み出すかという問題なわけです。皆さんも子どもと似ておるのです。子どもが担任の先生を選べないのと同じように、私はこの校長先生がいいと思ったって、違う、嫌いな者が来てしまう。子どもはじっとこらえておるのです。それで、私もじっとこらえておるというわけにはいかんでしょう。だから、この転換の方針等の中で、もう一遍みんなで本当に考えてみなきゃならんことは、ここらの問題だろうと思う。

そこのところでいえば、当時、私たちも確かに校長を敵としてたたかう面というものを一般的に持っておった。そこを、転換の方針によってかえてきたわけです。さっき申し上げたような転換の方針の立場を正しく判断していったときに、逆にいえば、校長との結びつきは強くなった。それの最たるのは、私の個人的な関係でいえば、私と三宅武夫先生の関係です。この間、三宅先生がお亡くなりになって、私も非常に悲しい。三宅先生は私を大事にしてくれた。けれども、最初、私は三宅先生を最たる敵みたいに思っておったものです。それがどこで変わったかというと、この転換で変わっておるのです。この転換がきっかけで、勤評闘争を通じて三宅先生を理解したというだけです。転換しておらなんだら、三宅先生の個性の面にとらわれて、どこまでいっても何か虫が好かんということで、排除の論理だけで済んでしまっただろうと思うのです。私自身でも三宅先生のとらえ方、見る目が変わったと同時に、三宅先生も、私だけに限らないですけれども、組合を見る目を変えてきたということの一つには、組合の側の転換の方針がいろいろな形で作用したと思う。

それは妥協するとか、全部よく見るということでも何でもないのです。皆さんも、何とかしたい、どうかせんならんともだえておられることは確かだけれども、そういうもだえを、私たちはもっともっと組織的にやらなきゃあかん。ひとりだけでもだえて、だれやしらんはもだえてけんかする。だれやしらんはもだえて仲よくやっておる。そうやってもだえる側が割れておるようなことではだめなのです。本当に、対応する層としてどういう方針を持つかという問題は非常に大事なのだろうと思うのです。

こういうことは、いろいろな形で、私たちもその後の運動にも生かしてきたと思うのです。当時一緒におられた先生ならお気づきだと思うのですけれども、例えば、西小学校で、七〇年代、生活綴方が再度学校規模で復興してくるというようなころ、校長先生との関係で問題はいっぱいあったのです。西小学校は学校が汚いとか、学力が低いとか、特にそのころ時実理論みたいなものが大変あって、前頭葉の大好きな校長先生がおられて、前頭葉、前頭葉といっていつもかも言われるわけです。それで、西校の子どもには前頭葉が発達しておらんという話です。本当にそんなような古い本能みたいなものしかないみたいなような言われ方でしかられるので、怒って、校長先生にいろいろなときに食いつくけれども、結局何をしたかというと、その校長先生のところへ子どもの文集をいっぱい持っていって、「おまさん、とにかく、これを読まっせ。それまで一切校長室から出てこんでもええ」と、各学級でできた文集を持っていって、とにかく去年子どもが何を考えておったのか、そして先生はこういう文をなぜ評価したのかを本当に知って、それで前頭葉の話をしなさい、というような意味の話をした。その校長先生は非常にまじめな人だったので、本当に幾日も幾日もかかって校長室の中で文集を読んで、ちっとも職員室へも出てこなかった。そして、それから全く変わって、生活綴方ができる校長になったわけです。

だから、もだえるというのは、いろいろな形はあるけれども、校長が真に子どもの立場に立つようにどうするかという問題になるわけです。いまでいえば、「国連子どもの権利条約」のようなものです。ああいうふうな立場に校長が立ち得るようにするには、教師がその目を変えてやらんと、なかなか立たない。また、ひとところ立てば全部立つというわけじゃないので、矛盾はいっぱいある。けれども、基本のところでどうするかという、その基本へ向けて、われわれが校長とどう対応していくかという問題なのです。そういう点では、校長との対応の問題というのは、実は教師としての基本の部分で対応するというようなことをもっとやらないと、うんと難しいと思うのです。

いま、校長との関係について申し上げておるわけですけれども、私は、皆さんがいちばん苦しんでおるところはそこだろうと思うのです。けれども、敵として冷やかに見ておれば、それで学校がよくなるというふうにならないところに、もう一遍目をつけてもらいたいと思う。校長を一年中悪く言っておったら、本当に学校がよくなったという例があるなら出してもらいたい。そうかといって、校長先生、校長先生といっておだてておったら、その人は居心地がよくなったかしらんけれども、学校がよくなっちゃったという例もないと思うのです。学校がよくなった、子どもが幸せになった、真実が学べるようになったというふうになっていくにはどうするかという問題なのです。だから、この転換の方針というようなものをいまの状況の中で生かすために、組合なら組合としての総合された対応の問題というか、方針というようなものを、非常に整理しながらはっきりさせるという問題は重要なような気がします。

ここのところは、個性の面も含みながら、それから、戦後の支配の側の校長支配、校長利用という問題もいっぱいあるわけですから、そこのところを抜いてしまって、教員組合だけの立場でどうかなるということを言っておるわけじゃないのです。支配の巧妙さというものもあるわけです。けれども、現実、校長が持っておる、いわば公的地位というものをわれわれは全く無視するわけにいかん。校長先生がこうおっしゃったというのと、石田和男がこう言ったというのでは、親の受けとりが違うわけです。心ある人は、それは石田の方が信頼しておくれたでいいわなどというふうに、自分だけ安気になっておったって、公的な意味での力にはならん。せめて校長の言うことがいつだって教育的なことで、らしいことを言ってくれるようにしたら、もっと親に違うと思うのです。せめて親に物を言うときは、校長先生は、職員の意向を受けながら、いちばん教育的なエキスを少しだけお話ししてくだされば結構ですと。ばかみたいな話を長々、長々とやってたわけにされるより、というような意味も含めて、校長の問題というのはいろいろあると思う。だから、そういう意味で、やっぱり校長の問題というものをひとつ本当に考えてもらいたい。

それから、あと職場の問題というようなことについては、中心はここです。

「何もしゃべらないで決めるより、みんなで話し合って決まらない方がよい」

それに徹することだという問題です。これはまた大変なのです。何と決めたいことの多いことか。いまの学校というものでいえば、何もしゃべらないで決まるよりも、しゃべって決まらない方がいいということなら、何も決まらんわけです。それが何とたくさん決まることか。いかにみんながしゃべらんかということです。だから、本当に、民主主義というようなものをもっとうんと根底の問題として考えるなら、何もしゃべらないで決まるよりも、しゃべって決まらん方がいいということに徹したら、非常にうまくいくだろうと思うのです。

授業もそうだろうと思う。子どもとの関係だって、先生がしゃべりまくって、はい、きれいな授業でしたなどといってやっておる。それで、子どもにしゃべらせることは決まってしまったこと、本当に子どもが何にも結論を出さなきゃならんことはないわけです。授業は結論を出す場じゃないと思うのです。一つひとつ結論を出して、何かそれを登録していくという必要はないわけです。それなのに、むしょうに結論を出したがる。一時間、一時間、全部結論が出ておらんと気にくわんというのがいまの支配だと思うのです。だから、子どもは何も決めないけれど、結論だけはちゃんとだれかが出してくれると、こういうことになっておる。学校がそうなのです。職場の問題はもっといろいろあるわけですけれども、いちばん中心でいえば、そういうようなことだろうと思います。それから、そうなるとあと組合の問題になるのです。

(3) 組合の体質を変える——自由論議

組合の問題では、ここでは、協議員会がお通夜の異名を持っておるというふうに言っておるわけですけれども、先ほどの『人間の壁』の映画のところもそうだったです。あの分会、宇野重吉への退職の攻撃をめぐるあの職場討議は何と重苦しく、お通夜ほどよりはちょっとはしゃべったけれども、手を挙げかけてとまったあの女教師の表情などを見ていると、まずお通夜。いま、ああいうところまでいかん職場というのはざらだと思う。それよりも、黙っておった方が早く終わるでいいとか、決まったって、どうせおれはやらんでと、もう腹をくくっちゃったというような人まで含めていろいろおられるようですけれども、ともあれ、そのお通夜をいかに脱却するか。ここも、みんなでしゃべるということがいちばん基本だろうと思うのです。

それで、当時は、指導部のというか、分会なら分会執行部、組合なら組合の執行機関の、いうなら、官僚性をどう払拭するかという問題が中心だろうと考えた。結局、主観的には官僚主義ではなかったけれども、客観的には官僚主義的な役割しか果たすことができないような、そういう弱さを持っていた。そのいちばん中心は、こういうことです。みんな出たがらんのに、無理に出される。おれはこれだけえらい目をしておる。そこです。おれはこんなにえらい目をしておるのに、みんなはちっともえらい目をせずに、楽をしておると思うと、そう思った途端に、皮肉って出るか、怒って出るか、無視するかは別として、必ず、「おまえんたあは楽だなあ」という立場のものがいろいろな形で出てくる。おれはこんなにえらい目をしているという、その問題。そこから私の得た教訓は——そういいながらも、私は依然として官僚主義的な体質が抜けない癖があるわけですけれども——やった限りは、自分が好きでやったと思うよりしょうがない。本当にそうなんだと信じ込まなきゃいかん。おれはやらされたと思う限り、必ず、人に「おまえんたあは何もやらん」といって出るに違いないわけです。だから、組合に限らず何でもですけれども、役員となった限り、「おれは好きだでな、おれは好きだでな」と思わなきゃいかん。どこまでもそう信じ込むようになってもらいたいと思うのです。人のせいでないのだと。それでおれが損したのなどということを言うものじゃない。好きだったと。それで、好きこそものの上手なれになればいいけれども、好きなくせに、下手の横好きみたいなやつで、やることは下手だということは割合あるかもしれんけれども、それにしても、本当に好きだというような理解の仕方というものをみずからしていかん限り、官僚性というものはなかなかなくならん。やらされておるとか、おれは損だとかというふうな思いというものは、必ず指導の上では官僚的になるというふうに私は思うのです。そういう意味では、役員が官僚化しないという問題が、非常に大事な問題だろうと思うのです。

そして、お通夜を脱する鍵として次の三つのことを考えたわけです。ここでいまさら言う必要はないのですけれども、一つは、組合の会合での問題をみんなの要求に合ったものにしなきゃいかんということです。本当にそのことがまず考えられなきゃいかん。みんなの要求などというものは丸っきりなしの議題とか、要求とはほど遠いところを議題にするという問題なんか、ご経験の方もたくさんあるかと思うのです。それから二つ目は、決議することばかりをあせることなく、納得することこそ大事にする。そして、三つ目は、決議は単純多数決制をやめて、出席者の過半数による多数決制にしなければならないということです。いまは単純多数決制ができる状況もない。全部決議はなし。なし崩しというやつです。少し決議してもらいたいと思うようなことでも、なし崩しで、「うーん、まあ、みんなわかったことにします」などといって、全部やらんでも済むというような、そういう決議なら決議になっておらんわけですから、そういう意味でいえば、決議というものをするなら非常に厳密にやらなきゃいかんということも思うわけですけれども、決議をあせらないという問題。

それから、役員というのは、さっき言ったように、いわゆる官僚性のもとを自分で自覚的に抜いていくという問題も含めながら、ここでは、説得、納得というような言い方ですけれども、役員のいう指導という言葉です。指導機関などといわれると、何かしら指導主事の向こうみたいな気になってしまっておってはいかんということです。

このごろは、私は指導という言葉を全面的に抜いてしまえばどうだということを提唱しておるけれども、抜いたら学校は成り立たんという話ですが、指導という言葉を教育というふうに全部言い直す。「では、この問題を指導しておいてください」などというかわりに、「その問題について教育をきちっとしてください」などといえば、どうやるかわからない。指導しておいてくださいといえば、押しつけるということだけはよく知っておる。いま指導ということは押しつけるということです。無理無体に何でもやらせる。おまえは指導性がない、おまえは指導力がない、おまえは指導しておらんじゃないかということは、子どもに無理に押しつけておらんということだけです。だから、最も指導性の強い人が、神戸の高校の人みたいに、子どもの頭を割ってしまうという問題になると思う。ひどい言い方かもしれんけれども、本当に指導というものは押しつけるという別の意味を持った言葉になっておるという中でいえば、民主的な諸機関も含めて、一遍、指導ということにかわるものをもって、本当にみんなが理解と納得というようなもので事が進めれるような、そういうふうな問題としてでも考えてみる必要があるのじゃないかと思います。そういうことが転換なのだというわけです。

それなら、どうやってそれを進めていくのかということの保障は、たった一つです。それは最後にあることですけれども、「私たちは、ここで自分の意見を率直に述べることが何より大切であることを知らなければならない。／私たちは、今まで、自分の自由な意見は、酒を飲んだ時や、宿直室の片隅や、ほんの二、三の同僚の間でしか吐くことが出来ないと言うような、不自由な経験を、あまりに多く得たのではなかろうか（それはまさにいまもそうだと思うのです）。／またそのことが、職場での会合の折など、『こんなことを言っても、どうせ最後には否決されるにきまっている』とか、『下手なことをいうと、組合意識が低いなどと、いわれるのではないか』という点で（これだけはいまないわけです。組合意識が高いとも言われなければ、低いとも言われない。下手なことを言うと、あれは組合員じゃないかと、こう言われるのじゃないかというぐらいの心配があって、組合意識が低いなどといって心配しておる人もなければ、片一方の側も何も思わん）、問題を納得しないどころか、深めもしないままに追いやっていたことが、職場の暗さを自ら招くことにもなっていた一面であることについては、反省しなければならない。／あるいは、お互いに反対の意見が出ることを恐れ、反対の意見は分裂に通ずるというような、錯覚におちいっていたきらいはなかったのだろうか。／だが私たちは、ここで、反対の意見が出ることよりも、反対意見も出ないことこそが、分裂の危機に近いものであることを率直に認めよう。／そのために、私たちは、お互いの考えや意見のちがいを認め、尊重しながら自分の意見に固執することなく、自由な論議をたたかわせ、組合員相互のへだたりを、説得と納得によりたたかわせ、真に根強い自分たちの要求を、組合員相互の一致させ、真に根強い自分たちの要求を、組合員相互の信頼と団結でしつようにたたかいとる運動を進めなければならない……それ以外に転換の保障はない。……自由論議の花の咲くところにこそ私たちは、勝利の道が開かれている。」

そこのいかに自由論議の花を咲かせるのかというところを本当に重視したわけです。それから後は、例えば、ある時期の組合の機関紙も『自由論議』というようなものに名前をかえてしまったりして、自由論議、自由論議といって、「自由論議とは難しいことやが、一体どういうことや」という論議を、執行委員会でもがたがた、がたがた何度もし合ったりして、とにかく自由論議という問題がみんなの中に定着をしていった。

そういうことの中でさらに問題は出るわけです。自由論議をすると、今まで、組合意識が低いと思われると嫌だというので出にくかった問題が、いっぱい出るわけです。そうすると、また矛盾です。自由論議の花が咲くところにこそ、勝利への道があるというけれども、自由論議をすればするだけ、おれは本当はやりたくない。おれはそんなことは今までは嫌だった。今までは黙って出していたけれども、こんなことを出すことはおいたというような意見が出る。すると、自由論議のおかげでどだいおかしくなってきたというような見方で見る人も、片一方あったりしながら、転換が、「転換」じゃなくて、実は病気の「てんかん」じゃないかという人まで出てきたわけです。けれども、なに、「てんかん」と言われようと何と言われようと、転換の方針を高く掲げて自由論議の花を咲かせるということに、当時は一生懸命になったことは確かです。

皆さんは、組合でも、その他のところでもご経験されたことはないと思うのですけれども、このときの組合の大会スローガンはたった二つ。今までは横いっぱい並べてあったものを全部取り去って、「子どもの問題で父母の中へ入ろう」と「説得と納得で組織を強化しよう」、これだけが大会のスローガンだったわけです。それでも、大会で、けんけんがくがくこれが論議されたというわけでもないですけれども、つつがなく、これはこれとして、方針は通った。

そして、これが真に具体的にみんなの中へわかっていくというようなのが、例えば、「鮎と大会」の話です。

この一年のうちにいよいよ愛媛で勤評問題が起きてくるわけです。それで、日教組は、愛媛闘争ということで、ちょっと金額は忘れたのですけれども、日教組にある総力、当時二億円だったか何億だったかを愛媛の労金かどこかへ持っていって、でーんと積んで、物量戦術で、全国集中でやるというふうで、向こうも向こうでやるわけです。そして、愛媛を決戦場として、厳流島のたたかいみたいなつもりでやったわけですけれども、愛媛では教組側は負けるというようなことがあった。

だから、私たちは愛媛の闘争を総括しながら、長期的にわたって巻き返すたたかいというようなものをどうするかということを考えざるを得んわけです。全国的にいえば愛媛の闘争で負けた。じゃあ、全国的に巻き返していく、その長期のたたかいというものをどう構想するかという、そんなことから教育会議を結成する動きが始まったりして、転換という問題が、統一ということを含めて、あるいは団結を強めるという実感も出てきて、みんなにわかりかけてくるわけです。

それは、端的な例でいうと、例えば、組合の決議機関で継続審議がものすごく多くなるわけです。いろいろな意見があまり出ないと、はい継続審議。それから、極端な、小さい意見は別として、反対意見と賛成意見とが相当大きな隔たりがあったり、結構な数の反対意見があれば、もう一遍それを持っていって継続するというようなことで、継続審議という形で、組合の機関での決議が非常に長いことかかって行われる。何回も職場へ戻っていっては論議してくるというようなことをやって、もたつくわけですけれども、みんなの意見が反映されるようになって、なるほど、これが民主主義かということがだんだんみんなにわかってきた中で、いよいよ組合の大会が、転換以降の二年度行われるということになった。

それで、いまなら、私みたいな者まで鮎の友釣りに行くわけだから、鮎の解禁というものは、お祭りほど人がおるし、教員の中でもどえらい大勢行く人がおるけれども、そのころは、それほどでもなかった。私ももちろん鮎の解禁などには行かなかったし、鮎の友釣りなどということをやらなかった。けれども、昔からやる人で、非常に好きな人は、鮎の解禁というものに行くのが最大の楽しみだったわけです。

それで、転換の年までは、鮎の解禁の日に大会の日が重なるとか何とか、そんなことを言う者はだれもおらなかった。数も少なかったということもあるのですが、どうしても行きたい人は、黙って休んで行くだけだった。その人たちでも組合の大会へは来なきゃならんという意識は強かった。けれども、鮎の解禁などへ行きたいといえば、組合意識が低いといわれるわけですから、なかなかそういうことをよう言わなんだわけです。

それで、この転換をやった次の年の大会を開こうと思って、私どもは鮎の解禁の日などということを知らずに、組合大会の日を提案したら、そうしたら初めて出てきたわけです。「今まではよう言わなんだけど、今度組合が提案しておる日は、鮎の解禁の日やないか。わしはあんまり今までよう言わなんだけど、鮎の解禁の日だけは、お正月よりもおれは大事な日やで、何とか鮎の解禁の日だけ延ばしてくれんか」と、こう出たわけです。

それで、すかさず、そこは皆さんで論議してくださいといって問題にするけれども、執行部としては非常に喜んだわけです。ああ、これぞ転換の非常にいい問題だと。それまでなら、何といったって重要なのは組合の大会ですから、そんなことはだめですと、こう出てしまうやつが、それはご無理ごもっとものような気もするので、非常に大事な問題なので、皆さん論議してくださいということで、わあわあと継続審議をやった。そして、そんなら、鮎の解禁の日はおこまいか（やめようか）、その次にしよまいかということにたしかなった。それで、ついに組合大会の日をずらして、鮎の解禁というものに自由に参加してもらう。それから、張り切って組合の大会へも来ていただくと、こういうことになって、転換ということは、鮎の解禁が組合の大会より大事にされるということだというふうになったわけです。それは、鮎の解禁が大事か組合の大会が大事か、二者択一的に論議をして、どちらかに値打ちを決めるなどということじゃないのです。みんなの気分がそうなら、それしかしょうがないのじゃないかということです。しかも、理論上、それに反対する人はいくらでもあるのです。「この重要な時期に、鮎の解禁のことばかり言っておって」などと言う人はあるのですけれども、そんなことをいって理屈で押し込めてみたって、片一方の人が納得するわけじゃないという中で、お互いにそこのところを理解し合うというような意味でいえば、理論上どちらが正しいというわけでもなく合意できたということがあった。

それでみんな転換がまたわかったわけです。「ほお、言えば、聞かれるな。だから言わなきゃいかん」ということです。自由論議の花が咲くところにこそ勝利の道があるというようなことが、本当になるわけです。言いさえすれば、道は開かれていくという問題がわかったし、それを理論上、あるいは理屈の上で押しつけてくるというような執行部の態度でもないというような意味で、「鮎と大会」ということが、以降話題として残ってきたわけです。

それで、このごろは、もう話題にもならずに、解禁の日は外しているというところへきたわけです。もう一遍、反対にするといいと思う。解禁より大会が大事じゃないかと、一遍そのぐらいのことを今度は言い出して、執行部を困らせるぐらいのことを言ってみるといい。当然、解禁の日はないもんだみたいに思ったり、そんなものはいくら休んだっていいという人もある。もう一遍、今度は逆な意味で、すべてのことをなげうって組合の大会というものを最大重視するような、そういうような雰囲気をみんなでつくり上げなきゃいかん。出席者が半数あれば成功だなどというふうに思っておってはたるい。委任状で何とか数を埋め合わせるなどということが常道にならんようなことをどうするかということが、実は、今日的な意味でいえば転換なんだろうと思うのです。転換というものは、真に組合員が組合意識を強めていくというふうなことなのです。一見弱い、実にぬるぬるとしたものだけれども、当時はそういうようなものとして考えられていったわけです。それがその後の勤評闘争ということに発展してくるわけです。

えらく転換のことだけ長いこと言いましたけれども、ここのところを十分のみ込んでおいてもらうと、それなら皆さんがこれからどうすればいいかというときに、皆さんがきょう、一九五七年のこの組合の大会で出された転換の方針を、こういうものとして理解し合ったとしたら、じゃあ、この方針で勝利していくめどというものをどういうふうにつけていくかという問題になるのだろうと思うのです。

ところで、皆さんのお手元に資料としてお配りした「運動方針案」は、当日までには相当修正されていくわけです。最終的な正確なものは、『教師の友』の第七巻の方に収録されておりますので、今後、資料として使いたいという方がありましたら、『教師の友』に出ておる方を利用していただきたいというふうにお願いします。

そのぐらい間抜けといえば間抜けだったということですし、慎重といえば慎重だったということですけれども、一つの文章ができて、持っていって、論議していると、いろいろな意見が出てくる。誤字脱字はともあれ、そのところを修正してしまうというのが、当時のくせだったわけです。だから、教員組合の文章というものは、行って、説明をしておるうちに、いろいろな意見で修正されてくる。

先ほどの校長のところでちょっと例だけ言いますと、原案は、「校長先生と協力しなければならない」と、これだけになるわけです。そんなことをいってもといっていろいろな意見が出ると、それが反映されていって、最終的には、「協力してたたかわなければならない面が、ますます多くなっていることを考えなければならない」というふうに、論議の中で補充され、もっと正確にみんなの意思が反映されるようなものになっていくわけです。

(4) 勤評にどうたちむかうか

そんなことを言っておると切りがないので、少し先へいきますけれども、その年、そういう運動方針の転換ということが始まってから、全く矢継ぎ早にいろいろな問題が起きてくる。運動方針の転換をしたのは七月九日です。七月九日の支部の定期大会で運動方針を決めて、もうはや一〇月には勤評反対が出るわけです。当時は、いまでいう支部委員会のことを協議委員会といっておったのです。それで、臨時協議委員会というのを開いて、勤評反対闘争方針を決定するということで、転換が直ちに勤評闘争という問題の中で具体化されていくわけです。レジメのところについておる資料を見ていただければわかるわけですけれども、勤評闘争の方針というのは、『教師の友』にはずっと載ってくるわけです。

それで、運動方針の転換も、全国的な論議の中ではいろいろもめるところがあるのですけれども、勤評になるともっともめてくる。

最初、どこから私たちは勤評を問題にするかということで、当時、組合機関で出した問題は、勤評というものは先生の通信簿だとか、いろいろな言い方で、支配の側からは出てくるわけですけれども、教師の側が勤評について一致しておることといえば何なのだろうかということを考えたわけです。いろいろな意見が教師の間にあるけれども、すべてに共通していることとしては、勤務評定は教員をいじめることによって、教育をゆがめるものというふうに理解する点は全く一致できるわけです。教員をいじめ、教育をゆがめるという点については、勤務評定が、教師の自由を奪うことで、教育の自由を奪おうとしていることに特徴があるというとらえ方です。そこに一致する点があるわけです。この一致した見解こそ、今後組合として勤評を問題にしていく基本的な観点、視点になるはずだ。それを深めることによってのみ、勤評の本質をつかむことができるのだというのが、このときの勤評闘争を阻止するための闘争方針案の最初の問題提起だった。

そういう問題のとらえ方みたいなところが、やっぱり転換というようなものから始まった、これも発想の一つの転換だったと思う。勤評とはそもそもどういう政策の上から出てきて、どうやってこうやってというようなものの分析というようなことをざーっと先へ出さずに、勤評についていろいろな意見がある。そういうことの中での教師のいま一致しておる点は何かという点をさがす。そして、その教師が勤評について一致しておる点こそ、勤評を協同してたたかっていく基礎になる。それを深めるというか、それを発展させていくということの中に、実は勤評の本質をもっと明確にする糸口があるのだ。そういうような切り込み方、これはそれまでの闘争方針書というようなものとは少し違った構えでもあったし、そういうふうにしか発想できなかったということになるわけです。

さて、そこから出てくる問題とは何かといえば、だから、勤評については阻止したいという問題が出てくるけれども、阻止できるという確信まで出ないわけです。だから、そういう勤評にどう対処するかという問題について、私たちの間には二つの異なった意見があった。「君が代・日の丸」論議もそうですけれども、一つは、そんなことといったって、いまの情勢では阻止できないという意見。いま一つは、みんなが本当に団結してたたかえば阻止できるんだという意見。勤評についてもそういう二つの意見が組合の中で出てくる。

そこで、じゃあ、われわれは一体何を重視したかというと、阻止できんというやつは、日和見的な、最も負け犬根性だというようなことでぴゅんと放かるのでなしに、この意見というものはまだ十分論議される必要があるけれども、どちらにも共通している点といえば、「できれば阻止したい」ということになるわけです。いまの情勢では阻止できんという側にも、できれば阻止したいという願いは当然あるし、片一方の、団結すれば阻止できるというのも、これも団結という形で闘争して阻止したい。

しかも、困ったという言葉の裏には、この問題は一般の父母に理解されない、あるいは理解されにくいという、私たちだけという孤立感がある。そこの点がいちばん困った問題。教員だけでも団結するとか何とかというけれども、勤評は教師の通信簿だと、こういうふうに攻勢がかけられてきておる中で、親には理解されにくい。何しろ、いい先生か、悪い先生かという問題を、勝手に管理者が決めて、そして、それによって給料にまで差をつけるというような差別的な政策をとっていくというのは、普通の親から見れば、どこの会社へ行ったたって勤評があると。大体、間に合う人と間に合わん人とで給料が違うというのが、一般の会社の状況になっておるという中で、教師がそういう状況におかれることについて、親の中では実に勤評が悪いものだなどという理解にはなかなかならん。親には教師の立場が理解されにくい。それが実は困った問題。その困ったところを何とか打開しながら、「阻止したい」というところを、「阻止する」というところまで高める闘争をどのようにして組むのかというのが、この恵那地域での発想であったわけです。

だから、勤評闘争ということについては、最初のうちは自信がないわけです。「阻止する」という、いわゆる根強い要求というか、確信を持つというところまでいかんわけですから。「何とか阻止したい」というだけでは、本当に行動に確信が持てない。その問題をみんなで考えてみる必要があった。どうやって阻止するかということで、いろいろな意見は出たけれども、どの行動にも確信が持てない。例えば、「一斉ストも辞せず、犠牲も覚悟で、教組だけでもたたかえ」というようなすばらしく強い意見がある。そんなことをいったって、それもどえらい自信のあった意見じゃない。それしかないと思って、やけのやんぱちみたいに言うわけです。それから、「父母の支持を得たいが、どう働きかけてよいのかわからん。玉砕はだめだし、父母へ働きかけるのも難しいから、通っても心配ない職場をつくればいいじゃないか」と、こういうやつはいちばん真っ当みたいで、いちばんだめです。がたがたで通ってしまうのだし、父母へも理解されんので、おれたちの職場だけいいふうな職場で、勤評なんか通ったってどうってないという職場にしてしまえばいいじゃないかと。日和見というものはそういうところへ出るわけですけれども、そういうような意見になって出てくる。

そこをどうするかということで、この三つに分かれた行動の方向が一致している点は一体何か。それは、闘争についての行動に確信が持てないということが一致しておるわけです。確信に満ちた行動であってこそ、自主的で創造的なたたかいとなり得るのに、行動の方向に確信がないようでは、たたかいが発展することは不可能で、自主的でないところにたたかえる保障はない。ここに勤評に対応する、いまわれわれ組合のいちばんの悩みがある。何とか阻止したいけれども、行動には自信がない。これがわれわれの現状なんだという問題をみんなで考えてみようということで、もう一遍運動方針に集約された、あの転換の方針から考えてみよまいということになるわけです。

転換の方針では、たたかいを勝利に導くには、第一に要求が真に根強いものでなきゃいかんと言っておるが、その点でどうか。第二には、父母に私たちの要求の正さが認められるか。そしてできるだけ父母とともにたたかうという状況ができるか。この原則をもう一遍正しく確認して、それを忠実に履行する以外に、勤評を阻止する方向というものは出ないのじゃないかという問題を私たちは提起した。

そして、そのために、勤評について、当面、どういう点をはっきりみんなで論議しなければならないのかということとして、ここでは七つほどの問題を提起しておる。一つは、勤評について一般的に困ったといわれておることは、自分自身にとって一体どういうことなのか。それはみんなの問題とどういう点で一致しているのか。それから、勤評は、「なろうことならない方がよい」という程度のものなのか、「絶対にあってはいかん」というものなのか。皆さん、こんな重大な問題で皮肉ったような問題ばかり出しておって悪いけれども、例えば、君が代などというものは、「なろうことなら歌わない方がいい」という程度のことか、「絶対歌っては、本来はいかん」というものなのかというようなふうにとらえ直してみると、「なろうことなら歌わない方がいい」などということかどうか。勤評だってそういうものです。

それから、私たちが子どもに責任を負う教師として考えてみた場合、子どもに対する教師の責任として、勤評はどのように問題になるのか。教師の責任として見たら、一体勤評はどういうものであるのか。それから、私たちのたたかいが父母に支持されるということは、父母にとって、勤評のどういうことがわかったときに父母に支持されるのか。勤評のどこが父母に理解される点になるのか。勤評の何がわかればいいのか。それから、勤評について父母とともにたたかうという場合、勤評の持つさまざまな面のうち、私たちにはわかっても、父母にわからない面とは何なのか。いまの学校のことだってそうだと思うのです。いろいろな学校の中のことで、自分たちにはよくわかるが、親にはさっぱり、いくら説明してもわからんという問題がある。そういうことでぶつかられることがよくあるのです。いわゆる体制として支配されてきたような問題で、「それで私たちは反対するんやけど、ちっとも、反対しても通らんので」、「通らんといって、どうさしたの（なさったの）」などというようなことを言われても、学校のいまの体制のもとで、校長の言い方やら、地教委からの何やしらんやら、指導要領からはじめて、がーっと締めつけておる厚みみたいなものは、自分たちではよくわかっておることだけれども、親なんかで見れば、「なんでそんなことにする。先生、反対なら反対で、ちゃんとやれ。そんなに大勢組合員の人がおられや、反対にならんかね」などというようなことを言われてしまって、ちっともわからんということがある。ああいう意味でいえば、勤評で、教員にはわかるけれども親にはわからんという問題は一体何か。そういう点についてはどうしたらいいか。

それから、勤評というものは先生の通信簿だというふうに思うことは、実は勤評の本質をぼやかしておることではないのだろうか。本当に先生の通信簿なのかどうか。それから、勤評というものは、だれがどうしたときに実際にやめさせることができるのか。

そんなような問題を、いまの困っている段階でということか、できることなら阻止したいけれども、行動に確信が持てんという段階で、うんと論議しなきゃなるまいというふうに問題を提起して、そこのところに論議の中心を絞った。

じゃあ、組合としてはどうするのか。そこで日本中にはしかられる問題になったのですけれども、岐阜県だけでも、恵那地区だけでも勤評を阻止したいと、そういうふうに思うわけです。愛媛で阻止できなかったというものを、岐阜県だけでも、恵那地区だけでも阻止したい。勤評というものはいくつかの弱点を持っておる。ここの点をはっきりさせなきゃいかん。憲法や教育基本法に違反しておるというようなことから始まって、勤評の本質というものを国民に明らかにすることができんという、支配の側にはそういう弱点というものがあるわけです。先生の通信簿といってごまかす以外に、本当に勤評というものは何のためにやるのかということを支配の側が言えない。それから、二つ目は、勤評を実施するのは地教委が実施する。それも向こうの弱点なのです。いくら今日の教育制度が官僚支配の体制になっておるのが強くても、文部省が一括して勤評をやるというわけにいかんわけです。勤評を実施するというのは地教委の責任でやるということになると、今度は地教委が問題になる。これが二つ目の弱点です。

この二つの弱点においてわれわれが勝つという方法をとったらどうだ。ここが実は教育会議へも発想していく出発点の一つです。簡単にいえば、勤評の本質は教師の権利を剥奪するものだというとらえ方ではなくて、教育を本質的にゆがめるものだ、教育の自由を剥奪するのだというふうな点でのとらえ方の問題がここでは特徴的にあるわけですけれども、その点が親も含めてみんながわかって、地教委へ願いや要求を突きつけていけば、地教委は勤評を実施するという立場に立てないわけです。いわゆる、住民の要求に沿うという限りではそうなる。だから、勤評のこの二つの弱点の部分で、いかにわれわれが勝利するのか。そこのところにわれわれの側の勝利への展望というものを切り開いていかなきゃいかんというふうに問題にしながら、そうなるためには、父母とともに行動しない限り、地教委が拒否するという保障はない。嫌でも親と一緒にやる、父母とともに行動するということでない限り、地教委が教員組合だけの要求で勤評を拒否するという事態は生まれてこないというところに到達したわけです。

では、父母に働きかけられないということは一体どういうことなのか。それはやっぱり勤評のつかみ方がおかしいことなんだ。勤評の問題を教師の問題としてだけとらえておるわけです。教師がいじめられることは確かなのです。教師の権利が圧迫されることも確かです。けれども、そこのところに中心を置いておる限り親にはわからない。教育がゆがめられ、教育の自由が破壊されるという、そこの問題に力点を置いて考えない限り、親がわかってくれるというわけにいかない。だから、民主教育を打ち立てることに教師としての責任を感じるなら、教育の自由を奪い去る勤務評定の本質を正しく父母に理解させるべき責任もまた、教師の任務の一つではないのだろうか。民主教育を守るというのは、そういうことが教師の責任としてなされない限りできないわけです。

今度は、それについて理解させようとしてもさせることができない悩みというのがいくつかある。一つは、いま言ったように、勤評の本質を教師だけに限ったものとしてとらえておる間違いがあること。もう一つは、勤評の本質を、子どもが不幸せになるものというか、教育の自由が破壊されてくるというふうに、教師が正しく理解したとしても、親に対して説得と納得の方法をとらないで、理屈でどうだこうだという押しつけ的であったり、命令的であったりという、教員のいわゆる親に対する働きかけの仕方の問題がある。こうしてみると、父母の理解が得られないとか何とかということは、いまの場合、教師の側にカギがあるので、教師の側のカギを変えない限り、親の中へ入っていくわけにいかん。そういう点をみんなで話し合っていく中で、私たちは、親へ入っていくということを勤評の中で最も中心にせざるを得ないし、できるのだという確信にまで高まってくるわけです。

そして、地教委が父母に責任を負うという点は、一体どういう場合に強化されるか。いってみれば、父母が本当に要求したときに、地教委は変わる。これはもう、教師と父母との要求が一致したとき、地教委がどのように変化するものかというのは、それまでのいろいろな経験でみんなも知っておるじゃないか。教員だけが言っても聞かんし、親だけが言っても聞かん。けれども、教員と親とがそろって言ったときだけ、地教委は聞くものだ。それが地教委というものだ。勤評のたたかいは、地教委というへそのないところに、へそをつけるという、そういう仕事なのだという理解になっていくわけです。そういう意味で、地教委に拒否させるという目標で組織していくというたたかいをわれわれは組もまいかということが、この恵那地域での勤評闘争の方針なのです。勤評を阻止する。どこで阻止するのか。地教委にやらせない。地教委が自分でやらないようにする状況をつくるという形で阻止をしようとした。

だから、たたかいにあたっての中心は何かというと、方法では、分会の意思は必ず校長と一致させて父母に働きかける。そうしなきゃ、親が動かない。学校の問題として理解しないわけです。教員組合の問題じゃない、校長も一緒になった教育の問題にしていくということ。それから、二つ目は、父母へは、校長と一緒になって働きかけるけれども、今度は父母と教員とで地教委へ働きかける。この方法でもって攻めていこまいかと。非常に簡単な方法なのですけれども、そういうことで闘争方針を進めて、いよいよ勤評闘争が始まっていくわけです。

それで、そのころのいちばんの困難は、親へ入るという問題と、勤評を教師の通信簿でないというふうに理解する問題と、この二つなのです。

勤評の本質をどうつかむかということの中心は、教育の自由が圧迫されたときに、全く教育というものはだめになってくるのだという、今までのみんなの小さな経験を寄せ集めながら、あるいは、さまざまな文献からも、そこのところに絞って、みんなで論議し合おうという問題です。古来、すぐれた教育者といわれるような者は、だれでもどこかで教育の自由の問題を論じておる。孔子でも孟子でも、ペスタロッチでも、ルソーでも、だれでもかれでも、教育の自由という問題について論じない人はないわけです。そういう文献を探して、そこから、そういう人たちが言っておる問題を学ぶとか、あるいは、自分たちの経験の中にある、教育の自由というものが迫害されるときに教育がゆがむという例を出し合って、執行委員会でもそんなものを論議したり、そういうところへ出てきたやつを通信にして出して、教育の自由というようなことをしきりにみんなで論じ合うような空気をつくったという問題が一つ。それは、みんなが勤評の本質を正しく、深く理解するということに努力するという問題です。

(5) 親の中に入る——統一行動とは

それから、もう一つは、親の中へいくという、これが難しいわけです。本当に難しかった。いまでも、いろいろな問題で親へ行くときに、うるさいとか、何とかかんとかと、そこがいちばん困難なようですけれども、この勤評のときも、親の中へ入る以外に絶対勝てない、そこははっきりしておるわけですけれども、いざ入っていくとなると、本当にそれは困難が多かった。

そのときの話というものは、またあすの証言でもいろいろ出してもらえると思いますけれども、本当にいろいろな話があって、一斉に分会で親へ入っていくと決めたって、決めたって入れんわけです。そのうちに、そんなら、親へ入っていくための練習を分会でしよまいかと。片一方は勤評賛成の意見を言う人、片一方は反対ですよということで、まず分会でけいこが始まるわけです。それで、こんにちはと言って親のところへ行って、勤評を説明するわけです。すると、今度は、賛成側の立場をとる教員が、親の言いそうなことをちゃっと言うと、そいつをまたみんなで勘考して、そうじゃない、こういうことだといって練習をして、そうやって親へ入ったとか、あるいは、事実ここにもたくさんの資料があるのですけれども、親の中へ入っていくには、まず親戚の、何を言っても、間違っても悪く言われんところへ行ってみる。親戚のがちがちのおやじさんのところへ行って、勤評のことを話してみる。そうしたら、こういう点は理解されなんだけれども、こういう点は理解された、わかってもらえたと。そのうちに、ボスのところへも行ってみたら、よくわかったとか、だれやしらんはわかっておりそうな人だったけれども、ちっともわかってくれなんだとか、とにかく、小さいそういう経験がいっぱい出て、分会のたびにそういうものが交流し合われるという状況が出てきた。とにかく親の中へ入るということで、入っていく中で、親へ入れるのだという自信がずっとついてくる。

恵那支部がさっき言った勤評阻止闘争の方針を決めるのは一〇月一八日です。そのころになると、愛媛の闘争が全国的な大闘争になるわけです。そうして、日教組が、特に愛媛へ向けて、全国支援の統一行動を提起してくる。もう一一月二〇日には、最も大きい闘争として、午後の授業時間カットという統一行動が展開されてくる。

こういう問題が起きてきたころ、恵那では、父母への説得が功を奏し始めた。それはどこへ反映したかというと、一一月の中ごろでしたけれども、中津川市のＰＴＡ連合会が、「勤評は慎重にしてほしい」という態度を出したわけです。これがものすごく大きな力になった。阻止してほしいとか、やめてほしいということではないけれども、親がわかるという問題で、しかも組織的な反響になってくるわけです。これには、中津川市校長会の力というものが相当大きいです。三宅武夫校長会長などが非常に大きな力を発揮したことも事実あるわけですけれども、ともかく、中津のＰＴＡが、岐阜県中で初めて「勤評は慎重に」という態度表明をするわけです。親にわかるというのはその点なのです。慎重にということの中には、賛成と反対とが親の立場にあって、勤評反対という意見が親の中で相当反映してくるから、慎重にという連Ｐの態度になる。そういうような意味で、それは非常に大きな私たちには励ましになったわけです。

それが新聞等に取りざたされるわけですけれども、一一月のおしまいには、統一行動の第二波というようなことで、愛媛の支援というものが全国に展開される。

そのときに、私たちは最も困難な行動によって愛媛を支援しなきゃいかんという立場をとった。最も困難な行動というのは、日教組が言うように、教員だけが、午後の二時間、どこかへ集まって分会会議を開くなどということじゃない、親の中へ入っていくことだ。だから、その日は徹底的に親へ入る行動をとるという指示を支部は出すわけです。そして、愛媛に対してもそういう打電をするわけです。教員だけが統一行動をやってストライキをやっておるのじゃない。すべてをあげて親へ入れ。愛媛も親の中へ徹底して入りなさい、入ってくれという意味のことを、愛媛教組へ要請電報などを打つけれども、何の効き目もないです。恵那支部ぐらいが打ってどうなるというわけじゃないけれども、それでも、そういうことをやりながら、恵那支部では、その日、親の中へ入る。時間にはこだわらない。例えば、二時から入れる者は二時から入ればいい。四時から入れる者は四時から入いる。とにかく全員統一行動としては最も困難なことをやらなきゃいかんというふうな問題で、親の中へ入る。

それ以降、統一行動というと、ストライキというよりも、親の中へ入ることを組織する。そのうちにだんだん、地教委にへそができかけたり、教育会議等が生まれはじめてくると、日教組が午後カットの統一行動などといってやるときにはどんなことになってくるのかというと、一九五八年の九月一五日というのは、日教組としてはいちばん大きい統一行動になっていくわけです。これは和歌山勤評なんかを中心にして、そこを阻止するという統一行動ですが、その九・一五統一行動というときは、地教委やなんかも認めた上で、午後、親のところへ入っていく。地教委がそのことは認めてしまうわけです。教員はストライキをやるわけじゃない。PTAを開くとか、親との集会を持つとかということで、その日は親と一緒になるやつだから、教員だけがストライキをやるやつじゃないという理屈です。そうすると、ここの教組は、自分たちだけでストライキをやらないので、非常に穏健な組合だなどといって、地教委なども認めて、親と一緒に昼から集会を持つ。あるいは、何か懇談会を持つというようなことをいろいろやる。

どの程度にそういうものがあったかということは、一つだけ紹介しておくと、これはその当時の執行委員会の記録なのです。正確にはわかりませんけれども、九月一五日の統一行動について、勤評の反動教育政策に反対するという統一行動なのだけれども、形としては、いわゆる授業放棄はしない。父母とともに総動員行動をするということでPTAに了解を求めるということで、例えば、まだ弱さはいろいろあると思うのですが、これは、その当時の執行委員のおったところの実態のようです。

「下原田では、その日に学級懇談会を開く。中津の西小は、その前後に教育会議を開く。中津の二中は、その午前、授業参観をやって話し合う。付知の北小は職場集会（ここはPTAが非常にまだ頑固で、職場集会しかできない）。久棲（こんな学校はいまないと思う）の学校では、職場集会と家庭訪問。蛭川小が、その日、PTAの研修会を開く。坂本小がPTAの育友会の参観日にする。山岡中は、闘争委員会でこれから相談をする。福岡西小というのはまだ決まっておらん。恵那西中で、職場集会で意思統一（まだ恵那西中はその段階だった）。中津一中が、母の会や学級PTAを午前から開く。中津川市の教育会議準備会はこの統一行動を支持するというふうに言った」というようなことが、当日の執行委員の記録に載っております。午前中からPTAという形をとった父母懇談会とか何とかというのは、これはみんな勤評が中心の話なのです。

そういうものができるような状況をまずつくった。それは一人ひとりが父母の中へ入るという行動が基礎になるわけですけれども、実際には、その当時になると、そういうふうな組織立った形までできるようになったわけです。

その年、一九五七年の一二月一二日、ついに愛媛では闘争を終結するわけです。負けるわけです。そして、一九五八年一月に、日教組は臨時大会を開いて非常事態宣言を発して、いよいよ全国的な勤評闘争というものが展開されていくということになってくる。

(6) これまでの活動の総括

私たちはその時期に、これまでの活動を総括して、その総括をもとに、みんなで意思統一を図った。これは本当にそのころの闘争の中で力ができたということですけれども、私は書記長という役だったので、当然、どこのブロックへも出ていって説明する役になっておって、そのころどういうのができたかというと、全校長と全分会長とをブロックごとに集めるわけです。もちろん執行委員も集まるわけですけれども、私の方から総括文書を説明して、それで討議をしてもらうというのを、恵北、恵南、恵那、中津というようなところでやる。

そのころの総括の文章というものは一体何であったかというと、それは「これまでの勤評闘争の教訓と当面の問題点」ということですが、一口にいえることは、その時期までに、多くの市町村で勤評問題を一応父母の問題とすることに成功した。父母の問題にはできないと思っておったのを、一応父母の問題にすることに成功したということがいちばん中心になるわけです。そして、経過としてどういうことがあったのかということで、第一番目は、勤評は先生の通信簿というふうにいわれておるものを、教師の自由を奪うもので、国民の手から教育を奪い取る以外の何物でもないという理解に、自分たちでどうなっていったか、どういう論議の中でそういうふうに変わっていったかという問題が経過の第一。それから、二つ目は、わかった者から父母のところへ行くという行動です。父母の中へ入る、父母の中へ入るといったって、入れん人もおる。その当時の記録も見ておったら出ておったのですけれども、「もう、私、そいつがいちばんおそがい（怖い）で、五〇〇円やるでかわってくれんか」と言った人があった。本当に実感的にはそういう人もおったと思うのです。そういう中で、組合は、わかった者から入っていくのだと。いろいろな場合でもそうなるといちばんいいのですけれども、わかった者が少ないばっかりに、なかなかそうはいかないわけです。みんな一斉にといって、実態に合わないことを言ってもだめです。わかった者の経験を広げながら、みんなが父母の中へ入れるようにするために、わかった者から父母の中へ入っていくというような、そういう方針を全体としてとっておった。

だから、「わかった者から父母のところへと一口にいっても、実に困難なことであった。勤評の本質が本当に自分の問題としてはっきりしていない場合は、説得どころか、何も言い出せないままに、冷汗をかいて、早々に退去しなければならなかった者もあった。」ここらの経験は、今後皆さんも本当にいろいろな意味で踏んでもらいたいと思うのですが、「また、一般的に父母といっても、まず母親からということで、母親に向かって得意然として話しているとき、ふっとそこの父親が帰宅されたような場合、これまた話の中途で早々に引き揚げた。」そういうことがいろいろな場合あるような気がするのです。それから、「だが、こうしたさまざまな失敗の経験も、職場へ持ち帰って、みんなで話し合うことによって、次には新たな創意を生み出していった。私たち一人ひとりがこうした苦難のさなかにあったとき、勤務評定は慎重にという中津ＰＴＡの態度が出てきて、そうして、地域の行動を発展させるのに、それが非常にまた大きな役割を果たしてくれた。」中津川市校長会が行った中津川市連Ｐへの説得というものは、私たちも非常に重視し、大事なものだというふうに紹介するわけです。そして、その中から、いくつかの問題が生まれてくるわけです。第一は、勤評が学校や子どもに影響するということがわかったとき、初めて父母に理解されるという問題です。先生が困ったなどという問題をいくら言ったって、親には理解されない。学校や子どもに影響するということがわかったとき理解される。つまり、教師の利己心から端を発した勤評の説得というものは、親には理解されんのだ。教師の利己心を捨てなきゃいかんという、そういう問題。今後の皆さんの説得でも、そういう問題はいろいろあると思うのです。

第二番目は、先生の言われることはよくわかるが、それでも、おぞい（悪い）先生がおられるじゃないかという問題にぶつかってくる。先生の言われることは、そのとおりだけれども、そんなことといっても、うちの受け持ちの先生はおぞいじゃないか、こういう親の先生に対する不満が圧倒的に多く出てくるわけです。それは、いい先生になってほしいという親の要求であるわけです。

三つ目は、ＰＴＡの問題については、校長の力がものすごく大きい。だから、校長と教員が一致しないままでは、ＰＴＡの問題にならんということが経験的にもわかってくる。

第四は、多くの父母は勤評そのものにはあまり関心がない。言いかえれば、勤評はどうなろうとも、別に自分の子どもには影響がないというふうな、一般的にはとらえ方をしておる。それから、信賞必罰論と教育の独自性の問題で、一般の会社では、信賞必罰で、成績のいい者はいいし、悪い者は悪いのだと。教育だけが、何でいい先生にはいい、悪い先生には悪いといって月給を減らしてはおかしいかという問題に、親がぶつかったわけです。そこのところがいちばん困難なのです。

そういうような問題がいっぱい出る中で、これは私たちのたたかいが広がってきた証拠なので、その結果こうなってきたのだというようなこととして総括しながら、さらに、愛媛闘争からの教訓だとか、これからの当面する問題として何が問題かということを整理しながらやっていくわけです。

その第一にぶつかってくるのが、よい先生と悪い先生の問題です。教員自身の中で、よい先生と悪い先生の問題をはっきりしないといかん。実感的におぞい先生だと思っておる先生が、職場におるわけなのです。皆さんの職場にもおると思うのです。その先生を放置しておいて、勤評闘争をどうしようといったってだめなんだ。悪い先生を本当になしにする運動をするということであると。そのことは、逆にいえば、いい先生だと思って自分でうぬぼれておるうちはだめだという問題です。悪い先生がおるという問題は、いい先生の問題でもあるわけです。いい先生だといわれて喜んでおる者はだめなんだ。どうやって悪い先生をなくするのかという問題は、本当にみんなで自己批判と相互批判をしなきゃ出ていかんという問題で、そこから、じゃあよい先生とか悪い先生というのは一体どう考えたらいいのか。そのころ親がいう一般論は、熱心で親切で実力のある先生、こういうのです。これはいまでもほとんど変わらないと思う。子どもに熱心で、親切で、そして実力がある。教えることがきちんとしておると。何やら算数を教えておったら、違ったことを教えておったげななどというふうじゃないというような意味の基準が、親から出てくる共通的な希望。

それを私たちが受けて、その当時、いい教師にどうやってなるかということで、私たちの指標として、「実力・識見・人間性豊か」ということを出すわけです。まず実力がなければいかん。教師として実力がないなどということはいかん。教えることが間違っておっては、話にならん。先生から漢字をたくさん間違えておるなどということでは話にならん。そういう意味でいえば、実力。それから識見がなければいかん。何でも意見は言うみたいだが、識見らしい意見というものは何もないのでは困る。なるほどという識見。それから人間性が豊かである。これが教師の側でいうよい教師だという意味で、そういう論議を教員がし始める。

そういう中で、事実、悪いといわれた先生がいい先生に変わっていく例がたくさん出てくる。そして、本当に教師が団結し始める。そこを親が支持するというような形が生まれてきて、一九五八年の二月ごろに、組合としては、教育委員会と校長会とPTAと教員組合と、この四者で責任を持って子どもの教育に当たるための会議を開こうという提案をして、開かせる運動をずっと統一行動の仕事にするわけです。そして、各地域の教育会議なども部分的にも開きながら、大きい教育会議として、やがて五月に、恵那地域の教育会議という名前の会議を初めて開いたときに、じゃあ、こんないいものは、今後残して、そして、組織していきましょうということになって、教育会議というものを初めて発足させるのです。

それまでにはいろいろな問題があるわけですし、教育会議ということになると、これは『教師の友』を読んでもらうと、本当にいろいろ載っておるので、また今後勉強していただくとして、教育会議ということにかかわって直接的に触れるということはできなかったし、理論上そのことはどういう意味があるのかということでも、触れなきゃならん問題はたくさんあったと思いますけれども、教育会議へたどりついていく教師の当時の運動は何であったかということを長々と申し上げまして、お聞き苦しいところもあったと思いますけれども、これで終わります。

最後に、たった一つだけ、ここにあるのは、その当時できた恵那教育会議の旗なのです。事務局長だった三宅武夫先生が、手作りで、パッチワークでつくられた恵那教育会議の正規の旗です。大事にしまってあります。それだけ見ておいてください。

＊一九九〇年度恵那教育研究所『夏季集中講座記録集』より。本記録は、一九九〇年八月二九日の講義記録。

収録の講義・講演では、中見出しがあるもの、ないものが混在しているので、元の見出しを尊重しつつ、ないものには編集者の裁量で加えた。本論に関係のない部分を省略し、明瞭な誤記、脱字は補正し方言の説明も加えたが、最小限にとどめた。また、他の資料と重複するところは大幅に省略した。

この時期は、勤評闘争からはじまり正常化攻撃から立ち直っていく過程の資料が少なく、「夜学」「集中講座」の講演記録に頼ることにした。論文7、10、20も同じ。これは、『教師の友』復刻版の普及という形で一九八九年四月から九二年五月まで二七回を数えた。版元の㈱太慶社が全編を速記録の形でまとめ参加者に配布した記録集である。忠実な講演の記録で石田本人の承諾はあるが、話し言葉そのままに印刷された。二〇年以上の間隔があるものの、当時の原資料を用いた講演なので「回想」ではあるが臨場感のある記録として収録することとした。著者本人による一九九〇年時点での詳細な「解説」とも言える。

◆論文7（一九九〇年）

【夜学講座】恵那教育会議のこと――勤評闘争が生みだした地域の教育統一戦線

(1) はじめに

きょうは、恵那教育会議に絡んで、少し問題をお話ししてみたいというふうに思うわけです。と申しましても、いまの段階で、恵那教育会議というようなものをまとめて整理をして、一つの観点を持って、理論的にいえばこういう点が問題なのだというふうに申し上げるということではなくて、少しその跡をたどりながら、恵那教育会議というのは一体どんなものであったのかということと、それがどのように、以降、運動の中では生かされてきたのかというようなことについてお話ししてみたいと思うのです。

『教師の友』に載っているのは、一〇巻のところに、「恵那教育会議をめぐる理論と実践」ということで、上下二回にわたっての座談会があるわけです。それから、十一巻に、「教育基本法の精神を生かす道」ということで、これは教師だけでなくて、恵那教育会議を実際に進めてきた教育委員会、校長会、PTAといった人たちとの共同の座談会ということになっておるわけです。現地の人間が恵那教育会議をどうとらえておるかというようなことの問題は、ほぼこの座談会に出ておるわけですので、もっと詳しくしなきゃならんところを補足する形で、もう一遍『教師の友』の記事にも触れながら、一緒に深めてみたいというふうに思うわけです。それで、先に、ざっとかいつまんで教育会議の足跡ということとして申し上げますと、恵那教育会議というようなものはどういうもので、どうして生まれたのかということでは、前の集中講座の折にどれだけかお話ししたかと思うのですけれども、実は、それを基本的に発想していったということのもとは、団体でいえば教員組合にあったわけです。

⑵　勤評に関する恵那地域四者会議の開催

一九五七年（昭和三二年）に勤評闘争が始まるわけです。それで、勤評を阻止するには、親と一緒に、教育の問題としてたたかわない限り阻止できないんだということから、親の中へ入っていったわけです。集中講座のときに触れなかったと思うのですけれども、その年度の終わりごろ、「これまでの勤評闘争の教訓と当面の問題」ということで、民主教育を守るというためにどういうことが問題なのかということを、組合として文書にまとめまして、それを部会討議にかけたわけです。当時は、いま恵南というところが、第一部会、第二部会という二つの部会になっておったわけですし、恵那市が第三部会、そして、落合というところが少し入っておるのですが、坂下を中心にして第四部会、それから恵北でいう福岡から加子母までが第五部会、それから中津川が第六部会というふうに、恵那地域の教育上の行政区画が六つのブロックに分かれておったわけです。その部会別に、学校長と分会長と、それから協議委員（学校代表の支部委員）の方たちに集まってもらって、教員組合がまとめた問題を説明して、校長も含めて、勤評問題についてはこういうことが問題じゃないのかというようなことの意思統一の会議を開くというようなことをやったのです。

いまから考えれば、そこで意思統一していった内容が非常に問題なわけです。この間も少しお話ししたと思うのですが、校長も含めて、愛媛闘争から何を学ぶのかとか、あるいは、それ以降、勤評というものをどうとらえていって、われわれの回りにはどういう課題があるのかというようなことを話し合いしながら、当面する諸問題ということで何を問題にしていくのかということを報告して、論議しあったわけです。

私はいまでもよく覚えているのですけれども、いまとは情勢が本当に違っておったということですが、当時、私は支部の書記長という仕事をやっておったものですから、私が各部会ごとを回って説明する役で、説明すると、もう校長先生たちも熱心で、一字一句の文章について、ここはどういうふうに解釈したらいいとか、それはどうかとかと言って、本当に校長と組合とが一緒になって話し合ったというようなことがあります。そして、このまとめをどのように生かしていくのかという問題の中で、この話し合いというふうなものをもっと父母とともに進展させなきゃならんということが具体的に課題となって、そして、年度でいいますと一九五七年ですけれども、実際の年でいうと五八年の二月の終わりごろだったと思うのですが、協議委員会（支部委員会）で初めて、勤評闘争にかかわる教育会議という名前を提起して、教員組合として教育会議を設置させることを闘争の課題にしたというのが、そもそも始まりなのです。

ここにその当時の議案書があるのですけれども、第一号議案として、「勤評闘争に関する件」ということで、各市町村に教育会議を設置させるということが闘争の第一の課題になった。その当時、議案書に何を書いておったかといいますと、教育会議を構想し始めた時期、どれだけのことがはっきりしておったかということで、「教育会議とは、一、教育基本法第一〇条で教育は不当な支配に服することなく、国民全体に対して直接に責任を負って行われるべきものである云々と示されているごとく、教育行政を真に国民的立場において執行する任務を有する各市町村教育委員会の責任で、憲法並びに教育基本法の精神にもとづき、各市町村ごとに設置させるべき教育問題審議機関である。」

まずそういうふうに第一にはとらえて、そして、二として、「したがって、教育会議は各市町村の教育関係者（教員、校長、ＰＴＡ会員、議会文教委員、各種団体、文化人、一般市民等）の代表者によって構成され、あらゆる教育問題について話し合いを行い、国民的立場において市町村民の意思と要求の統一を図る機関として、恒久的なものでなければならない。三、勤評闘争の発展の中で考えてみれば、勤評問題における教員、校長、父兄の現在の一致点、『慎重』を具体化した機関である。」

それまでの闘争の中で、「勤評闘争は慎重に」ということが一致してきた。その「慎重」を真に具体化する組織的保障というものが教育会議なのだというとらえ方なのです。だから、提案としては、各市町村に、教育委員会の責任で教育会議を設置させる。それで、当面は、教育会議という会議を開かせるということを目標にしよう。方法としては、分会、校長、ＰＴＡの一致した要求として、各地教委に働きかけよう。これだけが、当時の、教育会議を設置させるという最初の提案になるわけです。

そこで、私の議案書についておるメモによると、それは教団連とは異なるとあります。教団連という問題は以前にお話ししたことがあると思うのですけれども、一九四〇年代から五〇年の初めにかけて、恵那地域では、教員組合、ＰＴＡというものが一緒になりながら、教育団体連合というものをつくったことがあるのです。これは教育復興会議——県民教育の復興というようなことを目指した、対県交渉のための協同組織というふうなことであったわけですけれども、本当にこれは役員だけの集まりであって、決して末端の親と教師が一緒になって話し合うというような機関ではなくて、非常に便宜的な役員の会であったというふうなことから、教団連とは違うのだと。その当時、親と一緒になる団体というような頭でいうと、何もなかったわけですから、少なくとも、教団連というようなものとは違うということで、教育会議というものをみんなに理解してもらうように努めたわけです。それから、教育会議ができるというのは、勤評闘争によって生まれた新しい条件なのだという、情勢の問題なのです。勤評闘争というものを通じて初めてできた新しい条件として教育会議というものをとらえ直さないと、何か古い、いつでもどんなときでもできるというようなものじゃないのではないか。それから、教師と親、その他の団体が、利用し、利用されることを避ける保障なのだ。ＰＴＡと教員組合といってもいいし、校長会と地教委といってもいいわけですけれども、お互いに利用しながら、さらに利用されるということを真に避けて、一致点を求めていくということを保障する機関なのだ。だから、教育会議は、一致できんことを一生懸命でどうこうするんじゃなくて、一致できる点だけを求めて、一致点を確認するということと、さらに、入りたいという団体の代表は、どんなものでも入れるべきだ。あれは気に入らんでだめなどということじゃなくて、教育会議へ参加したいという団体の代表というものはすべからく加えていかなきゃならんのだといったようなことが、教育会議というようなものをそもそも提案をしていったときの私たちの考えであったわけです。そのくらいしか構想が持てなかった。しかし、それがいま必要なのだ。それから、できる素地というものが勤評闘争の中で生まれてきておる。だから、どうしてもこれをつくり出すということによって、恵那地域の民主教育を真に守っていくというような体制を強めなきゃならんといったことが、まず第一にあるわけです。

その後、歴史的に見ますと、教育会議というものはみんながつくったつもりになるわけです。それは本当にそうで、そこがいちばん大事なところだと思うのです。地教委は地教委で、おれたちが教育会議をつくったといろいろなところで言われるわけです。校長会は校長会で、おれたちが教育会議をつくったと言われる。例えば、過日お亡くなりになった三宅武夫先生という人は、教育会議はおれがつくったもんやと思い込んでお亡くなりになられた。それほど、本当に自分のものであったと思うのです。

けれども、運動のいちばん中核で、それを最も先駆的に提唱したのは教員組合であったということは間違いないです。教員組合がこういうことを自分たちの決議機関で決議するけれども、そのことは、まだ、校長会もPTAも、あるいは地教委も知らないわけです。これにもとづいて、いってみれば、執行部は教育会議を組織するための仕事を執行していくわけですけれども、実際でき上がってみると、みんなが、おれがつくった、おれがつくったと思っておる。それほど大きな力というか、大きな意味を持ってきた。あれらにつくらされたのだとか、あれらがだまくらかしてつくろうとしたんだとかというものじゃないわけです。本当にみんなのものになってきた。その点が、教育会議というようなものが、その後発展していく非常に大きな力になっていく、いちばんもとにあるのじゃないか。統一ということは実をいえばそういうことなのだ。だれかにやらされたんだとかという問題じゃない。真にみんなが一致して、大事なことはみんなのものになって広がっていく。そして、歴史的にいえば、みんながつくり出したものに間違いないわけです。いくら教員組合が提唱してみたって、みんながつくらなかったらそんなものはできなかったわけなのですけれども、教員組合は、みんなのものになっていくものを提唱するだけの見通しを持っておったということです。

そういう意味で、今後のさまざまな活動の中でも、教員組合が果たす役割というものは非常に大きいだろう。教員組合が当時なかったら、教育会議というものもまた生まれることはなかっただろうし、そういう点では、上からつくられたものでなく、下からつくっていく場合の、いちばん主体的な中核的な力というものは一体どういう者が持つべきことなのか。闘争の中で、よく労働者階級の役割というようなふうにいわれておる問題というものが、教育会議というようなものの中でも実はあったのだという問題です。そういうことがなくて、ある日突然ふわっとできてくるというようなものではない。

(3) 恵那教育会議の結成と勤評への対応
——一致点方式と独自の立場の尊重

それから教育会議を設置するためのさまざまな努力が始まるわけです。それで、教育会議をとにかく開こう、そういう会議を開かせようといってやるのですけれども、なかなかそんなのはいちばん末端から開いてくるというふうにはいかず、市町村ごとに教育会議を開きましょうと言うけれども、本当になかなか開けんわけです。努力はするけれども、どこにも先例がないわけです。だれも、自信を持って、そんならおれのところでやろうというふうにもいかんという中で、実際にでき上がってくるのは、その次の一九五八年度になるわけです。五八年度になって、五月ごろに、勤務評定の問題がいよいよことしは岐阜県でも大詰めが来るから、何とかしなきゃならんということで、とにかく勤務評定に関する共同の話し合いの場を持とうじゃないかということになっていくわけです。

それまでに、まだ教育会議というような正式な名前は用いないけれども、話し合いの場として、地教委連（恵那地区の教育長会）というのがつくられてきていました。例えば、西尾彦朗という中津川市の教育長がおり、恵那市に堀忠義という教育長がおり、南の方へいけば田口久治という岩村の教育長がおり、北の方へいくと大野董という福岡の教育長さんがおるというような条件ももちろんあるわけですが、その人たちが、地教委連として、恵那地域一本になって、教員組合と話し合うというようなことができておった。

それから、校長会は当時から恵那郡、恵那市、中津川市というふうに、三つの校長会に分かれておったわけですが、中津川市は三宅武夫校長、恵那市は三宅信市校長、それから恵那郡に松島校長会長というような方がおられて、またうまく恵那地域の校長会というような連絡会ができて、いわばその全体をリードしておられたのが三宅武夫先生であったというようなこともあったりするわけです。そんなような条件があって、地教委連とも校長会とも連合した形で、私たちは交渉しておったし、話し合いをしておった。そういうことから、ＰＴＡも同様に連合した形で持てるようになっておったわけです。それで、名前はともあれ、そういった共同の話し合いの場というものがとにかくできておった。それを一堂に集めて、勤評問題に関する各団体のさまざまな立場を交流し合って、そして、一致すべき問題があればそこで一致できるような、そういうことを行う場を設けましょうというふうに提起して、中津川市の教育長と恵那市の教育長の二人に呼びかけ人になってほしいということで、実は、その中でうまく話し合いができたら、そこで教育会議というものをつくりましょうやという話を、裏話として詰めていっておったわけです。

そのときに、教育会議とは何だということで、また、ああじゃないか、こうじゃないかというような話をいっぱいしながら、「そういうことは大変大事なことなんだろうから、会議をともかく開いて、みんなの空気を見て、そういうものができるようならつくることにしようじゃないか」というようなことになって、五月に、恵那地域の勤務評定に関する報告会議とでもいうような会議を、大井の昔の講堂かどこかで開いたわけです。そのときは、各小中学校の全PTA会長、全校長、全分会長、それから各教育長全員と、教育委員長もたしかおったですが、そういう人が集まって、各団体のそれまでの経過やら、いろいろな話し合いをして、「ところで、慎重にということしか実際には一致できん。教員組合は絶対反対と言うし、あとは、やってもいいけど、混乱しては困るという話もあるし、県教委がやれといえば、やらんというわけにいかんというのが、地教委の立場やし」などというようなことで、とにかく「慎重に」ということだけはみんな一致したわけです。それで、会議も終わりころになって、「ところで、この慎重を真に慎重ならしむるためには今後一体どうするか」という問題で、校長会を代表した形で三宅校長先生と、それから、教員組合を代表したような形で、副支部長という格好で参加しておられた丸山雅巳先生と、その二人から、「きょう集まったこのことを、教育会議というようなものに名づけながら、これからは、こういう話し合いの場をきちんとつくっていこうじゃないか」という問題が出たら、非常に話し合いの雰囲気がよかったということもあったのですが、みんな「賛成」「結構です」ということになって、初めて教育会議というものが生まれてきたわけです。

その当時のことを書いておる機関紙で言うと、「五月一九日、恵那地区教育会議を主催した各団体の代表一二名は、中津公民館に集まり、同会議で委任された諸問題について話し合ったが、以下はその大要である」というようなことで、とにかくこの会議を何としようということで、代表者が集まって話し合った結果、名称は、恵那教育会議にしよう、それで、会議というからには議長が要るが、初代議長は中津川市教育長、西尾彦朗さんになっていただこうということで、恵那教育会議の役員としては、議長が西尾彦朗（中津川市教育長）、副議長が小木曽孝師（恵那郡地教委連絡協議会会長）、それから熊崎正雄（恵那市の連合PTA会長）、それで事務局長が三宅武夫（中津川市小中校長会長）、そして、常任幹事ということで堀忠義（恵那市の教育長）、それから田口久治（恵那郡教育長会長）、それから井上藤吉（中津川市連合PTA会長）、原鍬一（恵那郡連合PTA会長）、三宅信市（恵那市小中校長会長）、大野董（恵那郡小中校長会長）、それから、書記を兼ねるということで、渡辺春正（岐教組恵那支部長）と石田和男（岐教組恵那支部書記長）と、これだけがとにかく常任幹事というふうにそれぞれ決まって、そこで恵那教育会議というものを正式に発足させていくという段取りになっていったわけです。

そして、教育会議の性格というものでいえば、最初教員組合が提唱しておったように、とにかく一致点を尊重するというふうなことと、それから、一致しない問題というものについては何も拘束しない。もっと言えば、一致点についてのみ行動していくけれども、一致しない問題については、各団体の立場は極めて自由で、それぞれの団体は、それぞれ独自の立場をとって結構ですという点が保障された。統一という問題ではそれが非常に大事な問題だったわけです。だから、一致点では「慎重に」ということだけれども、教員組合は、教員組合独自の活動では絶対反対と言って歩くわけです。そういう自由が保障される。「慎重にとみんなが一致したんやで、反対などと言ってもらっては困る」ということは言えんようになっておるわけです。だから、勤務評定賛成の人は賛成でいくら言ってもいいけれども、一致したことは「慎重」だから、即刻実施せよなどという話にはならん。とにかく「慎重」ということだけは一致していく。あとは各自の立場は自由で、そういう意味で、自分たちはどんな運動をしたっていいというような点が非常に保障されていくということが、勤評に対応する中での、教育会議が生み出してきた一つの性格であったと思うのです。

そういうために無理がないということもあって、教育会議で話し合うとどれだけか和やかなのです。妥協し合うわけじゃないのだけれども、一致点さえ求めればいいわけで、意見の相違というのはお互いに認められるし、そのために必要な独自の自分たちの行動は保障されるという意味でいえば、何も無理がない。

そういう点でいまの学校などをちょっと考えてもらうとよくわかるけれども、学校には一致点などという思想はないわけです。もし一致点などという立場でやるなら、大抵のものは全部ないです。「日の丸」だの「君が代」だのから、あの嵐の中で運動会を開催するかなどということまで含めて、一致点でようしないみたいなものだけれども、ともあれ、いま学校には一致点というようなものはある意味でほとんどない。ないから、各自のそれぞれの立場での自由というものは、また逆に全くないというようなことになると思うのです。一致点というものを重視するような話し合いというものが、実は、どんなに意見が相違し合い、立場が違っておっても、話し合いとしては非常に和気あいあいと、和やかな話というものができるものだと思うのです。

そこで、教育会議のことで証拠が残っておるわけですし、また、皆さんもこんな機会にしかお聞きになることもないだろうと思いますので、教育会議がどんなふうなものだったのかということを少しお話ししてみたいと思うのですが、例えば、教育会議が生まれて、第一回目の幹事会というものが開かれるわけです。幹事会というのは、常任幹事会よりももう少し広く、各団体からもう少し多くの人間が出てくるという会議でしたけれども、その第一回教育会議幹事会というのが、一九五八年六月一八日の午前一〇時から、中津川中央公民館で開かれたときのことなのです。

そのときの出席者は、三宅事務局長のほか、市岡一二（中津川市の教育委員長で、坂本のお医者さんでしたけれども、お亡くなりになった）、それから堀忠義（恵那市の教育長）、田口久治（岩村の教育長）、井上藤吉（中津川のPTA会長）、大野董（福岡の教育長）、三宅信市（大井の校長会長）、原鍬一（恵那郡の連合PTA会長）、そして私と、どういうわけか第一回幹事会というのはこれだけでした。それで、私は書記の役があったので、私の字で書いてある記録があるわけです。司会は、第一回だけは三宅事務局長がやった。議題は「勤務評定問題について」ということで、最初に私が、岐教組の大会に臨む恵那支部の態度ということで、勤評には反対だけど、岐教組の戦術をそのまま採用するつもりもない、ということを含めて、勤評反対の独自的な立場を言っただろうと思うのです。そしたら、市岡という中津川市の教育委員長が、その人は非常に民主的な人だったのですけれども、「勤評は本質的に教育にプラスするものではないということは既に明らかになっておる。問題の中心は、地教委の動きだ。地教委がしっかり腹固めをしなければ混乱が起きる。地教委の考え方や意見が影響力を持っているから、地教委に働きかけることが必要だ。教育会議はまだ上滑りをしておる」と言ってたしなめられるわけです。

そこで今度は大野董さんが、「県教組の勤評に対する態度が問題で、当面の問題に恵那地区としてどう対処するかこそが中心だ」と、こう言われる。そこで、市岡さんがまた、「中津川だけでも、勤評に対しては、県全体へ持って出るための話し合いができていない状況だ。勤評には理論的には賛成できないし、実施の方法には問題がある。けれども、中津川としてまだ態度が決まっておらんのだ」というようなことを言うと、大野さんが、「東濃地区の教組はどのような動きを示しておるか」と、とにかく大野さんは教組がどう出るかを大変心配されるわけです。

それで、市岡さんが、「恵那だけは大変進んでおるが、県全体の中でこんなふうに進んでおるのは、恵那地区の教組が割り切っていて、それが正しい動きをすればこそ。われわれも割り切る必要があるのではないか。」ちょっとおわかりにくいと思うのですけれども、恵那教組は非常に進んだ見地で勤評に対応しておる。県教組も全体、恵那みたいな態度で臨んでくれるといいけれども、そうはなかなかいかんが、恵那の教組が割り切って、県教組の言いなりになるというようなやり方じゃなしに、とにかくここで一致点を求めて、それを大事にして、自主的な態度で臨んでくれるというふうに言っておるので、われわれ地教委としても、やっぱりそれに対応するように腹を割り切らなきゃいかんと思うというような話なのです。

そうすると、恵那市の堀教育長が、「恵那教組は地域の人に共感を得ておるが、それは、混乱を起こさんということに共感を得ておるだけで、決して、勤評の内容について、教員の言うとおり親が共感しておるわけじゃないのだ。勤評に反対しておるわけやない。県教委は他府県と比べて相当まだ譲歩しておる。それで、教育会議を進めるためにも、教組はいままでの基本態度を貫いてほしい。知事選に対しても問題を起こさないで対処した方が有利だと思う（その当時、知事選をひかえていた）。われわれ地教委の基本態度というものは、実施に反対をせんというのが基本態度で、大体修正主義という考えやぞ」というようなことを教育長は言うわけです。

そうしたら、市岡教育委員長が、「そんなことを言っておれば、両者が納得するまではなかなかできんのやないか」と言い、堀教育長が、「施行はするけれども、実施は延ばすというようなことか」と言うと、市岡さんが、「延期というと間違うのではないか。延期というと、何かおかしいのじゃないか」ということを言う。そうしたら、堀教育長が、「塩尻の地教委のような態度をとると、ここらじゃ、地教委の廃止論が生まれて、余計混乱するんじゃないか」と心配するわけです。塩尻は当時日本で唯一の共産党市長でした。朝日屋という、塩尻の駅の前の宿屋のご主人が、共産党から立候補して、間違ってと言っては悪いけれども、一期だけ当選してしまったところです。それで、そこの教育委員会は、市長の意向に沿って、勤評拒否ということを表明してしまったわけです。

それで、今度は私の方が、教育の効果を上げるためには、納得と一致が大事だ、というようなことをしゃべるわけです。そしたら、堀教育長が、「地教委の責任で骨抜きにするより仕方がない」と、こうだんだん来るわけです。これは勤評というものは、地教委の責任によって骨抜きにするより仕方ないなあというところまで、話し合っているうちに出てくるわけです。

そして、市岡教育委員長が、「骨抜きにするためには、地教委の一人ひとりが腹固めをする必要がある。何で骨抜きにしなきゃならんかということを一般に明らかにする必要があるのだ。地教委というものはそういう責任があるのだ。だから、教育委員が一人ひとりきちんと腹固めをせんとあかんのや」と言うと、堀教育長が、「全部の人に勤評をわからせることは相当難しい。校長の中にも、勤評で権威を取り戻そうとしておるやつがおる。それくらいだから、教育委員の全部にわからせるなどというのは大変難しいぞ」というような話になった。そうしたら、市岡さんが、「本当に話せば、よくわかる。話すことによって、教育のあり方を考えることが大事や」と、これまた独特の論で押し返すわけです。

そこで、井上というＰＴＡの会長が、「内容はあまりよくわからんが、とにかく教組の態度に好感を持っておるのが私らの実情で、勤評はだんだん修正していくことによって、よくすることができるんやないか」と言う。大体親というものはそういうもんで、賛成だの反対だのなどというのは、そういうときになかなか出ないわけです。

次に堀教育長が、「まあそうだけれど、勤評は教育会議の問題になってしまっておるので、結論として見ていくと、教組もそれにしばられていくということになるのやないかな」というような話にもなってくる。そしたら、市岡さんが、「お互いに責任があって、みんなしばられておるのや」と言うと、そこで初めて田口久治さんという岩村の教育長が、「勤評はいいじゃないかという父兄一般の先入観が強いので、勤評の問題は、親にはとことんまでわからん」と言ったら、市岡さんが、「子どもに対する愛情から、先生を直接的に親というものは受けとるので、そこからよい先生に習いたいということになって、勤評賛成意見となってくるのや。全体の問題から理解させる必要がある」というような話になって、今度は原というＰＴＡ会長が、「私に、あなたは現職の先生でないからといって賛成者が質問をする。親は現職の先生には色めがねを持って見るもんだ」と言う。この人は退職してＰＴＡ会長になったので、親は私には割合にそういう色めがねなしに物をしゃべると言った。

こんなことを言っておればきりがないけれども、とにかく、こういうように延々と、一〇時から集まって、あの人もこの人も、何くらも何くらも言いあっていったのが、第一回の教育会議の常任幹事会なのです。そんな雰囲気なのだということをとらえておいてください。

そのときの結論めいたことで言えば、教組が県教組の大会に行ってどういう態度で臨むのかということで、「県教組の大会に臨んで、恵那の基本線を貫いて堂々と意見を述べることが大事だ。後ろには教育会議があるということを信じて、堂々と正論を言ってきてください」というのが会議の結論なのです。結論的にいえば応援団みたいなものだったわけです。

それで、最終的に、「混乱を起こさんということがいまの皆さんの要望なので、そういうことを確認して反対運動を進めていくということが必要だと思う。教師や親や地教委みんなが反対するときに、われわれは大衆行動を大きく打って出るというふうにしたい。そういう目標でもって勤評闘争に対応するように、県教組へ行って頑張りたいものだ」というようなことを私が言って、第一回の教育会議幹事会が終わるというようなことで、一致点というものを大事にする話し合いというものがどんなものかということを、どれだけけか、この議事録の一部分からでもわかっていただけたらと思います。

いま学校で、このくらい楽に、ああでもないしこうでもないといって話し合ってやるというふうにいかんだろうと思う。ものすごい短時間に結論だけばっと出てくる。初めから結論がわかっておってふっと言うというような意味で、本当にそれぞれの立場が自由に交流できるというか、本当に自由に自分の立場を交流し合うというようなことができることが、実は問題をうまく発展させていく非常に大事な鍵になるのだということを思うのですが、教育会議というようなものは、別な形でいうと、いま申し上げたような雰囲気をもって進めてきたものだということです。

(4)　恵那教育会議活動の進展

それで、実際にはどういう活動が教育会議から進展してきたかというと、一つは集会です。

集会のときには、大井の小学校とか、中津の南小学校とかをよく使ったのですけれども、全恵那地域から本当にたくさんの親が来た。まず一〇〇〇名を下るということだけはなかったです。貸切バスで来るというところも含めて、一〇〇〇名以上、多いときには二〇〇〇名ぐらいの集会になる。そして、分散会に分かれてみんな自由に討議するというような集会をやって、それの結論として、総会を持って、必ず県教委に対して要望書をまとめるという、いってみれば、庶民の教育要求を集約して、それを要求として反映させるという機能を持った集会でもあったわけです。

それから、集会のときに、いまはもう亡くなられたけれども、宗像誠也さん（東大教授）を呼んできて、話をしてもらったりした。あの人は「君が代」と「日の丸」絶対反対という人だったので、その話を一生懸命でやられたら、「教育会議は、赤い者を連れてきては話をするでいかん」とかと言って、片一方の人からえらい非難が来たということもあったのですけれども、例えば教育学者なんかを招いてお話を聞くというようなことを含めた集会というものを、毎年いろいろな形で持った。

ここにそのときのいろいろな資料があるのですけれども、恵那教育会議の集会をやると、例えば、「教育への小資料」などという冊子を資料としてつくったりしながらやってきたと思うのです。これなんかは、昭和三七年ですからちょっと後になりますけれども、「恵那教育会議中央集会のために」ということで、全域から集まって中央でやる集会というようなものを、必ず年に一回ないし二回持つというような形で話し合いを広げながら、さらに要求を集約して、運動の方向を示していくというようなことと、それから、それと同時に、期間をどうするかこうするかということを含めながら、要求を実現していくための総会というようなものも開かれた。

それから、ずっと『恵那教育会議』という名前の機関紙を出して、それでもって組織する役目をしてきた。しまいには大変立派なタブロイド版の機関紙になって、多いときは七、八千は刷っておったときがあった。値段としても安かったと思うのですけれども、それぐらいは購読してもらえる力量を持っておったということです。

それから、もう一つ大きな特徴は、「めあて」と「取り決め」の大衆討議というものがあった。恵那教育会議の運営はそうやって進んでくるけれども、じゃあどういう性格のもので、どういうふうな活動をしていくものなのかということを、実際には、「めあて」「取り決め」——これは綱領と規約ですが——そういったものにまとめてはっきりさせようということで、ある時期、つくっていくわけです。それの原案を出して、それについて徹底的にみんなで意見を寄せ合おうということで、先生も親も含めて、恵那教育会議の「めあて」「取り決め」案にずっと意見を出してもらって、それをまた機関紙に載せて、みんなで討議をして深めていったのですが、反対も含めて、小さなことにかかわりながら、修正意見だとかというものもあったのですけれども、本当に民衆の知恵というものは大きいというか、私、当時事務局におって、この仕事をやっておったのですけれども、親からも先生からも、本当にたくさんの意見が寄せられてきた。非常に高い関心があったわけです。だからおれがつくったんだとみんなが思ったわけです。「めあて」や「取り決め」は原案からして非常に民主的なものではあったのです。憲法にもとづいて、この地に教育基本法と児童憲章を日常的にも具現していくということを最も基本的な内容にして、民意を構成して反映させるとか、それから、「不当な圧迫に対して排除する」という部分をめぐっても意見が出た。不当な圧迫というのは、政府並びに県教委というか、行政にあるわけですから、それに対抗するということが明らかなようなその部分は抜いた方がいいとか、言葉をかえた方がいいとか、いろいろな意見がたくさん出たのですけれども、教育会議というものは、公正な民意を結集して、世論として、要求として反映させていくと同時に、それは不当な圧迫に対しては対応するという性格を持つわけですから、そこのところは譲らずにできておるのですけれども、たくさんの意見が寄せられた。これは、また、教育会議研究でもやられるときには、一遍、資料にもとづいて詳しく見ていただくと、どんなに民主的な手続きをとっておったのかという問題がよく理解されるだろうと思うのですが、そういう大衆討議を経て、「めあて」と「取り決め」というものをつくって、教育会議というようなものの性格をはっきりさせていくわけです。

それで、最初に教員組合が提案をしたときは、市町村に教育会議をつくって、それを基礎にして恵那地区のまとまった教育会議をつくり上げていこうという構想だったけれども、実際の運動は逆になるわけです。恵那の教育会議というものがまずできて、それを母体にしてというか、それが一つのきっかけになって、今度はそれと同じ様式で市町村につくっていくということで、各市町村にも教育会議が生まれてくるわけです。中津川は中津川の教育会議ということで、下部組織というふうに明確ではないけれども、同じ名称を使った組織体が市町村単位にできてくると同時に、もっと末端にというか、ある校下に、校下だけの教育会議としてつくられていったところもあったのですけれども、教育会議という形での話し合いというものが、そういうふうにだんだん末端まで進んでいったわけです。

そうなってくると同時に、今度はその活動をもっと横へ広げよう、もっと大きなものにしていこうということで、単に全体をまとめる中央集会というものだけでなくて、ブロック集会というようなものを設けようということから、恵那地域を恵南、恵北、恵那、中津という四つのブロックに分けて、ブロック集会というものを開いたりしていくわけです。

それは中央の教育会議の幹事会というところで提起をしながら、それぞれ各ブロックで、ブロックの独自のやり方によって開いていく。それが、『教師の友』でいえば、六〇年の二月号に小川太郎さんが書いておられる集会になるわけですけれども、このころになると、恵那教育会議というものが珍しく日本の中でも注目をされまして、そのブロック集会などについては、当時、いろいろな新聞で取り上げたりしておったものです。

例えば、ここにあるのは、朝日新聞の家庭欄ですけれども、「恵那教育会議を見る」というようなことで、二日にわたって恵那教育会議のブロック集会のことを紹介しておるわけですが、そこの記事を読んでみると、「岐阜県恵那地方で、このほど「恵那教育会議地区別集会」という名の会合が、恵那市、中津川市、岩村町、付知町の四ヵ所で開かれました。といっても、他地方の方にはぴんとこないかもしれません。しかし、この教育会議が地教委、PTA、教組など、さまざまな教育団体が集まってできたものといえば、「おやっ」と思われるかもしれません。勤評問題で教育委員会と教員組合とが衝突したニュースを数多く聞かされている身としては無理もありません。では、この集まりは天下りの御用協議会でしょうか。そうではないのです。では、恵那教育会議はどんないきさつで生まれ、何を話し合うのか。この地区集会見たままを報告しましょう」というようなことで、当時の朝日は非常に好意的にこういう問題を取り上げてもおったのです。

例えば、恵那教育会議の幹事会というか、中央本部とでもいったものが、ことしの地区別集会の基本テーマはこういうことにしましょうということを決めると、四つのどの地区も、その基本テーマに沿って地区別集会を開くわけです。例えば、中央が「いままでの教育とこれからの教育」というテーマを決めると、地区集会では、そのテーマに沿って、「遊び」「学び」「暮らし」「願い」の四つの分科会テーマを決めて、「遊び」の分科会の内容は「よい遊びと困る遊び」「遊び道具」など、それから「学び」では「学力」「補習教育」「宿題」など、「暮らし」としては「小遣い」「行事」など、「願い」としては「親孝行」「教育費」などというようなことで、もっとこの内容はいくつかに分かれるのですが、「そういう形で集会が進められたが、構えたところがない」と、また小さい小見出しで、非常に気に入ったものとして記者が書いておるようです。

「例えば、『願い』を中心テーマとする部屋で愛国心が語られている。中年の父親が、『皆さんは戦争中だまされていたと言うが、そんな言い方はやめてほしい。負けたからだまされたと言っているのではないか。息子を戦死させた親はどんな気がする。私は正々堂々と出征し、いまも悔いてはいない』と発言した。これは事務所の昼休みどきや、部落常会の引き際などによく耳にする言葉ではあっても、こうした会では絶対聞かれぬ発言だ。これに対して、年配の母親が、『天皇のためと言われたが、やっぱり一部の人のためにとられ（召集され）たのではないのか』と切り出し、ぽつり、ぽつり、このことをもっと掘り下げてみたい気持ちを述べたのも印象的だった。」そして、「出征するときは愛国者の気持ちだったが、軍隊入りすれば犬猫の扱い。国民の願いとは違う指導者の考えだが」「昔の愛国心はだれかを敵にし、何かを犠牲にしたもので、戦後の動揺を見ても、昔は愛国心があったようでなかった。これからは隣人愛、郷土愛、愛国心という積み重ねの上のものになってはならない」というような論議になって、「だまされない子ども、社会をつくるのが仕事だという話し合いが、数多くの体験や、実例をもとに行われた」と、朝日新聞ですらこういうふうに紹介するわけです。

やっぱりみんなが本当に楽に話し合えば、結果的にはこういうような結論が出てくる。別にこれを結論として、これでもって何するというわけじゃないですけれども、恵那教育会議での話し合いというものは、こういったような話し合いであった。

それで、「こういうものができてきた原因は何かといえば、勤評問題がきっかけであった。それから、もう一つの面は」として取り上げているのが、先ほどお見せした資料です。集会をやるときは、事務局が目いっぱい準備をして、たくさんの資料をもとにした話し合いというものができたわけです。そういう点について、がっちりした資料が、話し合いの手がかりに非常に効果的だったというようなことから、直線型論議は出てこないということで、現実との溝を埋める役割というものが非常に大きいのではないかというようなことを、当時の新聞は言っております。

そんなようなことで、だんだん多くの人がブロック集会に参加するようになり、同時にまた市町村集会というようなものも持たれ、もっと広い層の人が市町村集会に加わるというようなことで、非常に大きい規模の動きというようなものにだんだんなってきたことは確かです。そして、高校全入運動とか、あるいは、学テとか、そういうような問題まで含めて、教育会議はいよいよ本格的に政府の施策に対する住民的運動を盛り上げていくというような段階に入ってくるわけです。

学テの問題を取り上げて、学テはおかしいという問題も教育会議で話し合いながら、要望書を出していく。それから、特に大きいのは、当時、戦後の第一次ベビーブームの時期に入るわけですから、高校全入運動というものが起きてくる。これを即刻教育会議が取り上げてというか、そこへ結集して、全入運動として高校増設運動を展開していくというような中で、みんなが教育会議の者が集まれる場所というようなものがほしいというようなことから、教育会議で相談して、いまの教育会館のもとになる、あの長島の中野にあった教育会館を求めることにしたのです。

けれども、教育会議というものは、実際に銭がないわけです。市町村に責任を持たせるというものですから、市町村が教育会議に対する補助金みたいなものを出しておっただけで、金としてはまことに微々たるものしかない。そこで、実際にいちばんほしいのは教員組合になるわけですから、それなら教員組合が中心になって、当時の校長会や教頭も含めて、先生たちで資金は持ちましょう。けれども、将来は、教育会議の教育会館として、もっと立派なものにみんなでつくっていきましょうというようなことで、前の教育会館を設立する動きが教育会議から始まってきたわけです。

それで、前のところを探してきたのは教育長みたいです。「あれは昔の長島の役場があったところで、しばらく医院をやっておられたけど、いまは出ていかれてあいているのでちょうどいい。松があって風情もあるし、古い門もなかなかいい。あれを安く買えんか」というようなことで、教育長が、「教育の会館にするということなら、思い切ってまけるように頼んでみるわな」ということで、不動産屋へかけ合って、当時、土地を入れて一七〇万円、たしかいろいろ直す費用を入れて二〇〇万ぐらいだったと思いますが、当時は労金が近いところになかったので、岐阜の労金へ金を借りに行かなきゃならんが、そんな二〇〇万などという現金を持ったことはない時代で、いまでいえば二、三千万持つような気分で、おそがておそがて（怖くて怖くて）、ひっそりと隠して汽車に乗ってくるというようなこともあったのですけれども、そうやって最初の教育会館が生まれたことはたしかです。資金は教員のカンパが中心でしたから、何も地教委ということじゃない。教育会議があってあれは初めてできたし、教育会議の活動の拠点にしようというものであった。それで、教育会議の会議というとあそこを使うというようなふうにだんだんなってきた。

(5) 教育振興会の組織化と地教委への圧迫・高校増設を餌にした父母への懐柔

そうなると、何といっても、岐阜県政は当時松野ですけれども、松野の岐阜県政を進めていく上でじゃまになるのが恵那の教育会議と、こういうことにならざるを得んわけです。権力ですから、向こうの方が力があるし、見通しも持ってくる。とにかく教育会議をこのまま放置しておいたらならば、反動的教育が恵那へ浸透させれないというだけじゃなくて、これは民衆をつかんで恵那がいわゆる革新の拠点になってくるということをいちばん先に心配したのが支配者であることは間違いないと思う。

そこで、どうしたって教育会議をつぶさなきゃならんという使命感が彼らの中に生まれてくるということから、教育会議への攻撃というものが本当にひどくなってくるわけです。どういうことをしたかといいますと、松野県政は、県事務所を使い、市町村長を使い、そして市町村議会文教委員会というものを使って、各市町村に教育振興会というものをつくらせて、そこへ地教委を引っ張り込んできて、教育会議をつぶそうというのが、彼らの作戦だったわけです。

当時は、先ほども言ったように、戦後の第一次ベビーブームの時期に入ってきているわけですから、親も含めて、とにかく普通科高校を恵那地域にもう一校つくれという運動が盛り上がってきていました。全入ですから、そういう方向をとらざるを得ん。しかし、全国的には、当時、普通科高校を減少させて、直接生産に間に合うための工業高校を中心にした実業科の増設という、いわゆる「七・三体制」とか「六・四体制」とかという形でいわれる高校の多様化の問題が起きてきていて、岐阜県でもそうなってくるわけです。企業の要求に応じて、高校教育を企業の直接下請にしていくということになると、実業高校をふやそうという問題を当然支配者の側はねらってくる。恵那地域では、そこの問題が教育振興会をめぐって出てくるわけです。

具体的には、そのときにできたのが中津川工業高校です。中津川に工業高校を一校つくることによって競争を緩和する用意があるが、教育会議に入っておれば、中津川に高校をつくってやらんというのが県の言い方です。だから、地教委が教育会議に加わっておって、教育振興会に協力しないというようなことならば、恵那地域の高校増設は認められないわけです。つまり、地教委が教育会議に入っておれば、親の要求に背くことになるという形で地教委へ迫る。それから、もう一つは、地教委は、いまは任命制地教委なのです。公選制の地教委じゃないということが、そのときにしみじみ悲しさとして出るわけです。県から市町村に、「教育会議のようなところへ教育長が入っておるようなところへは、教育補助金をもう出さない。教育長、あるいは教育委員会を教育会議から外させよ」と、こういうふうな指導がくる。そうすると、市町村長が、「わしが任命した教育長が、そんな、わしが困るようなところへ入ってもらっては困る」と言って教育長を脅し始めてくるという問題がずっと生まれる。片一方では、教育会議がある限り高校増設は認めれないが、みんな教育振興会に入ったら、高校増設を認めてやるという、いわゆる補助金政策というものが、そういうえげつなさを伴って出てきて、地教委はジレンマに陥っていくわけです。

(6) 地教委連脱退・学テ・正常化攻撃と自然解消

そのときに、結果としては、「地教委は涙をふるって恵那教育会議から脱退せざるを得ん」という結論になって、それでも頑張りましょうやというような形で去っていくことになるのですけれども、その前に、地教委では、そのことに対応して非常に画期的な論議を当時行ったのです。総辞職闘争をやろうやというのが地教委の中で出たわけです。「これだけ不当な圧力に屈するというわけにはいかん。全地区教育委員が総辞職をすることによって、身のあかしをはっきりさせていったらどうだ」という総辞職戦術まで地教委の中で飛び出して、かんかんがくがくの論議はあったけれども、「総辞職なんかすれば、全部向こうの言いなりの人間にかえられるだけで、もっと悪い地教委しか出てこやしないから、向こうの思うつぼだ。もうここでは涙をのんで（そこが難しいところで、当時の地教委の立場でいえばいろいろあると思うけれども、その総辞職という抗議の形をとらずに）形の上では恵那教育会議から外れても、教師に対する支援を続けようじゃないか」という思いではあるのですが、当時の教育長たちは非常に教育的だったと思うのです。そして、教育会議から表向きは脱退するということになっていったわけです。

けれども、校長会とPTAと教組の三者だけは残って、後、話し合いをしていこうというふうなことで、三者会議ということで一年ぐらい続けるのだけれども、そのころから、教育正常化がやってくるわけです。そして、地教委はもうそれどころでない、今度は教組を弾圧しなきゃならん使命をもう一つ帯びてくる。親もそういうことの中で二つに分裂するというような形の中から、学テや教育正常化の攻撃というようなものが強行されてくる中で、自然解消の形をとって、いつどこで解散をしたというわけでもないし、いつだれがそれ以降脱退表明をしたわけではないけれども、恵那地域の教育三者会議もなくなり、恵那教育会議はとうとう消滅した。パリコミューンみたいな一時期であったのかどうかわからんわけですけれども、ともあれ、そういう形で教育会議は一九六三〜六四年に自然消滅する。教師ももう教育会議どころの騒ぎではない。自分の上に降りかかってくる正常化の火の粉に対応しなきゃならんという問題に入ってくるわけです。

それで、その後、彼らはついに教員組合だけを裸にすることに成功した。教員組合を取り巻く、いわばお濠を持った大きな大坂城のような教育会議を、本当に冬の陣、夏の陣みたいな形で全部掘り崩していって、教員組合をついに裸にしておいて、正常化という攻撃をかけてきた。そして、なおかつ分裂というものを促進させてきたというのが、支配者が教育を支配するためのさまざまな手立てであったというふうに思うわけです。

(7) 経験・教訓の発展として

けれども、その後、恵那教育会議の経験と教訓は、支配の攻撃が激しくなっていく時期にもずっと生かされてくるのです。その最大の問題というのが、中津川の市長選挙です。西尾彦朗さんが、革新の候補として中津川市長選に立候補して、一回は破れるのですけれども、一九六八年、二度目の選挙には勝つということがあった。

教育会議の第一代目の議長をやった西尾さんは、その当時は市会議員をやっておられたわけですけれども、つぶされていくさまをじっと見ていて、本当に政治を変えなきゃ教育は守り切れんという問題を最も痛切に感じたわけです。単に教育委員会が民主的な立場をとろうとするだけでは、真に教育というものは守り切れんのだ。教育が政治によって左右されてくる以上、どうしたって政治の上で教育を守らなきゃならんということをうんとあの人は強く教訓として身につけて、いろいろな経過はあるけれども、中津川市長選にとにかく出るということになったと思う。「何のためにわしは出るかといったって、本当に教育を守りたいだけや」というのがぎりぎりの本音だったわけです。そして、教師がそれだけ結集して本気に出てくれということならば、出んわけにはいかんということで立候補して、二度目は勝利する。この中津川に革新市政が生まれ、上矢作にも革新町政が生まれというような格好で、革新市町村政というようなものが本当に生まれてくるときに、教育の民主化という問題は真にある意味保障されてくるということは、逆に、例えば、一九七〇年代の中津川の教育というようなものを見てみれば、いかに革新市政というものは大きな役割を果たすのかという問題として、また理解できると思うのです。そういう点では、真に民主的な教育を実現しようとすれば、政治の変革というふうな形で、政治それ自体が、革新的な立場をとる政治にならなきゃならんのだという問題が、教訓的にも経験的にも実証されたのは革新市政であった。しかも、革新市政の中心には、教育会議の議長であった西尾さんが嫌でも出ざるを得なかったし、西尾さんだったから勝てたのだという問題があるわけですけれども、革新市政の誕生は、教育会議の以降の一つの発展として出てきたものであったといえると思います。

それから、もう一つは、教育会議のときに、父母が教育に参加するという、父母の教育主権というふうなことが、学校教育を成立させる必須の条件なのだというふうにとらえて、教育会議で父母と一緒に活動したという経験は、その後、教育正常化の中で教師が裸にされ、孤立化されてきても、「民主教育を守る」とか、「民主教育を育てる」〝会〟という形で、自主的に父母と一緒に教育をつくっていく道を真に探り始めてきた、あの活動の中に、実は教育会議の精神というものが本来的には残されてきておる。

それがもっと大きく広がって、ある時期実を結んだのは、一九七〇年代、やはり革新市政の花の中で、中津川教育市民会議という、教育会議よりもさらに大きな規模での市民的な教育組織というものを生み出していったわけですけれども、その教育市民会議が生まれてくるというようなことは、恵那教育会議の教訓というようなものが、いろいろなそのときの条件の中で花開いたものであった。

いまでも中津川教育市民会議というものは名前だけ

残っておって、この日は「教育の日」というポスターをつくって配るということをやっておるけれども、その市民会議の事務局長だとかといっておられる人も、市民会議が何のことやら何もわからんという状況で、校長会で割り当てられるので、「わしは係だわな」と言われるだけのことです。だけど、まだまだそれでも教育市民会議というものを無視しちゃいかんというふうに思うのです。あれを内実のあるものに、どうまたつくりかえていくかという問題は残されておる。

それから、もう一つは、話し合いというものを徹底して尊重するというか、恵那地域では、話し合いというものを軸にして教育を進めていくのだという精神というようなものが、その後でも三者会議とか四者会談とかという名前で残っておる。いま、教頭会などという、何ら法的根拠もない、どこに責任を持つわけでもないような者たちを集めて、一者などと言っておるので、おかしいといえばおかしい。本来からいえば、学校長が学校を代表し、教員は教員組合に結集して教師を代表し、そして教育委員会は行政を代表するというような意味で、それだけが基本だと思うのです。そのうちにまた教務主任会を入れる、学年主任会を入れる、生徒指導主事会を入れるなどといって、いっぱい入れて、四者会議、五者会議になったって、本来的な教育会議じゃない。そういう点では、基本的に三者会議。そこへ親が入るというような意味での四者会議というようなことを、もっと本当に基本に考えていかないと、何々会を入れ、何々会を入れといって、いっぱい入れて、何とか会議などといっておったっていかんだろうというふうに思うのです。

たくさんできたら、できた中で、じゃあどうするかという一つの発展は、全くこれも物の見事に砕け散るわけですけれども、中津川市の革新市政の終わりころの、教育攻勢が中津川で強まった時期に、教育推進委員会という名前で、教育当事者のさまざまな団体、地教委、校長会、教組はもちろん、市教研とか、研究所とか、その他、教師がつくっておる諸団体の代表が集まって、中津川の教育をどうするかという、教師の側の推進会議、名前は推進委員会だったと思うのですが、そういうものをつくって対応したと思うのです。

これもまた何年か後には消滅をして、いまや本当に何か話し合いをする先がとられてしまったみたいなことなので、そんなことじゃいかん。本当に積極的にもう一遍つくり出さなきゃならんし、そういう形でわれわれの未来というようなものを展望していかなきゃならんというふうに思うのです。

きのうもある会議があって、私は思ったのですけれども、教育会議等々を含めて、非常に大事な今日的教訓みたいなものでいえば、本当にみんなが自由に、言ってみれば対等な立場で、一致点だけを大事にしながら話し合うということが、いかに大きい民主主義になっておるのか、そして同時に、本物を生み出していくという意味で真に力になっていくのかという問題なのです。

そういう点でいうと、この間、運動会というシーズンを前に置いて、教組の婦人部の人が民舞の交流会というのをやったときに、「三〇人も来りゃいいのかなと思っておったら、あにはからんや、一〇〇人近い人が来られた。よく見たら、いつも顔ぶれとして出てこられるような、組合に入っておられる先生でない人がいっぱいおいでた（来ていた）。どういうことやろうとうれしかった」という話なのです。私も本当にうれしかったし、いいお話なのです。

なぜそういうことが起きておるか、なぜ学校の中ではなかなかそういう雰囲気になり得んのかという問題を含めて、さっきの教育会議のときの話やら何やらを思い起こしていただきたいけれども、いま交流というような立場というものをものすごく大事にしなきゃいかんのじゃないか。

教育会議というものは実は交流だったのです。さっき、実際の会議の議事録めいたことを言ったのですが、あれを聞いてみられてわかったように、それぞれ自分たちの立場での言いたいことを、自由に言うという交流だったのです。あまり言葉にこだわるということを私は言いたいわけじゃないのですけれども、お互いが自分で選択できる余地を残しながら、本当に自由に発言して、一致点を大事にする。自分に役に立つことは取り入れるということです。そういうことができるのなら、あるいは、そういうことが保障されるのなら、そこへは多くの人が集まるだろうと思う。そういうことを求めておる時期だと思う。

教育会議から学んでいくというような場合に、そういうふうな意味のことはいま非常に大事じゃないか。会議をつくるときにどうするかという問題じゃなくて、例えば、教育会議というのは一致点の方式でお互いの立場を尊重した。そのことが非常に民主主義的な役割として大きな働きをして、正当な統一戦線的に発展した。これは攻撃によってつぶされるという問題は当然また起きてきたわけですけれども、その教訓みたいなものをいま流な言葉でいえば、ある意味、教育について交流する組織でもあったと思うのです。交流ということをどういうふうに理解するかということは別として、本当にいま真に交流というような立場があらゆる部分で保障されるような活動というものを生み出すことが大事じゃないのだろうか。職場の中が真に交流というようなことができる状況になったならば、うんと職場は楽しいところになってくるだろう。あまり言葉にこだわる必要はないけれども、中身として、不自由な中で、拘束されてやっていくということじゃなくて、本当に自由が保障されながら、そこでみずから必要な得るものは得られるような場所、そういうものをいま運動の中で生み出す必要があるのじゃないのだろうか。そのことは、職場の中でとか、あるいは地域の中で父母も含めてとかというだけじゃなしに、私は、皆さんがいちばん悩んでおられる教育実践そのものの立場が、学問や知識、子どもの人間や生活も含めて、学習というものが交流というような観点でとらえられるように実践というものを仕組んでいくならば、本当に子どもはもっと生き生きと学習に参加し、学習をみずからのものにするのじゃないかというふうに思うのです。

職場にしろ何にしろ、そういうような意味でいうと、恵那教育会議そのものが、今日にものすごい集約したような形で残しておるものがあるとすれば、私の中には交流の精神——これは話し合いの精神と言ってもいいですけれども、現実的には、状況まで含めて考えてみると、交流とでも言う言葉が最もふさわしいのかなと思うのですけれども——交流という立場というか、精神を、今日創造的に具体化するという仕事がものすごい大事じゃないかと思うのです。その場合、「交流をさせてやる」ではいかん。自分がのぼせて、自分が参加するように交流しなきゃいかん。私は交流をさせる人、あなたらは交流をする人ではもういちばんだめ。そんなもんじゃ組織できん。

学習も同じです。先生ものぼせて、子どもと一緒に、例えば世界についても交流する。世界を理解するというようなことについて、あるいは未来を、今日を理解するということについて、皆さんが子どもと一緒に交流し始めたら実におもしろかろうと思う。「おれは何でも知っておる。あなたは何にも知らない。教えてやるでよく聞けよ」というようなふうでは交流ではない。皆さんが世界を知るというような意味でいえば、あるいは未来を語るという意味でもいいです。あるいは今日の現実を見るということでもいい。本当に子どもと自分が夢中になって交流し合えるような、そういう学習というものは、子どもの身になって考えるなどというともうちょっと高くなるし、ちょっと立場を変えてみてやるというようなことでもなくて、もっと自分がのぼせ切ってしまうということです。それが本当はおもしろいということなんだろうと思うのです。

私はいま恵那教育会議の話をしておるわけですけれども、ずっと戦後史を見ていただけばわかるように、恵那の生活綴方というものにもとづく精神というようなものが、この運動の源流にずっと流れてきたと思うのです。この源流みたいなものが、その条件の中でどう生かされてきたかということの一つに、教育会議というような統一戦線的な動きというものがあった。この統一戦線的な動きというようなものを、また今日流にずっとたぐってみれば、私は交流とでも言えるような言葉に集約できるような内容の問題があるだろうし、そういう形で、教育実践も職場の活動も地域の活動も含めて、統一的な見地でもう一遍とらえ直してみれば、手がつかんとかという問題じゃなくて、いっぱい手のつく先があるような気がするし、何よりもかによりも、皆さん自身の中に、実は、本当にもっともっと交流したい、人々と一緒に生きたい、みんなと一緒にわかりたいという気持ちがきっとある。そこを自分の中でどういうふうに今日流に引き出すかというところに秘密があるような気がして、そうすれば職場を変えるおもしろい活動というものが、うんとまたつくり出せるのじゃなかろうかというようなことも思うのです。

＊「夜学」第一四夜（一九九〇年九月一八日）の講義記録。署名は〈今尾生足〉（ペンネーム）。

この中で、石田は、恵那教育会議をどう位置づけて来たかに加えて、このような統一を作り出していった教職員組合の立場や、実際に教育会議をつくりあげていった恵那の教育関係者——石田自身を含んで——のねばり強い話し合いの過程を丁寧に描き出している。このようなねばり強い話し合いが、恵那の地域に根ざす教育を支えていることがここからも伺える。

第二部　教育正常化攻撃とのたたかい

◆論文8（一九六三年）

青年教師M君の日記抄——一九六三年度岐教組定期大会議案（1）

岐阜県の教師は
どんな生活の中で生きているのだろう

一九六三年×月××日

きょうもまた保子が欠席した。家からは何の言伝《ことづて》も来なかったが、先日同様、内職の手助けとしての子守りにちがいあるまい。中学二年の保子が何を考え、何をなやみとして抱こうが、クラスの友達は、だれも保子のことを本気に考えてやってはいない。良吉のように、自分の点数に明け暮れしている。——自分の点数とのかかわりにおいてのみ友だちがあり、他人が意識される状態では、点数に見放された保子はクラスから疎外されるのだ。クラスから疎外されるということは、実際的には学校から、教育から疎外されたことを意味するのではあるまいか。

こうした点で、だれをも信じない保子の無口と意地悪い、まるで子どもを失ったような眼つきが増してゆくのも理解できないではないが——一体教師としてのこのおれは、どうすればいいのだ。

堪えられない。

×月××日

親父から便りが来た。また送金要求だ。会社の退職金で家を建て、残りを三人の子どもの学資に廻したため、人生の老後に何も残していない親父が、おふくろに病気になられて困っているというのだ——無理もないが正直いやになる。約束の金は月々送っているこのおれを、まだアテにしなければどうにもならない親父の気持が、わかり過ぎていやになる。

それにしてもおふくろの病気のぐあいはどうだろう。長い年月のムリが、しなびた肉体をむしばむという形で徐々にあらわれて来たのだろう。病名もはっきりしないというのも少々気にかかるが、どさっとたおれこんだというわけでもないらしい。もう無理をしないで長生きだけはしてほしい。

あす、貯金王のU先生に借りて、五〇〇〇円ほど送ることにする。不足は、また互助会から借りよう。

×月××日
きょうから芥川の『魔術』に入る。生徒に黙読させながら、ひとりひとりの反応をたしかめてまわる。

「あるしぐれの降る晩のことです。わたしをのせた人力車は、何度も大森かいわいの険しい坂を上ったりおりたりして、やっと竹やぶに囲まれた小さな西洋館の前にかじ棒をおろしました……」

にはじまるこの作品は、芸術的な完成度ともいえる用語の精練、フォルムの問題等において壺井栄の『坂道』の比でないだけに、いっそう生徒たちの反応に注意をそそぐのだ。

一読したあと「どうだった。おもしろかったか」と聞くと、秋吉はとっさに、

「人間ってこんなだか」と質問した。秋吉はグイグイとアルバイトもやってのける楽天的で行動的な生徒なのだ。しかし、秋吉の質問をはねかえす発言もないまま、

「『坂道』とちがっておもしろい」

というのが絶対多数。

「どこがおもしろい」

「魔術のいろいろさ。不思議だなあ」

「でも人間の悪いところばっか見せつけられていやだ」

という明美の発言が心に残っている。

人間をよりいっそう人間らしい状態にみちびき、真実の幸福を追求しようとする未来を築く世代に、この『魔術』は適当な教材ということができるだろうか。

あの生徒たちに高い道徳性と健康な人生観を培い、文芸の観照能力をつけるために、どうこれを扱ったらいいのか。

この教材を排除できない情勢とすると、この教材の思想性と芸術性の背反を言語、文学としての国語教育でどう生徒たちの認識中に統一あるものとして理解させたらよいのか。

国語教育の中にある、いや現代の芸術思潮の中にあるさまざまな思想が、おれの頭を狂わせるようだ。ほんとうに自信がない。国語サークルへいってこの問題をぶっつけてみよう。学校の中の研究会にも持ち出さねばならない。

何とかみんながチエをかしてくれるだろう。

×月××日

久しぶりの分会会議。当面の賃闘と教研、そして動員とカンパの問題で、協議員会参加のための分会会議ということだった。

論議の結果は、予期していたようにカンパをめぐる組合批判と執行部への不満が中心となって、他の問題は時間ぎれのせいもあったが案外あっさりかたづいた。

カンパ問題でH分会長は苦しい説得を繰り返したが、分会長を無理にH先生に持っていった手前、みんなはH先生に同情した形であきらめたが、あれでは、H先生はじめだれも心から納得してはいないだろう。おれは三〇円のカンパぐらい、パチンコ代に比べればと安易に考えていたが、これは、独り者の気易さからだけのことでこんなところにあぐらをかいてカンパ問題を深く考えてみない態度はダメだと思った。

金のことはうるさいものだが、単に金というより、いまの状態では闘争力がカンパですりかえられてしまう事実と、民主主義の形式化とおしつけに対する問題が中心なのではなかろうか。

美しい音楽が聴きたい。

×月××日

町の「平和と友情の会」に出席した。相変らず広がりがない。活動が極めて困難になって来た。その証拠には、今夜の会議もB君の難解な理論にみんなが、へいこうしてしまったという状態でしかなく、一人一人が自分の若さを生かしてこれで行こうという自信が持てなかったことにあらわれている。

おれは、活動の内容をおれ自らの内側に見出さなければと思うが、どうもぴったりしたものが見つけられない。

青年の未来をおしつぶす「日韓会談」や「原子力潜水艦寄港」に反対なんだけれど、それが、何だか本当の自分の行動になり切らない。

そんなところの問題をこの次には素直に話し合ってみたらどうなんだろうか。

×月××日

松本清張の初期の短編『西郷札』を読んでみた。歴史に逆行する西郷隆盛が、一時的な威信を保つために発行した「西郷札」をめぐる人間の醜悪をみごとに描き出したものであるが、歴史における科学性、法則性を人々が知っていたら「西郷札」の値うちはあんなに高まらなかったのに、それよりも、人々がきそって高めた結果の悲哀を感じなくてよかったのに——と思うと、現在の「西郷札」がむしょうにおもしろいものに見える。

自らを解放するつもりで西郷札を求めれば、西郷札のみが高値をよび、自らは逆に束縛される。こうした現象の中で、不安定さが増してゆく。しかし歴史は清濁さまざまな現象を露わしながらも、間違いなく法則的に発展する。

誰かが言っていた。「今日の世界情勢の基本的特徴は、社会主義体制が人類の前進的発展を規定する決定的な要因になりつつある」と。このことを、具体的におれたちのまわりでみれば、おれたちのまわりが一そう暗さを増している事実によって立証できるのではなかろうか。しかしもっとおれがはっきりしたいのは、まわりの暗さが必然的に内部に明るさを増すということについてなのだ。

そのことをおれ自身の中にも、職場の中にも、子どもの中にも、いや、社会全体の中に、おれ自身の手でおれの体で見出すとき、生きる希望と自信が湧いてくるのだろう。西郷札が生み出している矛盾、それは不安、不満というものなのだ。西郷札を求める人々の中にもその不満は根づいているし拡がっている。

あすの学習会では、みんなでこのことをたしかめあいたい。夜は深々とひえてゆくが、おれのスタンドは輝きを増している。

×月××日

きょうから家庭訪問。保子、君代、勇二、光男の家へ行った。案の定、保子と光男の親は不在。保子は表で子守りをしていたが、おれをみると「誰もおらんに」といって裏の方へ逃げていってしまった。保子のカバンは縁に放ってあったが、じめじめした八畳と土間だけの室には机はなかった。すすけた四〇Wぐらいの電球がたらんと、ぶらさがっていたのが印象的だった。

光男の母親は中風で口もきけない親父を置いて自由労務に出掛けて不在だった。光男は、夕食の支度をしていた。親父さんに挨拶をしたが「アア……」といったきりてんで話にはならなかった。光男が「夕方六時頃には母ちゃんが帰って来る」といったが五時前だったので一応辞退して来た。しかし、古ぼけたラジオから流れていた三波春夫のうたにあわせて光男が大声でうたっていたのにはおどろいた。「好きか」ときいたら「うん」といっていたが、音楽が「2」ということが何だかおれにもわかりかけたような気がした。

君代と勇二の家には母親がいた。勇二の家には父親もいたらしいが出てきてはくれなかった。それにしても、君代の家にはピアノがあったのには驚いた。春ちゃんがピアノを習いに行っているので君代がねだるからこの春買ったといっていた。君代はピアノを弾く権利を持っているし、ピアノ位は弾ける人間になってほしいが、それにしても――という気がしたが黙っていた。君代に買ってやったといって、自分で喜んでいる母親に、音楽も担当していないおれが、単なる受持教師としてどれだけのことを言う資格があるのか、また言わねばならぬ義務があるのか、とっさに判断がつかなかったが、いま考えてみると、やはり率直に教師の見解を言うべきだと思う。この次会ったときは話そう。

ところで、君代と勇二の家での最初の母親の質問が、全く同じであったのには閉口した。「どうですか先生、うちの子は、大丈夫でしょうか」と来た。もちろんK高校に合格可能かどうかということにちがいない。おれはニタッと笑って「さあ――どうですかな」と空とぼけてみた。どちらの母親も少しムッとした表情だったが「先生補習はいつからはじめられるのですか」「となりの学校のようにテスト毎に席次をつけた通知表を作ってくださらないの」などと言っていた。

学校での君代と勇二を想うと腹いっぱいいってやりたかったが、どちらの家でも「とにかく体だけは大切にして、ムリな勉強過重でキリキリにさせない様にしたいものです」とだけいって別れた。

本当に親の教育要求というものは何だろうか。君代や勇二の母親の言う通りに学校が運営されたら自分の希望を教師に直接伝える暇も持たない、その権利すら放棄した形の保子と光男の親は何といったらいいのだろうか。会えば「よろしくおねがいします。何か悪いことでもしたんではないでしょうか」というだけの保子と光男の親も「進学のためにどんなムリでも――」という君代や勇二の親も、やはり本当の子どもがわからない。その人間としての苦しみをおれには教えてくれない。それ以上には教師としてのおれを信頼もしなければ、期待もしていないのかもしれない。反面、おれも本当の声を吐き出してはいない。本当の声を吐き出したとたん、自信のない頼りない教師と思われるのをおれはどこかでこわがっているのかもしれない。不信頼の土台の上に、お世辞とウソでぬりかためた関係なんて、思っただけでもいやになる。

ああ、家庭訪問は芯が疲れる。

×月××日

町の映画サークルが主催した、一六ミリ映画の『武器なき斗い』を観た。

あのひどく暗い時代、小さなカバンを下げて真実の知識を農民の間に拡げ歩いた山宣（山本宣治）の姿は「真実の教育を」といつも言っているオレには、ひどいショックだった。

農民のあの団結、そして労働者との統一、しかもあのマックラな時代に……。オレは、目頭がかすんでしかたなかった。

「統一と団結」、オレはこの言葉が大好きだ。オレにとって、瞳のように美しく、力のようにたくましい。

だが、だが、
このオレはどうなんだ。オレたちのまわりはどうなんだ。

×月××日
気ながだけを取り得にしていたおれだったのに、その取り得を捨てて怒ってしまった。今もむしょうに腹がたって仕方がない。

今日の午後、生み月の近いE先生が、体育の時間に運動場でたおれてそのまま病院へ行くまでに流産してしまい、しかもその赤ちゃんは死んでしまったというのだ。

人間と、その生命をこよなく尊いものと考え、その尊厳さを守るためにのみ存在するはずの教育の場において、母親であり教師であるE先生が自らの子どもの生命を捨て去らねばならない状態を生みだしているという事実は何と考えたらよいのだろう。

本当に自分の人間を愛することが出来ない教師が、本当に人間を愛することを子どもに教えることができるのだろうか。

E先生は、いま、怒ることを捨てて悲しんでいるにちがいない。しかしE先生をこうした一母親と女教師としての人間の権利を捨てさせる状態に追いやっておきながら、その事実に素直に眼をむけることもなく、人づくりと教育を論ずるまやかしには、おれはどうしても我慢ならない。

しかもだ、この不祥事――そうだ、まさに、教育、社会における不祥事について、校長からの報告を受けたある教育行政責任者は「補充がないから、当分の間校内操作で、時間だけはつめておいてくれたまえ。何にもやらなくても、先生のいない時間があるとうるさいからね。とにかく時間だけはつめておくことだよ」といって最後に「女の先生はこれだから困るよ。来年の人事には何とかしなくちゃね」とつけ加えることを忘れなかったとか
――おれはこのことを秘密気におれに話してくれたY君

に、つい「馬鹿野郎！」といってしまったのだ。Y君は「えへっ」と冷笑して離れていってしまったが、それからというものはむしょうに怒れて仕方がない。

校長に「この不祥事について職員会を開くのですか」と聞いたら「運営委員会で授業補充とE先生対策が終わりましたから開きません」というし、分会長に聞いたら「学校運営上の対策ができたようだから、組合として特別に開く必要はないでしょう。余り問題を大きくするとE先生もお困りでしょうから、いましばらく静観しましょう」という。ほかの人も「沈黙は金なり」のようだ。婦人部だけが、形式的に「婦人教師の権利」ということで開かれたらしい。それも同情はするが、まあまあ、ということで終ったらしい。

E先生問題でわけはわからぬがやっきになっているのはおれだけなのだろうか。みんなは本当に何を考えているのだろうか。どこかおれが間違っているのだろうか。みんなにどう話せばおれの気持がわかってもらえるのだろうか。

バターンへの行進は、いまも続いている。確かに死の行進が現存している。おれは未来を切り拓かねばならない。

生徒たちの笑顔がむしょうに恋しい。

×月××日

このごろ、しきりに「立場」という言葉が吐かれるようになった。「そりゃ校長としての立場があるからね」「組合という立場ではそうなんだろうけれどね」「地方公務員という立場もあって」とか、「学校の先生という立場からは」「一市民としての立場に立ってみれば」など何か話をするには「立場」という言葉を一言入れないと何にもしゃべれない位だ。

一体、おれたちが生き、おれたちが教師としての務めを果すためには、そんなに多くの立場が区分され、使いわけられなければならないものだろうか。おれの感ずるところでは、こんな「立場」が強調されだしたのは勤評問題からのような気もするが、このことは本当には何を意味しているだろうか。とにかく、本当の人間の声が叫ばれそうになると「立場」が強制されて、一切の真実が消えてしまうことがよくある。

そういえば生徒たちだって同じだ。「大人に対する子どもの立場」「先生に対する生徒の立場」「親に対する子の立場」「友だちに対する上級生・下級生・同級生の立場」など、おれも無意識にそんな立場の使いわけを強要しているのではあるまいか。

ところで問題は、こうした立場の氾濫が、個人的にも集団的にも本当の人間統一をさまたげているところにあるようだ。それは「立場」を言うとき、その「立場」は自分にとっても相手にとっても本当には納得されない場合があまりにも多いことによっても理解できる。いっぺんよく考えてみなくてはなるまい。

×月××日

きょうは「教育を語る会」のことで職員会が開かれた。先般来、校長が町長のところへ呼びつけられたり、PTAの会長が校長のところへ尋ねて来たりしていたが、この会のことであったらしい。

昨年、組合の機関紙に「来年は本県において全日本の反日教組団体の大会が開かれるから、それに合わせて、新しい組織攻撃が強められて来るだろう」と書いてあったのをフト思い出し、何だか「教育を語る会」の結成に底深い気味悪さを感じた。

おれが「未だ内容もよく知らないし、研究もしていないので、納得出来ない会には加わることが出来ません」といったらみんなも賛成してくれたのでほっとしたが、校長さんは困った顔して「この町にこの会を作っておかんと、来年の高校定員のことや、道路の補助にも関係があるそうですから、あまり固苦しいことをいわずに名だけ連ねるということにしたら云々」といい「町内五校のうちこの学校だけ別にするというわけにもいかないものですから」といったが、おれにはどうも納得できない。

町の人が道路に困っていることはよくわかるし、高校進学でやっきになっていることもよくわかるが、それだからといって町長が無条件に会長になって教育振興を図ることには賛成しかねるのだ。何も改めて、いま急にそんな会を作らなくても、いままで通り、いや教育委員会に主体性を持たせて事にあたれば教育の振興は図れるというものなのだ。今度の「語る会」は、役員が、町長、助役、議長、文教委員全員（五名）、教育委員長、教育長、総務課長、警察署長、校長会長、連合PTA会長、教員代表一名、各区長（五名）という面々になっているが、この顔ぶれをみただけでも教育の主導権をどこに移そうとしているかがわかるというものだ。総数一一〇名の中で、直接の教育関係者が五名ということは、いくらおれが馬鹿でも現場の状態が素直に反映されないこと位はわかるのだ。

まして、おれたちの代表は、単に教育代表というだけで、決して教職員組合代表ではない。おれたちは教師という職能上の代表でもって、教職員全体を代表する資格を与えたものとは考えないのだ。

とにかく今日の会議では、教頭のA先生が「今日中に結論を出さずに、この次に継続的に検討しましょう」といったのがきっかけで再びみんなで考えてみる機会を得たが、明日にでも、分会会議を要求して支部役員にも来てもらってとことん考えてみたい。

ひょっとすると、人づくりがこんな形で新しい着物を着てやって来たのかもしれない。

そして、来年三月には、あの会が「アカ」というレッテルをおれにはりつけて追い出しを図る結果になるかもしれない。「教育を語る」というのは、子どもと教育の現実を素直にみつめ、そこに未来を見出すべき良識の結集でなければならないのに

それが語れないとなれば……………………

T先生もきっと考えこんでいるだろう。今夜はT先生の宅を訪ねてみよう。ちょうど、教材研究の上で聞きたいこともあるし――。

午後九時三〇分記

＊「教育時報」第四四九号（一九六三年六月二一日）。同年六月の岐教組定期大会の議案として出されたもの。執筆は石田。『「恵那の教育」資料集』第一巻に収録。情勢分析という位置づけの「日記」と、次の論文9「M君への手紙」とセットで議案として提起されたものである。

◆論文9

M君への手紙——一九六三年度岐教組定期大会議案（2）

「おなじ手ぶりで踊っていてもはなればなれな心と心」にならないように

M君

あなたの赤裸々な、まるで教育の恥部をさらけだしたような日記を読ませていただき、いろいろ考えさせられました。いまの私たちの苦しみも、希望も、状態も、問題も、あの日記の中にはいっぱい含まれているようです。私たちの組合は、あなたの日記に応えるためのテガミという形で、今年度の「組合活動の方針」を明らかにしたいと思います。

M君、あなたは、ああした日記のような生活の中にいて、あなたを含めた私たちの組合の方針が、これで良いのかどうか。あなた自らの問題としてよく読んでみてください。そして、**疑問や不満は率直に、分会や支部で出しあって、こんどの組合大会では、本当にみんなの力で作りあげた方針に書き改めるよう、積極的に方針討議に加わってください。**

方針をみんなでつくること、そこにまた、組合をみんなのものにする道を見出そうではありませんか。『火山灰地』のセリフじゃありませんが、「おなじ太鼓の音にあわせて、おなじ手ぶりで踊っていてもはなればなれな心と心」にならないように——。

一、カラダの内部まで侵すきびしい攻撃

M君

あなたの日記にあらわれているような職場や地域の状態は、色や形こそちがえ、どこにでも共通している今日での私たちのまわりのいつわりない姿だと思います。こうしたまわりの状態の中に**「今日の情勢の特徴と私たちの活動の基本問題」**をみますならば、それは次のように

まとめることができるのではないかと思います。

第一には、攻撃が、真にきびしさを増して、その内容においても、方法においても、民主主義の基本がふみにじられ、攻撃の本性が露骨にむきだされている。そのことによって益々攻撃の側の矛盾を深めている、という点だと思います。

それは、あの日記の中でも「まわりの暗さが増した」という言葉で直感的な感じが述べられていましたが、例えばE教師の異常分娩など、女教師の人間性が、その体の部分でうばわれつつあるところに問題の深刻さがあるのだと思います。雑誌『教育』の五月号で紹介されていた統計によりましても、今日の女教師の異常分娩は一般家庭婦人の三倍に達しているというのです。同じことは、女性の生理としてのメンゼスが、正常な二八日周期で起こらないという状態が、私たちの同僚である今日の女教師の中にはいっぱいあるのです。

女教師の体のことばかり書いて恐縮ですが、二重、三重の圧迫を受けているという女教師の場合、その体の深部で正常な人間の構造を持ちあわせられなくなりつつある。まさに、石女のように「子どもを生む女としての権利」が、ハクダツされはじめているところに、しかもそれが、あたかも個人の能力欠除であり、欠陥であり、責任であるかのような形であらわれているところに、今日の攻撃のきびしさがあるのだと考えられます。

こうした**人間と民主主義の基本にかけられた攻撃**のきびしさは、女教師にかぎらず、あらゆる部分にあらわれています。昨年度末に県教委から出された教職員の人事異動方針では「教師の希望の尊重」とか「校長の具申、地教委の内申にもとづいて」とかいう字句は、一切姿を消していたのを——。その具体的なあらわれとして、一昨年度まで行われていたような「希望調書」の作製が正規には行われなかったのをあなたも御承知のことと思います。

これも、自発性を最も必要とすべき教育という仕事の中で、教師の自発性のあらわれである希望が無視されたことに問題があるのです。それは、教師という職業の持つべき最も特徴的な部分、いわば教師のいちばん基本に加えられた攻撃であるからです。

自発性を認められない教師、それは、教育の在り方の基本的な変化を意味するものではないでしょうか。

その変化は、あなたの日記の中にいっぱい出ているのですが、「学校はあっても、子どもは存在しがたく、教育はあっても、人間は存在しがたい」という、今日の学校教育における致命的な欠陥となってあらわれているのです。

　子どもがにんげんとして把握できない、点数でしか観ることが出来ないことから起る悲劇は数えあげればきりがないのです。そうした点からもおわかりいただけると思いますが、教育の営みの中から、本当の意味での人間を（人間性を）ハクダツすることに攻撃が集中しているからこそ、攻撃が真にきびしいと言えるのだと思うのです。

　また、**こうした内容の攻撃は、当然、正常な民主的方法を通じて行えるものではありません。**

　権限のふりまわしと、命令による押しつけ、官僚統制の強化と、政治権力の直線的介入、そして、手段をえらばぬ分裂と破カイの工作、そのための警察権力の動員等々が、職場の中で「堪えられない重苦しい空気」を生みだしているのでしょう。

「この頃、私たちには何の相談もない」とぼやく声や、「誰がいつきめたのか知らないが、とにかくやっておかないと後がうるさいぞ」といやいや動く姿など、理解と納得をこそ必要とする教育の場に全くふさわしくない状態がいっぱい生じていると思います。

　時には、「どんな会議でもしゃべらぬが得、キジも鳴かずばうたれまい。出る杭は打たれるのだ」といって黙り込みをきめた同僚の姿などを見るにつけ、私たちは勤評体制と呼ばれる支配体制のきびしさをしみじみと感じるのです。

「差別」を助長し、制度化し、教師相互の理解と信頼をさまたげながら、人間関係の複雑さを基礎として生みだされた学校における教師の関係を破カイし、上司と部下の関係を強め、そのための「立場」を押しつける。そして「みんな」と「納得」という点を捨てて、「権限」と「命令」「指示」という言い分で迫ってくる支配強化の姿には、まさに昔日の日本軍隊が想起されるほどです。

　しかも、これらの関係を職場に確立することによって、**校長の権限を重んじ、あたかも教育の社会的地位を向上させる様なそぶりをみせながら、実際には、校長の学校経営上の一切の自由と権利がもぎとられる結果となってあらわれている**ことに私たちは、深い注意をはらわねばならないと思います。

　校長が、真の意味での学校教育の代表者でなく、学校経営の上で、校長の眼が、たえず、子ども、父母、教師の要求のくみ上げに注がれないとしたら、最早、学校は、本来の意味で学校ではなくなるからです。

　担任教師の知らない間に、受持の子どもの処置が決められていたり、教師全体どころか校長も知らないうちに、どこかで学校のことが決められてしまうといった例は、今日ではさほどめずらしいことではなく、むしろ当り前の状態といってもよい程ではないのでしょうか。

「いまに、おれの月給の使い方まで命令に従わねばならないようになるかもしれないぞ」といって此の状態をなげいていた組合員がいましたが、これも笑えぬ話のようです。

あなたの日記の中にありました「教育を語る会」が道路補助と関係するといった、とにかくムチャクチャな形ででも、「道理をひっこめ無理を通す」のが、今日でのきびしい攻撃の姿だと思います。

しかしこうした反人間的、反国民的な性格を持つ攻撃内容から生ずる、非教育的、非民主的な攻撃方法の増大が、攻撃の側で新しい矛盾を生み出していることについても、私たちはもっと注目する必要があると思います。

例えば、自らの手で無力化させた、その地教委の存在すらが、邪魔になってきている教育官僚機関でも、政治権力の教育への直線的な介入の結果として生まれてくる、行政機関の教育支配への介入と、その支配権の増大には、反対せざるを得なくなってきていることなどにもよくあらわれているのではないでしょうか。だけど、ただここで見過してならないのは、**攻撃の側で生まれる矛盾の解決にあたっては、その矛盾を攻撃の側と一緒になって発展させるのではなく、いつでも、更に支配を強めることによって解決しようと図るため、矛盾は深まりながらも、支配の形態は更に強まるということについてだと思いま**す。

今年度からはじまった県教委のブロック次長制など、その具体的なあらわれではないでしょうか。

二、うんと多様になっているはげしい反撃の姿

第二には、攻撃のきびしさに比して、反撃は、不安や不満として、いまだかつてないはげしさを増しているが、生産点、生活点を基礎とした組織的、大衆的な拡がりと発展という点では、方向と内容、方法の面で弱点があらわれている、という点だと思います。

このことが最もよくあらわれているのが、率直に申し上げて、あなたの日記だと思います。

あなたの、不満、怒り、なげき、それこそが私たちの反撃の具体的なあらわれなのです。

ああした、一口にいえば、あらゆることにたいする不安や不満、疑問や疑惑は、その感じ方や抱き方に強い弱いがあったり、そのあらわし方に、大きい、小さいが

あったりするかもしれませんが、今日のきびしい攻撃の中では誰もが持っているものだと思います。私たちは、そこに反撃の根深さと、広さをみることができるのです。

しかし、ここで誤ってならないのは、そのあらわれは決して一様ではなく、いままでの反撃という考えから——反撃をいままでの抵抗や闘争という形としてだけみるならば、むしろ逆の方向であらわれる場合すら多いという事実についてだと思います。

不安や不満が、要求となって率直に表明されることなく、沈黙する形となったり、時には、平然さをよそおうなど、あなたの日記の中にも、いっぱい出ているのです。

こうした姿を、ここで更にいろいろならべたててみる必要はないと思います。それは、あなたを含め、私たちみんなが、毎日、どこかに心のうずきを感じながら、さまざまに経験していることだと思うからです。

こうした、一見、矛盾する様な反撃の姿は、いまでは、**攻撃のきびしさと複雑さに対する反撃のはげしさと多様性**というものとして把えなければ、正しく把握できないと考えられます。この点について、私たちは、ともすると、図式的にしかとらえることができなくて、誰もかれもが信用できず、みんな敵にみえて自信を失ってしまったり、反撃の形態だけに賛同する数少ない人々だけで、英雄的？　という面だけを頼りに、反撃の枠をせばめてしまったりしたことがあるようです。「あれにはついてゆけない」などという声をよくききますが、そんな時にはこうした言葉の真意と内容をみんなで充分検討してみなければならないと思います。

ところで、こうした底深い反撃も、その組織化と発展ということになりますと、実に困難が多いのです。そのことも、あなたの日記は充分述べていてくれるのです。

私たちは、この**反撃の組織化という問題について、特効薬はないと考えていますが、いままでの教訓を私たちなりにすこしまとめて整理した形で、ごく大まかな問題と原則だけをお伝えしてみたい**と思います。

ところで、教訓整理の前に、私たちの組合の中のある支部にあった面白い話を紹介しましょう。そこには、うんと一般的にいった場合の原則が含まれていると思いますので——。

勤評闘争のときのことです。ある支部の執行責任者に、組合員が「こうした大闘争、我々の運命を左右する様なたたかいのとき、執行部はたたかいの先頭にたって首を切られることを覚悟でやってくれ。おれたちはいくらでも応援するし、ついてゆくから」といったそうです。すると、その執行責任者が、何といったとお思いですか。

「おれはおりた。首は絶対に切られたくないし、切られん様にしたい。だけど、執行責任者としてたたかいの先頭に立ちたいし、たたかいで勝利を得たい。金も使わず、首も切られず、それで必ず勝つことを考えたいのだ。云々」といったというのです。

話としてはこれだけですが、何か考えさせられるものがいっぱいあるようです。

さて、教訓の整理に移りましょう。

1　攻撃の本質的性格に応じた反撃を

その第一は、攻撃の性質をどうみるかということにかかってくると思いますが、**反撃の要求とその性質をどう把むかという問題**です。

例えば、先程のE女教師の問題にしても、あれを単「産休権利」の問題としてだけでとらえている限り、あなたの日記のいかりとは直接につながらないのです。あした問題は、単なる女教師の権利の問題だとか、あるいは女性一般の母体保護の問題として社会問題だとかだけでとらえるのではなく、まさに教育の場における非人間化の問題として教育上の問題であり、その点で社会の問題であるべきだと思うのです。

これとは逆のようですが、高校進学にまつわる教育現場の問題など、そのまま、真に社会の問題であるべきなのに、教育一般の問題にもならず、学校の枠の中にとじこめられて、教育技術上の問題としてあつかわれ矛盾を更に大きくしているといった場合も考えられるのです。

いいかえますと、**攻撃の直線的なあらわれを直線的な問題として把むのではなく、その攻撃の本質的性格に応じた問題として把まなければならない**ということなのです。

2　反撃は直線的であってはならない

その第二は、第一に関連することですが、**反撃の方向についての問題**です。

例を申しましょう。高校増設、定員増要求の運動の場合、中央の政治権力者はこの問題に直線的に介入してそれを利用して政治支配を強めようとしているのに対し、反撃の側が直線的に政治権力者と対置することによって、直に政治的に解決しようとしたため、教育の主権も、主体性も総て放棄し、矛盾を深めるという結果を生んでいることなど、よく考えてみなくてはならないと思います。

高校増設運動の中で、学校当局の主体性は失われ、(定員すら教育的見地からは決定できない)、高校三原則は更に破られ、市町村自治体はより以上に自主性を失う結果を生じていること、そして、小・中学校の教育危機をより深刻化させていることなど、反撃の方向にもっと注意を払う必要があると思われます。

いわば、**反撃の方向、路線といってよいのかもしれませんが、それは、攻撃の直線性に対し、ただちに直線的であってはならない**ということです。それは問題と要求の性質に応じたものでなければならないし、そうでなければ、政治支配をより容易にする結果を生みだすのです。更に附言するなら教育への政治支配に対しては、教育的な反撃の方向を明らかにすることが必要だということです。

3　反撃は教育と民主のフルイを通して

その第三は、反撃の方法の問題です。

これは先にも申しましたように、反撃の多様性としての、現実のあらわれを率直にみつめる中からのみ生まれるものだと思いますが、反撃の方法を図式的・画一的に形態化しようとすると、今日では反撃の幅がせばまるどころか、分裂と孤立を促進する結果しか生じない場合があるのです。

反撃の方法は、その内容や方向によって決まるものですから、内容や方向が不明確、不統一のまま、方法だけを求めることはできないと思います。いくら小さくても反撃の事実から学ぶということや、直線的な攻撃のつよさの部分だけに目をうばわれ、そのもろさの部分を忘れてしまうということなど、いろいろ考えてみなくてはならないことが多いと思います。

それにしても、**攻撃の方法の非教育性や非民主性が露骨になればなるほど、私たちは、真に教育的であり、真に民主的な方法を採らなければならない**のだと思います。そういう点で、一人一人のチエが生かされ、創意性が集められる必要があるのです。

反撃の大衆性とは、まさにこのことをいうのだと思います。

4　統一と団結に支えられる反撃

その第四は、反撃は、統一を進め、団結を強める以外に成功しないという問題です。

第一から第三までの問題は、このことを、また、別の言葉でいったまでのことなのかもしれませんが、あなたの日記にもありましたように、「瞳のように美しく、力のようにたくましい、統一と団結」は抽象的な未来への願望として存在するのではなく、具体的な現実の行動として具現化させなければならないものでしょうから、私たちは、この問題を冷静にみつめてみなければいけないと思います。

a　統一は相違の強調でなく相似の強調から

「統一のために」と言いながら、実際には悪口しかいわない状態があったり、相手をはじめから信用しないで統一をはかろうとして「統一なんかできない」などといってしまうことなど、私たちの間にもずいぶんあるのではないでしょうか。

統一は何故必要なのか、誰にとって必要なのか、という点など、いま一度考えなおしてみる必要がありはしないかとさえ思いたくなることがあります。

攻撃がきびしさを増せば増すほど、人々にとって統一が必要となるはずでありますのに、現実には、統一をおもちゃのように考えて、統一を机上でいじくりまわしていて、統一をかけ声だけに終らせてしまうことなど、決してないとだけは言い切れないようにも思えるのです。

統一とは、単なる妥協の産物であったり、相手の立場の無視であったりするものではなく、現実に異なった存在の間で、ねばり強い説得と理解によって、反撃のための要求と行動、そして組織をも一致させようとする事業でありますから、困難であるにはちがいありません。攻撃のきびしさは当然、分裂をテコとして進められますから、現実には、統一はより苦難な道となるのではないでしょうか。

しかし、いま私たちが、統一を進めるにあたって何よりも大切だと思いますことは、**大きな一致を小さな一致のつみ重ねの中で求めることと、大きな一致の中では、小さな不一致にこだわってはならない**というようなことだと考えます。そのためには、相違を強調するのではない、相似を強調することも忘れてはならないことではないのでしょうか。

b　単なる不満や願望は要求といえない

また**「団結は力だ。たたかいこそ団結の保障だ」**といいながら、現実には、たたかいによって団結の危機が増し、力がよわまっている一面があることもみのがしてはならないことだと思います。

はじめにも申し上げましたように、団結とは「おなじ手ぶりで踊っていても、はなればなれな心と心」というものではなく、何よりも、組織と意志の統一を必要とするものでありますだけに、組織と意志の統一を、その形式においてのみ図っただけでは団結は力とならず、団結の保障としてのたたかいによって、逆に団結の危機さえ生じることがあるのだと考えられます。

あなたの日記の中にありました分会会議の様子など、その一端を物語っていると思います。あの場合、問題はカンパに集中したようですが、署名、集会、動員、カンパ等、みんなそれぞれにたたかいの形態であるはずなのです。それなのに、その具体的なたたかいの形態に自分が加わるとなると、尻ごみや反発がいっぱい出るのです。たたかいは、自らも加わっている組合全体のものであるわけなのに、たたかいが組合から強制されたものとして受けいれられていく部分など、一体どう考えたらいいでしょうか。


たしかに、たたかいの形態が一様であり、画一的にある部分にだけ強制が加わるという矛盾もあるでしょう。しかし問題は、それ以前にあるようにも思えるのです。

執行部は、決議機関で決められた、組織決定だからといい、組合員個々は、執行部、時には組合が押しつけたという言い分など、組織的な意志統一がその手続きにおいて行なわれても、内容において行なわれていないことを物語っているのではないでしょうか。

この状態を改善しなければ、本当の意味での「団結は力」にならないでしょう。たたかいは、最初に決定があって、行動が要請され、要求があとからくっついていくというようなものであってはならないと思います。

そうした意味においても、私たちは、団結を強めるために、いま、特に重要な点として「要求で一致する」ということを**という場合の、要求の内容——それは単なる不満や願望ではなく、自分自身が本当に理解し承認したもので、その正しさに確信のもてるもの、そして、自ら行動に立ちあがることを必要とするものと、その要求の一致のさせかたの中味——それは、どんな方法にしろ必ず自分自身が積極的に加わるということと、結論の求め方に納得できるということで、自分で正しさが承認できること、**とを、あらゆる分野で具体化する必要を感じているのです。

c　統一と団結は要求の追求によって

次に、こうした**「統一と団結の関係」**について、いま少し、問題を整理してお伝えしたいと思います。

統一と団結とは、本当は有機的に結びついて発展すべきものでしょうけれど、実際には「統一のためには、少々団結がくずれても仕方がない」とか「統一なんかしたら団結がくずれるから」などといって、具体的な行動の上では、いろいろなささやきを聞くことがよくあります。

この場合、統一と団結の矛盾は、要求の面での追求によって解決すべきで、行動の同一化と画一化の追求によって解決しようとすると、より矛盾は拡大するものだと考えます。

また、この問題に関して私たちが、いままでのさまざまな活動によって得ました大切な教訓ということでは**「統一の方向で団結は強まり、団結の強さで統一は進展する」**ということが最大のものではないかと考えています。

5　地域に具体化した要求と方針を

その第五は、反撃における要求と行動の一般性と特殊性の問題です。

これは、いままでの中央闘争と地方闘争との結合とか全国、全県闘争の地方における具体化とかいわれていたことでもありますが、要求や方針の具体化という問題だといってよいと思います。

あなたの日記にもありました「日韓会談反対」の場合でも同じでしょうが――、ILO八七号条約の批准要求だとか、一律五千円アップ要求だとかの闘争の場合、その要求には賛成でも、職場や、地域では「全国一律の署名」や「中央の動員」「中央への葉書陳情」のほか、何をやったらよいのかわからないという状態がしばしばあると思います。それも「署名」や「動員」「葉書」にどれだけの効力があるのか、それによって現実にはどう変化をもたらすのか、などといった疑問が生まれると、何だか意義のはっきりしない、おつきあいみたいな行動に終ってしまうといった場合すら考えられるのです。

そして、そうした行動の様式だけが「組織決定」ということで指示されることが度重なり、その上「義務カンパ」と名のつく資金拠出が強制されたりすると、かんじんの「組合活動の自由拡大」や「生活条件の向上」の問題などはどこかへ飛んでいってしまって「カンパ」をめぐる組合内部の問題だけが中心になってしまうという現象は、決してみられないといったものではないようです。

こうした珍?現象は一体なぜ生じるのでしょうか。いろいろな原因があるでしょうが、私たちは、いちばん中心のことは「要求や方針が具体化されて把まれない」ことにあると思います。これはまた指導の問題でもあるのだと思います。

では**「要求や方針の具体化」**とはどういうことなのでしょうか。例をILO条約批准の問題で考えてみたいと思います。

ILO八七号条約は「結社の自由と団結権を保護する国際的協定」なのです。いま私たちが、この条約の無条件即時批准を要求するのは、日本で、公務員法制定以来、もぎとられてしまっている私たちの労働基本権が、この条約批准で部分的にでも正規に奪いかえすことができるからなのです。

しかし問題は、こうした形式だけにあるのではなく、「職場で組合のことが大声で話しにくい、組合が無視されはじめた」ことから、「文部大臣が日教組とは会う義務もなければ必要もない」ということに至るまで、私たちの組合活動の自由が圧迫されている現状を打開することにあるのです。

ＩＬＯ条約批准は、法制的な意味では、文部大臣が日教組と会うことを義務づけるまで発展させられるでしょうが、職場や地域で、実際に組合活動の自由がなくなり、組合の力が弱まれば、義務として会っても鼻であしらわれるような結果しか生じないのです。

だから、ＩＬＯ条約批准の要求と活動は、職場・地域を基礎にして、全国的に私たちの組合活動の自由が拡大し、組合が公的に認められる状態を生み出すことに中心があるわけなのです。

一般的な国会へ向けての請願署名は、全国的にはその趣旨にふさわしい、組合活動の自由と、行政機関との間における組合の公的性格を確立することにあるわけなのですから、その署名運動を通じて、私たちは、具体的には、全国的に（中央において）生みだすべき状態を、特殊な状態にある私たちの職場や地域に生み出すことに努力しなければならないのです。その意味で、一般的なＩＬＯ条約批准の要求と目標は、当然、特殊的な職場や地域での組合活動自由の要求と目標として具体化されなければ、一般的な行動に意味がなくなり、一般的な行動を特殊条件の中で具体化した創造的な行動は生みだせないと思うのです。

いいかえれば、**反撃における私たちの行動は、一般的な要求、方針が特殊的なものの中で具体化されて把まれたとき、自発性・創造性を増すのだと思います。同様に、具体的で特殊的な要求・方針の中に一般性・原則性が見出されたとき、反撃の行動は拡大され発展する**のだと考えられます。

三、「組合の立場」とはなにか

第三には、きびしくて複雑な今日の情勢の中で、統一と団結を強め、私たちに有利な情勢を生みだすために、私たちは、その活動の幅を更に拡げ、その活動の質をかえる必要に迫られているという点だと思います。

このことは、あなたが日記の中で、疑問として「いっぺんよく考えてみなくてはならない」と語っておられた**「私たちの立場」を明らかにする問題**だと思います。

あなたは日記の中で「立場」のはんらん現象について、いろいろの疑問を抱いておられましたが、私たちも、今日の様な立場のはんらんについては全くあなたと同様の疑問をもっているのです。

立場ということで統一がさまたげられ、立場の強制で真実の声が、かき消されてしまうということの中に、今日までの問題があるわけなのでしょうが、考えてみれば、全く恐ろしいことだと思います。

学校の立場と組合の立場、先生の立場と労働者の立場というように、私たちに対して立場が強制されてくるときは、いつでも立場は対立し、相反するものとして持ち出されてきているわけなのですが、それが近頃では、教師という限り、学校も組合も、先生も労働者も、総ては「地方公務員」ということで更に統一された形の立場が強制されはじめているのです。

立場のはんらんと、対立的立場の強要とは、実は、はじめから新しい形での統一した立場への吸収にその意図があったのだと思うのです。

先程、申し述べましたように、攻撃のきびしさは、学校という職場の中での人間関係に上司と部下という形での権力的な関係を持ち込んできたのです。そして、その結果、学校の中では組合員、組合の立場というものは、非教育的、私的なものであって、公的には通用しないという空気を作りあげ、それを合法化し強制するために教師に対しては**「地方公務員としての立場」**というものだけが押し売りされてきたのです。

その押し売り的立場がどんなものであるかを、私たちは毎日の生活で実感としては承知しているのですが、そして、その立場が通用するとき、実際には教育がこわされていくのをいかりの気持で味わっているのですが、それがある教育行政機関の説明の中で、いますこしはっきりさせてみましょう。

それは、校長、教頭の研修会や新任教師の講習会などで、県教委の担当責任者が説明される場合の原典である「教育公務員の団体活動について・地方公務員としての立場について」という冊子に書かれているわけですが、「地方公共団体と公務員の間における一連の権利義務の関係の集積である勤務関係の基本理念は、全体の奉仕者、近代性、特別権力関係の三点から成り立っている」という中での「特別権力関係」の項の中で次のように理由づけられているのです。

「公法上の勤務関係では、法律、条例の根拠なく包括的な支配権がある。それは命令権でもある。命令違反の場合には規律権（徴戒権）がある。それは特別権力関係においては本人の同意が前提であるから、合理的範囲で通用するのである。従って地方公務員の服務義務は地公法の三〇条――三八条につきるものではない。云々」

まことに恐るべき見解だといわざるを得ないのです。こうした関係での教師の立場が真に教育的な立場であるのか、どうか、仮に、この立場から子どもをみるとしたらどんなことになるのか。あなたもよく考えてみてください。

現在の学校にこの立場を通用させることによって、教育支配権を確立しようとするのが、新しい形での教師の統一した立場として押し売りされている「地方公務員の立場」なのです。しかも、この立場を新しい形での教師の統一的立場として、とあえていわざるを得ないのは、私たちの組合をもこの立場の枠にはめ込もうとしているからなのです。

いま、私たちの自由な組合活動に対して、専従制限条例を発展させた形で、その組織と活動にきびしい攻撃が加えられ、制約が強化されてきていますが、その意図は、つまるところ、私たちの組合に対し「地方公務員の立場」を押し売りすることにあるのだと思うのです。

学校の先生としても、組合の労働者としても「地方公務員の立場」で統一されていることとそのことに合法性があるのだというわけです。その場合の、組合活動の一端を、例の冊子でみてみましょう。

「憲法第二八条でいう団結権も団体交渉権も、公共の福祉のためには制限をうけるのはやむを得ない」といったことを前提にしながら「主たる目的は団体構成員の福利厚生である」というあたり、近頃「組合が教育研究するのはいけない」という宣伝がなされていることも理解できそうです。そして「自らを労働者に仕立て、階級的立場でいわゆる〇〇闘争といったような活動をおしすすめようとする」ことや「教育の中に団体としてのイデオロギーを生かして社会機構の改革を企図する」ような活動は違法であると説明されているのです。

あたかも私たちの組合が、思想団体であるかのような言い方をしているのは、自らが教育の中に特定のイデオロギーを持ちこんでいることを、おおいかくすための方便でしかないのです。

荒木文相が、教育現場の混乱にも平然として、日教組代表に会おうともせず、日教組は革命団体だなどと言って歩くことを、文部大臣の職務と考えていることなどとも関連して考えてみますとき「地方公務員の立場」こそ教師が自らを統一できる立場だということが、どんなに現実にそぐわない、反人間的、反教育的、反国民的なものであるかを、おわかりいただけたことと思います。

こうした立場に私たちを強制的にひき込むことによって、更に、私たちを含めて、教育と国民全体に対する攻撃と支配を強めようとしているのですが、それに対して私たちがいま明らかにしなければならない「組合の正しい立場」というものはどういうものなのでしょうか。

これにつきましては、私たちの間には、正直なところ若干の混乱があった様に思います。そのことは今更詳しく申し上げなくてもよくおわかりのことと思いますが、例えば「組合員の立場」といったときにでも、それぞれに理解の違いがあって、その時々その場の責任者の個人的見解でもって代用するとか、あるいは「君の考えは組合の立場であって、学校の立場ではないのだ」などといわれると、現実には一個の統一された教師としての意見を述べているのに過ぎないのに、それとちがった意見を自分とは異質の人間を自分の中に築きあげることによって生み出さなければならない状態となって、何をいってよいのかわからなくなるときがあること等、私たちの立場に関連して、私たちの間にさまざまな矛盾も生じていると思います。

こうした矛盾を克服し、**私たち自身を、教師としても市民としても統一できる立場こそ、私たち組合の立場でなければならない**のです。

それは、いままで私たちが正しい立場ということで、その時々に強調していたさまざまな立場——教師、公務員、労働者、市民等の立場も、学校、組合、各種サークル等の立場も、総て統一した立場でもあるのです。

私たちは、いま「組合の立場」として、私たちの立場を次のように表明いたしたいと考えます。

「**私たち教職員組合は、憲法、教育基本法、児童憲章を具現するのが、その活動の（要求と行動・組織の）基本的な立場である。それはまた教育の分野では教育の機会均等を実現する立場なのである。**」と、いうようにです。

この立場は、特定のイデオロギーや、特定の政治的な立場ではありません。日本国民共通の自由と幸福を追求する立場なのだと思います。「地方公務員の立場」というときでも、本当には、この立場以上にはないはずです。

そうした意味においても、**私たちがこの立場の正しさに確信を持ち、一貫してこの立場を堅持し、その具体化を追求するとき、私たちは、本当の統一と団結を保障す**

ることができ、情勢を正しく発展させせることができるのではないでしょうか。

四、むずかしいけれど組合の強化はできる

以上「今日の情勢の特徴と、私たちの活動の基本問題」ということで必要以上に、長々と書きつらねましたが、あなたの日記に比べて、余りにも理屈っぽく、読みづらかったのではないかと心苦しく感じます。

M君

ところで、これまでの中で、あなたはすでに、お気づきのことと思いますが、こうした情勢と問題の中で、私たちの統一的な基本要求でありますところの

1　平和と独立、中立、民主主義と生活を守り

2　平和と真実をつらぬく民主教育（国民のための国民による国民の教育）を確立する

そのための

1　統一戦線を発展させ

2　教育戦線を強化する

しごとが、そして、その成否が私たち教師の場合、あなたもご承知のような**全県下の教師の団結を強めて、その要求を実現する任務と同時に、父母、国民の教育に寄せる願いと期待に応えるべき民主的な教育を創造する任務をあわせ持つ組織である私たちの組合**の強化如何にかかっているということをあなたはどうお受けとり下さったでしょうか。

私たちは、私たち自身にとっても、教育にとっても、いまほど組合の強化が必要なときはないのに、現実の私たちの組合は、その組織においていまだかつてない危機を迎え、その活動において最大の困難に直面していると思うのです。

しかし、私たちが、**いままでの活動の教訓を正しく学びながら、いま、あきらかにした「組合の立場」を組合の内部からその活動全般にわたたって、忠実に具体化することに努力するなら、現状の組織危機と活動の困難を克服し、真に組合を強化することは可能なこと**だと考えます。

そのための、今年度の活動の内容と方法の重点を各分野にわたって簡単にお知らせいたしたく思います。

わかりにくい、下手な文章で、あなたのお知りになりたい要点を抜かしてしまうかもしれず、たいへん心配ですが、また、続けて目を通してみてください。

＊『教育時報』第四四九号、一九六三年六月二一日。一

九六三年六月の岐教組定期大会の議案。執筆は石田和男。原文にはこのあと各分野の方針が続き、さいごに「M君への手紙」の結語もあるが、それらは割愛した。ゴシックや傍点は原文まま。『「恵那の教育」資料集』第一巻に収録。

◆論文10（一九九一年）

【夜学講座】岐阜県における「教育正常化」攻撃とのたたかい

――民主教育を守り育てる運動の発展

(1) はじめに

きょうは教育正常化というふうなことにかかわって、それに対するたたかいがどんなものであったのかということをお話ししてみたいと思うのです。特に、この教育正常化の攻撃はそれ以降一貫して強まっておるわけですけれども、一九七〇年代の岐阜県議会の正常化決議というようなものによってさらに強まってきた教育攻撃を第二次的だと見るならば、この一九六三年度前後の正常化攻撃というふうなものは、第一次というふうにいま言って差し支えないだろうと考えるわけです。したがって、この第一次の教育正常化ということについてこれから触れてみたいと思うのですけれど、これはそれ以前、以後に起きておるさまざまなたたかいの中でも、岐阜県では最も特筆すべき大きなたたかいの意味を持つだろうし、岐阜県教育の一つの大きな本当の節目になってきたのです。

当時、県の書記長をやっておった川上康一君と、それから書記次長であって、その後県教組の委員長もやりました鈴木正男君の二人の名前で、「教育正常化攻撃と民主教育を守る会の運動」という短い文を、「教育の喪失」という教師の書いた正常化の記録の戯曲の解説として載せておるというようなこともあって、今日では、残された大事な資料の一つになるわけです。私にもその序文というような形で書けというようなことがあって書いたものがあるので、そこからお話を始めてみたいと思うのですけれども、私は教育正常化が始まった一九六三年と六四年に県教組の執行部の方へ専従として行っておりまして、それから二年ほど中津川の現場へ帰るわけです。その現場へ帰った二年目のとき、ちょうどこの序文を頼まれたころにある事件が中津川で起きたので、そのことに触れながら正常化の問題を書いておるわけです。

「新しい学年が始まってから間もないこの四月二〇日（一九六六年）、岐阜県中津川市内で、ある中学一年生の子どもが自殺するというまことに痛ましい出来事がありました。その死因について翌日の毎日新聞は、『中津川署の調べでは、良彦君は成績がよくないのを苦にしてノイローゼ気味だった。首つりの想像図を描いた画用紙が残されていることや、自分でつくった家庭学習計画表に、〝一日二時間の勉強はつらい〟などと書いていた』と報じています。中学一年に入学して二週間ほどにしかならない子どもが、教育の壁に苦しんでみずから死を選んだという事実こそ、現在の岐阜県教育の危機の深刻さを何よりも具体的に物語っているのではないでしょうか。子どもが民族の宝として賢く、丈夫に、幸せに生き続けることを願い、それをのみ約束すべき教育が、実際には、この子どもにとって死をもってしか越えることのできない高く冷やかな絶壁であり、断崖であったということの中に、私たちは何を見、何を考えたらよいのでしょうか。」

この報道があったころ、私と同じ学校におった、そのくらいの子どもを抱えておる先生が、自分の子どもにその記事を見せまいとして新聞記事を隠してしまったというわけです。それで、「そんな……」という思いをしたことがあるのですけれど、「それはきっと自分の子どもの中にも同質の苦しみを親が覗き見していることを意味しているし、現体制下の学校と教育の中で良彦君の悩みが生み出されていることを教師が探知していることを意味していると思うのです。いわば良彦君の苦悩は、現在の岐阜県教育の本質にまつわるものであり、良彦君の死はその本質を氷山の一角においてあらわしたものにほかならないと考えるのです。生に対するに死というこの本質が軸になっているような死の商人としての教育が、岐阜県の中に流れてきたのはなぜでしょうか。」「私は、一九五三年の池田・ロバートソン会談と名づけられた日米両政府による日本の教育支配に関する合議以来の、日本の教育に対する数々の政治的措置を決して忘れるわけにはいきません。そして、それが岐阜県の風土と条件の中で全面的、集中的に、最も露骨にあらわれたものとしては、教育正常化と称する中世期的な蛮行を挙げなければなりません。私が岐阜県教職員組合の執行部に籍を置いていた当時、県内の教師を岐阜県教組＝日教組から離脱させるため、教育正常化が図られ進められてきました。私はあの教育正常化という蛮行に対処してきたときのあのたまらなくつらい思いよりも、教育正常化がもたらした岐阜県の教師と教育、わけても学校そのものの変質をいまさらながら恐ろしく思います。」いまになるともっとそのことは実感的にわかるような気がするのです。

「前にも述べたように、その変質は良彦君の死の中に極めて具体的にあらわれてきました。そして、今日の岐阜県内の子どもの姿と問題の中に、それを端的に指摘することもまた容易なことと思います。けれども、教育正常化が持つ教育の変質性は、その効能が効果としてあらわれてきた現在の事態の中に見られるだけでなく、実は教育正常化の措置そのものの中に具体的に見ることができたのです。この戯曲はそのことを見事に証明してくれています」というようなことで、若干戯曲について書いておるのです。

この子は、当時でいってもいわば少し知恵遅れ的な子どもであったというふうにいわれておるわけですけれども、その子が一日二時間の中学の勉強はつらいという書き置きをしておるぐらいです。もうそれ以降、一日二時間などという言い方は通り越しちゃって、いま一日六時間ぐらいやらなきゃいかんようなことを、例えば高等学校の入学式で言われるというような状況はいくらでもある。二時間どころか、三時間、四時間、五時間と家庭勉強やるのが当たり前なのだというふうにここからいえば進んできておるわけですし、それと同時に、この当時はまだ生徒の苦悩の果ての自殺であったけれども、以降、直接的に教師の手で子どもを死なせるというような事態まで起きてきておるさまを見てみると、教育正常化というものが生み出した教育の変質の恐ろしさというようなものを、本当にいましみじみ感じることができるわけなのです。

ところで、その教育正常化というものは一体何であったのか、あるいはいまも続いておるその本質というものは一体何なのかということになるわけですけれども、岐阜県で、この教育正常化というようなものが実際に措置として、あるいは教育に対する攻撃としてもたらされてきたというふうなことについては、少し歴史的にさまざまな条件というものを考えてみる必要があるだろうと思うのです。

(2) 岐阜県における「専従制限条例」の抜打ち可決

きょうの資料の年表でいえば、「岐阜県議会における『専従制限条例』の抜打ち可決」ということに、直接的には大きな端を発してきた問題だと思うのです。六〇年安保の年の前、五九年の一一月、専従制限条例が県会に抜き打ち上程され、強行可決される。これは全国に例のないこととして岐阜県で真先にやってきたわけです。専従者というものは、組合が自分たちの費用で専従者の例えば給与を支払うわけですから、何人持とうが、それは組合の力によって自由なはずなものです。戦後、組合ができてからそういうふうな構えでやってきました。専従者が多いということは、いわば組合の影響力が強くなる、組合員教育が徹底するということです。そんなことは逆に考えてみればわかるわけです。ここらでいえば「山の上（教育事務所）」と言った方が早いでしょうけれど、あそこにおる人数の多いこと多いこと。指導主事ばかほどふえてきた結果何が起きたかというと、学校の中での教育管理というものが徹底して強まってくる。教育内容管理というものが指導主事の数に比例して強まってきておると同じように、組合の側に専従者が多いという問題は、教師の民主的な権利を擁護するという指導も強まるし、運動も大きくなるというふうなことで、組合を弱体化させようと思うと、どうしても専従を制限するという問題を支配者の側は考えざるを得んということから、それまで何人でも自由であった組合の専従者の人数を、組合員数に比して制限するというのが第一なのです。

それで、経過措置として、専従制限条例を可決した次の年の一九六〇年は、組合員七〇〇名について一名、そして、その翌年から一〇〇〇名について一名だというわけです。だから、当時でいえば、高等学校は別ですけれども、岐阜県教職員組合の場合、一万一〇〇〇人の組合員がおるから、一一名に絞ってしまう。それからもう一つは、専従期間というものを三ヵ年に絞る、こういう条例なのです。

それで、岐阜県の中では一九六三年から実際にそれは発効するわけですけれども、それから少したったら、国際的なＩＬＯという機関で、公務員組合に対する専従者措置というふうなものの国際規定みたいなものが合意的にできた。このＩＬＯ条約よって岐阜県の専従制限条例というものは無効になって、全国的に、いまのように専従者の人数に制限はなくなるけれど、年限は五ヵ年間に限るというふうになって、以降、岐阜県ではそのＩＬＯ条約にもとづく規定のまま今日まで来ておる。だから、専従者というものは五年間を超えれば、後は専門の組合活動家（プロ専）だというふうな言い方になっておるわけです。

正常化以前は、この恵那支部だって大体二人専従がおるのが当たり前だったわけです。岐阜県全体では二五人くらいの専従者が教職員組合におった。それが県教組の執行委員の数くらいに一挙に減らされて、支部ごとに専従があったのが全部とられていくという事態が起きて、組合が根っこのところから活動をもぎ取られていくというふうな問題が起きてくるわけです。それが岐阜県議会における専従制限の抜打ち条例という問題になって出てきたわけです。

(3) 自民党「日教組対策指針」と県教委

それは何にもとづいて出てきたかということが実は問題になるわけですけれど、正常化の攻撃の中でなるほどというふうにわかってきたのが、一九六〇年に自民党が立てておった、日教組対策と称する基本指針(「日教組組織破壊分裂工作促進のための基本指針」)にもとづいて出てきておったということです。

当時、岐阜県は有名な松野幸泰という人が知事だった。穂積町の町長を長く続けた、恐ろしく強い友さんというのが奥さんで、息子は、この間選挙で落選したかと思ったらまた出てきたが、きょうの新聞によれば、あそこで町会議員を含めて、松野派の選挙違反が出てきたというようなことが出ておるわけです。そういう、言ってみれば金権をも含めた権力一家というようなところの松野幸泰氏が岐阜県知事で、しかも同時に岐阜県自民党の幹事長でもあるということで、非常に権力的に強い力を持っておる。

なぜじゃあ岐阜県へ来るかといえば、新幹線の岐阜羽島駅は政治駅と言われたけれど、羽島の駅へ行くと、あの駅を実際につくったといわれる大野伴睦氏の銅像があるわけです。いま息子の大野氏が労働大臣をやられたり、この間落ちたり、また出たりしたわけですけれども、大野伴睦氏は、当時自民党の副総裁をやり、三日議長と言われたけれど、とにかく一遍国会の議長もやるというようなことで、古い政治家のタイプとして自民党の中で非常に独特の力を持っておられた。岐阜県でそれに直結する松野というふうなことで、しかも岐阜県全体は圧倒的な保守勢力の強いところでもある。そして、日本全体でいえばもっとやりやすいところはいくらでもあったけれども、岐阜県でということについては、さらにいろいろな政治的な要素が考えられたと思うのです。新幹線の通るようないわゆる日本の中央部において、しかも、例えば愛知県の小中の組合だとか福井県の組合だとかのように、校長組合といわれるような権力にへつらうことが中心になる組合でもない。どちらかといえば、その当時、岐阜県の組合は非常に硬直した路線というものは持つけれども、組合全体としていえば左派的な系統の中に入る組合であった。そうすると、そういうところで正常化を断行していくことの経験というものが、全国へ及ぼしていく場合に向こうとしても教訓になる。つぶれるはずのないような組合がつぶれていくということは、他へ与える影響が非常に大きいという問題と、それから、つぶす条件というものが政治的に保守王国として整っておるというふうな問題がいろいろ重なって、恐らく、白羽の矢を自民党の本部の側が立ててくるのと、岐阜県が、「ぜひ岐阜県で最初にやってみましょうや」などと言うようなことがあって、岐阜県の中へ最初に持ち込んでくる。

それ以前に、例えば栃木県の組合とか、あるいは香川県とか愛媛県とか徳島県とかいった組合は、向こうが手をかけて岐阜県のような正常化をやらん先に、組合内部の矛盾というものが軸になって、もう既にほとんど県単位の組合としては壊滅しておるような状態であった。本当に権力が手がけて徹底的につぶすというふうな形できたのは、全国の中でも岐阜県が始めてで、それから後、青森県だとか、福岡県とか、その他へ飛ぶわけです。

そのときにいつもついて出てくるのが高石邦男です。高石邦男がそういう役割をしたことは間違いない。岐阜県の場合も高石邦男がやっぱり依然としておった。ちょっと自民党の基本方針という資料を見ていただきたいのですけれど、革命を目的とする日教組の基本的立場は、戦術が変わってもいささかも変わらないというふうに、まず基本的に革命を志向する団体だというような規定の仕方から、その次がいちばん問題になるわけですが、「特に教育内容を管理することに全力をあげる方針を打ち出している」――いわゆる教研を重視して、教育内容における真実性を守るというようなことを日教組が非常に主要な闘争の内容にしておる。これが何より支配の側で怖かったことなのです。それは池田・ロバートソン会談の「国民に国防意識を養う」という言い方から考えてみたって、いかに平和意識をつぶしていくかということが日米両反動支配層のねらいであるわけですから、「平和と真実を貫く民主教育」と、こう出る日教組の民主教育方針というものは何としてもつぶさなきゃならんというふうな問題が、彼らの教育支配の上での非常に差し迫った課題であったわけです。

それで少しとびますけれど、どうしてみんなが日教組へ入っておるかというのは、「積極的に日教組擁護の立場に立つものは一部の活動分子に過ぎず大多数の教職員は日教組に入っていなければ身分や待遇が保障されないと過信するか、あるいは日教組を脱退したくとも勇気に欠けているというのが実情である」——いわゆるたたかう組合のうちはそこが教師の保護団体になることは当たり前なわけで、そこへ入って一緒にたたかうことによって賃金だとか労働条件が改善していくというのは当然なわけですけれど、そういうふうなことを過信しておるので、わが国教育の正常な発展をはかるために、「一般教職員を日教組の制約から解決する」——本当にひどい言い方ですけれど、そこの根をつぶしていくというのが向こうのやり方になるのです。

そこで、上の段の真中のおしまいごろです。「第一に日教組に対する教職員の過大評価を一掃すべく管理体制の確立、第二に脱退促進の具体的方策の樹立、第三に脱退工作に必要なる資金の確保が必要である。」

これを自民党が全国総力を挙げてやってくるわけです。管理体制の確立として何をやるかというふうなことでは、「管理機構から日教組分子を一掃し、当面三六年四月の定期大異動を目標として」確実に信頼できる人物を登用するようにする。もうそれはいまや定着してしまって、本当にいま皆さんは自民党のそのなりの体制の中に入っておるわけですからそんなに不思議じゃないけれども、当時でいえば、教員組合の活動をやろうが何やろうが、一定の年数が来て、みんなに一定の信望があれば、だれだって管理機構の中へも入っていくし、校長や教頭になるのは当たり前だった。組合の活動家だから排除するなどということは戦後なかったわけですけれども、そのところをこういう形でやってきた。

それから、人事権の確立ということで、人事を支配のみずからの道具にするという問題です。「人事に関する教組の意思は一切拒否し、且つ教組の指導分子は教育の破壊者である故、校長、教頭に任用しない。」これは皆さんいまよくわかると思う。それから、「脱退教職員、教委への協力者は教育の正常な発展のための協力者であるからこれを優遇する。」これも当時から始まったことです。それから、「脱退に協力した校長の退職年限を延長する。」いまは退職は満六〇歳と決まったけれども、当時は退職年限というものは決まっておらなかった。おまえもう勧奨やでといって、五五歳から五七～五八歳にわたって肩たたきを行っておったのに対して、脱退に協力した校長は退職年限を六〇まで延ばしてやるというようなやり方。それから、「脱退教職員も校長、教頭に抜擢する等その栄進をはかる。」この人事を支配のテコに使うという自民党の方針がこのまま生きて定着化したのが、今日の岐阜県の人事だろうと思うのです。それに汚さがもう一つついて、金がなければどうにもならんとか、いくら金をやったら校長になれたとかというような話がいっぱいつきまとって、何も兵庫県の入学試験どころの騒ぎでない問題は岐阜県の中にいっぱいある。

それと同時に、「法令に違反したもの、また業務命令に従わないものに対しては」「必ず厳重に処分する。たとえ些少なりとも違反行為は容認しない。」これはいまの交通違反の取り締まりみたいなもので、本当にちょっとした何でもないことをいかにも厳正風に来るけれども、大きな違反は全部見逃しておるし、全部もみくちゃにする。この言い方は教師の末端に対する締めつけと見せしめというふうな問題として出てきておって、実情、情状を酌量するというような余地を一切残さないやり方です。それから、勤務評定を強行する。それから、「学校管理規則の制定」。いまはもう学校管理規則でまことに窮屈になっておるのですけれども、それによってがんじがらめにしていくとか、あるいは、首を切られた役員を持っておるような組合とは一切交渉に応じるやないというような言い方で、団体交渉を制約する。

そのほか、ずっと読んでいくと、実になるほどなるほどということが、その後の岐阜県の中に全部出てきておるわけです。教育長や教育委員、公安当局（警察関係）と密接な連絡をとる。それから県議会関係にもというふうに、あらゆるものを動員してやれということを言っております。特に、二の（二）、「集団脱退を目途に目標地域の設定、教職員は勇気に欠ける故、なるべく都市単位に集団脱退させることとし、都市単位に目標地域を設定する。」これなのです。一人ひとりでは勇気に欠けるゆえ、そこがみんな主義なわけですが、みんなそろえば何とかなる。しかも、みんなといって県全部引っかけたらやり切れんから、郡市単位というか、郡市単位にやるのだというふうに向こうも設定しておる。これがそのまま岐阜県で出てきたわけです。

それから、「教組尖鋭分子を目標地域から締めだすため、なるべく組合活動困難な地域に異動させる。」今度あそこの組合をやっつけよう、あの地域を弾圧してやろうと思ったら、いちばんうるさいやつを早めに全然手のつかん遠いところへ異動させてしまっておけと。こういう人事権の濫用というふうなことをやるわけです。

それから広報活動を活発化する。これも計画的にやられておったわけです。

そういうふうなことの第七番目に専従者の制限というのがあるのです。「脱退促進を容易ならしめるため、脱退者が少ないか、あるいは教組活動の活発府県においては専従者に対する規制措置を講ずる。」これが岐阜県でドンと出てきた専従制限条例であったわけです。

だから、専従制限条例が何ゆえ出てきたかといえば、自民党の日教組破壊工作方針にもとづいて、忠実に岐阜県がそれを出してきたというふうなことであったわけですけれども、当時の県教組でいえば、それはいかにも松野のあくが強い、松野は悪いやつだというようなとらえ方だけで対応しておって、自民党の全国的な方針なのだというふうなことまではなかなか読み取れなかった。したがって、岐阜県の中での対応も非常に小さな対応にしかならないし、まして日教組が全組織を挙げてたたかうというふうなことにもならなかった。岐阜県は伴睦出身県だし、松野という、二足のわらじをはいておる何とも得体の知れん悪代官がおる。そういう特殊な県でやることは、そう全国的には影響はないだろうが、それにしては、岐阜県教組というもののたたかいがまだにすい（にぶい）じゃないか、などというような程度に日教組としては見ておったもんだろう。大ごとだ、大ごとだとは言うけれど、実際に全国的に大問題にはならずに、「岐阜県の中でよろしく対応せよ。断固頑張れ」というような言い方で済んできた。

それから、いまでは岐阜市から一人の共産党の議員が出てもおられるけれど、当時は岐阜県議会に共産党県議会議員なんて一人もおらん時代です。やっと社会党の系統の人が三人か四人おるといったような時代なわけですから、とてもじゃないが岐阜県議会の中での対応ということにはならなかったというふうな問題もあって、専従制限条例が出て、不当だ、不当だというようなことでいろいろ宣伝活動もしたし、撤回闘争というものも組んだけれども、本当にそれがうまく全体に浸透していくというふうにはいかなくて、専従制限条例を撤回させるというふうには岐阜県の中で進めなかったわけです。

それから、岐阜県の専従制限条例を知る上では、もう一つ、今度は、自民党の文教対策特別委員会の措置事項もよく知っておかないとわからんことになる。いまの総理大臣、海部なんかも文教族の一員であるし、それから有名な総務会長である西岡なども文教族だといえるが、ああいう文教族というようなものが考える対策がそれにもとづいて出てくる。

それで、二枚目の資料を見ていただくと、文部省は何をするかということで、「都道府県教育長をよく握って各種の措置を通じて服務の厳正をはか」る。教育長を徹底して指導して、教育長に、文部省にはむかうような態度をとらせるなということが一つです。

それからその次が、「文部省地方課を強化拡充、教育委員会を完全に握ると共に、教組運動を主管する機構を整備する。」

高石がおったのはこの文部省の地方課なのです。そして、その後事務次官になって、向こうの側の教育管理の理論を徹底的に押しつけてきておる今村というのが当時の地方課長だった。地方課というのは教組弾圧課といったほうがいいようなもので、地方課から教育委員会を完全に握るための人材を派遣してくるわけです。岐阜県では一年か二年前から、文部省からの派遣の教育委員会の役人を受け取り始めておって、いよいよ高石が派遣されてやってくるのは、正常化の攻撃が始まるその前の年だったと思うのです。そして、教組運動を主管する機構を各県教育委員会に整備させるということで、岐阜県では高石が来ると同時に学校管理課という名前の課をつくって、完璧にその実権を高石が握っていく。そうして、人事でものすごい見せしめをやったのです。いわゆる広域人事、計画配置、それからへき地三年の者の優遇というような方針を出して、遠いところへ平気で飛ばすということを実際にその年度にやったわけです。そして、みんなに、人事についてこれは怖いぞという実感をまず持たせせたわけです。

そうしておいて、片方では企画室というのをつくるのです。実権的には高石が握っておっただろうけれど、ともあれ県の人間の三浦という人が企画室長になって、そこで徹底的に教組破壊のための特別企画を練っていくわけです。それで、自民党の基本方針にあった資金網の確立の中心は松野なのです。正常化が終わってから私も初めて新聞記者等に聞いたことですけれども、松野はいわゆる岐阜県財界から当時の金で二〇〇〇万を集めて、正常化をやる準備をしたというふうに言っておった。その金はまた、高石の手を渡りながら、企画室から裏金として出て、各地の地方課の県事務所の所長等の特別機密費、工作費になってくる。現に、私の知っておる範囲でも、あるとき一遍に五〇万ぐらいぽんと持ってきて、それで校長たちに飲ませたりして何とか手なづけるというような手まで使っていくというような、そういう資金というものを非常に大きく彼らはつくった。

一方で、その企画室というのが、本当に素知らぬ形で正常化の前の年から出し始めたのが教育広報なのです。いまは教育広報が皆さんをしばるものになってきてしまっておりますが、そのころはだれも格別見ようともせんけれども、ちょっとハイカラな横書きの教育広報が年に二回か三回ぐらい学校へ配られるというようなことがあった。この教育広報が実は自民党の言う広報対策になってくる。正常化と同時に、一挙にそれを三万部もつくって徹底的に配り始めた。教職員は一万五〇〇〇しかおらんのに、いちばん多いときは三万部つくるわけですから、本当に岐阜県中のあらゆる政治家だとか、ＰＴＡだとか、そういうところまで含めて配っていく。

そして、一挙に彼らは権力的に機構を利用しながら宣伝活動を強化したというようなこともある。自民党の基本方針の二の「脱退促進の具体的方策」の五番目、出版物の教職員自宅宛送付ができるようにするということ、これはいま教組の方が苦労した金を使ってやっておられることだけれども、それはともあれ、その次の、「なお、脱退者が出るたびに新聞が大々的に宣伝するよう工作する」、これをやっておったわけです。

私は新聞の工作ということについては二つ思い出があるのです。一つはちょうど正常化のあった年だと思うのですが、岐阜市が大雨で水害に遭った。そうしたら新聞記者がふっと来て、「松野は上手だに」と言うわけです。大水になって長良川周辺が危ないということになったら、学校がどうなっておる、畑がどうなっておるなどということはどうということはない、松野は真先に新聞記者のうちへ行ったというわけです。新聞記者は取材に出て留守で、奥さんだけだということを承知の上で、「大丈夫ですか。心配なことがあったら何でも私のところへ言ってきてください」と言って、松野が防災服を着て直に新聞記者のうちを回ったというわけです。なるほどと思った。そういう配慮の仕方をするということは、新聞記者を手なづけるために、恐らく、相当いろんな形で優遇しておったことは間違いないわけです。

それでそのためにどういうことが起きるかというと、正常化はひどいという話をいくら記者クラブへ行ってしたって、新聞社がちっとも聞いてくれんわけです。私は、県政記者クラブへ正常化の実態を訴えにいったときに、県政記者クラブの記者が言った言葉で、いまだに屈辱的で忘れ得ん言葉がある。当時、インドで坊さんが抗議の焼身自殺をしたということがあって、報道されておるわけです。そうしたら、新聞記者が、「書記長、そりゃ、あんた県庁の前で焼身自殺しんさい（しなさい）。そうしやちった事件になるに。そうしたらちっとは書いてやるに」と、こういう言い方です。むかつくやら、情けないやら、本当に死んだろかしらんと思ったぐらいやったけれども、これは死んでも何にもならんと思った。

新聞が大々的に宣伝するように工作するということの実態は、工作の仕方はわからんけれども、結果としてはそういうふうに出てくる。本当に不当なことをちっとも書かないわけです。そして、教員のミスと脱退した事実だけを大々的に新聞報道し始める。ちょうど臨調行革を進めてくるときに、連日国鉄が攻撃を受けて、国鉄職員は全部だらしない人間で、ミスをやり、何をやり、もう失敗だらけで不当な組合活動をやっておるようなことが連日出される中で、国鉄労組が本当に国民的批判をもろに食らいながら、JRへダーッとなだれ込んでいくということがこの間もあったのですけれども、ああいうマスコミ工作の怖さと同じものが、岐阜県でも、正常化の中には起きてきておるというような問題がずっといくつかあるわけです。そういうことは、岐阜県における専従制限条例の抜打ち可決ということと同時に、もう既にそういう準備を万端怠りなくやっていっておったというわけです。

(4) 岐教組各支部への政治的圧力と動揺

それで、レジメの二番目へ行きますが、岐教組各支部への政治的圧力と動揺というものが岐阜県内にそういう中から起きてくる。どこへどういうふうに起きてきたかという細かいことは、さっきの年表でも見てもらいながら、ああ、そういうような問題が、経過としてあの支部でこんなことが起き、この支部でこんなことが起きというふうに理解していただけばいいと思うわけですけれど、まず第一番に一般的に起きるのは、組合専従が制限されたわけですから、次の年から専従者がなくなる支部がほとんどになってくるわけです。まず翌年は七〇〇名に一人ということですから、岐阜県で一五人になる。県教組に一〇人ぐらいの役員を持つわけですから、岐阜に一人、恵那に一人、大垣もたしかあったと思いますが、大きいところだけが一人ぐらい持つだけで、ほとんどの支部はそこでまず専従者が剝奪される。

何が起きるかというと、それで組合活動をやろうと思うと、校長会と地教委に受けのいい組合活動しかできんということになるのです。専従者でないのに、専従者にかわったような、少なくとも組合の役員としての活動をやろうとすれば、学校の中に時間の配慮をしてもらわなきゃならん、受け持ちのことも考えなきゃならん。そうすると、校長や地教委が組合の組織づくりに干渉して、あいつは役員はあかんとか、おまえならいいとかというふうに必然的になってくる。そうすると、ありがとうございます、お願いしますということで、自分らが決めるというよりも、地教委や校長に組合が干渉されて、その範囲の中での組合活動になってくるというふうな弱さがまず全般的にあらわれてきたという問題が一つある。

それは支部単位の組合の弱さなのです。当時、岐阜県教職員組合という名前で呼んではおったけれど、岐阜県教職員組合へ加入するということは、私なら私が岐阜県教職員組合恵那支部へ入ると、それが自動的に岐阜県教職員組合へ組織されていく。岐阜県教職員組合という機構はあるけれども、それは連合体であって単一的な組合じゃない。だから、支部単位の組合なわけです。そういう点で校長会や地教委に制約されてくる中で、いろんな支部のもろさというものが出てくる。そういう中でも、専従も持って、支部としてもきちんとやってこれたうちの一つに当然恵那支部は入るわけですけれど、他の支部へ行くと、本当に弱い状況がいっぱいその中で起きてくる。

それから、恵那の場合は、恵那教育会議を崩壊させてきた。恵那の教員組合をつぶそうとすれば、恵那教育会議が言ってみれば大きな大きなとりでになるわけですから、そこをつぶしてしまって、教員組合を、地教委からも校長会からもＰＴＡからも孤立させた状況において攻撃をかけるということができる事態を生み出さなきゃならんから、特別に恵那地域に、松野の音頭で教育推進会議というものをつくって教育会議をつぶしてきた。これを高等学校の進学問題に絡めながらやってきたというのは、前にお話ししたとおりです。

そういう、まず外堀を完全に埋めてくるというようなやり方に対して、県教組の方針が、一言でいえば正直だけど極めて硬直性を持っておったという問題はあると思うのです。なかなか恵那の言うような教育の方針が理解できんという問題は、正常化というより、勤評の当時からあった。岐阜県教組というものは言ってみれば日教組に似た丹頂鶴的な硬直性を持っておったわけですけれど、日教組全体でいえば平垣派といって左派系になるわけです。そういう左派系の影響を受けた組合の中枢部ですから、正常化の中でも、「頑張れ！　闘争せよ！」というようなことだけになって、現実的に対応する柔軟性というか、そこでのきちんとした方針がなかなか持てない。組合員が自覚的にたたかっていくというふうなことより、執行部任せの闘争になっていくというふうな状況のために、執行部が手を打っても打っても下から崩れていくというような事態がいっぱい出てきた。

(5) 専従制限条例発効を期して

それで、一九六三年にはいよいよ専従制限条例が発効して、専従者の人数も一一名に減ると同時に、それまで専従役員をやっておった者は、長い者は一〇年も一五年もやってきたわけですし、短い者でも二年とか三年やっておるわけです。そこで、三年以上になる者はみんな辞めるかどうかという問題になる。そのときに、実力専従という言葉になるわけですけれども、実力専従体制でもってたたかっていくという意見と、実力なんかでやればとても下から支え切らんので、実力はやめてくれという意見。実力をやめるということは、専従者全部総替わりだということです。その当時、西惣右衛門という委員長は一年目だったので、専従制限条例が発効しても続けれる年限があるけれども、副委員長、書記長以下、十何人全部辞めなきゃ、だれか一人残れば実力になる。そいつをやったら弾圧がくる。それに耐えるかどうかという問題になる。そして、組合員は動揺していく。そのときに、理屈上は実力でやると言うけれど体制としてはないというような中で、結果としては全部退任してしまうというふうな方針になるわけです。

そういうあたり、たたかうという号令は強く出るけれど、実際にたたかえる方針で、たたかえる組織を下からつくっていくというような戦略戦術という点では、非常に緻密さを欠いたとは思うのです。私らも、当時組合の支部長をしておって、じゃあ恵那支部だけはうまくいったかといえばそうでもないわけです。当時はもう非専従の支部長ということになっておったわけですけれど、まだ恵那教育会議の残滓的というか、残りかすのような意味のいろんな配慮があって、ほとんど専従的にそこへ従事することができる力は、地域的にはどれだけか残っておったりしたというふうな時代ですけれど、それでも全県的には全部専従者がなくなる。

それはいま考えていただくとよくわかると思う。敵は執行部が三年目にかわるところをねらって、実力でやるとすれば違法だということで総攻撃をかける。柔軟にかわってまいりましたというところを見ておったわけです。そういうためにさっき言ったように、企画室をつくり、銭をつくり、教育広報をやり、人事では計画配置化というような方針を出し、そして差別人事をし始めるわけです。昇給もへき地の人には昇給する。それから、中堅には、三年おったら優遇するというような格好の中堅人事、そういうふうなことを人事方針として出して、現実に人事というものの威力をみんなに示し始める。そういった実績を高石が軸になってつくっていく。それから、管理理論を強めて握っていく。政治の上でいえば、公安を使いながら、あるいは地方の政治家を使いながら、政治的な布陣というものを完全にしていくというようなことをずっと三年間かかってやって、そして専従制限条例が発効するその一九六三年が見物として、彼らは待っておった。イラクとは事情がもちろん違うけれど、多国籍軍がよってたかって全部かかってくるみたいな意味で、言うことを聞くか聞かんかみたいなところを見ておったというような状況だった。

組合の方はその間支部単位で専従者をもぎ取られていって、校長会と地教委にお伺いを立ててどうやら認めてもらわなきゃどうにもならんような足腰の弱い動きしかできん。それだけじゃなしに、三年間の準備とともに、彼らは、益田《ました》郡だの本巣《もとす》郡だの可児《かに》郡だのというところで、散発的にちょっちょっと試験的に鉄砲を撃って、崩れるところをつくっていった。それで、あそこの教頭会が脱退した、あそこが総崩れを起こしたというようなことがあって、そいつに早乗りする人が出る。そうなれば、何かもうみんな尻に火がついたみたいなもんですけれども、まだまだ岐阜県全体としては、組織破壊ということについてはたたかわなきゃいかん、守らなきゃいかんという立場をみんな持つ。

それで、組合の役員が全部かわるというときに一体どうするかというような問題が出てくる。実力専従をとれんとすれば、執行委員長だけ一人残ることははっきりしておるが、あとの一〇人はどうするかという問題で、執行部づくりが難航するわけです。これはどれだけの規模でどういうものが来るかわからんけれども、教組の破壊攻撃というものが来るということはだれもかもわかっておる。恵那でもわかっておる。もう恵那ぐらいから出ていってどうかしなきゃ、だれも県へ行く者はおらんじゃないかという問題になるわけです。恵那から出るなどといえば、支部長が責任とって行かなきゃだちかんやない（しょうがない）かというような話で、そのうちに世の中というものはおかしいもので、いわゆる組確委員会で石田和男という名前が出たものに違いない。そうしたら、攻撃が来ればもういつ組合から抜けていくかわからんような各支部から、「頼む、あんたが出てくれたら、私らは断固慕ってついていく」というようなうまいことを言って、えらいたくさん推薦状が来たりして、これはいかにも怪しいもんだとは思ったけれど、これはもう火中の栗を拾いに県へ行くしかない。歩留まりがどうかはともあれ、おまえが行ったって攻撃がとまるということはあり得んことはわかっておるけれども、支部長をやっておるのだからおまえが行くより仕方ないじゃないかという話になって、頑張っても頑張っても屋台がもたんようになってつぶれたら、県教組という看板だけは恵那の教育会館へ背負ってこいよ。ここを県教組にしよまいかと言って、さようならをみんな言ってくれるし、これはもう仕方ないなと思って、それで私が県教組の役員に立候補して、書記長という形になった。

まさかその年に正常化がやってくるとは思わずに、えらいことやと思ってみんなが集まった。飛騨の方からも来た、いろんな人が来たけれども、そのうちに正常化が始まったら、一年だけはこらえるけど来年は帰るとか、地域のひもがついておるわけです。教育長たちから、県教組なんかにいつまでも役員づらしておれば、もうおまえの帰るところはないぞと言われると、執行委員が組合を脱退してでも帰っていくというさままで部分的に起きるほど動揺するわけですけれども、ともかく新しい人がメンバーになる。

さあ、新しい者ばっかりで一体どうするかということです。とにかく恵那支部のような方針をできるだけ全県的に広げて、教育実践こそ団結の源泉なのだという立場と、それから、いわゆる組合民主主義の徹底ということで本当に団結を強化して、岐阜県教組をここで立て直して来るべき攻撃に対応しなきゃいかんというようなことで、出ていった年は、一生懸命でそういうような方針をつくることをみんなで考えながらやってきたわけです。

そのころはまだ向こうは黙っておるわけです。正常化などという名前はまだ出さない。そして、こっちの出方をどれだけか探っておったというふうなことだと思うのです。

(6) 県教組書記長として

それまで、県教組の方針も、日教組の方針と似たような、「国際情勢は……」などというようなところから書くような硬直した方針書だったので、みんなが、うんそうだ、おれもそうだというように共感して読んでくれるような方針書をつくることから始めなきゃいかんのじゃないかということで、例えば、情勢とかというものは「青年教師M君の日記抄」(本巻論文8)という文章にして、岐阜県の教師はどんな生活の中で生きているのだろうということで、情勢分析みたいなものを書いていった。

例えば、一九六三年○月○日は、「きょうもまた保子が欠席した。うちからは何の言伝も来なかったが、先日同様、内職の手助けとしての子守にちがいあるまい。中学二年の保子が何を考え、何をなやみとして抱こうが、クラスの友だちはだれも保子のことを本気に考えてやってはいない。良吉のように自分の点数に明け暮れしている。――自分の点数とのかかわりにおいてのみ友だちがあり、他人が意識される状態では、点数に見放された保子はクラスから疎外されるのだ。クラスから疎外されるということは、実際的には学校から、教育から疎外されたことを意味するのではあるまいか。／こうした点で、だれをも信じない保子の無口と、意地悪い、まるで子どもを失ったような眼つきが増していくのも理解できないではないが――、一体教師としてのこのおれはどうすればいいのだ」などというようなことで、教師が抱えておる問題や、その取り巻く状況などを日記の形ででも書いていった。

それに対して、「M君への手紙」（本巻論文9）というのが方針になるわけです。「『同じ手ぶりで踊っていても、はなればなれな心と心』にならないように」という、火山灰地のセリフをくっつけて、「あなたの赤裸々な、まるで教育の恥部をさらけ出したような日記を読ませていただき、いろいろ考えさせられました。いまの私たちの苦しみも、希望も、状態も、問題も、あの日記の中にはいっぱい含まれているようです。私たちの組合は、あなたの日記にこたえるための手紙という形で、今年度の『組合活動の方針』を明らかにしたいと思います。／M君、あなたはああした日記のような生活の中にいて、あなたを含めた私たちの組合の方針が、これでよいのかどうか、あなたみずからの問題としてよく読んでみてください。そして、疑問や不満は率直に分会や支部で出し合って、今度の組合大会では、本当にみんなの力でつくり上げた方針に書き改めるよう、積極的に方針討議に加わってください。／方針をみんなでつくること、そこにまた、組合をみんなのものにする道を見い出そうではありませんか」というような書き出しで、「体の内部まで侵しておる厳しい攻撃」、そして「うんと多様になっておる激しい反撃の姿」というようなことから、「攻撃の本質的性格に応じた反撃を」しなきゃいかんとか、あるいは「反撃は直線的であってはならない」とか、「教育と民主主義のふるいを通して」反撃というものをしなきゃいかんとか、「統一と団結に支えられる反撃」だとか、それから「統一は相違の強調でなく、相似の強調から」いかなきゃいかんとか、単なる「不満や願望は要求とはいえない」とか、「統一と団結は要求の追求によって」のみできるものであって、それ自体を目標にしたってできんものだとか、それから、「地域に具体化した要求と方針を」持つとか、そして、組合の立場とは一体何なのか、それから、難しいけれど組合の強化はできるといったようなことを、みんなで討議しながら、本当に一生懸命でつくったことは確かです。

そして、たしか六月のおしまいか七月の初めでしたが、組合の大会をやって、さっきの推薦状などをくれた支部の人たちも含めて、満場一致賛成したわけです。これは民主的な方針だし、これなら難しくないし、頑張ってやろまいかというような論議をして、さあ、これから新しい団結をつくり出していかなきゃいかんとなどと思っておったところは、甘かったといえば甘かった。組合の大会の日まで敵さんは待っておったわけです。どういう方針を出して、どういうふうにみんなが反応をして、そこで方針転換の組合になるかどうか見ておった。県教委は企画室を中心にして、特別委員会を設けてこの方針書について検討したわけです。いまの組合でも、一生懸命でつくった方針を組合員諸君はあまり読まんけれど、違った側の人が一生懸命で読むというようなことはいっぱいあると思うけれども、ともあれ、そうやって向こうでは専門委員会を持ってやっておった。

それは正常化の攻撃が始まったらわかったわけです。美濃市の校長会長が、「今度の組合の方針は革命の専門家が来てつくった。あんなもの、普通の教員が書けるようなものじゃない。だから怖い。政党の専従員が来て書いたやつを、おれたちがみんなだしになってそいつで討議した」みたいなふうに言ったという話なのです。この方針の中心は一体何かというと、教育実践を軸にして、そこのところでの真実性を守るということでもう一遍組合の立て直しをしなきゃいかんというところが中心になる。この方針というものこそ最も忌むべき正常化の対象になったわけです。

これは県教委が配った広報の中にいっぱい出てくるわけです。それを見ると、どこを強調してそんなに彼らは怖がっておるかというと、長い長い文章の一つですけれど、「しかし、と言う人があります」というふうに始まっています。つまり、本当は岐阜県に混乱なんかないじゃないか。県教組は日教組批判を行うぐらいだから、日教組とは違うのじゃないか。それなのに正常化をやらなきゃならないなんておかしいじゃないかということに対して、いや、混乱は起きているということを、「県教組の運動方針」という一項目を取り上げて彼らの理論で解説していくわけです。

余談になりますが、私たちでも日教組の民主主義などということについて、日教組批判を徹底して行っていたのです。例えば、私が出ていった年に、県の大会があったころに日教組の大会もあって、岐阜県教組から、一律強制的なカンパはやめよという修正案を出すわけです。これはたちどころに否決になりましたが、組合活動を見たって、一定の行動を指示すれば必ず傾斜があるし、でこぼこがある。それは意識の反映としてそうなるので、だれもかも同じことなんかできん。カンパも自発性のあらわれのはずだから、一律強制的なカンパはおかしいという理屈です。日教組の民主主義を直すにはそこだということで修正案を出したりして、日教組に相当にらまれておったぐらいです。

それで、広報で、県教組の今年度の運動方針を見てみましょうといって取り上げたのはどこかというと、「団体交渉権、ストライキ権という労働基本権の奪還をめざす。ＩＬＯ批准要求の具体化という点で目標を持つことが大事だと思います」と書いておる、これはいかん。その次は、「教師としての私たちは国民に直接責任を負う教育を創造するためというだけでなく、私たちのあらゆる活動の基盤となり、私たちの団結の源泉ともなるからなのだと考える」と書いたところがこれもいかんというわけです。「私たちはスローガンとして新指導要領に反対しているだけの状態から、みずからが教科書使用に自信を持つことができるまで、深い教科書研究、教材研究に力を注ぐ必要があります。」「校長が教師にいくら命令しても、教師の納得がない限り現実には教育となって具体化しないという教育の特性を考え」「あくまで教育の場にふさわしい指導でなければならないということを理解してもらうようにすることも必要と思います。」こういうことが正常化の対象だといって、そしてそこへ高教組の問題というのをくっつけて、「ここまで述べてくると、当然岐阜県における高教組の動きも触れざるを得ません。岐阜県高教組の本年度定期大会に配付された議案書の中から問題となる点を挙げてみましょう」と、これはまた具体的に書いてある。「歪められつつある高校教育」「不十分極まる教育条件」「管理体制の強化」「教育軍国主義化をねらうもの」「県政の足場はぐらついている」「松野県政の腐敗と官僚主義」、以上はほんの一部を抜き書きしたものだというような言い方で見出しばかり出して、見出しが非常に政治的でいかんというわけです。そのころまだ高教組というものは若干硬直化しておるわけですから、具体的な対象というものはあくまで岐教組、六・三教組の方へ向けておったということは確かなのです。けれども、とってつけたように高教組もいかんというふうなことを書いていて、高教組の側へも、集中攻撃はないけれど、当然影響が出てくるわけです。

(7) 武儀支部への集中攻撃の展開と郡上支部への波及

そういうような意味で、向こうの方が徹底して研究をして、一定の条件を待っておって、そしてその間に準備を怠りなくやる。これはまた後からわかることですけれど、私たちが定期大会をやって、新しい統一と団結の方針をつくって頑張ろうなどと思うところには、もう敵はある地域を選んでおった。そこはどこだったかといえば武《む》儀《ぎ》郡なのです。なぜ武儀郡を選んだか。これまた、武儀とか関とか、国体があったけれど、剣道などをやる地域で、どっちかといえば非常にある意味、気質的に保守的な地域です。そういう地域的条件が一つ、それからもう一つは、それだけなら飛騨や西濃からやりさえすればいいけれども、それじゃ何も意味ないわけです。中濃の中にあっても、関はどっちかといえば、よくたたかう、強いといいわれたけれども、硬直的な筋の組合だったのに対して、武儀支部というのは非常に教育実践というものを大事にして、戦後ずっと、民主教育についてのいろんな活動というものを重視してきた。したがって、教育実践をやっておるという組合は本質的に強さを持つ。では、一発目に恵那へ来たなどといえば、大混乱を起こしてしまってくしゃくしゃになる。だから彼らは包囲網をとるわけです。毛沢東戦術か何か知らんけれど、山村から都市へという作戦を唱えて、まず岐阜県の中でいえば地理的条件はほぼ真中、しかも組合の体質からいえば、西濃のような体質ではない。そして、活動の中身には教育実践というものを重視する比較的堅実なまじめな組合。東海道新幹線の中で岐阜県をねらうと同じような意味で、岐阜県の中でここを先途としてねらって、この教訓を広げたら勝てるというのが向こうのねらいだったと思うのです。それで、すぐさーっと郡上《ぐじょう》へ波及できる。そして山越えに飛騨へ飛んでいく。ここが彼らの山から農村へ、農村から都市へという包囲網の一つでもあった。だから、すぐ郡上へ飛ぶわけです。郡上はもう夏休み中でも結構と向こうは見たわけです。けれども、武儀というのは夏休み中にころころという程度にはいかんので、いちばん混乱する時期に、これまた高石が中心になって指揮官でやった。

さっき言ったように、私らが運動方針だなどといって考えておるときに、連日校長を呼び集めて、校長研修会というものをやるわけですが、私たちはだれも知らなかったのです。公言無用ということで箝口令が敷かれておるので、校長はおぞい（ひどい）顔をしたりしておって、絶対に研修のことをしゃべらないわけです。そうして、毎日、毎日、高石が中心になって、専門家を連れてきたり文部省からも連れてきたりして、徹底して向こうの資料を使った研修をやったのです。

ここにあるのは本物ではなしに、合本したものですけれど、「日教組の歩み」「日教組と階級闘争」「教育公務員の団体活動」「教育公務員の立場」というそのときのパンフレットです。これには何が書いてあったかというと、日教組でいえば日教組の倫理綱領を一から順番に批判的に解説してあるわけです。それはどんなに革命を目指すものかという見地からの倫理綱領の解説なのです。そいつを徹底してやって、校長が倫理綱領の反動的解釈を自分のものにするまでやる。その次には、日教組と教育公務員というものはどういうものか。例えば、包括的支配権という言葉が出てくるのはそこなのですが、包括的に支配する権限が管理者にあるということは、どんなことでも命令することができるということだとか、あるいは、校長はどこにおっても学校のことを考えておればそこが勤務地だけれども、教員は職員室の中とか学校の中に何時から何時までおらなきゃいかんというあの理屈です。そういうものを高石やなんかの理論でジャカスカやって、日教組に入っておるということは教育が不正常になるというふうなことを徹底的に洗脳して、正常化はなるほどやらなきゃいかん、わしらでやりますということを校長が決意するまで秘密のうちにやる。

校長が大体できてくると、次は教頭会を毎日集めてやり始めたわけです。そのときやっておることがばれ始めたのです。教頭の中の有志がおって、こういうことをしておるぞということからばれてくるわけですけれど、今度は教頭を毎日集めて、校長の意を体してそれを徹底するのが教頭だから、校長が、正常化を進めることで学校が初めて教育の場になるということを考えておるなら、それを補佐するのが私らの任務なので、私も正常化を進める立場に立ちますと教頭が言うまでやるわけです。

そういうことを片一方ずっとやっておいて、そして武儀の場合は一斉にやられた。それ前に、もう二、三日前から、校長が、「おい、君、日教組の倫理綱領に何と書いてあるか知っておるか」とゆさぶってくる。皆さんでもそうだと思いますが、一々倫理綱領を詳しく知っておる者なんてだれもおらん。「倫理綱領を知らん？　倫理綱領を知らんなどということで、よう組合におるな」と、ここから来るわけです。「教師は労働者である、これは何を意味しておるか」、というようなことでやってくるのでおかしいと思ううちに、職員会だといって、とにかく教育を正常化するには組合というところにおると無理だ。脱退するということをいま非常に県では問題にしておる。これに従わんと人事でひどい目に遭う。それは現にこの三月に、教頭を降格してでも飛ばしたということまであって、いろいろ怖さが現実にわかっておった。それでどこかへ飛ばされたら困る、妻子を抱えてどうしようということから、そんなことをいったって組合を脱退せよなどということはおかしいじゃないかというような話も当然に出る。けれども、そんなことをしておってうちの学校だけ取り残されたときにはどういうことになるかというような話をだんだん詰めたりしておるうちに、そこから当時はまだ組合員だった教頭の役になるわけです。死ぬも一緒、生きるも一緒というあの論理を使い出して、とりあえずみんな頑張ろう、みんな一緒に残るということは大事だということになるけれども、次の日になると、みんな一緒に出るということが大事だという論理になるわけです。学校の中で組合員と組合員でない者とが出たりすれば、学校運営が崩れる、和が壊れる。あしたからギスギスした職場になればとてもたまらんじゃないか。だから残るも一緒、出るも一緒と、こういう話になる。何となくそんな気がしてくるというふうなものが布石的にいろいろ打ってあるさなか、たしか七月二五日だった。いよいよあした終業式で通信簿を渡さなきゃならんという日に、一斉職場会を開くというのが向こうの戦術なのです。

その当日、彼らは美濃市の宿屋へ師団本部を置いて、そこから命令を出して一斉に攻撃をかけてくる。既に校長会が印刷をした脱退届を校長が持っておって、「職員会を始めます」と始めるわけです。その間、教頭が電話のそばにおって、外部との電話は一切禁物。よそからかかってきたって受け付けないというやり方です。よその者におどされたり、よその意見で動くようなことではいかん。学校は学校の和のあるように、自分たちで決めなきゃいかん。こうやってがんじがらめにして、「まだ通知表をつけなきゃいかん、弱ったな、忙しいし」などと思っておる人を全部集めておいて、さて、脱退するかどうかとやる。それで二時間も三時間も泣いたりいろんなことをやっておるけれども、結局、そんなら仕方ないで、そろってこの際身を引くとしようかと、こういうふうな雰囲気になると、すぐ脱退届を配って書かせて、それを校長がその美濃市の師団本部へダーッと持っていって、はい、全員倒れましたと、こういうわけです。

そうやって脱退が行われて、気力をなくして、もういよいよ脱退したということで学校から帰っていくときに、よその学校の教員に会ったりすると、そんなことはうそやったということがわかる。おれのところは、脱退したいという者はしたけど、おれはまだ頑張っておるなどという人があると、また今度は一生懸命で学校へ帰っていって、「よその学校があそこも出した、ここも出したということはうそやないか。さっきだまして書かせたやつを返せ」と言うけれども、「教員が一たん自分で決めたことを、すぐ間違っておったなどと言うようなだらしないことで教育者か」と、これでやられてしまうわけです。それで絶対に返してくれなかった。

そういうようなことで崩れていくけれど、残るところは残っていくというようなことでした。私はそのときに、たしか長瀬という学校にオルグに行ったのです。そこもまた同じようなことをやられておるけれども、私が行ったころは、そういうことは不当だということでまだ全員が残っておった。そうしたら何が起きてきたかというと、PTAがあした総会をやるというわけです。PTA総会で全教員を前に立たせておいて、組合におるやつは全部つるし上げると言って、PTAの会長が怒っておるという話なのです。それで、あした臨時総会がある通知を書いていま出さんならんといって、教頭がもうやり始めておる。教員は、そんなばかなことがあるか、PTAに何でおれたちがつるし上げられなきゃならんというようなことは言うけれど、若干の弱みがあった。それは何かというと、宿直室でマージャンをやったときに、ある教員が、親から電話がかかってくると面倒くさいから、電話がかからんようにしておいてマージャンをやったら、それがばれたわけです。つるし上げのときにそれを言うといってやられたわけです。それでおたおたして、弱っちゃっておるというような先生もおった。

それで仕方ないので、県執行部として代表がPTAの会長のところへ交渉に行くわけです。そうすると、会長が、おれは頼まれもしておるし、日教組みたいなものが残っては困るから、あしたは総会を開いて断固やるといって頑張るので、やったらどうなると思うというような話を県教組でやるわけです。そのうちにふっと、おれのところの子はどうなるかしらんと会長が思ったわけです。おれがあまり先生を困らせれば、おれのところの子は恨まれて先生にいじめられるかもしれんなどと言い出すので、こちらは、そんなことは決まっておるじゃないかというわけです。そうしたら、「そうか、そんならおれはあしたの総会はやめるわ」と、こう出たわけです。それでほっとして分会へ帰ってきたのですけれども、そのころはもう夜中の二時くらい、まだ通知表を書けるわけです。本当に深刻な夜でした。

そのときにすくっと立った一人の老女教師が言った言葉が、私には実に正常化ということでは印象的でした。中田さんという関の人でしたけれども、「私は戦争前からの教師だ。戦前、強くなれ強くなれといって教えて、教え子を戦争で亡くした。本当にあんな悔しいことはないし、悲しいことはないと思って、私は日教組へ入った。そして、教え子を再び戦場へ送らないという誓いを教師として立てて、そのために戦後私は民主主義教育をやってきた。私は子どもにうそを教えなかった。うそを言わなかった。盗みをさせなかった。けがもさせなかった。なのに、また日教組から出よというようなことを言われるのはなぜなのでしょう」と、本当にしみじみと泣いて訴えられたわけです。中田先生の戦後の民主主義のもというものはそこだっただろうと思うのです。うそを言わなかった、盗みをさせなかった、けがをさせなかったということが、本当に珠玉のような言葉としてぴっと出てくるわけです。正常化といえば、そこを壊すところなのだということなのです。まさにそうなっておると思う。うそを言うところが学校になり、盗みをさせるところが学校になり、けがをさせて命までなくすところが学校になってくるという事態がいま出てきておるわけです。

中田先生がそういうことを言われて、みんなが、こんなことで負けるわけにいかんから頑張ろうといって、その日は頑張ることに決めたのです。それで私らは県へ帰っていった覚えがあるのです。そこの組合も、少したったら、男の人が中心になって何人か脱退したということはあったのですけれども、中田先生は、結局最後に退職されるまで脱退するということなく、迫害の中でも最後までやり通されたのです。

卑怯にも、そういうようないちばん忙しい、あしたどうかせんならんというその日をねらって、一斉集中攻撃をかけたのが武儀のやり方だった。それが余波となって、夏休みに郡上の方へ火が飛ぶと、郡上では、今度は執行部のそのときの執行委員長が真先かけた形で脱退の総指揮を取り始めた。ここもどれだけか残って郡上の教育会館に立てこもるということがあった。そこの委員長はすぐ次の年には教頭にぴゅーっと抜擢された。間違いなく、脱退に協力した者は優遇するということはすぐやった。そういうふうに人事の上の取り引き等もしながら徹底してやってきたというようなことで、武儀支部への正常化の集中攻撃というようなものから教訓的に得たことはいろいろあるし、私らの対応の悪さもいろいろあったけれども、みんな主義はだめなのだという問題があると思う。教育正常化というものは、一人ひとりが攻撃にさらされておることなのだから、その一人ひとりが教師としてのみずからの意志を持つというふうなことを大事にしない限り、みんなで残るとか、みんなで出るとか、みんながどうかならなきゃ気持ちが悪いとか、職場がおかしくなるとかというような問題じゃない。そういうことはその後の正常化がものの見事に示しておるわけです。何も全部そろった職場ではなくったって、一致すべきことは一致するしというふうに当然なるけれども、正常化の中で特に武儀支部の大きな教訓は、そのころ組合の中にあったみんな主義というようなものを克服しなきゃいかんということ。そのころまだ恵那でも、あれは武儀の話で、武儀はひどいな、恵那へ来たときはそんなふうにならずに、もっとうまいぐあいに頑張れるだろうとみんな思っておった。まだ対岸の火事であって、自民党が総力を挙げてやっておるということがなかなかつかみ切れんという問題だったと思うのです。いまだって、皆さんのところへ来ておる攻撃というものは、どこかの学校のだれかのことだということじゃなしに、本格的には総資本が本当に背景になってやっておる攻撃というようなものの中でのさまざまなあらわれなんだというような取り方をしないと、あそこがどうだというような問題でもないような気もするのです。

(8) おわりに

時間ばかり取って大変申しわけなかったのですけれども、私の一生を狂わせたのも正常化であったし、全うにしてくれたのも正常化だったかもしれんというように思うくらいです。正常化についてはまだまだいろいろなことがあって、私も正常化の語り部になってもいいぐらい話の材料がありますが、恵那にも正常化をくぐった方がたくさんおられるので、この次には、いろんな方に証言してもらいながら、もっと深めていただきたいというふうに思います。

＊「夜学」第一九夜の講義（一九九一年四月二三日）。署名は〈湧志透〉（ペンネーム）。岐阜県における教育正常化攻撃のねらい、手口が詳細に語られている。

第三部

「地肌の教育」の展開

◆論文11（一九六四年）

教育正常化に反対する教育

今日の岐阜県教育の特徴

教育に人間をとりもどす、という点で全く基盤的な役割を果たし、教育運動を、権力との対置という点で、現実化し、具体化させた「教育調査」という名の教育研究を更に発展させ、この研究の中にある弱点を克服するための、若干の問題について、申し上げてみたい。

——略——

今年度私たちは、その運動方針の中で、民主教育を守る独自の活動として、「子どものつかみなおし」（教育調査）を提唱し、教室での教育実践の目標として、

1、野放しにされ放置されている子どもの人間性、自主性を、教育として表現させ、組織する。

2、自然発生的に組織されている、子どもの集団性を教育として、学校、地域に組織する。

という点を明確にした。

このことは、何よりも教育を、生活の現実に根づかせ生活の実態から育くまれ、生活を改善することを可能とする人間を、計画的、組織的、系統的に育成することこそ、教育の基本である点を確認したことなのである。そのこと以外に人間をとりもどし、自由を復活する教育を創造し得ないのである。

そうした意味で、私たちが今日、現実に営む教育を総称すれば、「生活教育」と名づけることができるのである。以後「生活教育」と呼ぼう。

この生活教育を発展させるための問題をいくつかあげてみよう。

第一には、生活教育の内容、方法は、民族的、科学的でなければならない。しかも、この二つの内容は、生活の現実に根づき、現実の生活を改善する人間の育成という点で、統一的に把まなければならないという点である。

今日、この二つの内容はそれぞれ別個に追求されているきらいがある。民族的といえば直に政治課題の直輸入

であったり、生活の現実にマッチせず考え方としても感じ方としても、現実の子どもに理解できない民族文化のおしつけであったりすることだけが、教育の中心であったりする。

また科学的といえば、国際的にどこでも通用する、科学の体系と系統だけを分析し、細分化し現実の生活とは無関係に、科学を科学的能力としてだけ——これも考え方や感じ方と無関係に——覚え込ませ、理解させ、使わせることだけを追求するというように。

少し極端な言い方かもしれないけれど、こうした別個の追求が、民主的、先進的な教育研究と実践の名において進められている危険が存在する。別な言い方をすれば、一方は左翼日和見であり、一方は右翼日和見でもあるともいえる。

この誤りは、共通して現実に根付かないという点で一致しているだけでなく、人間を統一的に把握しない点でも一致しているのである。

民族的と科学的ということは、どちらが先にあるかということではなく、アンリ・ワロンのメッセージのように、道徳と科学の統一として把むべきことなのである。そして、より重要なことは、この二つの内容が同時に追求されていない限り、教育は生活には根付かないということである。そうした意味から、民族性と科学性を統一的に理解している国民的概念からいえば、〝民主的〟〝民主性〟ということができるのではなかろうか。

民主勢力という場合、民族的、科学的な立場の力を総称しているのではなかろうか。

それが教育の対象であり、教育の目標である、人間において統一的に追求される場合、生活教育では、子どもの物の観方、考え方、感じ方、行動の仕方、いわば思考方式と行動様式が、教育の対象として重視されねばならないのである。知識、技能はそれの内容であり、そのあらわれとして問題なのである。

そこで「生活教育」の問題として正しく位置づけなければならないのが、「教育調査」の活動であり、研究なのである。

この教育調査は、教育の場において教育内容、教育方法の問題として、民族性と科学性——民主性——を追求し、人間の思考様式と行動様式を検討する仕事ではないけれど、生活の実態と、現実の生活を直視（ありのままをありのままに把む）する仕事は、民族性と科学性が具体的に現実化している生活と、思考様式と行動様式が具体的に存在している人間（人間性、自主性）に着目し、その事実を教育の問題として追求する基礎を生みだした、あるいは、生みだすことができる点を正しく見きわめなければならないが、ここにはまだ、次の様な問題点がある。

その一つは、現実の生活という形をとって現れている父母国民の「生活教育」に対する要求（それは要求という形をとっては現れないだろうが）、また教育とは名付けないが（家庭教育という概念には入らない）現実の生活の中で、具体化されている、民族的、科学的な教育内容と方法を探り出すという点では追求が不足しているのではなかろうか。

その二つは「人間らしいところ」ということで、人間性や自主性（思考方式や行動様式）の存在を、生活の中に発見することができたけれど、個性という点で、生活にかかわった子どもの内面を探知するということで不十分なのではなかろうか。人間を形態として新しく見直すだけでなく、内面から新しく把握することが必要である。

第二には、生活教育は、現実の生活と、人間の事実、いわば、民族的、科学的内容と思考方式、行動様式の形態が、教育の場において表現され、組織され、系統的に発展させなければならないという点である。

この点でも、いま二つの大きな潮流がある。一つは、科学教育主義とでもいうべき、教科のあり方のみを追求することが、教育研究本来の任務と考えられている傾向である。いま一つは、集団主義教育とでもいうべき、集団の組織の在り方のみを教育の中心と考えて研究する傾向である。

このように一面のみを強調する傾向は、次の点で共通して誤っている。

それは人間の発達、知識、文化の発達をただしく把えないという誤りであり、正しい知識の獲得と、集団的能力（組織的力量）というものが統一的に存在している生活の事実に根付かない誤りである。そしてなお、この問題は、支配者にとっても必要な問題であり、別個に研究されている限り、それはそのままの技術としては支配の道具に利用されるという危険を持っている。

その点、「生活教育」においては、この両面を教育としての「表現」という点で、統一的に把み追求することが大切である。そうした意味では、神坂における豆学校の教育から多くの教訓を学ぶことが必要である。ここで、特に強調したいことは、神坂の豆学校が生活教育における表現の一形態であるが故に、今日では表現をある種の教科や、クラブ活動などの枠に限定して把まないことである。

現実の生活に根ざし、生活を具体的に変革する知恵と力（知識と組織、集団）は、個人の場合でも学校教育から離された生活の中に、あざやかに存在している様に、今日のきびしい情勢にふさわしく、多様な形態をとって生み出されるものであろう。

そうした点、表現様式の多様性を考え、画一的になる必要はないのである。

更に表現活動を創造するにあたっては、教育用語としての表現について、私たちが新しい概念を持つと同様に、子どもたちにとっても現在の「学習における表現」の概念をかえさせることが必要である。その意味では、子どもたちにとっては学習でないもの、いわば点数にならない、通知表につかない、貧乏人の子どもでも、点数の悪い子どもでも、権利が主張できるようなこととして受取られなければならない。

次に注意すべきことは、こうした表現活動は、現在の教科外だけで追求されるのではなく、現実直視と五体の解放、駆使、集団組織（個人としての統一、集団としての統一）等の特徴をもつ教育として教科の教育の中でも追求されなければならない。

「生活教育」とは、総て表現活動といわねばならない。

更に附言するならば、認識、概念は具体から抽象へと発展するものであるけれど、ある時期の生活版画や、神坂の子供川柳（夏の友　友でないのに　夏の友）、あるいはマカレンコの「総会」など、表現において受動から能動に切り変わるには、かつて生活綴方の教訓としての概念くだきをするために、抽象的な様式から表現を創造的に具体化することも検討してみてはどうだろうか。

第三には「生活教育」は新しい土俵での教育であるから、一点突破によって生みだし他に拡げるものである。このことのためには、いま私たちの間にある、教育研究の二つの誤りを指摘せねばならない。その一つは、全面発達が誤って受けとられオール五点主義ではないけれど、オール教科主義になっている傾向であり、また一つは、教育は学校単位であるから教師集団が大切だといって、自分の意見を捨て（持たず）、みんな主義になっている傾向である。

この二つの傾向の共通する誤りは、今日の教科体系が「生活教育」としての体系ではなく、学校職員が集団になっていない中で、それらを絶対的なものとして把む誤りである。

生活に根ざした人間発展の「生活教育」は、現体制にあっては、教師個々の抵抗と、創造性なくしては生み出し得ないものなのである。学校とは、教育が画一される場でもなければ指導とは教育を統制するものでもないはずである。個々の教師に教育がなければ、教育の退廃は防げない。

個々の教師の「生活教育」という点での自由で、大胆な実践を、サークルで組織し点検し教訓を拡げ総体として生き生きとした「生活教育」をつくりあげるためには、私たちは実践の内容としても、形態としても、一点突破によって展開しなくてはならない。

第四には、「生活教育」は体制支配を打破するための、職場をとりでとする教師の統一したたたかいと「生活教育」を体制として保障する民主教育を守る会を中核とした広範な住民との結合と統一をたたかいとらなければ前進できないという点である。

＊一九六四年十二月一日の「支部教研」での基調報告のガリ版刷り冊子の記録である。ここに収録した資料は、国民教育研究所発行の『民研研究つうしん』2号に深谷鍋作の責任で部分的に採録されている。冊子表紙には「民主教育を守る運動を発展させるため　教育実践と教育研究の創造のため」と副題がある。掲載分量とほぼ同量の情勢分析があるが、それは割愛した。この内容は、以後の「民教研」結成に向けたもっとも早い時期の石田の考え方が出されており、恵那教科研への批判とともに、粗削りの表現ではあるが総合的な視野からユニークな実践創造の方向性が打ち出されている。なお、石田による誤記や句読点の整理など若干の校訂を行っている。署名はない。

◆論文12（一九六六年）

新聞づくりの発展のために

私の新聞づくりの意味

現実の生活の中で、問題を見つけ、生きかたを探りあてていく子どもを育てていくために、新聞づくりは、つぎのような意味をもつと考えられます。

(1) 新聞は、子どもたちの一週間の生活の歴史的な所産です。子どもたちの生活の多面的な姿が、そのまま反映できるものです。

「うんと多くの問題が見つけれる。
「意識的な生活の追求

(2) 新聞に書く問題は、はじめから、みんなに知らせるものとして書かれます。

「日記の持つ内向性との大きなちがい。
ないしょごとは書けない。ニュースとしてみんなに知らせるものを書くということ。

(3) 新聞づくりにより、中心を的確に表現する力をつけることができます。

「見出し…… 記事（問題）の中心をとらえる。
編集……生活の各方面から見つけてきた問題の中からねうちある問題をつかみ出す。

○新聞づくりにより、問題（内容）にあった表現形式を選んで、表現する力をつけることができます。

「みんなに訴えたい問題……意見、主張、みんなにいいたいこと。
みんなに知らせたい問題……大ニュース、豆ニュース
「その他、問題により　詩　川柳　一口マンガ

(4) 新聞づくりの中で、自分の立場（自分の考え）をもつことが可能です。

「新聞という場合、社説にあたる、意見、私の主張、みんなにいいたいこと、などのらんは欠くことの

できないものです。意見を貫く立場は、新聞全体の立場になるものです。

(5) (1)〜(4)の中で、新聞は、個性的にならざるをえませんし、その結果、個性的な子どもをつくる基礎づくりができます。

新聞の題に、端的にそのことが現われます。最初は、「ゼロ戦」「なかよし」「毎週」というようなのが「実際」「追求」「考える」「開発」というように変化してきます。

なお、教師の側からの利点をつけ加えますと、

○子どもが、点数としてでなく、人間としてつかめ、生活の中での問題もわかる。

○週に一度の発行による新聞で、教室経営が豊富になる。

などがあります。

「私の新聞」の作らせ方

最初の指導

「私の新聞」（個人新聞）は、自分が、やったこと、見たこと、聞いたこと、思ったことを、自由に、しかも、どんなことを書いてもよいという気安さを持たせて、書かせることが、最初には何より大切です。

このことが、同時に商業新聞によってつくり出されている新聞の概念をこわし、生活をこそ表現するという第一歩となることです。ですから、新しい「私の新聞」の内容が、学級全員に理解されるような親切な準備が必要です。実際には、多様な指導方法があり、その方法は学級の実態によって、創造されるものですが、簡単な例をいくつかのべてみます。

① 同学年の作品を見せ、読んでやる。

この指導法は、生活新聞、「私の新聞」という新しい新聞の内容をもっともわかりやすくのみこませるのによい方法です。

それと同時に、これなら作れるという気持ちを、子どもたちに持たせることができます。

② 「私の新聞」のワクを与え、それに記事をうめさせる方法。

○ワクにどのような種類の記事を書くか、決めて記事を書かせる。

○きめてない欄は、創意工夫させて、すきなことを書かせる。

○記事には、その記事の中心を表わす見出しを書くワ

クをとり見出しをつけさせる。最初は、見出しについてあれこれいわないようにするとよい。作文の題とはちがい、短い文で書くとよいというような指導をするとよい。
○新聞の名前は、まったく自由につけさせる。
最初の題は、商業新聞、雑誌、テレビの影響が強いが、どんな名前がつけられても、とやかくいわないことがよい。なぜなら、その子どもの今の段階の考え方がそれに表現されているからです。

しだいに、生活に根づいたたくましい題が新聞全体の記事と共に発展するという見通しを持つことです。
○同じワクで、四、五回発行させることです。その中で「私の新聞」というものの内容をのみこみます。
○一週間に一度発行させる。
○全員の新聞を読みやすい場所に必ず掲示します。新聞は、書くときから外へ目を向けており、みんなに読んでもらうことを意図しているものだからです。
○教師は、生活にねざした記事を、積極的に読んで、方向をさししめてやる。可能なら教師のガリバン新聞を発行して、私の新聞を組織していくことも大事です。
○特にこの段階で、字がまずいとか、誤字があるとか、見出しがどうかと、教師がいったり、赤ペンをいれることは、子どもの新聞づくりの意欲の芽をつんでしまいます。
新聞は、点をつけたり、序列をつくるためのものでなく、子どもの認識を全面的に発達させるものです。（いいかえれば、ゆたかな物の見方、感じ方、考え方、行動の仕方を育てるためのものです。）

以上のような指導をしてくると、四、五回の発行のうちに、必ずといってもいいほど、子どもたちは、新聞づくりがすきになります。

そして、その頃が、記事の見つけ方、書き方の指導といった第二段階の指導にはいります。

しかし、けっしてあせらないことです。人間は短期間でかわるものではありませんから。

新聞づくりがある程度すきになったときの指導

この段階になると、学級の全体の動きによって、ますます創意ある指導法をあみださなければなりません。なぜなら、新聞づくりによる教育は、子どもの心の教育であり、子どもの創意性をのばすものであり、集団的であり、新しい児童の追求であり、未来をつくりだすものだからです。

そして、私たちが民主的であろうとする教師の研究がつくり出すものです。以下のべることがらは、こうすればいいだろうという程度のものです。

○なんといっても他校の同学年（学年が多少異ってもよい）の新聞の紹介は、もっとすぐれた方法です。

同学年の他校の教師と交換をどんどん始めることです。できたら、子どもどうしでも交換をはじめるといい。子どもはすぐこういうことを求めてきます。

○みんなで、一人の新聞を読み、話し合う方法。

・どんなニュースを、一番大きく書いたか。
・見出しは、どうか。
・マンガは、どうか。
・意見はどうか。
・川柳は、どうか。
・創意ある欄ができたか。
・字はよいか。
・カットは、どうか。

この方法の時は、この新聞はすぐれているとか、いけないとか、決定的なきめつけ方をしないことです。

○みんなで、一つのニュースの記事をつくってみる方法。

自然成長的な記事の書き方を

いつ　どこで　だれが　どうして　どうなったか　どう思うかというニュース記事の表現形式を一つの事件を中心にして、記事を書いてみる。

見出しのつけ方も、工夫してみる。

○記事の取材ノートを持たせ、いくつかの生活のできごとから記事をえらぶ方法。

この方法は、生活を意図的に、しかも、多面的にみる態度をつけさせると同時に、いくつかのできごとから、重要な記事を選ぶことは、何にこそ目を向けるかという、もっとも重要な教育的意味をもつものです。

記事取材ノートは、

○形式のない自由ノートの方法と

○いつ、どこで……の形式のノートとがあります。

低学年でも、工夫してみるとうまくいきそうです。

記事の取材を家庭での学習にまかせておいてはすすみません。

例えば、朝の会の五分間に、下校時の生活、家庭での生活、社会についての記事を取材させる。

帰りの会の五分間に、学校生活の記事を取材させる。

このような方法をとれば、一週間に三十ぐらいの記事は取材できます。

○大ニュースとヒトクチニュース（豆ニュース）という物の見方。

一週間の記事取材ノートから、もっとも重要なニュースは、トップ記事に、あとはヒトクチニュース、または、豆ニュースと分類させる方法。

○意見、主張の意図的な指導

記事取材ノートの中から、何をこそ、どうしなければならないかという生活に対するかまえ方、意見、立場を育てていく大切な指導です。

・表現形式を与えることによって、思考形式をのみこませる方法として

① いまどうなっているか ② なぜそうなったか、（そうなっているか） ③ どうすればよいか

○右のような書いていく順序、考えていく順序を与えて、書かせる。

① こうしてほしい。 ② こうせないかん。 ③ なんでかというと。

○学年、学級によって工夫してみる。

① こんなことがあった。 ② いけん。

○みんなで一つの意見文をつくってみる。

○多様な欄を工夫させる指導

マンガ　娯楽　解説　川柳　詩　勉強　教室　広告　エンピツ対談　つづき話　かえ歌　絵あそび　等々バラエティにとんだ欄をあたえたり、工夫させたりする。

これは、物の見方、考え方、感じ方、行動の仕方を育てていく方法です。

主張もあり、トップ記事もあり、川柳もあり、マンガもあり、という新聞は、その子どものゆたかさを示しているものです。

○新聞コンクールによる方法

個性的なものをえらぶことが大切です。

○生活を実際に改革する方向

多くの新聞が、意見として出している問題を、実際に、学級、全校の問題として解決していくという方向をとることが大切です。

マンガ・川柳・つづき話・かえうたの作り方

マンガとか、川柳とかの指導法は、どんな教育書にもないものですから、このメモはほんの一案であることを、おことわりしておきます。

㋑川柳指導の一例

① まず、最初に、子ども川柳で、五・七・五の表現法と痛快な批判精神をのみこませます。

例

かあさんに　何かねだると　すぐ来年
かあさんは　いつもぶつぶつ　おこってる
かあさんは　よその子ばかり　ほめるなり
先生が　いないとすぐに　大さわぎ
児童会　いくらきめても　まもらない
先生の　ことばがかわる　参観日

② 最初の一句を決めてやり、あとをつくらせる。最初は、先生とかおかあさんとか身近なものがよい。

5　学校は
7　□□□□□□□
5　□□□□□

学校は　宿題ばかり　出すところ
新聞ばかり　つくること
先生おこる　いやなこと
朝ねぼう　ふきとばす
天井くろく　ふすびてる
テストテストで　おいまくる

③ 川柳ズモウで、短い時間内に表現させる。題をきめて、二分間ぐらいで勝負させる。

——寒い学校——
学校は　冬むきでなく　夏むきだ
学校は　ストーブたいても　かちがない
さて　どちらに　軍配を？

④ 生き生きした表現を工夫させる。同じ内容の川柳で比較して、どれが、もっともその事実をたくみに表現しているか話し合ってみる。

先生は　お客が来ると　おしとやか
先生は　お客がくれば　おこれない
先生の　ことばがかわる　参観日

以上のような指導は、五分間もあればできるものです。生き生きしたおもしろい川柳が生まれることは、生活そのものが、生き生きしている、いいかえれば、生活をありのままに見、その中でただしく生きていこうとする姿勢のあらわれといえると思います。

㋺マンガ指導について

マンガの指導は、川柳と同じように、生活の中でのおかしなこと、へんなことをするどく感じる、それをなぜかと見ぬく力を育てる教育です。

うそではだめで、事実に則して表現することをたえず指導することが大切です。

最初は、商業雑誌によってできているマンガの概念を、しだいにこわしていく方法として、ワクをあたえ、生活の中でおかしいこと、へんだなあということを絵とことばであらわすことをのみこませます。

まず、五・六回はものにならないものだと考えておけば、まちがいないものです。そのなかで、マンガのすぐれた特性をいかしていると思う作品を最大の教材とすることです。

㋩つづき話の指導

みんなでつづきの話の題をきめて、順番に、ノートをまわしていく。それで物語ができます。

このことの教育的な意義はといえば、生活に根ざした生き方を、集団で、低い段階から、しだいに高い段階へと追求していくという目的と方法を持ったものです。

㋥かえ歌

給　食（汽車のふしで）

いまは算数　いまは理科
いまは国語をすぎるとこ
つぎは社会で　そのつぎは
うれしい給食　まっている

――小五　男――

宿　題（女心のうたのふしで）

こんどこそはと信じつつ
宿題わすれてしまったの
いえぬ理由が　かなしくて
先生にしかられ　しのび泣き

――小五　男――

○見出しの位置　大きさ　字くばり　カットを工夫させる。
○生活を実際に改革するような方向をとる。

私の新聞のつくらせ方――中学校の場合

年々、きびしくなっていくテスト体制の中で、子どもたちがバラバラにされていく現在、中学校での新聞づくりには、どんな特徴があるのだろうか。

同じ教室の中にいても、心と心が通いあわない人間関係の中で、新聞をつくることによって友達の意見、考え方、物の見方を知り、また、友達に向かって自分の考えを言うことにより、おたがいにつながりを持つことができます。それ一つだけでも、実に大きな意味を持っています。

いろいろな欄のつくり方は「私の新聞のつくらせ方――小学校の場合――」と共に通ずるところがたくさんあるので、そこを見てください。

ここでは、中学生の場合、特にこんな点を大切にしたい、こんなことをやらせてみたらどうかということを書いてみます。

○私の主張の書かせ方

中学生には、特にこの欄を重視したいものです。今の中学生は、なにが問題なのか、わからぬままに、無気力な生活をしている中で、

・今の生活の中で、何が一番問題なのか。
・なぜなのか。
・自分はそれについてどのような意見を持つか。

という立場、考えを、いいかえればそのときの生き方を持たせることは、やがて社会に出ていく生徒には欠くことのできないものです。

私の主張欄を通して思考の形式を学び、理論的に物事を追及したり、みんなで一つのもののことを論じ合ったりする芽が生まれてきます。

最初は、一定の表現形式を、ワクであたえていくと、しだい理論的に、科学的に、考えるようになります。

例

今こうなっている
なぜ　そうなっているのか
私はこうすれば、よいと思う

○連載小説

どのようにして生きていくのか、生き方の追求ができる。

○研究発表

・ツギ木の研究　なぜするのか。どうなったのか。

・スイカの研究

○対談

鉛筆対談形式で、討論し、理論的な子どもをつくるもとづくりにする。

教科の中でも新聞はできる。

ある理科の教師の実践

「四月の初めごろ、桜の花が咲くのは恵那峡の桜まつりと結びつけて知っていたが、葉がいつ出るのかはわからず、三月と答えるものが、一クラスに五、六人いた。校庭に桜の木があるのに。

　そんなことから、子どもたちに観察日記をつけさせることにした。その観察したことを新聞に載せ、お互いの観察したことがらを交換しあった。新聞の中に『理科に関係のないこと』という欄をつくり、いろいろな記事を載せるようにしている。」

＊一九六六年二月恵那市民主教育研究会準備会資料（同八月タイプ刷パンフ化）。石田は、子どもたちから「表現」を引き出すために、川柳、マンガ、新聞づくりなどの多様な試みを展開する。この「新聞づくりの発展のために」からは、子どもの表現を引き出す工夫や視点などを読み取ることが出来る。

◆論文13（一九六六年）

当地域における戦後の民主教育運動と現代の課題

昨年（一九六五年）以来、民主教育研究会を生み出すまでの活動を準備会という形で続けてきているわけですが、その中でいろいろ話し合われてきたような問題をうまく整理し、まとめるというようなことがなかなかできませんでしたので、戦後のこの地域を中心とした民主教育運動の持っていた問題と現在の課題というものを、新しく民主教育研究会という組織を生み出していく必要といったものに触れながら申し上げたいと思うわけです。

——略——

一、恵那教科研から東濃民教研へ

大きな柱ということを申し上げるとするなら、現在の教育状況ということについては今までいろいろな研究会とか会合の中で話されてもきましたし、問題にもされてきましたので、その点を改めて分析し問題をはっきりさせていくことはできるだけ少なくして、戦後の教育の復興期の中での教育への反省の中から、生活綴方教育というものの遺産をこの地域で見つけだして、それを運動として発展させながら、さらに研究の組織としては「恵那生活綴方の会」が「教育科学研究会」に発展的に解消していく段階、その中の問題が一つの柱になるかと思うのです。それから、「教育科学研究会」の運動の発展の中で行き詰まりも出てくるわけですが、教育正常化に反対する教育という問題の中で、新しい人間を取り戻す教育というものの実践が芽生えてくるわけです。その中から民主教育研究会を組織の上で改めて生み出さなければならんというような段階に入ってくるわけですが、そういう点での問題が一つということで、大きくは二つの柱ということで報告したいと思うわけです。

第一に、「いまの教育」と私たちがつかみ、考えている状態の中にどういう問題があるかということでは、詳しくは省くにしても、特徴的に挙げなければならない問題として、ことし（一九六六年）の四月に中津川市において中学一年生の子どもが自殺するという事態が起きた。子どもが学校という場所で教育の問題に対面させられながら、みずから死を選ばなければならんというところまで教育が危機を増してきている、教育の実態がそういうものとしてあらわれてきているところに、私たちはいちばん注目しなければならないし、問題にしなければならない点があると思うのです。

「教育正常化」政策の中での教育というものを、いくつかの分野で、はっきりさせることはできないにしても、実際に教室や学校というものから人間の肌の温もりというものが全くなくなってきている。さらに、学習とか授業というものの上ではいわば生活の泥臭さというようなもの、生活に根づくようなものが全くなくなっている。そして、子どもの集まりは、仲間の喜びと悲しみというふうなものを全然知ることができない。集団と呼ばれたり、団体と呼ばれたり、学校は集団生活の場だという言われ方をしながら、そこにおける集団というものは実際には仲間の喜びだとか仲間の悲しみといったことがわかり合えない、そういうものを共通に持たないような人の群れでしかない。そういう状況をつくり出している教育は、何よりも魂があいふれることもない、魂の交流のない教育という点にいまの教育を特徴づけることができるのではないかと思うのです。

そういった教育の具体的なあらわれについては、また後からでもいろいろお話しがなされると思うわけですが、教育正常化の教育の中で、私たちが一体何をやらなければならないのかという問題を探りあてていくために、戦後の教育の混乱期、あるいは復興期という中で生活綴方教育を発見し、発展させてきた中での問題というものを振り返りながら、ここでの教訓を明らかにしていく必要があるのではないかと思うわけです。

新教育という名前で戦後の教育が出発するときに、それ以前の、忠君愛国による人間性と生活の否定を追求したような戦争中の教育、日本の軍国主義教育に対する反省が、戦後は、ともあれ人間を大事にしなければならん、人間を尊重するということをもととして、民主教育、あるいは新教育という名前でここにも台頭してきたことは事実だと思うのです。

けれども、そこの中でいまはっきりさせなければならない問題として、日本の教師がみずから戦争の教育に対して反省をそのときしたわけですが、実際にはその反省が、日本の教師自身の手によって底から掘り起こされていく深い反省といった点ではまだ弱さを持っていたのではないか。したがって、教育そのものは、占領政策としての新教育というものを深い反省というもののない中に、受け入れる素地を当然持っていたわけです。そういう中で新教育というものがこの地域にも大きく普及してきた。

その新教育がどういう教育であったかということを私が申し上げる必要はないと思うのですが、少なくとも日本のその当時の子どもたちの実情というか、実際の生活から遊離すると同時に、人間の社会あるいは民族の抱えている課題というものを正しく遂行していくという意味での教育ではなかった。したがって、人間の尊重という問題も、非常に実用的な、方法的な意味での人間を尊重する形態というものが採用されて、実際に人間を尊重する内容の問題ということにおいては、当時の教育の中では十分追求されることが少なかったのではないかと考えられるのです。当時、「六三制　野球ばかりが　うまくなり」とか、口ばっかり達者でちっとも頼りにならん人間とか、基礎学力が低下するとかの言われ方で、それらに対する批判がわれわれの中からもわき起こってくるという状態を示さざるを得なかった。いまその当時を振り返ってみると、何となく「いまの教育」というものもそういう意味では非常に似た状況があるのではないかと思うのです。

そんな新教育への批判というものは、新教育を制度と内容の上で、あるいは新教育の持つ政策上の意図という点での批判というよりも、実際のわれわれの運動としては、当時でいえば基礎学力の充実という形でそれらに対する実践的な取り組みというものが始まってきたと思うのです。例えば学習の形態でいえばドリル学習を評価するという形をとったり、教材の自主的な選択を進めたり、あるいは教材を構成し、ワークブックをつくるというような形のいろいろな教師の実践的な試みを伴ったわけですが、実際には、学力を充実させる、何とか学力低下という事態を防がなければならんというようなことがみずからの手で教育をつくり上げていく最初の大きな動きではなかったのかと思うのです。それが民主教育という名前で呼ばれるにしても、民主主義というものが方法としてのみ理解されて、人間を尊重するという教育の精神の具体的な効果を発揮することがそこではできなかった。いろいろなことが学校の中でやられ、いろいろな試みがなされたにしろ、教育としては何かうつろな状況というものを実際にはつくっていたという中で、日本の全国的な民主教育研究運動を通し、特に当時『明るい教育』という雑誌が発行されたりした民教協があったというのですが、そういうものの中から日本の教育遺産としての生活綴方の伝承の問題を提唱する声が起こってきたのです。

当然私たちは、教育の上におけるうつろな状況の中で、ぴったり吸い寄せられるようにそれらの提唱に耳を傾けざるを得なかった。例えば、私自身でいうと、大変個人的な感想で恐縮ですが、大関松三郎の「ぼくらの村」を読んでもらったときに、何か子どもの質の問題、人間あるいは子どもというものはそんな高さを持つのか、あるいはそんな立派な力を持っているのかというふうな意味ではものすごく驚いたし、感激した記憶があるわけです。戦時中あるいは戦前の生活綴方の教育の中であらわれた子どもたちの作品に接する中で、人間に対する新しい見方とか、驚きというふうなものは、当時のいろいろな文献、例えば国分一太郎氏の「綴方このよきもの」などの中で、ささいな子どもの小さな言葉、小さな発言の中に人間そのものがひそんでいるという意味で、それらを基礎として、それらをどう育んでいくかという中に教育があるのだという、教育というものを新しい形で提示されたときに見られる教育の質に対する驚きとか、感心とかいう問題。あるいは、当時の本でいえば、『魂あいふれて』（百合出版、一九五一年）が発行された。『魂あいふれて』に見られるように、教育というものはそういうことなのかという驚きとか喜び、戦後の新教育といわれた教育のうつろさを満たしていくような感激を、戦前の生活綴方の遺産というものは生の形でわれわれに与えることを可能にした。

そういう中から教育の質に対する目が開けてくると、教育に対してそれ以前と全然違った受け取り方、考え方を教師の中に与えた。第一には、何よりもそれは魂が通い合わねばならない。魂が揺さぶられること。そういう意味では、人間というものは魂の交流と揺さぶりを基礎とした形でしか人間の把握ができない。魂があるかないか、魂がどう通い合うかというときに教育というものが初めて成立するのだ、魂の交流のないところに教育というものはないのだ、そういう問題を実際に驚きをもって感じることだとか、あるいは、教育という問題は、現実の生活を直視する、あるいは現実の生活とのかかわり合いの中から、そういうものに立脚してこそ初めて教育ということが可能になるのだ。いってみれば、生活を直視することと生活を切り拓いていくこと、そういう問題の中で、生活との結合というか、生活とのかかわりの中にこそ生きた教育があるのだとわれわれが感じた問題。

あるいは、生活綴方という方法によって、表現と、子どもたちの認識というか、物の見方とか考え方と当時でいえばいわれていたような子どもたちの人間的な思考の発達というものが、実際にそういうことを可能にする方法があるという問題として、教育の方法に対する生活綴方が持っていた、表現するというものが持っている特性に対する驚きの問題。

あるいは実際生活の中で子どもたちが働く。当時はいまの社会的状況とは当然違うわけですし、直接的な労働という問題も、社会的な意味を持つ労働に直接参加しなければならないような状況に子どもたち全体が追い込まれている中で、労働が果たす人間の形成の上での役割。それらを生活という名前の中でいろいろ呼びながらも、実際にはそういう効用というものを教育の上でも重視して、教育としてもそういうことをどんどん取り上げていく。教育として作業に行くとか、教育としてどこかへ賃取りに行くというふうな当時のやり方でいえば、そういうふうな問題は幾らでも起きてくるわけです。そういう中で、実際に働く子と働けない子という問題が、人間をつくり出していく上で教師に与えた「働く」というものの持っている教育上の性質というか、子どもたちが働くか働かないかというような中で、教師が持つ問題というようなものもいっぱい出てくる。そんな中で、集団とか、子どもたちの自主的な活動とか、いまの言葉でいえば集団的な組織活動というものも、実際に生活を切り拓いていくという上では自主的にならざるを得ないし、そういう方向をとらざるを得ないということに対する深い信頼とか、そういうことが教育なのだということに対する驚きだとかいったものをいっぱいいろいろな形で与えてくれたと思うのです。

何より私たちが大きく揺さぶられてくるのは教育における自発性の問題、当時でいえば「やる気」というふうな言葉ですが、やる気をどうやってつくるのかということがいちばんかぎになるのではないかということで、生きがいの問題、あるいはもっとうんと別な言葉でいえば政治的な観点といわれるような問題も、教育の上で具体的に追求しなければならないということ、綴方というものをわれわれが受け入れていく中で、そういった驚きというものをいっぱい具体的に感じることができてきたのです。

そういった中で、こういう教育とうまくいいあらわすことはできないにしても、「生活綴方の教育」と当時いわれたその教育の精神というか、そういう教育を一本貫いていく精神そのものこそ、われわれが本当に探しあぐねていた民主主義の教育ではないのか。民主主義の教育というのは、そういう精神として具体的にある種の方法までをもわれわれの手の中に入れながら、当時の教育に人間としての息吹を感じさせてくれる、魂のふれあう教育というものをつくり出してくれる、そういった驚き、あるいは感激というようなものを生活綴方の教育がもたらしてくれる。それらは、当然そういう教育の追求ということにいや応なしに発展していくわけです。

そういう中で、教師としての自信が回復されてくる。いってみれば、教室を舞台としながら教師の役割というものが自分として明確になると同時に、社会的な課題であるとか、もっと別な言葉でいえば政治課題としても、当時の平和と民主主義、あるいは平和と独立という問題が、教育の中で具体的に教育の方法まで明らかにしながら自分たちのものになっていくということに対する確信、そういったものが実際には教育の実践に対する意欲というものをうんと新しくかき立ててきたわけです。

そうしたことで生活綴方の教育の発展と創造というものに向かって実際に営みが続けられていくわけですが、一つは現実の子どもの具体的な変革、とにかくこの子どもたちをわれわれの望むような子どもに変えなければならない、実際に変える効力を発揮するわけですし、変えていってしまうといった教育の営みになっていくわけです。それは例えば、値打ちのある生活とか、当時の言葉でいえば、値打ちのある人間にならなければいけない、一体値打ちとは何ぞやというふうな問題が子どもの中で具体的に追求されていく。そして、そういうものに向かって子どもたちが生活を切り拓きながら自分自身の人間を組織していく。自分自身の人間の値打ちへ向かって子どもたちが組織していくという活動が教室の中で実際に展開されていく。教育というものはそういう点では、実際に子どもの人間に直接影響を与える、あるいは子どもの人間を直接変えていくことを現実可能にするという点で大きな影響力を持つ。そうした点では教育の権威はうんと高まらざるを得ないし、高まってくるわけですが、そういう教育は、例えば当時でいえば、豊かな表現というか、表現をどう豊かにするのか、あるいは、確かな知識をどう身につけていくのか、あるいはたくましい行動という意味ではどう実践力を身につけていくのか、あるいは集団的な行動をどう組織していくのかというような点に向かって、現実の子どもを具体的に変えていくという試みが実際に方法としても展開されていく。そして、教育全体、全教育活動が変わるようにという意味では、子どもを実際に変えていくという目標の中で、教育全体を変えていくという実際の営みにもなっていくわけです。

そうした綴方教育の発展が、第一には現実の子どもを変えていくという方向で取り組まれてくる。そして、そういう効用を実際に示し始めた。同時にそれらは学級というものを基盤とした教育として、教育の基礎を学級という場所に置きながら、学級活動の創造的な発展というものに向かって新しい形態を示してくる。いろいろな名前でいわれるにしても、実際に生きた学級にしていく。学級というものも、全く生きた、そして動く、変化がある、そして先ほど申し上げたような魂の交流というものを基礎に持つことで本当に人間の喜びと悲しみといったものに満ちあふれながら、現実に子どもたちを子どもたち自身の手で変えていくような場所に変えなければならんという問題が当然起きてくるわけです。そこでは非常に個性的な学級の経営、学級の営みを教師がつくり上げてくるわけです。同時にそれは人間的であるし、集団的な学級活動を学級の形の上ではとってくるわけです。

それと同時に、学級というものも現実に生きた力を発揮しながら、学校全体とか、家庭を通じて、あるいは直接家庭とか地域へ学級そのものが発展していく、活動の場を求めていく。学級というものが学校全体に、あるいは家庭に、あるいは地域に、実際に生活を変えそこでの活動の場を広げていくというふうな意味で、文字どおり社会的に活動するような学級、「社会の中に現実に生きて働く学級」というものに発展していく活動に変わってくるわけです。そうした方向で教育が追求されていったのです。

同時に、もう一方では、教育の研究が自主的、系統的に発展していくという方向で生活綴方の教育というものが実際に発展と創造へ向かって進んでいく。その場合、生活綴方の教育はだれでもやれるし、だれでもやらなければならない教育なんだという意識のもとで、隣の教室から隣の教室へというようなことで、いまでいえば網の目行進に似たように、運動を広めていく。その場合、研究の中心といえば、実際には子どもの実態と実践を中心とする作文研究ということが研究の方法としては軸になりながら、自主的な研究組織というものをつくっていく。それは当然、全国的な民主的な民間教育運動というものと連帯を保ちながら発展していくという形で、生活綴方の教育というものが、この地において大きな力をもって実際に教育を動かしていくものとして進んできたわけです。

二、恵那教科研運動と生活綴方総括の問題性

そういう中で、生活綴方の教育精神というものを基調としながら、もっと広く、綴方というような方法が、方法としての綴方ということだけではなく、もっと各分野でのいろいろ教育の活動を確かなものにしなければならんという形で、ここでは生活綴方の研究運動がそのまま、当時全国的にも発足してくる教育科学研究会、しかも戦前の教育科学研究運動というものを戦後において新しく掘り起こしていくという自主的な教科研運動に向かってさらに広がつていくし、そういう形で発展していくこととして、実践というものがさらに広い分野にわたって展開されてくるわけです。例えば、生活と人間というものに対する表現もうんと多様な形態をとるし、多様な分野に発展して、単に文章としての表現というような問題ではなしに、美術、音楽、演劇という形で多様な表現方法による教育というふうなものに向かって進んでいくわけです。生活に根づいた科学的な知識が、言語とか、科学、芸術、技術、体育というふうな形で、いわば各教科という問題の中でもっと科学的に、そして体系的にそういった教育を求めても広がっていく。

そして、生活を変えていくところの実際の実践論としても、集団的な組織活動というふうなものは、学級の自治会から学校の自治会へ、あるいは地域の子ども会へ、さらにそれらは各種各様のクラブとかいうものとして発展していくだけではなくて、子どもたちのこの地域における相互の交流によって新しい段階を迎えてくる。例えば、『恵那子ども新聞』の発行による子どもたちの相互交流の場と同時に、実際に、「新聞友の会」というような形で、全地域的に子どもの代表が集まって交流しあうといった活動に発展していくわけです。

こうした中で、生活綴方の会がこの地域の教育科学研究会に組織的にも吸収され発展しながら、さらに新しいさまざまなサークル活動をそれぞれの分野の中で生み出していくというふうなものに発展していくわけです。それは当然、生活綴方教育の教訓の整理ということから始まってくるわけですが、生活綴方の教育の精神というものを実際には十分明確にすることができなかった問題も、私たちはその後の運動の中で感じとるわけです。

それは、全国的にも評価としてはそういう方向をとってきたと思うわけですが、この地域でも、生活綴方から何を学ぶかという問題で、生活綴方の精神か方法かというような論議が一時起きたことがある。精神か方法かと

いう論議は争点としてそういう形で出されてきてはいたけれども、徹底した論議にはなかなかならなかった。そのならなかった中には、全国的な影響も、私たちの実践的な弱さというものもたくさんあったと思うのです。「教育の一般的な目標の中で、教科の特殊性を追求しながら」という言い方の中から、教科論が盛んになって、各種のサークルが生れてくるような動きもあるわけですが、生活綴方の教訓の整理というものを正しくできないままに、実際にはいろいろな他の分野へぐんぐん実践的には広がっていってしまうという形で、例えば、それらの中心でいえば、「生活綴方的教育方法」を当時国分一太郎氏などがひどく提唱した。「生活綴方の精神」というものが、「的教育方法」という言い方になり、さらにその方法でもって他を譴責していくことがそこから学ぶべき重要な遺産なのだという問題が提唱されてくるに及んで、それらはやがて作文法というような名前のものとして具体化されて、生活とも綴方とも縁もゆかりもないようなものにずっとなっていく問題も当然含んでくるわけです。

あるいは、「生活綴方的教育方法」といわれる問題が、実際には、人間の把握という問題において、人間の教育という場合に認識を中心とした教育、認識論という格好で論議が展開され、それがそのまま人間教育論なる教育論になっていく。そういうふうに、「的教育方法」というのは、いろいろな意味でかつての生活綴方の「生活」を忘れたり、魂あいふれての「魂」を忘れたりというような問題を実際に呼び起こしてくるわけです。

当時、質の高い教育という問題が国際的にも提起されてくるわけですが、そういう中で、教育の追求というものが、実際には、質の高い教育を押し進めるために科学的でなければならないし、系統的でなければならないというようなことが、ここでは教科研究とか、教科と教材とが絡み合ったような格好で、実際には研究の内容が教材研究というものに移って、子ども自身が研究の素材とされない状況が生まれる。教材というものが教師の研究の対象、中心になってくるという問題が運動の上でも起きてくるわけです。そういう生活を失い、魂を忘れた研究が実際には進んでいく。自分たちはそれになかなか気がつかないにしてもそういう状況がある。そして、教科研というものが、教育科学の研究ではなくて実際には教科の研究会という動きになってくる。教育科学研究会ではなくて、各教科研究会という形で運動が進められた。そういうふうに抜けていったものが本当はたくさんあった。

また、国際的なソビエトの教育だとか、中国の教育というふうなものが全国的にも紹介されてくる。そういうものに対する直輸入的実践というものが、そういった揺れの中で安易に受け入れられていく素地をつくっていた。それらが、この地域の中でも実際、いろいろな研究という名前の中で、直輸入的にそれらの研究を受け入れていくというような問題はたくさん起きてきただろうと思います。

そうした中で、労働とか、集団とかというものを基礎としながら、いってみれば、新しい形での生活派というか、生活を実際に切り拓いていく力というものを教育の土台に据え込まなければならんという形の実践が提起されてくるわけですが、実際には、その場合、生活と人間ということでの具体的な追求ということがなかなか行われないままでそういう問題がここでも起きてきたということがあったわけです。

そういう過程を通りながら、もちろんわれわれの運動だけがそういうふうに行ったということではなくて、当時でいえば、勤評から始まって、新しい一連の教育の大改革のための政策が次から次へ打ち出されてくる中で、われわれの運動の持っていた矛盾をより強めてきたという問題もたくさんあっただろうと思います。

この地域でも、教科研とか、民主的な各種の教育運動の団体、あるいはその動きというようなものは、例えば指導要領に反対する立場を明確にするということはきちんとやっていたわけです。特設の道徳教育に反対だとか、コース制差別制度に反対するとか、あるいは新指導要領の非人間性、非科学性に反対するとかいう形で新指導要領に反対する立場を実際にとりながら、それと同時に具体的にわれわれの上にのしかかってきた教科書を、教科書は権力だと規定する、実際に子どもを直接に掌握する権力として教室の中に教科書があらわれてきた、使ってもいいし使わなくてもいいというような性質のものでなくなり、いや応なしにその支配下に教室が置かれてくるというものとしてわれわれがそれらを分析していくという問題は起きてくるわけですが、それに対決していく教育実践ということになると、それ以前に持っていた運動の矛盾に加えて、各所から出てくる学力の問題に対応するだけの具体的な内容というようなことで、質の高い知識というものが実際には機械的な内容を帯びたものとしてわれわれの運動の中心になってきたと思うのです。

「子どもで勝負する」というふうな言葉も出てきた。「子どもで勝負する」ということは、実際には教科論になり、あるいは授業論になり、どう間違いのない科学的な体系で教科を形づくって、しかもそれらを授業というような方法でもってどう具体化していくのか。いってみれば、研究の中心が教科論とか授業論というふうなものに実際には移行していくという中で、問題としては、それでは飽き足らない、それではどうにもはっきりしないものを私たちは絶えず提唱せざるを得なかった。例えば、学校は砂漠だ、子どもはミイラだ、いまやこの地の学校に人間的な交わりというものがないのだという中で、教育に人間を取り戻さなければならんし、学校を取り返さなければならんという問題はいつも提起はする。提起はするけれど、実際にはそれを生活だとか、あるいは全体の人間みずからの表現、あるいは要求の発動というふうなものとして発展させていくということより、科学的な知識とか、教科だとか、教室だとか、授業とかいうふうな問題として追求していこうとするために、その矛盾というものがより深まらざるを得ないという問題がたくさんあっただろう。

うんと端的な意味でいえば、学力さえつけておけば間違いがないというような論理といいますかとらえ方。とにかく教育というもので子どもたちに学力をつけておきさえすれば間違いない。それで、一体学力とは何ぞやという問題と、それから未来へつながる学力というふうな問題がだんだん出てくる。そして、学力というものが実際は全国的にも提唱されてくるわけですが、現代化、科学化というふうな意味での提唱の中で出てきている教科の科学性、あるいは系統性というような問題とか、それらを中心にして知識をどう子どもたちに受け取らすか。だから、その場合の授業論というものは、子どもの自発性を引き出すということを口にはしながらも、実際にはどう授業をうまく展開していくのか、子どもにどうそれを押しつけていくのかというような問題としてしか作用しなかったという問題はたくさんあったのだろうと思うわけです。

そういったわれわれの運動の矛盾、苦しみというものは、共通の研究課題としてはうんと人間的なものを求めようとしながら、実際の研究というものはそこのところを断ち切ることがなかなかできない。そして、枠の中でずるずるはい回っているという中で混迷を続け、うんと苦しんだ。その苦しんでいる状況というものは、われわれの運動史の歴史の中に出てきているわけです。例えば機関誌の中にも、それらはいろいろな形で反映されている。

そして、スローガンとしては当時いろいろなものが出されてくるわけですが、実際には指導要領をめぐって教育を全く新しい形で巻き返すということができず、指導要領のとおりという学校の体制の中に実際には入っていく。そして、テスト体制下での矛盾というものが、片方では、科学的な教育という名前で業者のテストみたいなものが学校の中へずっと浸透してくるという問題もあったと思います。

それらについては、確かにわれわれの運動の中にあった、学力をどうにかしてつけなければならん、高い知識をどう獲得させていくのかというふうな問題もその一つでしょうし、それと合わせて、攻撃は中心として学力に来ている。勤評その他、学区制等に出てきている、この地域の教育は一番学力が低いということで攻撃が集中してくる。それにかてて加えて、親の要求の表面的なあらわれとしては、とにかく高等学校へ入れる能力をつけてくれなければばかなわんというような格好でそこのところをうまく絡み上げながら、そこに問題の焦点が置かれてきた。

どんな人間をつくっていくのかという問題が、どういう学力をという問題だけで、実際には人間そのものの追求と、教育の基調というものがどこかへ放られながら、どれだけの学力をつけていくかという問題としてのみ論点がはっきりされてくるという問題になったのではないかと思うわけです。

そういう点では、いくらやってもやってもうまくいかんという問題がたくさん出てくるわけです。教室へ行って一生懸命やるし、飛び回るけれど、なぜか知らんがうまくいかん、一口でいえば、どうも教育としてスカッとせん。あの手この手を次から次へ勘考して、やってみるけれど、どうにも満足するというような状況にならないし、現実の子ども自体うんとわれわれが期待するような格好で新しく変わってこない。そして、何かしらんけれど無気力、無関心な状況がそういう中でだんだん広がってくるといった事態がずっと続いてくるわけです。

そこで、それらの矛盾を脱却する道としていろいろな試みが行われてきて、教材研究というような研究の方法から、研究の方法としては「実践検討会」という名前の研究がずっと提唱されてきて、教材研究が実践検討会という名前に変わってきた。けれども、教材研究が実践検討にかわり、子どものつかみ直しということが片方で言い出され、そして、何とかしなければならんといいながらも、実際、研究そのものもうまくいかないというような問題を当時たくさん抱えていたのではないか。

三、教育正常化攻撃とのたたかいの中から

そんな中でわれわれを震撼させる事態が起きてきた。それは教育正常化という、最も教育の基礎的部分が根底から破壊されて、学力どころの騒ぎではない、人間そのものが根底から破壊されなければならん、教師の良心そのものが根底から揺すぶられてくるという問題が起きてくる。その中で、その攻撃に耐え得る教育、あるいはその攻撃に耐え得る教師の良心、あるいは子どもや教育に対する教師の責任というものをうんと新しい形でわれわれ一人ひとりが考えざるを得ないという問題に突き当たってくる中で、それに対応できる民主教育、そして民主教育を守っていく親、親が支持する教育というふうな問題として、全く新しい立場を攻撃の側はわれわれに与えてくれたといえると思うわけですが、教育研究が一時的にはストップするという事態は実際あったと思うのです。それどころの騒ぎではない、どう正常化と毎日たたかわなければならないかという問題が中心になってくる。

その中で子どもたちをどう育てていくのかという問題として、全く敗戦の混乱からもう一回教育というものをみずからの手で考え直すのと同じような意味で、教育正常化のあの破壊の中から教育を自分の手で何とか確立しなければならないという問題にわれわれが直面するという事態が起きてきたわけです。

その中で、やはり第一に子どもに目をつけていこう、子どもの中に問題を発見していこうということをわれわれは提唱せざるを得ないし、そういうふうに運動は広がる。それは、新しい形の教育調査と呼ばれる運動だった。これは教員組合という形を通じて提唱されたり、あるいは当時の教科研というものを通じて提唱されたりいろいろしてきたわけですが、教育のいちばん基礎としての子どもの人間性と自主性というものを実際に具体的に発見するという仕事、子どもは学校へ来れば無気力で無関心だけれど、どこかで人間として生きている、その生きている生の姿の中にこそ子どもを本当に教育していくいちばんの基礎がある。それをわれわれは新しくつかみ直さなければならない。そういう意味で、それらを発展させる、それらを基礎にした子どもの自発的な形、あるいは自主的に子どもたちが学んでいくような教育方針を具体的に追求しなければならない。何となく何とか研究というふうなことでは済まん、実際この子に責任を負える教育、この子の人間を変えていく教育という意味でどうするのかということを自分の頭で考えなければならん、自

分の責任において処理しなければならん、そのことを抜きにしては今の体制に耐えていくわけにはいかない、教師の良心を渡すわけにはいかないという問題に条件の上でも迫られてきて、教育調査の実践がずっと広がっていく。

そうして、野放しにされている子どもの人間調査、あるいは教育という分野からは全然見放された形で存在している自主性というもの、それらを形づくっている子どもたちの生の生活というふうなものを、教育として教室や学校の中へ持ち込まなければならんという問題が教育調査の中からさらに新しく発展してくる。

そして、教室を生き生きとさせるものは、実際には子どもたちの人間性や自主性、もっといえば生活というもの、実際に教室の中を子どもたちの生活一色に塗りつぶして、子どもたちの生きた生活が教室の中心になるような学校というものをつくらなければならないという問題が、各地で教育調査の運動とともに起きてくる。例えば、当時でいえば付知における教育調査の成果とか、神坂における豆学校の問題とかいうものとして新しい大胆な実践がわれわれの中で火を吹き始めた。それらは全くまた新しい魅力をもって多くの人に迎えられていくという状況になってくるわけです。

そうした中で大胆にそれらの成果を学びながら、教育の実践における、当時の言葉でいえば一点突破というか、実際に教育を取り戻してくる何らかの具体的な実践というものをわれわれの中で突破させる。自分みずから一点突破させながら広げていくというふうな意味では、ものすごく大胆な実践というものをわれわれは展開せざるを得ないという問題が出て、教室というものが回復され始めた。それ以前には教室というものが実際にない状態。

それは二つの問題を含んでいると思います。支配の側として画一的、統一的な教育というものを強化してきているという中で当然そういう問題が起きてくるわけです。いろいろな国民的な教育運動の中で、教師集団というものがもろくも崩れさった部分を持ちながらも、例えば教育正常化の中では破壊されてくる弱さというものを持ちながらも、教師集団というものを形態の上でまとめていかなければならないので、教育というものを学年では統一しなければいけない。教師の統一ということは教育の統一といった誤った部分も実際にわれわれの中に持っていた。だから、学年としてそろえて、あの先生とこの先生と違うということにならんように教育というものを統一しようとするところに非常に矛盾があった。教師の集団というものをそれぞれ教育として調和させていくというふうな方向をとらずに、教育というものを統一していこうという問題の中で、教育の方法だけ、やり方だけが実際には画一的に一致されて、そこで自分勝手なことはなかなかできない。そういう問題を打ち破って、教室というものを教育の中に回復していくという問題が一点突破の運動の中では起きてきた。

そして、生活に根づいて、生活を変えていくという教育実践を大胆に展開するという問題の意味がずっとみんなで論議され始めて、研究もそういう問題に移っていく。そして、新しい実践と創造の運動がそこからまた再び始まっていく。それらは、例えば教育調査ということをもとにして、豆学校や私の新聞づくりなどで一点突破をはかりながら、新しい教育実践を、新しい研究組織として創造的に発展させなければならないというところまで進んできたのです。それは、これまでの教科研を発展的に解消し、新しい状況の中での人間の追求を軸とした教育を自主的なサークルとして組織して、いわば民主教育研究会というものをいまこそわれわれは強大なものとして結成しなければならないことを決意したのです。それは何かいいくらいに形づくっておけばいいというようなものではなしに、毎日の教師の生きがいというか、教育の責任、教師の任務というものを、そこを支え続ける組織として、そこを開発していく組織として民主教育研究会というものをこよなく大事にしながら、これを強め発展させていくという問題に、われわれは精進しなければならないし、同時にこれからの研究は、われわれの中で明らかになっていく民主教育の問題と成果というものを、民主教育を守る会を中心としながら親の中に広めていく。そして、親の中でそれを理解してもらう。そうして、親の要求を高め、親の要求にこたえる教育としてさらにそれを教室の中ではっきりさせていくという関係。単に民主教育研究会の研究をわれわれ教師の研究というものだけにとどめておかずに、それを民主教育を守る親、国民の運動の中にきちんと根づかせて、しかもそれはそのまま教室で日々創造されていく実践と直結してくるという意味の研究として、私たちの運動を発展させていく必要があるのではないかと思います。

戦後の民主教育の運動の中にいくつかの大きな成果を私たち自身が築き上げてきた。それらをいま一度整理しながら、きちんと正しく継承していくと同時に、私たちの運動の中に大きな間違いが入っていた。うんと研究そのものがみずみずしくないというときには必ず問題があったのです。みずみずしくないという問題は、子どもの問題、生活の問題というううんと生の素材に帰らずに、そこのところをもう一つ高い理屈として方向を求めて進んで行こうとしたような無理があったのだろう。そういうことを捨てて、私たちがいま子どもたちとの魂あいふれる実践を展開する中で、いつも魂があいふれあうような教室をつくり、そういう教育を確立しながら、そうした研究というものを土台に置いて進めていくという意味で、生活綴方教育というものをいま再び私たちは新しい形で問題にしていく必要があるのではないか。

そういう意味で、戦後の綴方教育運動が全国的に大きな組織として火を吹くきっかけとなった第一回の中津川における作文教育全国協議会のときに、当時はアメリカ流の新教育という名前で呼ばれたものに対する、みずからの手で日本の教育をつくり上げていく運動としてそういったものが提唱され、それに新しい感激を呼び起こしているわけですが、新しい段階でも依然として攻撃として続けられてくるものが、いま学級経営案をつくれという形で向こうから押しつけられてくる教育というものが必ずしも日本人自身のためになる日本人自身の教育ではないという意味では、当時と状況は何ら本質的に変わっているわけではないと思うのです。そういう中で、どこから切り拓いていくかという場合に、やはり人間と人間の魂があいふれあう、そういうふうな喜びを教師自身が持ち得るような教育の実践をわれわれが切り拓いていくことで新しい運動といったものを展開していきたいと思うわけです。

＊民教研第一回夏季研究集会・基調報告一九六六年八月一九日、東濃民主教育研究会。『「恵那の教育」資料集』第二巻に収録。署名は〈東濃民主教育研究会事務局長　石田和男〉。一九六六年の時点で、当時の教科研運動についての批判の視点が明確に指摘され、生活綴方についての総括に立った新たな教育実践の方向性が着意されている。中見出しは編集部による。

東濃民主教育研究会は、多治見、土岐、瑞浪地区を加えた東濃地区の教員の組織である。

◆論文14（一九六六年）

「地肌のでる教育」を考えるために

「子ども会　子どもやらずに大人やる」（小六男）

こんな川柳にあらわれるように、教育正常化政策によって、いま、子どもたちは、単に学校、家庭だけでなく、子ども会まですべて直接支配されるまでに、その人間と生活をうばわれてしまっている。こうした状況から子どもの人間性、自主性をとりもどし、子どもに黄金の生活――人間的自覚のもとに、よりねうちのある意識的生活――を営ませたいというねがいは、親であり、教師であれば誰しもが望むものであろう。そのために「教育」に期待することもまた極めて大きなものとならざるを得ない。しかし、この状況を生み出すのに加担し、その方向で策動した教育正常化による教育と学校は、その期待に全く添い得ないほど大きく変質している。それは、今日の学校を支配している常識としての教育観に、その事実をみてとることができるのである。それは、「教育とは、人間の本性に計画的、組織的に一定の衣を着せることによって本性をおおい、社会的に必要な人間的形態をした労働力を作りだすことである。」という教育観であり、それは人間的目的を失った今日の教育に共通していい得る常識なのである。その場合、一定の衣が、「指導要領と教科書」であれ「科学的知識」であれ、「事業的訓練」であれ、人間をその内面から発展させるという意味での人間的目標を失うという点では、大同小異であることにかわりはない。こうした教育観に対して、「教育とは、人間の本性を計画的、組織的に一定の知識と訓練（学習）で磨き鍛えることによって、本性の質を高め社会的に価値ある人間（全面的に発達した人間）を育成することである」という教育観が支配的な常識に抗して存在し続けているが、それが今日の支配的常識の矛盾の深まりの中で、正当な常識として拡がりはじめている。それは、支配的常識に抗した具体的実践が、現実的に子どもを把え、学校と教育を支配的常識による教育の矛盾から実際に救うということで効果をあげているからである。

「地肌のでる教育」そんな言葉が支配的常識からの脱脚をはかる新しい意味をもって、いま、私たちのあいだに急速に拡がりはじめているが、この、「地肌のでる教育」ということについて、私の感じるいくつかの問題にふれて、みんなで検討されるための材としたいが、それは、極めて思いつき的であることを最初におことわりしておく。

第一には、「地肌のでる教育」というのは、教育正常化の拡がりと深まりが、現実の子どもの姿の上で具体的に把えられるようになった現在の教育の中で、「教え子を再び戦場へ送らない」立場をつらぬく、民族的で民主的な教育を現実に営み、創り出していくための教育目標、制度、内容、方法も含めた具体的な教育方法をいいあらわしているのであって、これがそのまま一定の内容と方法を計画化したプランではないということである。したがって「地肌のでる教育」というのは、戦争とファシズムか、平和と民主主義かの二つの岐路に、ぎりぎり立たされた私たち教師が、平和と民主主義の方向で切り拓いていく今日の教育のあり方を、その方向において最も具体的にいいあらわしたものとして理解することが必要ではなかろうか。

第二には、「地肌のでる教育」は、今日の状況では間違いないものであるにしても、それがまだ実践的にも理論的にも全体を明らかにし得ない創造、開拓上の教育であるため、極めて部分的にとりあげられて、それでもって判断されやすいが、いままでの「表現」「集団」等の実践は、学校、教室の場において子どもたちに地肌を出させるための一般的な突破口としての実践であって、それが総てではないということである。しかし、この実践の成果を重視し、その教訓を明らかにして他へ拡げるならば、今日の状況下においても学校、教室における教育の質を大きく変えることが可能なのである。その場合、いままでの実践によって明らかにされてきた「制度における無差別」「内容における生活と人間」「形態における楽しさ」を、「地肌のでる教育」の具体的な追求原則として、どんな小さなことの中にも、「制度、内容、形態」を統一的に把え、「表現」「集団」の実践を足がかりに、「各教科の教育」で追求することが、必要ではなかろうか。

第三には、「地肌のでる教育」は、子どもの無気力、無関心に依拠するのではなく、自発的な積極面を見出し、引き出し、学習に主体性を持たせ、その生活を現実的に改革させる教育であるため、子どもたちの現実を無視することなく、人間的現状から出発しなければならないが、そのためには、たえず、子どもたちの人間的状況を正確に把みとらなければならない。「教育調査」は、子どもたちの「表現」「行動」の観察と共に、欠くことのできない科学的な資料を与えてくれるものとして研究を創造的に進めなければならない。この場合、子どもたちの人間的状況は単に、生活の現象、形態として把えるのでなく、認識の結晶体ともいうべき意識の部分において把えることが必要ではなかろうか。

第四には、「地肌のでる教育」においては、地肌の質を高めることをたえず心掛けねばならない。それは、人間の質を高めることを意味するが、「表現」「集団」「教科」等における地肌のあらわれは、それによって、地肌の質をゆたかにするが、地肌の質の高まりは、また地肌のあらわれをよりゆたかにするという関係を伴うからである。その場合、「地肌の質」ということは、現実生活との関係において得られる人間的自覚の高さともいうべきものであるが、それは、単に人間的自覚というだけでなく、民族的、民主的な内容としての人間のねうち（権利）の意識なのである。それを、いま子どもたちに得させるべき現実的具体的な内容を「児童憲章」において、児童憲章を子どもたちに自らの人間的権利として自覚させることを、共通の課題として追求することが必要ではなかろうか。

第五には、「地肌のでる教育」は、教育正常化の嵐に抗した組合員教師の手によって生みだされたものではあるにしても、それはただ組合員教師のものであるだけでなく、この教育こそ、総ての教師、父母のねがいに共通する教育であって、教育正常化による民主教育の破壊から、人間をだいじにする民主的な教育をとりもどすための、具体的な統一方向、内容として拡げなければならないものである。それはまた、教育正常化攻撃が、文部省を中心として進められた全国的な教育支配政策の岐阜県における集中的なあらわれであったにしろ、教育正常化に代表される指導要領を中心においた、勤評、学テ体制と呼ばれる差別強化の諸政策が、現実の子どもの上で矛盾を深め破綻を露呈しているが――その破綻をつくろうために、文部省は、「期待される人間像」「後期中等教育制度」「指導要領改訂」等の諸政策を示しているが、それが矛盾をより深める結果にしかならないであろう――その破綻は誰の目にでもあきらかになってきているからなのである。いわば、「地肌のでる教育」こそ、教育正常化攻撃が自らの矛盾として生みだささざるを得なかった民主教育の具体的な統一点として位置づけることが必要ではなかろうか。

第六には、「地肌のでる教育」は、現況の子どもとの関係で、現状に抗することとして自らが着手することから出発するが、その実践は地肌をおしつぶす教育との対決によってのみ発展することが可能である。そして、この対決は、単に教室において必要であるばかりではなくて、教育支配に対する民主教育を守るあらゆる運動の発展として必要なのである。「地肌のでる教育」の実践は、民主教育を守るための国民的教育運動の内容としての、民主教育の障害を具体的に明らかにすることができるが、その障害は、国民的教育運動の進展によってのみ真に除去することができるからなのである。その点、今日の教育状況においては、内容、制度を含めた教育支配強化の環ともいうべき「高校入試制度の改革」こそ「地肌のでる教育」との国民的な対決点として具体的に打破しなければならない中心となるであろうが、その場合、「生活の現実に根づき、具体的に生活を変革させる」ことをめざす「地肌のでる教育」の立場から、かつての「高校全入運動」の拡がりに学びながらも、あの運動を内部で批判せざるを得ない弱点としての教育現実を克服することが必要なのではなかろうか。

以上、極めて簡略に私の感ずる問題点と考えを述べたが、この機をもとにみんなで検討されて論議を深めていただけるよう願っている。

＊『みんきょうけん』一号（一九六六年一二月一〇日）、東濃民主教育研究会機関紙。『「恵那の教育」資料集』第二巻に収録。署名は〈東濃民主教育研究会事務局長　石田和男〉。

◆論文15（一九六六年）

地肌の教育

——恵那での調査メモ——深谷鋿作氏の記録より

石田さんの話

教育課程改悪にどう対応するかということだが、いつのまにか、教科研運動は教材研究運動になっていって（第二期恵那教科研運動）、地肌に衣をきせる、その衣のよしあし、きせ方だけが問題になり、研究は枯渇し、みずみずしい実践がなくなっていって、「教育正常化」攻撃のなかで、それでは対決できぬことが明らかとなった。私たちは、教育調査を提唱し、子どものつかみなおしの必要を力説した。子どもの中に人間性と自主性をつかみなおし、生活をとりもどし、それらを教室のなかにもちこみ、表現、集団、労働といった教育活動で、点数、能力という名の差別を一点において突破し、それを深め広げていくことを目ざした。いまの学校制度、内容のなかでは、子どもは押しひしがれ、ゆがめられだめになっていく。だから、子どもをほんらいの姿にひきもどし、自己を主張し自ら考え、自らの力で何かをやろうとする、この姿勢と力と、そのすべてをつかみとらせる方向での運動が、いまこそ必要なのではなかろうか。自己表現をうながす様々な表現活動と、集団組織への道を明らかにし、具体的な実践を一点に集中し突破すること。何から何まできちんとわかってからはじめるのでは、何もやらないうちに子どもをだめにしてしまう。ちょっとわかったら、何かをやる。何かをやってわかったことを、更に何かをやるのにつぎこむ。だまってコンベアーの上にのっているよりは、自分で考え、我流でもやる。いま一番大切なことはここなのではないだろうか。そんなふうに呼びかけた。

一点突破の実践が、新聞づくり、豆学校・豆先生、小集団活動として展開されていき、教育調査では、子どもの人間性のほりおこしから、子どもの意識調査に深められ、集団、表現活動に方向を与えていく。それらの活動を綜合して、人間そのものをつくりあげていく具体的方向として、〝地肌〟という言葉がいまできている。生活と生産からきり離され生きる方向をもてずに苦しんでいる子どもたちに、生活をとりもどさせ、生活に根づいて、生活を変えていける人間をつくる「生活教育」を、いまこの地域の状況のなかで具体的に表現し「地肌をさらけだせる教育」といってみたとき、それがたいへんみんなにピッタリときて、理解された。教育観のうえでは、基礎学力を中心として、科学的知識を与えていけば、やがて社会の変革に役だつことになるという第二期教科研運動のころ教師をつかまえた教育観に対して、現実の生活の、子どもが現にもっている生活を変革できないで、どうして何十年も先の生活がかえられるのかという批判から出発している。

なによりも、教育を生活に根づかせ生活の実態から育まれ、生活を改善することを可能とする人間を、計画的、組織的、系統的に育成することこそ教育の基本だ。そのこと以外に、人間をとりもどし自由を復活する教育を創造しえない。そうした意味で、私たちが今日、現実に営む教育を総称すれば、やはり「生活教育」と名づけることができる。地肌の声を表現させ、教育のなかで遊びを追求させ（例えば、私の学校では学校行事のひとつで、遊び工夫大会というのをやらせ、思いきり遊ばせるなかで、遊びの歴史をさぐり、遊びを伝承させ、与えられた遊びから遊びをつくりださせていくことにしている）、労働をとりもどさせ、要求にあった様々な組織をつくらせる、そういったところから出発して学校の生活化をめざし、生活のなかにある民族性、科学性、民主性といったことを求めさせ、そのための知識と知識を獲得する能力をつちかうことを、今後の教育の方向として考えている。

教育正常化、あるいは全国的には、教育の退廃、荒廃といってもいい、そのおそろしさをどこでつかむか、そこで教育観の違いがでてくる。いまの学校を支配しているのは、地肌をかくすことだ。衣をきさせ、地肌をかくし、人間でなくしていく。衣は指導要領であり、教科書と赤本だ。それだけではでてくる矛盾を解決しきれないで、鉄砲をもたないだけの軍国主義の衣をきせる。それに対して、われわれの衣は科学だということでそれをきせているから民主教育をやっている、というのではいけないのではないか。教育が破壊されているなかで、私は教育を回復したい、そして教育の質をかえていきたい、それをいつも生き生きと具体的典型で、しかも一貫した精神を貫いて示していきたいと考える。

いまの状況のなかでは、教育とは一度すててひろうもの、一度否定して、そのうえで教育でなくてはならぬものを探りあてるものだと思う。教師が変われば子どもが変わり、教育が変われば子どもが変わり、子どもが変わりはじめれば、そこに、教師のよろこびがある。教育への道はそういうものだと思う。しかし、いまの教師は教育のおもしろさ、よろこびを知らないでいる。創造性もない。思いつきもない。あの提案制度の思いつきでなく、いまの状況を変えねばならないという執念からでてくる思いつき、それをとことん自分がやってみるということがない。子どもは二年でかわる。なんでもかんでも変えるんだという執念で、子どもを変えようとする、子どもが変わっていく、そこのおもしろさをつかんでほしいと思う。

戦後の教育運動でも、生活綴方が生活綴方的教育方法へと変質し、人間をどうするかが書かせる方法ということになって、精神（どういう考え方ができる人間にするか）でなくて手段（綴るという）が教育の全分野に広げられ、作文法などということもいわれるほどになり、その後は国語科作文としてみずからを位置づけていった。水道方式をめぐる問題でも同じで、私たちは、それをどういう考え方ができる人間をつくるか、という視点に立って広げようとしたが、教育を変えるということにはならなかった。教育の現代化といういい方で水道方式がもちこまれた。問題の出し方が、いつも手つづき、方式に精神を入れるという仕方になっている。

この地域で、教科研といったときすでに概念が固定してしまっている。人は固定し、やり方も固定して、決して入らない人がいる。運動のむつかしさなのだが、運動の中心になる人の一種の政権交代をともなわなければならないと思う。固執するだけでは、運動の大きな発展はない。正常化のなかで、もう一まわりも大きい運動を展開する必要から民主教育研究会を発足させた。全国的な課題、平和を守り真実を貫く民主教育ということをみんなにわかる、この地域の風土にあった、またみんなを動かしていけるものとして言葉を考え、民主教育研究会の活動方針をつくった。当時の状況よりもっとひどくなっているなかで、綴方運動と教科研運動の成果を継承し新しい統一をめざしている。

「地肌の教育」は地肌をさらけださせ、地肌をみがき、地肌をかえていく、そのなかで民主的で科学的な知識やそれを獲得する能力を培っていくものであるから、かっての生活綴方が集団主義の方へ発展しえても、科学的教育の部分が追求できなかった弱点を、克服しようとしている。科学や教材研究をすこしも否定するものではない。教材研究運動の成果と弱点をきちんと整理しなければならないと考える。

「地肌をさらけださせる教育」といったとき、民主的規律の問題が必ずでてくる。私は、民主的規律という言葉を使わない方がいいとすら考える。「自由と規律」ならともかく、民主性をひろげるという場合、規律ということで民主性を規制することはあり得ないと思うからだ。

思いきり花が開かないと、かためて実をつむことができない。花を大きく開かせれば、いい実がとれる。思いきり開かせる教育をうんと重視したい。花が大きく開くには、空気や水などの条件がいるが、花そのものの生命力がなければならない。逆境のなかでも花開く生命力は、精神というか意識だ。人間としての自覚を子どものなかに培うことなしに花は開かない。

児童憲章の立場を子どもたちが今の生活のなかにとりはじめたら、ということも考える。日本の民主教育の法律的規準として、憲法、教育基本法の具体化された児童憲章、その完全実施の追求ということだ。

岐阜県の教研集会で、「地肌の教育」ということがすべての分科会で討論され、広がった。教育正常化の姿が子どもの肌でつかめた。人間のなかに正常化のおそろしさがつかめたので、〝地肌〟といういい方でだせた。その意味で子どものつかみなおし運動の結果として「地肌の教育」が、教育正常化に対決していく教育としての具体的な方向を具象的に示すことばとなった。弱点としては、地肌をおしつぶすもの、子どもの教育に対する差別の制度的特徴、特にスマートな形での教育の全国的規模にわたる正常化である高校入試制度の改革の問題を、「地肌の教育」の具体的な敵として明確にとらえることがよわかった。そうしないと、「地肌の教育」を国民教育運動のなかで発展させていくことができない。教室のなかだけで「地肌をださせる」ということだけではいけない。全入運動の新しい発展として地肌の問題を考えなければならないと思う。これまでの高校全入は、大人の条件づくりとして子どもを疎外した。高校全入運動のもとには、せめて高校ぐらい卒業させなければ、中卒だけでは仕事もなければ低賃金すぎて生活ができない、という親のねがいが中心で、子どもがもっと学びたい、一人前になるためにも高校へは行きたいという自らの要求を引き出してそれに根をおいたものになっていない。こんどの入試制度の改革で、成績一覧表の提出が要求されているが、これまでは教師は抵抗してきたが、こんどはそれができなくなり、進学しない子どもを全部1にするといったひどい差別をすることが強要される。

子どもが地肌をさらけだし、それをみがくことをはばむ具体的な敵となる高校入試制度に対する子どもをふくめたたたかいといったことも考えないで、地肌の教育ということはいえない。

事務局員との話しあいの中の石田発言

「教育正常化」の実態が想像をこえたひどさで子どものうえに具体的にあらわれ、なんとかしなければならないという気持ちが、組合員の心をみたしてきているので、むつかしい言葉でいわないでも打開の方向がわかる状況が全県的にあるということから、「生活に根づき、生活を変革する教育」という目標を、いまの岐阜県の状況のなかで表現するとすれば、〝地肌をさらけ出す教育〟だといったことが、こんどの教研を支配し、みんな〝地肌〟といって合い言葉になった。あいさつからして、〝地肌〟がでて、集会全体が活気にみちたものとなった。しかし、〝地肌〟という言葉のもつ意味、内容、つかまえ方が十分みんなのものになったとはいえない。地肌というのを、教育内容の問題というようにつかみ、地肌をかくし、地肌をおしつぶしてくるものは何か、今の教育を制度の上でも打破していくものとしてとらえ、地肌の教育を国民的な運動に発展させていくことによって〝地肌〟をいよいよはっきりさせていくという点では不十分だった。

「地肌の教育」は共通の目標であって、すすんだラジカルな教育ではないのだが、まだ組合員の教育だとみて、全県民の教育だとはとらえられていないように思う。「地肌の教育」は、組合員の教育と第二組合の教育の折衷《せっちゅう》ではない。地肌の教育は、第二組合、校長、全県民をまきこんでいける根本の教育だというつかみ方がないように思う。

研究をすすめていくうえでも、情勢の特徴をつかむ必要があるし、そのなかで課題を明確にすることをしなければならない。特徴としては、いぜんとして「きびしくて複雑な教育内容の支配の強化と矛盾の深まり」といわざるをえない。露骨な反動攻勢と、他方で高校入試の改革、小尾通達などわれわれをまきこんでしまうような、そういう意味できびしくて複雑な支配が強化されているなかで、それがうまくいっているかというと矛盾は深まっている。第二組合と非常に緊迫した関係を保っている地域では、第二組合の教育研究が指導要領を軸にした文部教研にとどまらず、神宮皇学館の教授を講師とする神がかり的な右翼的教育研究にまでしてやられている。文部教研は現実の矛盾を解決することができず、いやおうなしにどちらかへ発展せざるをえない。民主教育研究会がしっかりしないと、神がかり的な教育研究にまかせてしまう、そういう状況になっている。子どものことでも、赤本でも「道徳」でもなんともならないで、子どもをしめてしめてしめきらねば、という部分がでてきている。

しかし、同時に「みのがしてならない新しい局面」というのがある。正常化の攻撃をしかけた松野（知事）の教育支配体制がゆきづまりを呈し知事選で落選した。県民からの審判をうけた。あのやり方にかわる新しいやり方、新しい局面が官僚の動揺を生みだしている。教育正常化は間違いではないが、差別したことは間違いだったと、支配の刃であった差別を間違いだったといわざるをえなくなっている。このあいだもうちの学校へ指導主事がきた。あんな社会科の教科書を使うなら、運動場で遊ばせていた方がいいという、そういう局面がある。いままでの正常化の支配から何か標準支配にかわるスキマができており、切りひらくとそういうことが可能だ。もちろん、こんどの知事が「生活教育を」などとはいわない。

「地肌の教育」ということで追求しようとするのは、量としては小さいが、広範な教師をもまきこんでいける、そのような教育の質だ。つまり、教職員組合に加入し実践への考えや構えも同じというのではなく、職種、組合、教育への考えが異なる周りの人々（教師たち）と一緒にやれる。内容は人間的で、制度は無差別で、形態は楽しいもの、つまり「地肌の教育」は人間的で差別がなく楽しいもの、そういう教育だ。民教研が、「生活に根づき生活を変革させる、人間的で差別のない教育」という目標を、現在、共通する理解として堅持し、この方向で教育を具体化するとともに、日常の実践のなかで生まれる諸問題を発展させることをめざしているのも、そのような意味においてである。教育の軍国主義化に反対し、平和と真実を貫く民主教育の確立という全国的課題を、岐阜県の教育状況でいうばあい生活に根ざし生活を変えていく教育ということになり、もっといまの課題でいえば、地肌がでたときにのみそこの生活があるわけで、そういう意味で、地肌をだす、ださせることで、教育に生活を獲得する、回復しようということだ。地肌のところで、自分を発見し、自分をみなおし、それを通じて教育をとりもどしていくともいえる。

正常化というのは、民主主義を多数決の原理だけでつかまえさせる。この多数決原理のために、子どもの集団が停滞し、その意識を変えない限り、表現や集団は発展しない。うちの学校でも、運動会は子どもたちにまかせている。教師主導ではなく種目、進行、プログラムなどすべて子どもたちの意見を中心にして計画、実行している。子どもが中心だから、いままでの運動会より変わってくる。教師の反省会では、あそこがまずかった、ここがまずかった、来年はそこを注意したら、という話になる。しかし、思うにそこに問題はない。ただ来年すばらしいものにするには、子どもを変えねばならぬ。不成功の原因は多数決制にある。拒否する自由がないので、説得活動がおきないから、団結が弱く仕方なしにやるということになり、一致した点だけでやっていくという問題にもならない。また、うんと意欲的な案も出ない。地肌がでる民主主義にはなっていない。学校行事のうち運動会ほど子どもの関心のあるものはない。八〇〇人の子どものうち七〇〇人は関心をもっているが、意見をだすのは二割、つまり二割の意見で運営されているということだ。八〇〇人の意見がだされた時、ものすごくちがったものになると思うのだ。

そんなことがあって子どもの民主主義意識を調査してみた。〝みんなのためとはどういうことか〟という問いで、いくつかの選択肢に〇をうたせたのだが、多いのは、みんながなかよくなることだという。〝みんなを苦しめたり、困らせたりすることをやっつける〟という意味のことを選択肢の一つにいれたのだが、そこに〇をうつのは少ない。はっきりしたことは、民主主義を抑圧する者、事に対する反論や抵抗のないままの姿、民主主義を破かいすることへの憤りのない民主主義であり、多くは形態は民主主義、意識は公共の福祉というか、その場にあわせ、筋を通して荒立てない、これまで通りで変化を求めない、というのが実態だ。教育正常化が子どもにさえあらわれているといわねばならぬ。

表現にしても、家のなかのことはなかなか書かない。教師にも、教育としてはほじくることでない、という考えもあるようだ。しかし、社会の矛盾の集中する家庭のなかで自分はどうすべきか、またみんなのなかで自分はどうすべきかがはっきりしないということは、主権者の一員になっていないということであり、自分の生きる方向をもたないということではないか。

「私の新聞づくり」のような表現活動や、豆学校、豆先生、小集団活動のような集団主義、労働といったことを重視するのは、そのような状況の子ども自身による克服をめざしてのことだ。また、教師の民主主義意識の変革ということでいえば、かつて勤評闘争のさい「自由論議」を提唱し、組合民主主義の徹底をはかったが、いま第二組合との共同闘争をうみだし具体化しえたときに、子どもの民主主義意識の形成にどうとりくむかも変わってくるのではないかと思う。

生活綴方の運動が、綴方によって認識を深めるという認識論の問題になっていた面があるが、表現活動で私たちが追求しようとしているのは、それと若干ちがった感じである。認識を高めるというより、自覚、生活そのものを自覚させる、自覚の度合いを深めさせる、そのために感情、感性もこめて、生活を具体的に表現させる、子どもが表現活動のなかで生活を具体的に表わす活動だ。

「私の新聞づくり」のもつ意味を私たちはこう考えている。教育課程、指導要領が完全に敷かれ、教科は教科書が支配している。権力が直接教室を支配しているなかでの反権力闘争だから、何ができるかといえばパルチザン的に、必要だと思ったことを独創的にでも生みだし、枠の中で隙を見つけ、暇をつくって実践する。子どもの状況に応じて、生活が表現できる形式として、「私の新聞づくり」というのを考える。それは深いものではないが、広いもの、簡便なもの、しかし一人で自分の生活を組織していく武器になる。国語科作文では点数がつけられるが、新聞は点数がつけられないので、点数を気にしないで夢中になれるし、ちょっちょっとした時間をみつけて、気づいたときにかける。新聞は日記形式とちがって、他に発表するもの（自分の主張）で外向的だし、記事として中心をつかまえねばならぬし、問題に応じて多様な表現形式がとれる利点がある。

豆学校、豆先生にしてもそうだが、子どもたちのもっている経験を利用しながら、学校という概念、新聞という概念をかえていく、学校を健全な内容のものとしてつかみなおさせる、新聞を正義の新聞としてとらえなおさせるという意味もある。

そのような「生活教育」は、新しい土俵での教育だから、一点突破によって生みだし、他にひろげるものだ。そのためには、私たちの間にある、教育研究の二つの誤りを克服しなければならない。一つは、全面発達を誤ってうけとり、オール五点主義、オール教科主義になっている傾向であり、もう一つは、教育は学校単位だから教師集団が大切だからといって、自分の意見を捨て（持たずに）みんな主義になっている傾向だ。「生活教育」は現体制にあっては、教師個々の抵抗と、創造性なくしては生みだしえないものではないか。個々の教師の「生活教育」という点での自由で、大胆な実践を、サークルで組織し、点検し、教訓をひろげ、総体として生き生きとした「生活教育」をつくりあげるためには、私たちは、実践の内容としても、形態としても、一点突破によって展開しなくてはならない。

県の執行部から現場に帰り、一番困り苦しんだことは、学級がなく何でも学年で一緒にということになっていた。新聞をやるにも、私のような心臓の強いものでも、一ヶ月かかった。じっさい恐ろしいほどの学年支配だった。学級の消滅に教育の消滅があるという感じ。民主運動のなかで、お互いの弱点と言える実践上の未達成の部分をそれぞれの工夫で援助し合い、共同、協力によって克服する運動（テストやプリント類を刷ってやったり、いい教師悪い教師という問題が投げかけられた時にもなんともなしにかばうといった）そういう同一行動が、自分をしばることになってきている。教師の統一ということは、自分の教育を自分でさがしあてていくことを抜きにしては強固にならないのではないか。教師の主体性を確保しないみんな主義は、むこうの支配にのっかることになる。教師の統一ということは、教師集団として同じ形態をととのえてカバーしあう同一行動とは違うのだ。

教育は個々の教師によっておこなわれるべきだ。そうしたばあい学校とは何か、それは個々の教師の教育の調和をはかるものだ。校長の指導性は、その調和をはかることにある。学年とは、個々の学級の連絡と調整にある。校長が教育を画一化すれば、教育はなくなる。

水道方式が点数をあげるために使われる。基礎学力を中心として、科学的知識を系統的に与えておけば、やがて社会変革に役だつことになるといった教育観が、教師の知識の不足をおぎなうという姿勢と補強しあって進んだ教材研究運動のなかでつくられ、伝授する教材の質がかわれば教育がかわるという楽観主義をつちかった。

やがて変える教育なんておかしい、いまの生活を変える教育にしなければ、やがて変える教育なんてない、という問題提起を支部教研集会でした覚えがある。豆学校、豆先生の実践を人間が生き生きとあらわされている表現とみていこう、といったことがある。

人間のある教科を、教科のなかで人間を発見せよといっている。僕のいまやっていることでいうと、教材を自分の思った通りにつくってしまう。歴史の本をつくってやる、国語のばあいも、教科書では読むこと、漢字をやっておいて、文学読本を刷っておいてやる、といったぐあい。

科学の体系は否定していない。科学などの成果が駆使できる教師の主体性と子どもが学習にいきいきととりくめるようにすることにいまの重点をおいている。

台形の面積を子どもに求めさせると、不思議と子どもたちのやり方のなかに、算術的、算数的、数学的なやり方がでてくる。どのやり方が進んだ学問に近いかということで、子どもの考え方を高めていくといったことをしているが、まだ経験の蓄積の段階で、思い思いにやってみることがいまは大事だと思っている。

ただ、教科ではそれが民主的な学習、たとえばいちばん点数の悪い子どもでも、いつでもものがいえるような学習であることと、子どもが五体を働かす学習であること、聞く学問ではいけない、ということを考えている。

民教研の組織は、いまは一点突破だが、やがてあらゆる部門を作ることを展望している。いまは、教師が何にもたよらず、自分でぶつかっていくこと、つまらない教材でやればつまらない授業になり、これではいけないということになって悩む、その悩むところから何かがでてくるというそこのところがまだうみだしきれていない。

実際、そこのところを子どもに援助してほしいという気持ち。なにを馬鹿なことを教えている、といって批判する子どもになってほしい、していかなければという思い。

いまの力関係では、民教研の影響力は全部の教師、職場にもっておいて、いちばん抜けてはいけないところをつくっておくということ、「みのがしてならない新しい局面」をたくみにとらえて、幼稚園から高校の教師、校長までふくめた、民教研の会員を、この冬を越すまでに、五〇〇〇人にするということ、そのためにも、職場に自由な教育研究の気風をつくりあげなければならない。また、自分が一点突破したら、それを横に広げ、学校に広げ、学校を変質させていくこと、さらに、自主的な子どもの動きを、深め、広げること、同時に、県民の「民主教育を守る会」の停滞を打破するため、われわれの実践を進めていくさいにでてくる問題を守る会にもちこみ、会の発展が、われわれの民主教育を守るという関係をつくりださなければならない。

深谷付記

不十分なメモをたよりに、石田さんはじめ現地のみなさんの話しが的確に表現できないのをもどかしく思いながら、ともかくたどたどしい記録にしてみた。まだ強く印象にのこっている話しの調子と、たいへんかけはなれたトーンになっているのを、誰よりも痛感しているのですが、広く公表するものでないこの「つうしん」ならお許しいただけると思い、また、記録はまずくとも、共同研究者の皆さんの討論の素材になるだけの内容がいくらかでも表現できていると思うので、印刷することにしました。石田さんはじめ現地のみなさんにおわびしながら、お礼を申しあげたいと思う。

＊『民研研究つうしん』二号（一九六六年一二月一〇日発行）より。

調査メモは、国民教育研究所所員の深谷鍋作による石田への聞き取りと「事務局員との話しあい」からなり、「話しあい」では石田発言のみを抜き出して収録した。六六年一〇月ころと推定される。なお今回これらの記事内容の収録にあたって石田本人による校訂をおこなったので原文とは異なっているところがある。国民教育研究所の内部資料なので、メモは文体も粗雑で省略や飛躍もあり、深谷の「付記」ではお詫びとお礼が記されている。この時期の石田の思考が大胆に出されている点で貴重な資料である。民研の研究協力者である教育学者たちは、この

記事を参照する機会があり、「地肌の教育」に注目することになる。

◆論文16（一九六八年）

教育反動化のあらたな段階と民主教育への展望

一　はじめに

今の情勢を、教育のうえで、具体的にどうつかむのか。情勢のつかみかたの深さ、あるいは情勢に現われてくる教育支配の意図のつかみかたの深さが、逆に、教育実践あるいは今後の活動のうえでの、われわれの反撃の質の高さをきめていくと思う。そういう点で、情勢をどうつかむかという問題は、くり返し、くり返し、いろんな形で皆んなで討議していく必要があるだろう。

一九七〇年を一つの契機としながら、安保体制の長期固定化という段階にみあう、教育の軍国主義化の新らしい危険な段階というふうに今日の情勢をみることができる。そしてそれは、すでに〝期待される人間像〟をふくんだ、「後期中等教育の拡充整備」という彼らの目標のなかに、あるいは、小・中の教育課程の改訂ならびに新指導要領の改訂というなかに、あるいはまた教育行政のうえでいえば、教育の近代化と言われるようなシステムのなかに、実際は具体化されてでてきているといえるわけです。

そのことをここで問題にするというよりも、むしろ今の子どものなかに、そういった新たな段階の危機といったものが、どう現われているのか、そして、子どもに直接ふりかかっておる教育内容、いわば教科書という形ででてきておる権力のなかに新しい危険な段階がどう現われてきておるのか、という問題をすこし申しあげてみたいと思います。

二　「その場その場に生きる子ども」

――民主教育の危機の深まり――

いまの子どもたちの状況ということですが、日教組の総学習・総抵抗運動の手引き『今こそ平和と真実を』は、こんにちの子どもたちの状況を、無気力で無関心なのだ、それが主要な側面なのだ、というとらえ方をしていますが、そこが僕たちの見解とすこしちがうところです。

いまの子どもの問題をそのようにみているかぎり、教育の実践の方向は、誤っていくのではなかろうか。

無気力で無関心な子たちに気力を持たせ、関心を持たせ、元気づけていくという、そういう意味で子どもを解放すれば、それで子どもたちが新しい段階での人間というものを、取りもどすことができるかというと、今日の子どもたちは、そのようにはならない。

いろんな「きまり」をはずしたとたんに、凶暴な行動がたくさんあらわれてくる。学校でうんと自由なかっこうをとれば、自由の形だけを強調すれば、一つけんかをするにしても衝動的にわけもわからなく、人を殴って歩く、石をぶっつける、あるいは人の鼻の中に棒をきゅうとさし込んで、血をはき出さすというふうに、そういう荒っぽさ、ひどさというものが現われてくる。それが子どもたちを、無気力、無関心だとつかみ、かれらを解放する手だてとして、「きまり」を取りはずすということのなかからでてくる、子どもたちの新しい変化です。そういう点では、かつて二、三年前に、「きまり」を取りはずせば、自分たちで自主的にクラブを作ったり、自主的な活動として対外試合をしたり、いろんな自分たちの創作活動を発展させていった、そういう意味での新しい地肌を出してくるというふうな状況ではいまの子どもはない。

どこが違うのか。それは子どもたちの置かれている状態、周囲の状態の違いと同時に、子どもたち自身のなかに新しい変化が起きてきておるということだ。無関心で無気力な子どもたちというよりも、子どもたちが新たな体制のなかに積極的に組み込まれていく。そういう状況の子どもたちになっておる、というふうにつかんでいく必要があるのではないか。これが申し上げたいことの第一です。

それを具体的な事例でお伝えしますと、僕が二年ほど前に教えた子どもで今中学の二年生の子がこの夏休みに僕のところにやってきた。

「学校、おもしろいか」といったら、「あまりおもしろない」というんで、「なんでや」ということで話しとるうちに、「何を一生けん命やっとる」というと、「クラブを一生けん命やっとる」という。「何をしとる」というと、「陸上をやっとる」といい、「夏休み中毎日やっとる」というので、「えらいなあ」いうと、「えらい」という。「そんなえらいものおけよ（さぼれよ）」というと、その子は、「自分で好きで入ったもんやで先生さぼれん」という。それで僕が「自分で好きで入ったんやで、自分の好きで休めれるじゃないか。自分で好きで入ったんだから、なんで自分の好きで休めんのや」といったら「そういうふうに考えん」という。

自分で好きに入ったということは、形の上で好きに入ったということにすぎないのであって、どのクラブを選ぶかということでは自由な形で選んだのだけれど、必ずしもほんとの意味で自発的に参加しているというわけではないのです。どこへ入るかという選択の自由があっただけで、入るか、入らないかという本質的な自由を、その子たちはもち合わせていなかった。僕はそのように見ることができると思う。自分が自由に入ったけれどさぼることができん。そういうふうに感ずるなかで、それに積極的に参加していかなければならないと考えるようになっている。といったふうに、新しい体制というものは、まさにそういう形で現われていると見たのです。自由に入ったんなら、自由にでられるというふうにならない。そこには新しい体制という、必ずしも学校が意図してではないけれど、クラブ活動というものの中に、そういった性質の問題がはらまれていて、子どもたちの新しい状態を生み出すための役割を果たさざるを得ないような事態においこまれているのではないか。いまの学校体制には、そのような問題もあるのではないかと思うわけです。

例でいえば、そんなようなこと。

先日も先生たちと話し合っておった時、ある五年生の子の母親が、〝うちの子は私の前では、ほんとうに良い子だけれど、よそへ出た時のうちの子は、チンピラじみて、何やらわけがわからん。親の前とよそへ行った時と、まるっきり違った子ができておる〟といって、学校に相談にみえたのだが、学校ではもちろん違う子になってる、ということから、いまの子どもたちは三者三様の生き方をしておるのでないかということになった。そういう風な子どもたちが出てきているということのなかに、非常に新しい子どもたちの状態をみることができると思う。

たんに無気力で無関心な子どもというのではなく、積極的に新しい体制の中に、自主的、自発的、創造的に組み込まれていく子どもといったけれど、必ずしも組み込まれてしまっておるわけではないでしょう。僕たちが小さかった時のように、すべてお国の為に、あるいは忠君愛国の為に、あらゆる生活を犠牲にするという状況が子どもたちにあるわけではない。その場その場で上にある者にあわせて生きていくというのが、今日の段階の正確な特徴だろう。もっとこれがひどく進んでくれば、お国の為に、忠君愛国のために、いっさいの生活を捧げていくという事態に発展はするだろうけれど、今日の事態は必ずしもそのようでない状況はいっぱいある。そういう点では、新しい体制に組み込まれていく要素をもつ、あるいは、そのような部分を示しながらも、今の状況を特徴的にいうとすれば、「その場その場で生きていく子ども」ということだろう。

親の前では親に合うように、先生の前では先生に合うように、街のなかでは街のなかに合うように生きていく。いってみれば、生きていく目的や、価値を、自分の側から決めていくのではなく、その体制に合うように、自分の生き方が決められていく、そのように生きている状況だろうと思う。そういう点で、今の子どもたちの状態は、必ずしもひどく体制に組み込まれて、にっちもさっちもいかんというのではなく、そういう芽を持ちながら無気力、無関心ということだけではみることのできない新しい状態がでてきておるという点を強調したい。そのように子どもを見ないと間違っていくんではなかろうか、と思うのです。

では、そういう子どもは、なぜできたか。これは社会体制の上でいえば、支配の必要からそういう子どもを生みだしてくるわけですが、教育がそういうものを助長してきておることは間違いないと思うわけです。自主性とか積極性だとかいう名前によって、自分の考えを曲げて、なくして、あるいは、自分の要求をおさえるという形でもって、今の体制の中に組み込まれていく洗脳された子どもができてきている。

それを具体的な例でいえば、ある中学の話なんですが、その学校の教育綱領のなかにある学校の目標が、〝人間性豊かな、自主性に満ちた、たくましい実践力のある生徒を育成する〟という、まさに民主主義的目標というものをかかげながら、そこでやられておることは、小集団活動の充実ということなのですが、「集団のなかでみがき合った力をもってより大きな集団に主体的に参加しようと、たとえば、〝私たちのグループではこうなりました。〟という発言でなく、〝みんなと意見をたたかわした結果、私の考えはこうなりました〟という発言がもとめられている。」という調子です。自主的、自発的に私の考えがこう変化しました、私の要求はこうおさえましたといって、より大きな集団である学校の利益のために、学校はもっと大きな利益のためにという形で、今日の体制を維持していく。国家の利益のためにという形で、そういう方向に向って自分の考えを積極的に変えていく子どもたちがつくられてきておる教育の結果と見てもさしつかえないだろう。そういうものが大きな力になっていることは間違いないだろうと思います。

生活のなかで自分の正しい価値判断が持たせられないわけで、大人の意向に合うようなそういう価値観をもつ状況であり、そのようなものが中心になっている場合に、「その場その場に生きていく子ども」になって現われてくると思うわけです。そのことが今の子どもたちを見ていく上で、やはり私たちが新しい段階における子どもたちの問題として、はっきりさせておかなければいけないことだと思う。

それは当然〝期待される人間像〟という彼らの目標の中に、明確に示されておるわけで、〝期待される人間像〟の第二部「日本人にとくに期待されるもの」の第一章「個人として」の第一に「自由であること」とある。その自由であることという内容に、「人間が人間として単なる物と異なるのは、人間が人格を有するからである。物は価格をもつが、人間は品位をもち……」と、人間には人格という格がある。その人格の中核をなすのは自由である。したがって第一に個人として必要なものは自由である。「それは自発性といってもよい」とそこでは言っておるわけですが、ここでいう自発性というのは、今日さけばれている「自主性の教育」といわれておるものの中心になる考えだろうと思う。そしてそれはわれわれが考えている自発性でない。

人間が自由になるということは、知るということをぬいて自由になるわけにいかない。昔から多くの先人、哲人がいっておる。〝知ることは自由なり〟〝知ることは力なり〟〝自由とは力なり〟と。いってみれば正しい認識、あるいは科学的な認識、科学的な判断、科学的な思考・態度をぬきにして、そこにはほんとうの意味での自発性は生れない。生れるものは目くらにされた自発性でしかあり得ない。正しいものを正しく認識した上での自発性でないとすれば、心がけを中心にした、やる気、根性になっていくのだから。そういう形で今日、自発性といって彼らが呼んでいるもの、あるいは自主的な教育の根底になる考えのなかには、〝期待される人間像〟のなかに明確に出ている危険なたくらみがあると思うわけです。またそういう人間でなければ、今日の体制に積極的になるわけにいかない。自分で考え、自分でものを知り、自分の言葉でものを語ることができる人間が、どうして彼らのいう支配的な体制に積極的に追従していくような人間になることができるだろうか。無批判的に何も考えることのない人間、そういう人間だけが、やる気があって根性があって、そして心がけの問題一つで、体制のなかに順応していくような、そういう状況がつくられてきているだろうと思います。

例をあげてみますと、岐阜のある高等学校のばあいなのですが、その学校の生徒の実態調査のなかに、勉強する気がおきんという子がたくさんいるので、学習意欲がおきない理由、なぜ学習意欲がおきないかという問題をだした。その解答の中に先生方の教え方が悪いとか、世の中が悪いとかいくつかそのわけを書いてそれを○《まる》つけさせたところ、生徒が七百名位いるなかで九○何%かが、どこへ○つけたかというと、学習意欲がおきないわけは、「本人の心がけが悪いから」、というところだったというのですが、学習意欲がおきないのは自分の心がけが悪いから、と九○%の者が平気で答えるという実態の中に、自発性とか自主性が上からおしつけられてきている事態の深刻さをみることができると思う。

以上のような新しい状態にある子どもたちをどうつかむのかという問題が第一です。

三　新教科書にあらわれた「期待される人間像」の具体化

それから、第二には、教育の内容のなかに、こんにちの情勢の特徴をどうつかんでいくかということです。

今年私たちの地域で子どもたちが使っている一年生の国語の教科書は〝さくらさくら、おかのうえ〟という文ではじまるものです。私たらは、もう「さくら」の時代に入ってきたと話しあっているのですが、その「さくら教科書」のはらんでいる問題を、量と質の問題でとりあげてみたいと思う。

僕がかつて、〝サイタサイタサクラガサイタ〟ではじまる「サクラ読本」で教えられたために、よけい敏感に〝さくら〟を意識する人間になっておるのかも知れないけれど、〝さくら〟というものは、たんに思いつきでだされたものでなく意図的にだされてきたものである。

教科書が基本的に姿勢を変えはじめた時代、これは前の安保改訂の時で、その時から基本的に姿勢を変えはじめ、昭和四一年度の国語の教科書のはじまりが「のり子さん、はい」、という文章になりました。〝のり子さん〟といえば〝はい〟といって返事をしなければならない、そういうようなものとして、子どもたちに学校を印象づけてくる。学校は先生を中心にして廻りはじめてくる。先生と生徒の関係が明確に、包括的支配権をもつようになって先生がでてくる。教育の関係をそういうふうなものにとらえさせようとして、国語教科書のはじめが「のり子さん、はい」にかわった。その時の一番はじめ、「のり子さん、はい」という文がでる前の頁は絵だけだが、そのでてきた絵が、桜の絵だった。字は出てこなかった。それが二年たった今年の改訂で、〝さくらさくら、おかのうえ〟という文章をともなってでてきたという次第です。

そのように〝さくら〟という字までださなくてはいけなくなってきたときには、もう〝さくら〟は国語のなかだけで強調されるわけではなくなっています。一つの例で言うと、算数の一頁に、さくらの花の咲く校庭（校庭といえばさくらの花の咲くものと教科書のうえではなっている）、先生を中心にして遊んでいる。その絵をよく見ればわかりますが、先生と遊んでいるのでなく、先生は監視しておる。いろんな物象によって、1から10までを数えられるような絵になっておるわけですが、その1は先生で、いうなれば、学校は〝のり子さん、はい〟の時代よりも、もっと先生を中心にして廻りはじめる。地球を中心にしてすべての天体が廻ってくると同じ程に、ひどい錯覚が起る。学校の主権者がいったい誰であるのかという問題を感じざるを得ないような教科書になってきている。2、3は水呑み場にいたり、ぶらんこにいたりする子どもで、7と8のかんじょうがチュウリップになっておる。ところが6というものがいくらさがしてもないわけで、よく見ると、さくらの花びらが六枚散っておる。何故、算数の教科書の中でまでさくらの花びらを使って6を教えざるを得ないのか。それ程までにこまかく芸がしこんである。いかにも僕のこじつけじゃないかと言われるけれど、こじつけかどうかは皆さんで判断してもらいたい。

音楽一年生の一番はじめに出るのは〝ちょうちょ〟で、さくらでないといわれるかも知れないが、いやそんなことない。〝ちょうちょちょうちょ、菜の葉にとまれ、菜の葉にあいたらさくらにとまれ〟と、ちゃんとさくらが出てくる。さくらの花があるので、〝ちょうちょ〟ははずさないのだ。

一年生のはじめの教科書は〝さくら〟に満ちあふれておる。理科だってそうだ。〝学校の庭〟には必ず桜の咲く庭がある。そういう点では桜に満ちあふれた教科書で、〝さくらさくら、おかのうえ〟というところだけが問題でなく、四月を通してみれば子どもたちの頭の中に〝さくら〟だけは残るようにできておる。チューリップやパンジーといろんなことは忘れても、桜だけは残るようにできておる。なぜ桜だけを残さなければいけないかという問題を考えたいのです。

桜だけを今日残さざるを得ない状態。それは、その桜が富士山になり、日本になり、一月の教材は集中的に日の丸になっていく。権力は何をそこで言いたいのか。桜の美しさを子どもたちに知ってほしいのか。そうではないだろう。日本の子どもだという自覚をなんとかしてもたせようとしておる。桜は日本を代表する花、新幹線は日本を代表する乗物、富士山は日本を代表する山、日の丸は日本を代表する旗、あなたは日本を代表するそういうものに従わねばなりません。日本を代表するものは美しいですね、立派ですね、とくりかえしくりかえし日本という国を子どもたちの頭にたたき込もうとしている。そこにねらいのあることは間違いない。権力の意図が今日の段階で、〝あなたは恵那山の下に住んでいる子どもですよ〟というより先に、日本の子どもだということをなんとしても意識させようとする。〝あなたの家の木は松の木ですよ〟というより先に桜の花のことを知ってもらわねばならない。

どうかして日本というもので子どもたちの心をうばってしまおうと四苦八苦している姿だろうと思う。それほどひどいことをしなければ、子どもたちは日本という国を意識するわけにいかんような荒廃した日本だという問題。それ程にくずれている日本の状況を、彼等はやっきになって美しいもの、すばらしいものと感じさせようとしている。そこに今の教科書の特徴があるように思うのです。

もう一つは、彼等のいう愛国（灘尾文部大臣で言えば国防意識、佐藤首相で言えば国民の核アレルギーを解消して、自由国家群の中へ入って国土を自ら防衛する意識）という方向を、子どもたちに植えつけるためにだしている桜だとか日本というものの出し方の中にみられる特徴に注目したい。

その特徴は、「日本ヨイ国清イ国」というだしかた、あの「アカイ　アカイ　アサヒ　アサヒ」ではじまる「アサヒ読本」ほど露骨には出してこない。今、「日本ヨイ国清イ国、神ノ国」なんて言ってみたところで誰もそんなこと思わない。どうだすかというと「日本はいい国です」と言葉で書くのでなく、桜、富士山というものの中で知らぬ間に、心のなかに日本が優先的に植えつけられていくというふうに出してきておるのです。それだけずるいわけだし、僕らがその点を見ぬかなければならない。

日本よい国清い国、天皇のおおさめになる国、人民の主権は小さくなった国、アメリカに屈従する国、などと書かれていないので、それで安心などということにはいかない。ほんとうに日本を自分たちの生活のなかからわが郷土の中に、家庭の中に日本をつかんでいく子どもでなくなっている。日本を代表する形を彼等が勝手に創り上げ、心情に訴えるように、子どもの心に深くやきつくように、だしてきておる。それが第一の特徴だと思う。

二つめの待徴は、「愛国」という方向（精神）で「自主的」な人間を――という命題です。「愛国」というものをまず心情に訴えながら、その方向での「自主的」な人間の形成にふさわしいだしかたが工夫されています。そこが僕らが習った「サクラ読本」と違うところで、僕らは、正確には覚えていないが、とにかく、サクラは美しいですよと一方的におし付けられたことは間違いない。おしつけられてもそのような物だと僕らは思っていた。今はそのように〝さくら〟を子どもの心におしつけるわけにいかないので、教育の上ではいろんな手をとってくる。こんどの〝さくら〟の教科書には、子どもが登場している。ランドセルをしょった一年生の男の子と女の子が、桜の丘の向うにある学校めざして登校して行くところの絵。この子どもが出てきているというところが、うんと特徴的である。積極的に子どもたちを〝さくら〟の絵の中に入れていかねば、〝さくら〟だけを出して、きれいね等といってものって来ないのが、今の子どもで、〝さくら〟をみて、〝かっこいいなあ〟なんて思う子は誰もいない。子どもが出ているところに子どもは一番関心を持つ。〝ここにおるのは誰でしょうね〟と問うように教師用指導書（赤本）にかかれている。二人の子は「まこと」君と「あき子」さんで、これも僕が随分ひねくって言うようで、皆んな笑うけれども、それでも、今、真実のまことの子どもと明るい子どもが桜の下を行く一年生だと、なぜ、「まこと」と「あき子」という名前をつけたのか、そのことはほんとうに考えたものだと思う。偶然かもしれない。しかし、それほど権力は甘くはない。必然的にやった仕事だ。一歩さがって偶然としても「まこと」さんと「あき子」さんはいかにもいい名前、「期待される人間像」にぴったりの名前だ、それが桜の下を行く一年生の名前なんだということになっている。

さらに指導書には「その子たちは何を話し合っているでしょう」と問うようになっている。これが一番くせものだ。なぜ、桜の下を行く子が何を話し合っているでしょうと発問させるのか。そして、さらに「あなたなら何を話しするの」と桜の枠の中へ子どもを引き出していくわけです。

上からおしつける方向だけでなく、子どもをどうやって〝さくら〟の中へ引き出すか。そこのところを徹底的に追求している。だから〝さくら〟なんかほっておいて〝おまえらきょうくるとき、なに話しあって来た〟といえば〝おらあ、けんかしてきた〟といったり、いろいろするだろう。それが〝さくら〟の教科書を見せられ、まことさんとあき子さんに注目させて、二人は〝何を話しているでしょうね、あなたなら何を話すでしょうね、さあ言ってごらんなさい。深谷鍋作さん〟と指名されると、〝さくらはきれいと話しておる〟とか、〝学校へ行ったらしっかり勉強せんといかんわね〟とか、そのように深谷君は言わざるを得んようにしくまれておる。さくらの中へ子どもをひき入れていく入れ方が、このように子どもたちをその中で発言させるやり方であって、これは「自主性」教育の新しいやり方だ。もっとひどいのは、音楽までついている。〝さくらさくら、おかのうえ、みんななかよし一年生〟がうたになっているのです。指導書にソノシートがついていて、それをつかって勉強できるようになっている。歌ってしゃべって、さくらをわからせる、それまで親切な本というのがどこにあるだろうか！僕の習った本と段違いというのはそこなんです。自主性、自発性、そして子どもの心情に深くと、そこまで手がこんでいる。それほどまでしなければ今日の子どもはついてこない。手とり足とりだまさなければいかん。飴でさそって、鉄槌でうつというようなことをやろうとしておる。一つ一つの部分でなく、全体として〝さくら〟が子どもたちの脳髄に焼付くよう積極的に子どもたちを参加させていく、そういうやり方がいちばん基調のところでは必ずとられている。日本と富士山のところでもそうで、富士山は六月の教材「つばめになってあそびましょう」という単元なのだが、ツバメが南の国から飛んでくると〝富士山がみえてきた、もうすぐ日本だ〟とこういう文章でおわる。そして音楽がついていて、ツバメごっこができるようになっている。それで皆んながツバメになって教室の中を飛んで歩くわけです。そのうちに気のきいた先生や子どもが〝富士山を作っておこうか〟と決まっていう。思いつくことは決まっている。そこでレコードかけて、教室中をツバメになって飛んで歩くので面白くてしようがない。するといまの子どもは「ツバメはかっこいい」とジェット戦闘機になるに違いない。そのジェット戦闘機がツバメになってとび、富士山をみて、ああ日本だよ、と子どもたちが声を揃えて言えばそれでおしまい、という授業をする。

そういう点で子どもたちが生き生きして、動いた授業でよかった、などと指導書などがかいている。この単元のねらったところは日本と富士山だ。

以上のように体まで動かさせて執拗に心情に訴える方法をとっているというのが二つ目の持徴だと思います。

僕は〝さくら〟の例で申し上げただけですが、細かく見ていくと今日の教科書に現われてきている教育の基本的特徴というのはそのようになる。その特徴を正しく僕たちはみぬかねばならないと思います。教育内容の点では心情に訴えるという方法をとるけれども、そういうものでない限りは、徹底して強制的に上から出してくる。それは儀式だとか行事だとか国家意識の育成を中心にした領域だ。

先日、広島であった高校の体育大会の様子をテレビでみたが、皇太子と美智子さんがおる前をヒットラー・ユーゲントとほとんど変らない姿で行進している。そういうような意味ではすべてそこへ捧げていくというやり方をしている。学校では、儀式といえば日の丸が出て日の丸に最敬礼をする。これしきのことを強制的にやらしてきている。儀式といえば国家第一で、学校の儀式ではない、これは国家の行事なんだと平気でいう校長がいる。〝卒業式は学校の行事ではない。国家の行事である〟といったり、日の丸を立てて、君が代を歌わさねば式にならんと言って頑張る人がいる。考えてみれば主権在民が逆になってるわけだ。学校に日の丸と君が代が有るか無いかということが今、その学校が良いか悪いかを決めていく質の中心になっているといえよう。要するに、儀式や行事などにはもっとも意図的、積極的に国家第一を持ち込むけれど、教育内容の点ではそこまで露骨に出していないという問題です。

もう一つ「愛国」という方向（精神）で「自主的」な人間の形成が全く生活から遊離したものになるというもうひとつの特徴をもっているということ。子どもたちに教えていく場合、〝さくら〟なら〝さくら〟というものに対する認識でも、現実の子どもたちが知っている生活の中の〝さくら〟をさけて、美しい桜、国の桜はどういう桜と、〝さくら〟という物を別個に子どもたちに与えていくというやり方だ。こういう点で教育が全く非科学的なものになる、というふうに言わざるを得ない。教育の方向が非民主的なものであるというだけでなく、教育の内容が全体科学的でなくなっている。科学的でなく民主的でなければ、当然人間的ではないわけで、そういう意味でいえば人間的な教育を進めていく教科書ではなくなってきているということが特徴だろうと思います。

四　教育反動化のあらたな段階に応じたあたらしい民主教育の実践

したがって、われわれの反撃は、やっぱり彼等が「愛国」という方向で、「自主性」を強調しながら、心情にうったえ、体を通す、という方法でかけてくる教育の攻勢に対して、私たちも真正面からそれにぶつかっていく教育の実践のしかたが必要で、子どもたちがそこで逆にはねかえしていけるようなそういう働らきが教育の基本にならなければいけない。僕たちも愛国という方向で教育しなければならないということだ。いまいちばん大事なところは、祖国とか祖国愛とか愛国というものを日本の子どもたちがどちらの側で持つのかということではないか。政治的な課題でいえば、安保賛成か反対か、安保継続か破棄かということが、国民の決定的な政治的な接点であるように、やはり子どもたちにとっても愛国か売国かということが中心にならざるを得ない。

愛国か売国か。愛国とりきんで言っておるのはむこうなんで、われわれはそれに対応して、真の愛国といわざるを得ない。ここを接点にして真に自主的な子にしなければいけない。彼等の言う愛国とわれわれのいう愛国と、それから彼等のいう自主性に対して真のわれわれの自主性を対置しながら、それをどこからきづいていくかと言えば、子どもの心の底から、感情からきづいていくということをわれわれもしなければいけない。向うがそこへ手をつけ、気持をゆさぶりながら子どもの心を奪っていくのであるから、僕たちも子どもの心のもっとも深い感情みたいなところから、子どもたちの現代を築く心を真の愛国の方向へ組織していかなければいけないのではないか。そこがこんにちの民主教育で言えば基本だろうと思う。

いま愛国ということを、理くつのうえでは、いくらでもいうし、うそつく子にはできている。先生の前では答えができるようになっている。あの先生の時にはこう答えれば愛国の子で、この先生の時にはああ答えれば愛国の子でと、二通りの「愛国」の答えができる子どもになってきている。ここがいちばん問題だと思う。けれど、感情だけではどうしても二つに割り切るわけにはいかないところがある。生活の実感とはまさにそうで、口で言う時には二様のことを言うけれど、自分の心のいちばん奥底にあるものは、こっちの時とあっちの時と割り切るわけにいかないものがある。それを引き出してくること、愛国の方向でそれをはきださせてくること、それが中心だと思う。真の愛国とはこれなんですと理くつでわからしていくということではなく、子どもの心、子どもの魂をゆさぶっていくという教育のいちばん基礎のところで、われわれが今立向う必要があると思う。その時に勝てるわけで、そこを忘れてあせってうわずみのところで立ち向おうとしたら、いま子どもが違っているので、失敗すると思う。

そこを教育の情勢の問題としてもはっきりしなければいけないし、教育の支配の問題としてもはっきりせねばならない。彼等の攻撃の意図をうんと具体的にみぬけばみぬくほど、それに対応するわれわれの反撃は彼等の意図を粉砕する、と私がはじめにいったのはこのことです。どうやって粉砕するかといえば、子どもといっしょに粉砕する。その場合いちばん基本で重要になることは、子どもたちが自分の心のほんねをはき出す、はき出させることではないか。

もう一つ、自主性ということについて申しあげます。本心をはき出させるなかで、その本心によって物事の価値判断をすることが自主性だ。〝先生何が正しいの、これどうやったらええの、どっちがええの〟と聞いたり、〝さくらはきれいと思わにゃいかんね〟と聞いたりするのでなく、自分できらいな子はきらいだっていい。値うちあるものか、ないものかは自分の本心で判断していく。それが自主性なのだ。人の価値判断にゆだねないで自分が自分の生活の実感で価値判断をすることが自主性の一番のもとなんで、子どもたちが自分の本心で教科書にある物事などについての判断を自分でやっていくということのなかに、自主性というものがある。その場合に自分の判断というものが、天上天下唯我独尊であとはみな間違っているといってはいけない。判断が正しいかどうかということは、自分の本心のあり方が正しいかどうか、自分の生活の実感が誤りあるかないかで、誤りあるかないかはどこを基準にして決めていくかというと、先生が言うからではなく、科学的真理に照らして正しいかどうかで決められていくわけです。あるいは集団的な活動、集団的な討議の中で、子どもたちの本心はひき出され、かえられていくわけです。同時に科学的な認識、知識というふうな、真理というもので検証し合うことによって、より正しい判断はなされていくけれども、少なくともさきのことをぬきにして、先生の顔色を見たり、上の人が言うからとか、おかあちゃんを見ていて、これが正しいねとか、これがいいねとかと嘘の判断、かりものの判断をしないということが大事、これが二番目の問題。

三つ目は愛国の方向でということ。これは具体的にいえばどういうことなのかと言うと、第一には自分の心から国を、祖国を愛することのできるような、そういう国を造ること自体が愛国心だと思う。今の国を愛することでなく、愛することのできない国については、何故愛することができないかを徹底的に分析する必要がある。今、私たちの国はどうなっているかを見る必要があると思う。どうしたら愛することができるかを考える必要があると思う。すくなくとも心から愛することができるような、そういう国をつくること自体が愛国心で、造ることをぬきにしておいて、どこかに抽象的な愛国心などあるものでないというのが基本なんですけど、それには三つの原則があると思う。

正しい愛国心、祖国愛は、第一に、侵された国土、侵された民族の主権を回復する、民族のねがいと努力のなかにこそみいだされるべきであります。

正しい祖国愛、愛国心の教育とは、主権の侵害されているわが国の現実の姿をありのままとらえ、考えるなかにこそあります。そして、わが国の人民のすぐれた歴史と伝統を継承し発展させるなかでのみ真に愛国心の教育があります。

第二に、愛国、祖国愛とは、わが国の社会を政治的に規定している、日本国憲法の民主的平和的精神の具現を求めるなかにこそ存在するものです。

私たちは、主権在民・平和主義・基本的人権の憲法の三つの基本的特徴が、現実の社会生活のなかで、どのように具現されており、またどのようにその具体化が妨げられているのかをありのままにみつめ、考え、そのなかでどのように生きていくことが正しいかを考え行動するなかに、真の愛国心の教育があることに確信をもって教壇にたつことであります。

第三に、愛国心と関連して、正しい郷土愛を育てる教育を重視することです。

郷土を愛することをできなくしているのはなにか。郷土を守るという問題は、地方自治を守るという問題だし、そういうものをぬきにして、わたしたちの愛国ということはありえないだろう。

農山村では過疎化と呼ばれる深刻な郷土の崩かいがすすんでいます。都市では「公害」が人の命をおびやかし、川は汚染され、山は削りとられ、「立派」な道路には歩道もなく、立体交差の金さえ惜しんだ開発が進んでいます。文部省が郷土愛を強調して、郷土の抽象的な美化をとなえたり、公共の奉仕の精神を強調しても、それを受けいれる条件がありません。だからこれを避けようと為政者はしています。

私たち民主教育をめざす教師は、これをさけるのでなく、破かいされ、くずれゆく郷土の現実を子どもとともにありのままにみつめ、そのよってきたるところをともに考えるなかで、郷土愛をはぐくむことが必要です。
以上の三点を、子どもたちの本心をひんむきながら、生活の体験を通した子どもたちの判断を重視し、それを科学的真理で検証し、真の自主性と科学的真理にもとづく民主教育を教室で具体化することが必要であろう。

五　職場を民主教育推進の真のとりでにするために

私たちは、教育の軍国主義化、差別教育の強化のあらたな段階をむかえるなかで、統制支配とたたかいながら、教育の自由、教師の自由を守り、民主的教育実践をすすめなければなりません。

教育の自由は、教師の自由との関係において成立してくるわけで、教師の自由の度合が逆に教育の自由を保障するものだろうし、教育の自由の発展の度合がまた逆に教師の自由を保障していくだろうと思う。そういう点で、民主教育を進めていくうえでの職場の問題は、私たちが考えなければならないことだ。職場がどうあろうと、世のなかがどうあろうと、自分さえしっかりしていれば、教育は間違わない。昔でいえば四間五間の教室のなかにいれば、それで教育はできるのだというふうにはなかなかならないわけです。そこで、間違いなく教育をするためには、その周りを耕さねばならないということだと思う。そういう意味で、こんにちの職場の状態を明らかにする必要がありますが、組合の運動方針なり、あるいは今までの各種各様の論議のなかで明らかにされてきていますので、ここでは職場の分析は除きたいと思います。ただ、いま職場に巧妙にもちこまれている分裂というものの持ち込まれかたの特徴をはっきりさせる必要があるのではないかと思うわけです。

今日もちこまれている巧妙な分裂は、かつての「教育正常化」攻撃のような、権力が正面きって、集団に向っておそいかかってくるというやり方でもち込まれてくるのではなく、あたかも一人一人の教師の心がけのようにみせかけ、あるいは一人一人にそう思わせながら、分裂が職場のなかに持ち込まれてきている。県・文部省の教育政策・教育方針が職場のなかに定着することを分裂と、われわれは考えるわけです。文部省がやらせていることでも、一人ひとりの教師は自分が「自発的」、「自主的」にやっているんだと思いこむように仕向けてきているところが、実に巧妙で、それだけ職場は重苦しくなっているという関係だろうと思う。

上からいっせいにやってきた攻撃に集団で対決し、集団が闘争をくんで負けたというような、あるいは一歩ひきさがって、〝一歩後退、二歩前進〟などと考えているうちはいいけれど、一人一人がなんとなく、その中には め込まれ、組み込まれ、ちょうど子どもたちの事態と同じようにやられてくるところに、職場では重苦しい空気をつくり出すことになるだろうと思うわけです。

こんにち、正直なところ職場のなかにまったく気に入らない先生がではじめている。みんな敵のように見えてしかたがない。あっちの人と話している時はこっちの人の悪口、こっちの人と話しておる時はあっちの人の悪口という状態が、うんとたくさんあると見てさしつかえないだろう。それは一体なぜなのか。はたしてその人だけが悪いのか。今の職場をみるとき、そういったいがみあいのようなものが、うんと感情的なものにまで進んで、それで職場が息苦しくて面白くないという面だけを見て、それで職場はきびしいんだというふうに見てしまえば、職場で何をやるかと言う時に、やっぱり誤るだろう。そういう職場だから、何をやってもだめに、適当にと諦め、右翼的な偏向に身を沈めるか、あるいはおれがやってやるとばかり、いってみれば左翼的な偏向の道をたどるか、といった事態になってしまう。

それは、職場は厳しいという、そこの点だけしか見ることのできないつかみ方のなかからでてくるのだと思う。厳しいということは事実ある。皆んなでやりたいことが自由に言いだせないということのなかには、たしかに厳しい面があるわけだが、同時にそれはあくまでも一面である。今の職場は大きく変る条件を逆に持っているので、その点をはっきりつかまないと間違う。職場の団結が大きく進む条件が、逆に職場に満ちあふれている。それは支配がつくりだしてきている矛盾だろう。そこさえはっきりすれば何も職場に敵がいるわけではない。自分の本心はこうだけれども、やっていることは心ならずもこうなっているということはたくさんある。

――中略――

学校をつくり変えていくための案。学校を作り変えるということは、民主的な教育実践を実際進めていく上でこれにふさわしい学校に、学校を作りかえるというふうに私たちはいっているが、そういう為の案をみんなで作り出していくことが必要なんだということです。

上からくることに反対、反対といってるだけでは実際的、具体的には進まんわけで、反対という言葉をぬいて、反対の中味を言うということが実際的、具体的な案というものだ。これを思い切ってださないと、反対ということにあまりにも馴れきったので、反対と言っているだけでは学校を変えることはできない。反対の中味を逆に建設の問題として持出すということだろうと思うわけです。そういう案は何だということをここで申しあげる力はない。ほんとに皆さんで、学校で、自由に作っていただくということが中心になるわけですけど、少なくとも、今は、そういう案を作ろうかと言いだすこともできないほど、職場のなかは教育のうえで荒廃して無団結の状況だろうと思う。そういうところでは、教育のうえでみんなが本音をはくことができるようなことを考えていかなければ、自由な案を作るところにはいかない。

僕のいまいる学校で、今年の実践、みんなで話し合ったなかから出てきたことでいえば、たぶん五月の末だったと思うが、学校を三日くらい昼から休みにしてとにかく腹の中にあることをいっぱい話し合ってみようということになった。校長も入って、話し合ってみたら、わしんとこはこうじゃ、子どもはこうなっとる……といっぱい話は出る。出るけれど、こうやったらいいという話は誰もでない。こうやったらいいという方針がでない。でないわけで、こう言ったらおかしいと思われないかとお互いに心のどっかの隅で思っているわけで、そういうものがある限りでない。話し合いは話し合いとしてしたけれどどうもものたりないし、みんなが和解してきたように思えない。それからまた、学校の方針がはっきりしてきて、わしのやってることに自信と勇気がでてきたというわけにもいかない。そこで、だんだん話しているうちに、先生が一人ひとり自分の教育を大事にすることが必要でないか、学校の方針ということで、実は、校長の示す方針の下請け機関にみんながなっていて、それをどうやって具体化するかという関係で、学校が運営されるのではなく、一人ひとりの教師がもつ教育観と教育方針にしたがって、学校はばらばらかもしれないが、けれどそれをまとめて統一したものが学校の教育方針になるということ、教育方針というものは、ほんらいそういうものだろう。教育を行なう主権は教師にあるわけで、その教師が一人ひとりの教育方針を明確にし、その中で一致した部分だけが学校の方針のはずなのだから、何とか自分で自分の教育方針をはっきりしなければしかたがないだろう。そこで、みんなで教育方針を書くことになった。書いてお互いに検討しようということになった。これもなかなかむつかしいといえばむつかしかった。

今、教育の問題について自分が本心をさらけ出すことは苦痛だ。教育委員会から書けと言ってくると反対という、それでも書けといえば嘘のことを書いてだして、それですんだと思えるけれど、職場のなかで、自分で書こうと言いだして書くのに、嘘を書くわけにいかない。自分のことを教育の問題ではきだすことは、お互いに苦痛だったがそれでも、誰かが指示し、誰かに命令されてやるのでなく、みんなで相談してやったことだ。どうやって書くか何を書くかは自由だ、手紙、詩、文学の形と、形式は何でもいいが、まあ、原稿用紙五枚くらいを標準にし、おおかた一ヶ月間かかってみんなだした。校長も一人の教育者として書いた。校長の方針が上にあってそれを具体化するためにみんなが書くのでなく、校長も一人の教師、僕らも一人、誰れもかれも一人の教師として書いた。内容についてはみんなに許可をもらってないのでここで披露できませんが、題のようなものだけ読ませてもらいます。題は編集のなかでつけたものもあるわけですが、少なくとも、言わんとする、本意みたいなものがでているだろう。

〝生活に根をおろしたたくましい子〟〝主張のできる子に〟〝民主的な学級集団に〟〝自力で生きぬく人間の教育を〟〝健康で明るくゆたかな感情の人間を〟

このなかに悪い方針があったかどうか。〝子どもを戦争に送るため〟になどという方向のものはひとつもない。校長さんの題をみると〝勉強できる子より勉強する子を〟と書いている。いいことではないか。校長さんも教育の上での実感を言えばいい。勉強の中味にはいろいろ問題があると思う。けれども、少なくともそういう態度のなかに、私たちが共通して、誰も彼も教育の上では敵対的な関係を持たざるを得ない、ということを発見することはむずかしい。これで誰かが敵だというのは不可能だ。みんな味方だ。これだけの方針を一人ひとりが持ちながら、なぜ教育の問題では和解しがたい、冷たい関係にならざるを得ないか。やっぱり自分の教育の方針をはっきりするなかで、その関係は解消していくことができるのではないか。だから僕らのなかでは、これを軸にして、これから研究し合って、いく月かかってもいいから、学校の方針をみんなでうちたてていこうとしている。

〝私の教育方針〟を書いてみて、またみんなのを見た時に、あの人があのように子どもを扱っているのは、こういう観点からなのだな、あの人は教育についてこういうことを不信に思っているのだなということが、お互いにわかってきた。〝きのうの敵は今日の友〟というふうにうまい具合にいかないかも知れないけれど、少なくともみんな理解し合える基礎ができたといえる。これは、僕の学校で言えば大きい成果になるだろうと思う。これの研究会をはじめかけているわけですけれども、そのなかで多くの先生の言われるのに、書いたなかで私自身がはっきりした、といわれる。〝今まで私自身何しようとしていたのかはっきりしないで困っておった、けれど書いて見たなかで私は何をしようとするかがはっきりしたんだ〟と。

こういうように多くの教師がいうということは、教師が教育者としての主体性をとりもどしたことだ。僕自身もそうなんです。まさに自分の教育ということについて、責任を持ちはじめたんです。そういういい面がでたというふうに客観的にいえばいえるだろう。どこの学校でもこういうふうにしなさいというのではない。けれど教育上の問題でお互いに本音をはきだしはじめれば、学校をどうしていくかという案を作り出す道が開けると思う。今の情勢に適応する大胆な案を作り出すための基礎を僕たちはお互いに開拓しはじめてきたといえるのではなかろうかと思う。このなかにもお互いにまだ方針ということですので理想というようなことが書いてあることも多く、たくさんの弱点はある。しかし、もし日本中の教師がこういうものを書いて、日本の教育方針を作ったら、文部省の教育方針とはまるきり違うものができるに違いない。あるいは僕がかってにそんな話をしたって、他の先生は、〝僕はそんなつもりでなかった〟と思っている人もあるかもしれないけれど、少なくとも、いま運動という観点からみてみると、そういうふうに評価することができるのではなかろうか。そういう点で、どこの職場でも、その職場に応じた、新しく学校をつくり変える政策、あるいはそれに基づいた方針を、大胆にかかげ、実践していく必要があるだろうと思う。私たちの民主教育の実践の度合が逆にまたそれを生み出さざるを得ない。あるいはそれを生み出すことによって、さらに民主教育の実践が保障されてくるという、そういう関係をもっている。

そういう部分で学校が動きはじめ、大きく変りはじめてくれれば、他の運動も大きく進むことは事実です。例えばベトナムカンパの〝一日分の賃金を出しましょう〟というのでも僕の職場だってみんな苦しかったけれど、それでも三万何円という金がカンパされてくる。〝母親大会の運動をやりましょう〟と女の先生が中心になって、多くの母親に働きかけ、運動の上で六万円から七万円の資金を作りだし、バス一台の人たちを福島へ送りだすという大きな活動になっている。母親大会の日には、女の先生が全部行くので、日直は男の先生がやってくれという要求がでてくる。そういう他の分野の動きが大きく変ってきている。それだけ大きく変ってくるなかに、教育内容、あるいは教育実践での新しいお互いの理解の芽が少しずつではじめてきているということを僕は申しあげたかったわけです。

そういう点で、さきは明るいし、明るく動かせる条件はいっぱいあることとして、職場を真に民主教育の〝とりで〟にするということを申しあげたかったわけです。

六 「民主教育を守る会」の問題によせて

それでは、学校がかわれば、民主教育を守り育てることができるのかといえば、地域が変らなければいけないし、政治もかわらなければならないし、同時に、なによりも教育をまもる戦線が大きくならなければ、それは実現しないわけです。

僕の学校でいえば、中津川市一のおんぼろ学校で、赤い学校だという攻撃が毎日かかってくる。そういうなかで自主的な学校になればなるほど攻撃の強くなることも事実であります。それをはね返す力というと、それは地域で統一された教育を守る力に依拠するよりないわけです。もっといえば政治的な力・革新市長というような政治的な新しい分野が中津川市にできていても、教育の上では依然として反動攻勢が強いわけです。教育委員会が黙ってるわけがない。教育委員会がたとえ変ったとしても、地域の教育情勢が変わってきたというものでもない。新しい面はあっても、新しい運動を発展させるということをぬきにして進めるわけにはいかないと思います。

高校を含めて教育を守って行くとすれば、民主教育を守るという統一された組織のほかに、教職員組合という教育戦線の中核になる組織を強化するという問題はあるわけですけれど、高校生と教師との交流の集会をうんと発展させていく。あるいはそういうなかでできたことは非常に新しい問題だし大きな力だろうと思いますが、今日は、「民主教育を守る会」のことをかいつまんで申しあげます。

まず一つ申し上げたいのは、〝親が本音をはくといったって、守る会に来た時にはうまいことをいう〟とか〝守る会に来る親でも、守る会に来た時は守る会用に、ちょっと違ったところでは学力はなもなどと、わけがわからん〟とかといった問題があり、そういうなかで高校の先生のなかに、親に不信感をもっているということがある。

少なくとも私たちが親を見る場合に、下積みの働く親たちのもっている教育要求の切実さというものをうんと感じとる必要があるのではないだろうか。たしかに、高等学校へなんとか入れてもらいたい、大学へ入れてもらいたい、ないしはいい会社へ就職できるようにしてもらいたいという、そういう部分もたくさんあるだろうと思う。しかし、それが、ほんとうの意味で、本心としてでるだろうか。それが正しくないからと言って、親の教育要求が間違っているというわけにはいかないけれど、教育についてのもっと切実な要求をもっているのは、下積みの層であることは間違いない。高等学校へ行くとか行かぬとかいうことを含めながら、ほんとうに学があるかないか、学をつけてもらいたいという要求が切実なものとしてある。学というのは「学歴」としてだけ解釈するわけにはいかない。中学生になっても九九ができんという子どもがだんだん増えてきているという差別教育の実態のなかで、ほんとうに子どもたちが生きていく力として、学を必要にしている父母が下積みの親のなかにたくさんある。

そういう要求を基礎にしなければ、守る会の運動は発展しないだろう。たんに上級学校へ入れるためのいろんな手だてのところを基礎にした要求ですすめられると、上べはうまくでてきても、実際には〝うちの子は卒業したでもういらんわな〟とか〝あんな会にでとるから学力が低うなるで、わしゃもう守る会いかんほうがええでな〟というようなことになる。非常に便宜的なものになる。そういう点で下積みの働く父母の要求と、そういう人の組織をうんと重視しなければならないということです。教訓のなかで補足したいことの第一はそのことです。

みなさんは、つぎの文章、たいへん文学的な文章は誰のものだと思われますか。

『「先生様——忠の野郎はきちんと勉強していますかね？　はあ、今日の世の中で学のねえものほど惨めなものは無えでがすよ。あっしもどうかして発動機の運転手になりてえもんだと思いやしてねえ、そうっと——都合一六ぺんほど試験を受けて見ましたがね、学がねえばっかしに何度やっても駄目の皮よ。はっはっは……んだから、あっしゃ決心したんだ、水を飲んでも忠の野郎は学校さ上げねばなんねえ、と、ね。よろしく頼みますで、先生様。ああ、えらく立派な人達許りだが、さぞかしこん人達ぁ、学があんでがしょうなあ——」

ゴーストップに歩行を遮られた親爺は、淀んだ人波の中で「ああ、学さえあれば……」と口惜し気に呟いた。しかし、それほどの期待をかけられている川上忠一は、低能児組に編入されていた。ネオンサインが無茶苦茶に明滅して、痩せたこの舟頭の表情は異様に変化するのであった。それを見ている杉本の顔もまた、変化した。しかし彼は、この親爺が泣きだしてしまわなければいいがな——と、はらはらして見守っていた。』

これは本庄陸男が今から三十何年前に書いた小説『白

い壁』の一節です。けれどこの事態のようなものが今の教育の中にもうんとある。そういう意味で僕は下積みの人のことを考えるんです。当時と同じ意味での差別というものが、今日また新たにでてきているという点で、本庄陸男の小説を引用させていただきました。

もう一つ守る会のことで申しあげたいことは、今後の展望にかかわることで、原則的にわたくしたちが追求していく問題としてはっきりさせたいと思うことです。それは、「民主教育を守る会」は親ないし、国民が教育主権をとり戻す運動なわけですが、こんにちの状況のなかで教育の主権を取り戻すということはどういうことなのか。なにをはっきりさせることによって、取り戻せるのか。取り戻すということは政治的な変革をも含むだろう。いまの佐藤政府のもとでとり戻すなんてことはできないだろう。制度の上で、教育委員会の公選制も含まれるだろう。けれど、そういうものを自分のなかで取り戻していく基礎はなにかといえば、親がどういう子に育てるかということについて、自分で決めることだろうと思う。そのことができるかどうかが、教育主権を親が現実に取り戻せるかどうかの基本になるだろう。自分の子をどういう子に育てるかということは、どこの高校へ入れるかということではない。どういう人間にするかは人間の質を決めるわけで、そのことを親がはっきりさせることはむつかしいけれど、やらねばならんことだ。そのことを僕たちは教育主権を取り戻す関係において、親にわかってもらわねばならんと思う。さきほど申しあげたように僕らの学校でいえば、自分の教育方針を明確にするというあの行為のように、いってみれば親も家のなかで自分の方針を持ってもらわねばならない。学校のなかで教師が自主的に決定していくことと、親が自主的に決定していくという問題は同じ質の問題になる。量の上で言えば違うし、それの及ぼす影響等も違うにしても、真に強固な守る会ということになれば、親が教育主権を取り戻すということだろう。主権を取り戻すいちばん大きなことは、どういう子にするかということで、子どもを叱るか叱らないかという方法の問題でも、しつけの問題でも、注意の問題でもない、一体どういう子にするんかということだ。自分で決めるということほど苦しいこともないけれど、それほど大事なこともないだろう。自主性というのはそれだろう。一人一人の親がそれぞれに決めたものが共通して、その地域の守る会のなかで、私たちの子どもはこういう子にならなけりゃならんという目標を守る会が持ったら、その会は自主的になる。今、まだ、そういう会はないと思う。どういう子にするかということを守る会が決めたというところはない。先生が入ったり、親に聞いたりするけどむつかしいな、ということでなってしまう。結局どういう子にするかということがはっきりせんままに、守る会が〝たゆたう舟の如く〟に動く部分をまだ持っている。どういう子にするかということが決められる守る会にすることが、まず第一に必要だろうということです。

それから三つ目の問題は、どういう子に育てるかということを親がはっきりきめ、それを相互に検討し合い、検証し合って、もっとより本質的にすぐれたものを生み出すということなんだけれど、ある地域の守る会の共通の目標としてそういうものが共通的にえがかれてくれば、家のなかで親が子に対する対し方だって違ってくる。真に親が家庭で子どもを教育することができるようになるだろう。家庭教育の基本は人格のふれ合いなんです。親の人格が子にうつっていく時に、ほんとうに親でなければできないところの教育ができるけれど、その親の人格のもとというものがはっきりしないといけない。そういう点では親の勉強、教育についての概念がくだかれる必要があるという問題です。親が教育についての価値観を変えるそういう作用を持っている。と同時に自分の生き方が変わるという問題。自分たちが人格が分裂した状態で生きているので、子どもに信用されない。そういう点では親が、自分の生活をもっと律する、あるいは自分の生活を統一していく生き方と、子どもを見ていく生き方と、その系列の上に学問というものの問題、教育の問題が位置づけられていく、そのようなことを実際にしていくことが、親が教育をはじめることだろうと思う。

それはどういう教育をしたら一番いいかという場合に、やっぱり親は自分の生活を子どもにわからせることがいちばん親の教育で重要なことだろうと思う。

＊『国民教育研究』四八号（一九六八年一二月）、国民教育研究所。一九六八年八月の東濃民教研夏季集会基調報告。署名は〈石田和男　民研共同研究者〉。

◆論文17（一九六九年）

愛国心教育の探求と新しい学習改善運動

一、教員をめぐる新たな攻撃の展開

はじめに、教育をめぐる情勢について若干申しあげてみたい。これは先程からの御挨拶のなかにもたくさんでてきておりますように、きのうきょうのテレビにあらわれてくるような、東京大学を中心とした大学問題を抜いて今日の教育を考えるわけにはいきません。これは私どものまわりで、今直ちにおきているというかたちででてきているのでなくて、もっと違ったかたちでいろんな問題がでてきております。そのようなことから申しあげたい。

昨年（一九六八年）から特徴的に私たちのまわりにあらわれてきている動きでいえば、十一月の県議会において、私どもがおこなった愛国意識調査が、「調査それ自体が偏向だ」というふうにとりあげられている。それがそれ以降いろんなかたちで尾を引いて、私たちのまわりにたくさんあらわれてきている。なお警視庁等を中心にして「あすなろ会」が生まれた。それが教育内容について、民主的な教育を「偏向だ」ということで問題を提起してくる。

――略――

愛国問題をめぐるなかであらわれてきておる新しい動きは、全国的にいろんなかたちであらわれてきておるが、昨年の初頭に佐藤総理大臣が、明治百年の国家意識を強調するということと時を同じくして、（まことに二、三日前ですけれど）灘尾文部大臣が「小学校においても国防意識の教育をすすめなきゃならん」ということを強調している。教育の軍国主義化の道が、非常に明確になってきておる。そういった昨年の動きのなかで、新しい動きが私どものまわりにあらわれてきている。昨年の教育をめぐる動きでいえば、「後期中等教育の拡充整備」と、それに含まれている「期待される人間像」、これの具体化として教育の内容と制度が非常に改悪され、具体的に推進されてきている。そして軍国主義化が一段と強まってきた、とみることができるだろう。

小学校の指導要領が昨年度改訂されて、国民性が強調されるなかで、神話が登場するとか、あるいは中学校の指導要領の改訂案が発表されている。愛国的な配慮が強調されながら、公民が設けられている。一方ではそれが現代化という名前で、非科学的知識だけが押しつけられてきておる。それが、勢い教育の上では、能力別学級の編成だとか、能力別指導が適正なんだというかたちで、公然と差別制度がもちこまれてくる。非常に憂慮すべき状態が、私どものまわりにたくさんあらわれてきておる。

高等学校においては、この近くでいえば、坂下高校の普通科を改変して、来年度は家庭科一本にしていくとか、商業高校の内容が変更されて、高校多様化にみあった科目が設置されてくる、というかたちで、後期中等教育の拡充整備が非常に急速に進んできておる。

――略――

小学校においては徳性の涵養と情操の陶冶が必要だ、というういい方で、今日の指導要領にあらわれてきているような新しい教育の内容の公然化の道を開こうとしている。

「各人の能力を十分に開発することが中学校では必要なんだ」というういい方のなかで、実は昨年末に発表されてきておる中学校の新しい指導要領、いわば能力別差別教育制度を合法化しようとしている。さらに高等学校についていえば、各県に普通科の五年制ないし六年制の高等学校を置いて、将来、大学院大学へ進学できるようなエリートをつくりださねばならん。そういったかたちで、戦後の六・三・三制を根底から崩すような制度上の改悪を伴っている。

同じように教師については、かつて、〝巡査と先生〟といわれたごとく、最も政府のよきしもべ、伝声管となっていったように、支配の下僕にすることを、新しい大学制度の改革のなかで進めようとしている。教師を一般的な専門職というかたちで切り離しながら、労働基準法の適用を全面的に排除する、奨学金を支給し全寮制度というようなことで、かつての師範学校教育と全く同じようなものを新しくつくりだそうとしている。

大学問題を通じ、それを突破口として今日改革しようとしている問題は、全部の教育制度の反動的な改革を推進しようとしていることにほかならない。

一方で大学問題を利用しながら、一九七〇年にむけての治安対策の第一歩というふうに構えている。同時にそれはたんに治安対策を強化するその突破口とするだけでなしに、教育の全面的な反動化への第一歩にしようとしている。そういう点で非常に執ように大学問題にくらいついているという状態である。

そのような背景があって、それが我々のなかでいえば、新しい動きとしてでてきているだろう。そういう意味でいえば、本年度の主要な課題のひとつに教育問題はならざるをえない。一九七〇年という時期へ向けて、全国的な意味で非常に重大な課題は安保と沖縄の問題、あるいは物価と生活を守る問題、さらに当面の焦点になっている大学問題を中心とした教育問題、といわれている。本年度の教育の課題が非常に大きな国民的課題にならざるをえない状況だろうと思う。

安保・沖縄問題における下田武三大使の発言にみられるようなひどさ、あるいは新しい国家予算にみられるような物価に対するひどさ、経済政策におけるあのひどさなどは、当然教育の上においても同じ質の問題としてあらわれざるをえない。沖縄に対する下田発言が、国民の憤激をかうような性質をもっておるように、私どもの教育に対するいわれなき攻撃も同じ性質の問題としてあらわれてきておるわけです。

本年度の教育にたいする支配が一層ひどくなるということを考えてみる必要があると思う。その場合、最初申しあげましたように、それが「偏向」という名前で、いっさいのものを封殺するやり方をとるということは、かつてヒットラーがおこなった思想弾圧と全く同じです。偏向だとかアカだとかいうようなかたちでしか、攻撃することができないことは、戦前でいえば、いっさいの都合の悪いものが「国賊」呼ばわりされたことと同じである。いっさいの自由と民主主義を封殺する動きは、今日では、支配の側の決定的な弱点を自ら暴露せざるをえない、というかたちであらわれてきている。そういう点では、攻撃が強まるけれども、同時に、人々を納得させることができない弱点で、非常に狂暴化せざるをえない。それらの新しい動きは、当然子どものなかに、さまざまなかたちで、あらわれざるをえない。子どものなかにあらわれている現状については、分科会の検討のなかで、十分明らかにしていただきたい。積極的に体制を維持し、それを推進するというかたちではなくて、その場その場に生きるというかたちで、今日の体制に順応していく子どもの状態が、この新しい情勢のなかで数多くみうけられるだろうと思う。

正月の休みが終って、学校に行くと、書くことと言うこととやることとが全く違う子ができている。年賀状をくれたときは、全く良いことが書いてある。「今年はしっかりやります」とかなんとかとえらいはりきったことを書いているが、学校にきて先生を見たとたんに言うことがまるきり違う。教室にいってみると、やっていることがまったく違ってくる。あるいは正月の状況でいえば、誰しもが気がつく問題として、非常に子どもたちのこづかいが多くなってきている。この間私どもの学校へ、農協の若い集金人がきておったが、「先生、子どもの今月の貯金はものすごいな。いっくら少のう見積っても千円以上はある。多い子は七千円もある。わしらのボーナスよりたんと（多い）くらいだ」という話をしていました。非常にたくさんのこづかいをもらいながら、それらの金を使わんという子がたくさんいる。なにも使うことを奨励するわけではないが、使うといえば五千円もするタンクのおもちゃを買うとか、プラモデルを一年生の子が「五つも買ったで正月はよかった」とかいうふうに、実際は非常に消費的な使い方しかできていない。

「こま作ってこい」「タコ作って遊べ」という宿題にたいしては、「材料がなかったで、できなんだもの」と平気でいっている。竹ひとつ、ひごひとつ探すということができん。できあがったプラモデルなら買いたいという。ひごを見つけてくるとか、木の切り端しをなんとか探しだしてくるとか、それをもとに、自分で作りだして正月の遊びを作っていこう、というような子になっていない。今申しあげたようなことは、一連の情勢のなかで、私たちが明らかにしなければならない問題ではないかと思う。

そういうなかで、私たちがいったいどういう教育を考えていったらいいのか。当然私たちの場合、今まで長い歴史のなかで追求されてきております「地肌の教育」、いわば生活に根ざして生活を変えていくことができるような教育を依然として今日の状況のなかでも追求しなきゃならん。もっとも根底でそれを追求していかなきゃならんという問題が、今年度の大きな課題だろうと思う。一方ではそれは当然、愛国と自主というかたちで焦点をもつだろう（愛国心をどう子どもたちに教えるか、どう自主的に愛国的な態度、立場を貫くことができるか、という問題）。

もうひとつの問題は、人格が健やかに発達していくと同時に、豊かな学力だとか体力だとか技能だとか情操だとかというようなものが充実していく、身についてくる教育をする。学力はつくけれど人格はつかん、という、人格の発達とは縁もゆかりもないというような教育でなく、確かな人格と豊かな学力が結びついた内容でこそ、愛国と自主の教育が全うされると思う。そういう問題を今年追求しなければならないのではないか。

私どもの今までの方針のなかでいえば、表現・教科・集団・労働という部門を重視しながら、これらの教育を進めていくことを今までも続けていますし、今後もさらに進めなければいけないと思うわけです。

現実を直視して、感性を豊かにするような表現活動、実生活と結合した真に科学的な教科活動、自覚された要求にもとづく民主的な集団活動、実際労働の体験を基礎とした生産的な労働活動ということで、私どものいう健やかな人格の育成と豊かな学力・技能・体力・情操を重視する仕事を、各種の部門で進めていかなければならないのではないかと思う。

その場合に、基本的にどういう方法でそれらを達成していくのか。ひとつは子どもの人間の把握の問題。「調査」と我々が今までいってきたことです。子どもがどうなっているのか、子どもの意識がどうなっているのか。いわば今日子どもをかえるという場合に、行動＝そとみからかえていくのでなしに、人間をかえることによって行動をかえるということが、非常に重要ではないか。かたちを規制していく、かたちをかえさせることによってなか味をかえていくということではなしに、なか味自体がかわることによって、自らの行動をかえる。非常に非行もたくさんでてきておる。あるいは、新しいかたちでの生活指導上の問題といわれるものもたくさんある。そとみのところでいろいろ規制したりするのが、実は人間をかえるという問題をぬきにしていることであり、それでは行動上の問題をかえることができぬ。そういった立場を私たちは教育の上でとっていかなければならない。そういう意味でも、子どもの人間を把握する、正しくつかむという問題が、第一に必要だろう。

同時に、教材のもっている、あるいは教科書がもってきている今日の反動性、非教育性、非人間性、あるいは非科学性というものを、徹底的に明らかにすると同時に、我々でいう民主的な内容と方法を創造することをおこなわなければならない。

さらにそれを総合して、どこからそれを始めていくかという場合、私たちが今まで明らかにしてきた問題は、生活の実感といっているものです。実生活と結合している、その一番基本になるものを客観化する、あるいは表現化する。そしてそれを発展させるというかたちで人間を追求していくということと、他の分野とが相互に関連しあうということである。そういう基本的方向を、私たちは今後も追求していく必要があるんではないだろうか。

そこで、「地肌の教育」を進めていくうえで我々が今日考えてみなければならん問題を若干申しあげたい。

二、「愛国意識調査」の結果をどう見るか
――主権在民意識を欠いた愛国の意識

愛国心と自主性ということにからむ問題。私どもは昨年度子どもたちの愛国心の実態はどうなのかということで、愛国意識調査を組織的にも展開してきました。そういうなかで、民主的な教育と科学的研究の立場を、具体化してきた。

科学的な研究と民主教育の結合を、今日私たちは調査で表わすわけです。その第二次集計が、一月五日現在でいえば、この地域の三四の学校、一万三三二九名の子どもの参加でまとめることができました。皆さんのところに発表しておる第一次集計と大きな変動はない。傾向としては、非常によく似ている。

それにたいして、「その調査はおかしいんだ」という問題がたくさんだされている。民教研のニュース、機関紙一三号において、これに私たちの立場で反論をだしておるわけです。私たちのおこなっている調査の性格、あるいは内容というのを今少しはっきりさせておく必要があると思います。

ひとつは手続きのうえで非常に民主的でない、という問題がだされているわけです。手続きとしては全く合法的なものであるし、民主的なものである。私たちが自主的にこしらえている民主教育研究会、その会の一番中心の機関である委員会において提案をして、そこで討議の結果採択された。非常に手続きにおいては民主的な、誰かひとりが思いついて命令したという調査ではない。同時に、それを個々の教師が実施するにあたっては、誰かに命令されて実施したという性質のものでない。全く自主的に私たちひとりひとりの教師が、教育研究の自由の立場にたって実施した。こういうことからいえば、あの調査の手続きにおいて、なんら誤っておるということはないと思う。

さらに調査の目的についてとやかくいわれるわけですが、実態を把握し、愛国心教育を進めていく立場から、子どもたちの愛国意識の実態を明らかにすることは、全く科学的な教育を進めていくということにほかならない。教育的な目的で進めている。一定の見解だとか、あるいは一定の価値観を、私たちはあの調査でおしつけようなどということは、毛頭思ってもいない。調査の内容・方法をみれば、非常にそれは明瞭だ。私たちが教育という

目的のために、その実態をひたすらさぐりだそうとしているか、ということだけだと思う。

その内容については、事項がむずかしいとかむずかしくないとか、これは不適当だとかという批判がたくさんあったかと思う。今日誰もが知っておることばで、誰もが国を考える場合につきあたらざるをえないといった事項、誰もが知っておること、小学校の一年生だって少なくとも知らないものはないということばを選んで国家を考える場合の一番中心になるような事項を非常に直截にだしている。何かひねって、むずかしい他のことばでださずに、日常的用語でそのままだしておる。

さらに、「それが好きか嫌いか」というかたちで問題にしてきた。好きか嫌いかというきき方こそ、今日全く実際的なものである。なんとなれば、正しいか正しくないかというようなきき方では、正しい、正しくないと判断できるような内容を教育のうえで与えていない場合もたくさんある。同時に、正しい、正しくないというような思考を要する、あるいは理性的な判断ということになれば、今日の子どもたちの状況のなかでは、その場その場に生きて、先生の顔色をみて、正しいか正しくないか判断する可能性も非常に多い。

そういうなかから、正しいか正しくないかということも含めて、実感がうんと具体的にあらわれてくるような内容として、好きか嫌いかという問い方をする。好きでも嫌いでもない、どちらでもない、わからんものはわからん。これほど正直な調査というものはない。「好きか嫌いかどちらか二つへ必ずつけなさい」という人事異動のときのようなやぼとは違う。わからにゃわからん、無解答は無解答でよろしい。こんなまじめな調査というようなものはない。判断に無理がなく、実感がよくあらわれるように、さらにその実感が、一方的になんらかの枠のなかで無理に操作されるということがないように、私たちはその調査の内容ではずいぶん考慮したものなのです。

そういう点ではむずかしい、ということはない。現に調査の結果をみればわかる。小学校一年生の子がわからんといっている憲法は、中学校三年生の子だってわからん。憲法の問題でいえば、中学三年生の子には適切だが、小学校の子にはむずかしい、というふうになっていない。調査の結果をごらんなさい。中学三年だって、わからん子がいっぱいでてくる。

だから、今日そういうような問題について、子どもにははじめから難解なんだと考えるのは、子どもを全く正しくつかまん立場なんだ。いかにも教育的といういい方のなかで、実際は生きた子どもたちを正しくつかまんものが、「あれは難解だ」という。子どもたちは現にそれよりもっと複雑な事象のなかで生きている。生きている現実からえているものについては、子どもたちは非常に（解釈上でいえば難解なことだが、感覚的にいえば）単純に反応する、といった性質をもっている。

さらにその使い方が悪い、という問題もだされているわけです。私たちは調査の結果は全く公開すべきものと思っている。自主・民主・公開とよくいわれるが、その立場でいえば公開するということが、全く正しい。調査しておいて内緒にかくしておくというようなものではない。子どもの実態は国民とともに明らかにしなければならない。ただその場合一定の私たちの見解——こういう子どもの実態だからこういう見解でみるべきだということ——をつけて、親ないしは国民の方々に示そうとしている。調査した結果としてこうだった、という事実だけ私たちは公開している。それをどうみるべきかということは、共同で討議すべき性質ものである。私たちの見解が正しいんだということを今日おしつけようとは考えていない。そういう点では、愛国意識調査に寄せられている多くの反論・批判というものは、全く当をえていない。したがって、いわれなき中傷といわざるをえない。

調査の結果をどう分析していくかが私たちにとって一番重要な問題だと思う。その場合、私たちはそのことについて自主的に研究する必要がある。民教研の独自的活動ということは、調査の結果をどう分析していくかということである。それをおこなわなかったら民教研にはならん。それはまだ非常に弱い。弱いということは、むずかしいということだ。調査をどう見るかということは、自分の立場が明確でないとみれない。調査につられてみていく、というわけにはいかん。自分の立場をもちながらみていかないと、調査の結果もみれないという点で、調査の分析活動は全体として進みにくくなっている。しかし私たちは愛国と自主の教育をどう進めるかという方針・立場から具体化する必要があると思う。これは班の活動を基礎に進めていく必要があると思うが、全般的な調査の特徴、ないしは調査のなかからでている問題については、いくつかの点を指摘できるだろうと思う。

ひとつ大きな問題は、その場その場に生きている子どもの問題である。子どもをみる場合、「その場その場に生きている子どもや」というと「そやそや、なるほど」といってみているが、あの調査をみるとそのようにはみれん。それは、調査のみかたのなかに、非常に主観的・希望的見方が多すぎやしないかという問題である。やはりあの調査の結果をみれば、その場その場に生きている子どもの状況はでている。ただ、その場その場に生きているなかに、どういう発展の芽があるのか、どういう課題があるのかを考えなければならない。今朝皆さんに届けられた民研レポートのなかの一一ページから一二ページにわたって、深谷さんからそれらの問題について多くの意見がだされているわけです。私たちも全く同感しますが、それを補足する意味で、全般的に調査の結果ででている問題を申しあげたいと思います。

ひとつは、子どもたちの愛国心が、圧倒的に日本の国が好きなんだ、というかたちで存在している事実です。その場合、日本の国を表わす、あるいは代表する愛国心のいくつかの項目になってくると、日本の国と日の丸の旗が同比率で好きだとでている。けれど他のものは、同比率を示していない。好きだという内容についていえば、自分の国、あるいは生まれた国だから、その国の旗なんだからということが大半をしめておって、非常に素朴なかたちである。その他の項目についていえば、非常に浮動する状況、ないしはしりつぼみになっていて、嫌いだという状況がでてきている。

ただ、誰も気がつくことは、憲法、いってみれば日本の国の理念ということが、非常にわからなくなってきている。それが圧倒的に多い。国全体の理念が非常に不明確になっているが、日本の国は好きだ。今日支配の側の政策として、なんとか好きななかみになってもらいたいものについては、嫌いだといっているものがたくさんある。けれど国全体の理念という問題でいえば、わからないといっていることが一番問題だ。嫌いだとか好きだとかいうのならまだいい。わからんというところに、実は教育の問題が一番大きく横たわっていると思う。

そういう点で、今一般的にいえば、愛国意識というものが、一貫した方向と内容をもっておるものではないけれど、根底にそれが大きく存在している。けれどその愛国の内容は、非常に流動的・不安定な状況を示している。意識的な国家観、愛国心は、きわめて薄弱、無方向の状況である。いってみれば、日本の国・憲法・国のためというものは全く結びついておらん。日本の国は非常に好きだという。憲法は少しもわからない。国のためというのは大嫌いと、一貫した内容を示していないところに非常に大きな特徴がある。憲法が半分以上わからんのに、他の項目については、好きだとか嫌いだとかといくらでも反応していく。憲法をめぐって、大きな教育上の問題が残されているのではなかろうかと思う。

同時にそれらを学年別に、ひとつの発展の段階とみれば、高学年になるにしたがって、日本の国とか日の丸とかのかたちで好きだという愛国心が薄れていっている。率としては大きな率を示さんにしても、だいたいそれらは好きな傾向が少なくなってくる。いってみれば、国の現実を知るなかで、たんに国が好きだ、自分の生まれた国なんだから好きだと考えていた者が、高学年になるにしたがって少なくなっている。そこに〝知る〟という問題が、どうしても含まれてきている。

これは教育的に知ったのかどうか。「よく事故があるで嫌いや」とか、「もめごとが多い」というのがある。あの東大の問題にあらわれる状況をたくさん示せば示すほど、好きだとか嫌いだとかという傾向は、また違ってくる。けれど自衛隊だとか国のためというふうな問題になれば、子どもたちは極端にその差がひどくなる。大きくなるにしたがって全く嫌いになる、という状態はたくさんある。しかし依然として、憲法についてはわからん、あるいはどちらでもええというのが、大多数をしめている状態は、いわば生活の知恵、生きている経験として知った日本の現実のなかで、愛国心は、無方向のままにとまどいを感じざるをえない、という問題だろうと思う。たんに生活経験のなかだけで愛国心がかたちづくられるとするならば、それは非常に無方向なものになってくるし、矛盾した愛国心のなかみになる、ということがはっきりしている。

現在子どもたちの、日の丸や日本が好きだということに代表される愛国意識は、社会一般のなかで、いってみれば生活経験のなかではぐくまれてきた傾向が非常に強い。愛国心意識調査の結果では、教育の結果としてでてきているのではなく、一般的な生活経験としてでてきている愛国意識が非常に強い。子どもたちをはぐくんでいる社会一般の現象が、敬君愛国だとか戦争と愛国的態度ということになってくると、ものすごい勢いで否定するかたちで出てくる。だから、素朴な祖国愛と意識的な国家観、自覚的・愛国的態度といわれる方向とは、一貫して存在していないということがはっきりしている。その場その場の愛国心・意識ということだ。だから、組織的・計画的な教育で育てられてきた傾向が少ない。教育自体が愛国の問題に関する限り、その場その場になっている、といわざるをえない。あの調査の結果、そういうふうにみざるをえない。

だから意識的な生活を通して、主権在民、平和主義、基本的人権の尊重の三項目のうち、平和主義と基本的人権の尊重の部分――権利意識といってもいい――は、意識の傾向としてあらわれてくるけれど、主権在民という意識は、あの調査のなかでは欠乏している。その主権在民の意識が明確にならん限り、実際は日本の国民のひとりとして国をどう愛すべきかということが、はっきりしない。他から与えられたかっこうのものになる。日本の国民の一人として、日本の国を自分はどう愛すべきかという問題は、憲法でいえば、主権在民という立場、その立場をはっきりさせるということではないか。安保だとか沖縄だとか、いってみれば独立の問題をめぐって、そういうことが愛国の内容であるのかどうかが非常に大きく問題になっている。主権在民の意識がなければ、その問題ははっきりしないだろう。だから、主権在民ということを教育の上でどうするかということは、具体的に申しあげることができんわけですけれども、そういう立場・意識で民族だとか生活の問題をとらまえることが必要だ。それは愛国と自主性が統一する立場だ。愛国と自主性をうんと基礎で統一することが主権在民の立場では必要だ。

どういうふうにその問題が私たちのなかで明らかにされはじめてきているかといえば、「生活の実感で判断するんや」といっておることです。そのことのなかに愛国と自主性を統一する芽がある。「生活の実感で判断するんや」というなかに、今の憲法の教育、あるいは憲法の立場というものが含まれている、といえるだろう。そういう点で、愛国心と自主性の問題を、私たちの具体的な日常の仕事としている。生活の実感と、それで判断するという自主性の立場を明らかにするなかで、愛国の問題はもっと新しい発展の方向をみることができるのではなかろうか、と思う。

三、学習改善運動をすすめる

もうひとつ、学習改善ということをここで提起している。愛国と自主ということと同時に、健やかな人格と豊かな学力をどう具体的に追求していくかという場合、学習指導要領でできている今日の教育政策は、内容としても制度としても人格と知識の分裂をはかっていることは事実だ。もののみごとにその分裂がでてきているのが、いま安田講堂で一部ふるまっている人たちである。そういう点で、教育支配は、学習内容を実際は変質させてきているわけです。指導要領とか教科書を通して学習内容を変質させながら、人間をかえ生活をかえていく。今日、学校について子どもたちがおもしろくないとか、勉強がわからないとかいっているのは、そういう政策のなかから当然うまれてくる問題だと思うわけです。

幼稚園に入る前の子が一番学習能力が能動的である。幼稚園へ入る前の子は自分の生活のなかで必要なことは、「これなに、あれなに」といくらでも学習する意欲をもっている。幼稚園へ入り小学校へ入るにしたがって、学習主体は受動的にならざるをえない。能動的でなくなる。与えられものを受け取っていくというかっこうでしか学習が進まなくなる。受動的になればなるほど、学習がおもしろくなくなるということは当然だから、わからんとかおもしろくない、という問題がおこるわけです。よくわかって楽しくするということを、実際にどう進めていくか。学習がわからんとかおもしろくないということが基本となって、いくつかの問題がでてくる。学習が人間を開発していく手段にならず、支配の道具になる限り、わからんという。わからんというなかには、そういう性質のものがある。あるいは学習の場が支配の場になってくれば、さまざまな抵抗が子どもたちのなかにうまれる。「騒ぐ」「ちっとも本気に勉強せん」という子どものさまざまな抵抗は、学習の場自体が正しい状況を示していない問題とも考えられる。学習が失われたところに、今日の学校というのはありえない。学校というかたちは残っているが、真の意味での学習が失われればもう学校ではなくなる。

そのことについて各地で調査された結果が出ている。多治見の池田小学校において、勉強がおもしろくないのはどうしてかと聞くと、「わからんでおもしろくない」という子が一番多いという回答をだしている。やっぱりわからん、おもしろくないということは事実だ。そういう点で、わかるようにしていくということです。わかるようにしていくということは何が基本になるか——真に学習が学習になっていくかどうかという問題です。学習の基本を貫くものは何かということをはっきりさせることが、今日学習改善といっている私たちの基本だ。

その場合、中心になることは、「子どもたちが知りたいという要求をたくさんもっている」と私たちはみなきゃならない。ほんとうのことを知りたい。もっと高い現実を理解しなきゃならない。あるいはしたいという要求はうんとたくさんある。自分でもやりたい、知りたい、わかりたいという要求をもっていながら、あれだけ勉強が嫌いになるという状況がある。一貫した学習の質の問題がここでは追求されねばならない。その場合、学習改善の内容ということは、私たちが今まで進めてきておる民教研の方針を具体化する、ということにほかならないが、それを学習改善という呼び名でまとめている。学習を真実を追求するということで一貫させる、という問題だろうと思う。徹底して真実を追求するという基本を貫くこと以外に、学習を改善する内容はでてこない。技術的におもしろくするという問題だけではかたづかん。真実を学びとれるかどうなのか、真実を貫いているのかどうなのかということは、実は学習であるのかないのかということの基本だ。そういう点で、真実追求で一貫させるということを私たちは、学習改善というふうに、もっと拡げていっているわけです。

学習をたくさん積んで、その知恵で真実がわかるようになるんだという見解があるとすれば、それは全く誤っている。学習自体が真実を追求するその行程なんだ。1+1=2ということを子どもたちが知らなきゃ真実がわからん、という性質のものじゃない。1+1=2だという真実をどうやって知っていくかという問題。そのところが、学習に真実をもたせるか、学習をたんなる便利ながらくたの道具にするか、ということの違いがある。1+1=2ということや、字を八百字知らにゃ真実がやがてわからんのや、というように字を知り、生産技能を身につけること自体が真実をつかんでいく仕事なんだとつかまれるかどうか。そういうふうに教材を具体化できるかどうかという問題が、一番基本になるだろう。学習自体が真実を追求する道である。同時にその方策なんだということとして、学習が一貫して真実追求の立場で貫かれたならば、非常におもしろくならざるをえない。

真実を追求することがいやな子どもは誰もいない。そこから離れて真実とは縁もゆかりもない如くに記憶させられる。「やがてまにあうものなんだ」「つけておかんと高等学校へ行けんものや」「お前がつけておかんと将来損をするものや」。今損するということがわからずに、何十年先に損するものなんやというかっこうだけで物事をおしこんだって、やっぱりおしこめない。そのこと自身が、今の生活を子どもたちにかえさせ、生活の意欲をかえていくものなんだ、というようにつかまえたら、学習の質はかわってくる。そういう点で、学習改善という問題が必要になってくる。学習改善を進めていく場合、生活の実感の追求を基礎に置くという問題がひとつある。

それから教科が真実の追求を中心にすえなければならない。生活の実感をどういうふうに表現化するかという場合に、生活綴方の方法を今日駆使しなければならん、ということを私たちはいっておるわけです。生活綴方で得られる技能でなしに、得られる眼、ものをみていく場合の眼を他の教科のなかでいかす。教科のなかで真実を追求するということは、見方・観点が一番中心だろう。綴方のなかで得られる眼で他の教材をみていく。その教材のなかでつかまれた知識で、さらに綴方なら綴方の分野で、もっと高くものがみていける相互関係が、実際の学習全体をかえていく問題だろうと思う。

もうひとつの問題は、新しい学校だとか学級づくりということを追求するなかで、それが進められなければならない。学習といったら、学習のやり方だけをかえていけばいいというような問題ではない。それは当然、真実がいつだって貫き通せるような学級と学校をつくり、そういう人間関係を子どもたちの間につくりだすことをぬきにしてやるわけにはいかない。真実を貫く学級、真実が貫き通せるような学級、いってみれば本心が吐露でき、実感がはきだせるような関係の新しい学級なり学校づくりといわれる問題を私たちがつくりだす。真実が吐露できるような保障、あるいは吐露するような自由、あるいは吐露したって損しない、真実をのべればもっと深い真理へ向って進むことができるような、効用性のある学級をつくりだす仕事の構想のなかでしかそれを進めることはできない。

そこに、自主的な新しい規律がうまれる。今のように子どもがざわざわざわざわ、教室のなかでしとってはかなわんとか横むいていてかなわんとかちっともきまりを守らんでかなわんとかいうように、きまりが先にあるわけです。真実が貫き通せるような新しい規律を、そこで自覚されたものを中心にしてうみだしていくことが、必要になるわけです。

その場合、教師の指導性が非常に大きい。真実を追求するという点で、きびしい態度をもつ必要がある。その場合、子どもの把握、作品の研究、教材の研究だとか、さまざまな教師の仕事がそこからたくさん生じてくる。基本的には真実を追求するという点での、教師のきびしい眼、きびしい態度が人間的に伝わっていく。いってみれば、機械ではできん教師の仕事です。今、人間教師として私たちがはっきりしておくことは、子どもたちとの関係において、私たちが真実を貫く立場を貫けるかどうか、その貫く態度自体が子どもに映っていくときに、人格の反映がある。教師の基本的な態度とは別に、人格の反映をどっかでつくりだそうとしたって、つくりだせるものではない。そういう点で、学習改善の問題を教師の問題として、私たちは追求しなければならない。

それを私たちは、たんに学習改善を頭のなかだけで悩むということでなしに、学校、いってみれば学習をおもしろくする運動として追求していく必要がある。子どもと一緒に学習をもっとおもしろくしようと、どんどん子どもも含めて問題にしながら運動化していくなかで、実際に真実を貫く状況をつくりだしていく必要がある。そういう運動化をぬきにしては進まんだろう。

わかる学習というのは真実を追求することだ。楽しい学習というならば、それは自主的なのだ。楽しいということは、自分がやるとき楽しいのだ。自分がなにもせずにおる時に楽しいということはありえない。「楽しかった」「ああ、おもしろかった」というときは、ちゃんと自分が参加してやっている。そういう点では、わかって楽しいということは、真実が追求されながら自主的になるということである。わかるということと楽しいということを統一させる原理は、おもしろいという状況だろうと思う。言葉を正確にはよういわんが、おもしろいというなかにはそういう内容を含んでいるだろう。だから、おもしろいということで問題が追求されていくときに、わかるということと楽しいということ、その二つの面が統一されて進んでいくだろう。子どもとともに運動にしながら、教室に民主教育をとりもどす、そして学校をかえていく、そういう学習改善運動を、我々は進めなければならんのではないか。

四、子どもをどうつかむか

子どもをつかむ問題については、子どもの何をつかむかを、はっきりさせる必要がある。「子どもがつかめん、子どもがつかめん」といっとるわけですけれども、実際は子どもの価値観をはっきりさせるということです。そこがはっきりせんから子どもがつかめんという問題ではないだろうか。論議としてはいろいろあると思う。我々が能動的に働きかけない限りつかめん。自分がこっちにおって子どもはわからんよ、ということは、もっと極端にいえば、働きかけるという教育実践だけが子どもを正しくつかむカギだ。そこのところが正しく組織的・計画的に進められずに、「子どもがわからんよ」といっとっては遅れていくだろう。我々の教育実践だけが、本当は子どもをつかむ一番正しい道なんだ、能動的に子どもに働きかけるという点で、教育活動のなかでしか子どもをつかむことができん。同時に、つかめるように子どもをかえにゃつかめん。非常に矛盾した関係だと思うが、つかめるようにかえていくなかでもっとよくつかめる。教育活動を進めることによってしかつかめんということは、そういう問題だ。だから教育活動が計画的・組織的・意欲的におこなわれなかったら、いつまでたっても子どもをつかめずじまいである。

教師の子どもを見る正しい眼がなければ、子どもを正しくつかむわけにはいかんだろう。うんと端的にいえば、子どもを「性善説」の立場からみていく必要がある。えらい古いいい方だが、「子どもってものは悪いもんや、バカなもんや」という立場からものがみえたら、子どもはぜったい正しくつかめん。人間の可能性を子どもたちはもっている。子どもは、歴史を発展させる芽を、今の瞬間もどこかにもっているんだというように、歴史発展の力としてみれるかどうか。その場合、子どもの生活に根づいてみるという問題がひとつある。いってみれば、子どもの歴史をふまえて、子どもがみれるようになる。正しい児童観というものが私たちの側にないから、子どもにいくら意欲的に働きかけてもやっぱりつかめん。ということは「子どもは悪いものや、根っから生まれつき悪いものや」とみたら、やっぱり子どもを正しくつかめん。「根っからいいものや」「性は善なり」とつかめるかどうかということが、ひとつの大きなカギではなかろうか、と思う。

五、おもしろい民教研活動を

最後に、民主教育研究ということでいえば、今申しあげたような情勢、私たちの教育の状態、あるいはその必要のうえから、民主教育の実践と研究に教師の誇りと喜びをうちこめるようにしなきゃならんときではないだろうか。反動攻勢をうちやぶっていく力は、全人民的な統一の力以外にはない。同時に、反動的な教育攻勢をうちやぶっていく力も、それに依拠しなければならない。さらに教育のうえでいえば、反動的な教育をうち破り、広大な民主教育を守る統一された力が必要だろうと思う。その運動を進めていくうえで、運動が先行して、内容がいきづまっているというのが、「守る会」等の現状である。今、その運動をさらに充実し、拡げていかなきゃならん時期にたっている。教師の実践によって守るべき内容がうみだされない限り、守るなかみがなしに、たんに守らにゃならんということでは守れん。我々は守るなかみをいつも明確にしていく。そして守るなかみはつくられていく。その関係だけで運動は正しく発展していく。

一九七〇年という時期をひかえ、まさにその広大な運動がさまざまなかたちでおこるその前夜、我々が一番必要なのは、その運動の内容になる。子どもとの真剣なとっくみあい、日常的な教育実践の強化という問題ではないだろうか。だから、子どもと教室、あるいは学校のなかに、今日の歴史をきり拓いている事実と、きり拓く可能性を、みつけなけりゃならん。教育のなかにつくりださなけりゃならん。そういう問題が私たちに与えられている課題ではないだろうか。そういう点で、職場の民教研は、班活動を強化して、それを基礎にしながら、創造的な実践研究をうみだし、それを隣の教室へ隣の教室へと拡げながら、新しい教育の波を、そして真にいきいきとした教育の状況を今年つくりだしていく必要があるんではなかろうか。いわば、わかって楽しい、おもしろい民教研運動、おもしろい民教研活動というものに。それは民教研自体が学習改善運動と同じ性質をもっている。おもしろい民教研活動を追求していく必要があるのではなかろうか。

＊『民研研究つうしん』二五号（一九六九年三月二〇日発行）、国民教育研究所。東濃民教研冬季集会基調報告（一九六九年一月一九日）。『「恵那の教育」資料集』第二巻に収録。署名は〈東濃民主教育研究会事務局長　石田和男〉。中見出しは編集部による。

今日の情勢にこたえる民主教育の実践

◆論文18（一九六八―七〇年）

一 「わたしの教育方針」づくりへ
――愛国の方向で自主的な人間を

「真理と正義を愛し、個人の価値をたっとび、勤労と責任を重んじ、自主的精神に充ちた、心身ともに健康な国民」の育成を期することが、教育基本法の教育目的に明記されている。私たちの学校では一九六〇（昭和三五）年以来、教育基本法の精神をその状況下で具体化した教育目標（児童像）として「よく考え正しくみる子。丈夫な体で働く子。仲良く助けあう子」を掲げてきた。

一九六三年にはじめられた「教育正常化」以来、「期待される人間像」「教育課程改訂」「教育現代化」「国防教育」「教科書改訂」「指導要領改訂」等の教育施策は、いつしか「教育基本法」と異質な教育を、現場に定着させるまでに浸透した。

「教育基本法」の本来の平和で民主的な人間を育成する教育と、今日の施策にもとづく教育との矛盾は、いま、子どもの上にも、教師の上にも、深刻な内容を含んであらわれ、学校の役割と教育の機能を充分に果たし得ない現状を生みだしている。

そのため、教育現場にあって、直接に教育を担当する私たち教師の個々のいつわりない「教育方針」を基礎に、今日の現状において、教育基本法の精神にもとづいて、間違いなく学校の役割を果たし得る、調和のとれた統一的な「学校教育方針」を生みだすことをめざして、「わたしの教育方針」づくりにとりくんだのである（一九六八年）。

話しあいはよくおこなわれるが、みんなの腹の中まではいって「よし、これならやれる」という共通の実感を得るまでには、なかなか至らない。これが教育現場の実際ではないだろうか。ああいうふうだ、こういうふうだということなら、いろいろ話ができるが、「ああすべきだ」「こうすべきだ」ということでは、話も少ないし、納得も得がたい。

それでいて、一人一人では「教師」の名において、毎日、具体的には教育活動をすすめなくてはならないし、適切な教育的措置をとらなくてはならない。

しかも、私たちの個々の「教育的営み」は、○○先生の教育であって同時に中津川市立西小学校の教育という意味をもっているのだ。

そうした意味で学校教育は、個々の教師の教育を綜合したものでありながら、また学校の教育を個々の教師によって具体化するという、二つの面で成り立つのである。

そして、この二つの面は、互いに共通する方向を維持しながら、調和する関係を持たなければ、教育効果を大にすることはできない。

教師個々が教育方針を持ち(学校教育の具体化として)、それをあきらかにすることこそ、その調和(統一点)としての学校教育方針を明確にすることこそ肝要である。

方針作り、この作業を共同してすすめる中で、みんなが得心でき「よし、これならやれる」という確信と「こうすべきだ」という共通の計画を生みだしたいのである。

さくら教科書の意図を挫くこと——私の教育方針——

「さくら　さくら　おかのうえ」
丘に咲いている桜の花　きれいだね。
桜は日本の国の花
七〇年の万国博のマークに使われているね。
その下を　学校へ通う子
あなたたちと同じ一年生ね。
うれしそうだね
男の子は　まこと君　女の子は　あき子さんだよ
身なりも　きちんとしていて　まじめそうだね
にこにこしていて　明るい子だね
二人は何を話しているだろうね
そう　学校へ行って　よい子になろうといっている
ようね
あなたたちなら　何を話すの
「よい子になるためにしっかり勉強しよう」
「先生や家の人のいいつけをよくきいて　悪いことなんかしない」
すばらしいわ　みんな　そのつもりで　きちんとやってね。
桜の花さく日本の国の子どもだからね

桜のように　うつくしい心で
お国のために　役立つ子になろうね
さあ　そのよろこびを　うたおうね
桜がいっぱいさいている感じを出して……
「さくら　さくら　おかのうえ」

「国防教育」のかけ声と共に、無償の名により子どもたちに手に渡された『さくら教科書』を前にして、教師である私はかつて児童であった私が受けた『サクラ読本』による教育の誤りを再びくり返してはなるまいと考える。

『サクラ読本』が、一見のどかな香りを放ちながらも「忠君愛国」の方向で「太平洋戦争への国民の精神的準備をつとめ、つぎの軍国主義教科書への道を敷設した」(唐沢富太郎)事実はかくせない。

私の小学校修了と同時に、小学校は国民学校に改められ、『サクラ読本』は『アサヒ読本』に変えられ、皇国民錬成の教育は、同年暮れにはじまった太平洋侵略戦争を謳歌し推進したという教育堕落の歴史を消すわけにはいかない。

「さくら　さくら　おかのうえ」

何と書いてあるかな。
それはどういうことかな。
こういうことを　みんななら　どういうふうにいうかな。
どうして「さくら　さくら」と二へんもつづけてあるのかな。
「おか」というのは何だろう。
ここらのどこかにあるのかな。
この絵ならどこかな。
この絵はどういう絵かな。この絵をみて何か話ができるかな。
絵をみて変だと思ったことはないかな。
書いてあること――これを文というが、この文に絵はあっているかな。
この絵の説明をする文だったら、何と書いたらいいのかな。
「学校へ、いきょうる二人の子ども」
「桜の咲く道を通る一年生」
いろいろの文ができるな。いろいろ書いてみようかな。
桜のことで知っていることは。
桜のことで　自分のやったこと　何かお話しできるかな。

桜について先生の思い出を話してやろうかな。

桜のような　木に咲く花にはどんな花があるかな。

さあ、自分の好きな花のことを絵にかいて、それに、みじかい言葉で文をつけてみような。


「愛国」の方向（精神）で「自主的」な人間を——これは私たちの意思如何にかかわらず、いま教育を営む私たちが避けることのできない教育の命題である。

「平和」が二様の方向で使われているように、「愛国」もまた二つの進路を持っている。

「自主性」もまた二つの内容を含んでいる。

「愛国」とは自らが心から愛することができる国（生活）をつくること。「自主的」とは、自らの体・頭・言葉で、つかみ、考え、語る（生活）ことと私は考える。

「生活に根づき、生活を変革する人間」をつくりだす教育——そこに私は「さくら教科書」の政治的意図をくだく道を求める。そこに再び教育を堕落させせない証しを見出す。

子どもたちが自らの生活実感で価値判断することを基礎に、実感を科学的真理と思考で検証しながらよりかしこく、よりゆたかな人間としての実感を味わい得る生活を切り拓くことを「私の教育方針」の基本としたい。

二　子どもに本心をもたせること
——実生活と学校・教育の結合を

(1)　子どもの変化をふかくつかむ

文部省、県教委の教育政策の変化のなかで、児童・生徒が「頼りない」「無気力・無関心」な子どもから、「体制に、みずから進んで組みこまれていく」子どもへと変えられてきているという、子どもの実態の変化を正しくつかむことがなによりも必要である。

この変化がつかまれないと、私たちは教室で自信を失って、あせったり、あきらめてなげやりになって、県教委のおもうツボにはまったりする。

いまの子どもから、人間をあらわそうとして、単にきまりから子どもを解放しても、そのあらわれかたは「無気力」「無関心」な子どものときとは全くかわった形をとってあらわれる。ひとことでいえばきまりから解放されると、無政府的で、狂暴的で、いわば「無法地帯」のような教室になってしまうことだ。

そこから、どうしてよいかわからない？　手のつけようがない？　という形で自信を失い、ヒステリックに子どもを、どなったり、なぐったりするあせりとなったりしている。またあきらめて、文部省や県教委のいうとおりにしてその日その日をすごすなげやりな態度となったりしている。

まず私たちは、教育の反動化のなかでの子どもの変化を正しくつかむことからはじめなければならない。

(2) 生活の体験を通した判断の重視

私たちが、民主教育を実践するうえで、〃本心をもたせる〃ことが必要である。

いまの児童・生徒の人間形成にとってもっとも大切なことは、子どもが生活の実感のなかで、価値判断できるようにすることである。

子どもが、みずからの実生活のなかで、感覚的に〃よい〃〃わるい〃とか〃ほんとうか〃〃うそ〃とか〃ねうちがあるか〃〃ねうちがないか〃の価値判断をもつようにすることが、真理をつきつめる科学的思考力を育てるもとであり、真の自主性を育てる基礎である。

かつて「きまりにしばられ」「無気力」「無関心」な子どもたちに、人間をとりもどすため、「きまり」からの徹底的な解放によって、「きまり」の根底にある既成の概念(体制の側の価値観)をうちくだいて、子どもに人間の感覚をよびもどす教育実践を提唱してきた。そして「生活に根ざし、生活をかえてゆく子どもの教育」を実践してきた。それを「地肌の教育」と呼んでとりくんだ。

今日も、その基本的な観点は同じであるが、子どもの実態の変化におうじてそれを発展させなければならない。

いまの子どもたちは、みずから進んできまりを提案し、みんなできめることは形のうえではうまくできる。しかし、子どもがきめることの基準は、子どもが実生活のなかでたしかめた価値判断にもとづいているのでなく学校の、教師の、大人のいっている価値観——既成の概念——にあわせているだけだ。

それは、子どもにとって〃本心ではなく〃もっとつきつめれば〃子どもの「よわみ」にはふれない〃〃うそ〃である。

かつての、「きまり」をおしつけるやり方から「きまり」を「自主的」にきめさせるというなかでそういう状態が生まれてきている。

だから児童・生徒は、自分たちのきめたことと矛盾したことを平気でおこなう。またみんなできめたことを破って罰を受けても悪いとおもわない。掃除をやらずに処罰され、罰のゼッケンを一日中背中につけて平気でいるといった光景はこうしたなかでつくりだされている。

非行事件は少なくなったと県教委は自慢しているが、

それは少なくなったのではなく陰性になって、かえってたちが悪くなってきているといえる。「処罰されるギリギリの線をこころえてやっている」「処罰されそうなことは、かくれてやっている」。そのうえ、非行事件が新聞にでないように学校で内緒にしたり、もみけしたりしている。警察も内緒にしておくことに協力的に態度をかえている。

こうしたなかで、私たちは、子どもが実生活の体験をとおして、価値判断を自分でもてるようにする教育がどうしても必要になってきている。

(3) 「本心」をひきだし、表現させる

子どもに「本心をもたせる」ことができ、「自分の〝よわみ〟をいうことができる」関係を教室のなかでつくることは容易ではない。

それほど「子どもの実生活」と「学校の教育」とはきりはなされている。それほど、子どもと教師の人間関係、子どもと子どもの人間関係は、子どもの実生活の場とははなれたものになっている。

子どもが本心をいえる状況とは、子どもと子どもの人間関係、子どもと教師との人間関係のなかで、既成の概念ではなく、生活の実感のなかで、よいこと、悪いことがとらえられ、本もののねうち（価値観）をみつけるなかでうみだされるものだ。

私たちは、子どもの本心をひきだすこと、生活のなかで価値判断をもたせることに、きびしい教師であることが必要だ。いってみれば、本心をヒンムクことにキビシサと情熱がもとめられている。それなしに、人間をとりもどすことは期待できない。その意味では、〝地肌をだせる教育〟ということにかわりはない。

このようにしてひきだした人間を、表現させていく、いわゆる表現による教育という民主的な教育実践の方法については、すでに岐阜県では豊かな経験をもっている。綴方、子ども新聞、鉛筆対談や生活日記など、さまざまな手段を利用することができるし、逆にそのような方法のなかで「本心をヒンムク」こともできる。

(4) 教科で人間味ある教育を

「どうも、教科のなかではできない」とか「教科のなかではどうしてよいかわからん」という意見や疑問がある。

もちろん、教科ごとの独自性、特殊性がある。ここでは基本点についてあきらかにしたいとおもう。

どんな教科のなかでも、児童・生徒のそれぞれの成長

の段階におうじて、人間味ある教育はできるものだ。それは、あらゆる機会をつうじて、人間の尊厳、人間のいきるねうち、人間のいきがいを子どもとともに考え、教えていくような教育である。

また、どんな教科のなかでも、子どもの成長段階におうじて、物のみかた、考え方を子どもの生活の実感のなかでつかませていくことである。どんなことでも、科学のなかみを本当に具体化して話せば、子どもは生きいきと受けとめるものだ。

このようにして、各教科のなかで、子どもが実生活の体験をとおして、価値判断を自分でもてるようにたすけることはできる。

そして、真の自主性を育て科学的真理にもとづく民主教育を教室で具体化することができる。

(5) 「教科書で教える」なかで子どもを実生活にひきもどす

このような民主教育の実践にあたって、当面どうしても手がけなければならないことは、新しい改悪された教科書研究である。

新しい小学校指導要領のねらいは、これからの問題というだけでなく、新教科書にすでに具体的にあらわれている。

児童・生徒にとって検定された教科書は権力の具体化された姿である。その新しい教科書は、実生活からますます切り離されたものとなっており、特定の価値観を幼い子どもに注入しようとしている。

だから、子どもは教科書を少しも喜んでみない。

しかし、今日のわが国の民主勢力は力関係からいって教科書をかえさせるだけの力をもつにいたっていない。そういう情勢からいって教科書を無視し、教科書をすてて教育をおこなうことも適切な闘争方法とはいえない。

私たちは、新教科書にみられる反動勢力の危険なねらいを具体的に父母にあきらかにし、教科書の国家統制に反対するたたかいをつよめ、教科書統制をやめる民主的な政府をつくるため、他の政治課題とあわせてたたかわなければならない。

と同時に、悪い教科書で教育するなかで、教科書の反動的意図をおしかえし、その意図を粉砕するような教育実践が当面もとめられている。このことを「教科書を教えるのでなく、教科書で教えるのだ」といっている人たちもある。

反動の側は、「さくら」は「日本のはな」ということを子どもにうえつけることを期待している。

このように、「さくら」を形而上学的に抽象化して、定着させる意図があるわけだ。

この同じ教材のなかでも、子どもの一番すきな花を話しあわせることもできるし、それをつうじて子どもを実生活にひきもどすこともできる。

それはたんに方法・技術の問題ではなく、いままでのべてきた民主教育の基本的な観点の問題である。

このように教科書全体をつうじて文部省がねらっている意図を実践的にうちくだき、「教科書で教え」ながらも子どもを実生活にひきもどし、実生活の体験をとおしてより正しい価値判断をもたせ、科学的真理を教えるためにも、教科書の意図を全面的に粉砕するための教科書研究にとりくまなければならない。

(6) 組織的な教育研究をめざして

以上のような民主的な教育実践は、個々の教師の個々の努力にゆだねられるのではなく、自主的な教研サークルを県下のあらゆる学校につくっておこなうことである。

そして、このような自主的な教研サークルの実践が相互に交流され、互いに学びあい、批判しあうなかで、より正しく、より豊かな民主教育の理論と実践をうみだしていくことである。

このような交流の日常的センターとして、自主的な教研サークルを結集した岐阜県民主教育研究会または民主教育研究所（ともに仮称）をつくり、これを発展させようとしている岐教連の方針の実現をめざさなければならない。

三　生活実感をだいじにする実践の研究

私たち東濃民教研（学校に班をおく自主的サークル）は、教育実践と研究の重点の一つとして、「生活実感の客観化（表現化）と量（各分野）質（ねらい）での発展の追求」ということをあげている。

ことし（一九七〇年）の夏、中津川市で開かれた「日本生活教育連盟」の第二二回集会の全体集会の折に、「生活の実感」の内容をめぐって、若干の議論がおこなわれた。

あそこで東濃民教研の会長である浅野さんが問題提起された「生活の実感」とは質問者が疑問とされたような「実感べったり主義」とか「行動なき認識過程」とかいったものではない。それは、浅野さんが「生活の実感」とは人間の五体を通した生活経験の総和としての人間のひらめきなのだといっていることのなかに、科学や行動を含めた、その人の生活の理念、原則としての普遍性を問題としているからなのである。いうならば、浅野さんは、科学と道徳の統一体としての人格にかかわって、「実感の質」をこそ問題の対象としているのである。

そしてまた、浅野さんは「生活実感の教育」といっているのではなく、「生活に根ざし、生活を変革する教育」を追求するうえで、「生活の実感を重視すべきだ」といっているからである。その点で私たちは「生活の実感」ということを生活教育を総称する意味では使用していないのだ。以上を前提として、つぎに問題とされている「生活の実感」にふれてみたい。

日生連の集会の講座で丸木先生は「教育とは人間である教師が、人間である子どもに、人間的な方法で、科学、技術の基礎を教えることによって、人間としての子どもの能力をひきだすことだ」という意味のことをいわれ、春田先生は挨拶の中で、教育の方法に触れて「教授と訓育」を説明された。丸木先生のいわゆる「人間的方法」、そして春田先生のいわれる「教授と訓育」を実際の教育実践にあたって、人間としての子どもの内面においてどのように統一的に把えて具体化するかという点で「生活の実感」が問題になるのだと思うのである。その意味で「生活の実感」を教育活動の在り方に即していえば、基礎的な事実や、科学的認識の基本を、真に子どものものとして獲得させるための、子どもの内面における真実性との結合を――いわば、科学的認識における生活への根づき方を、言いあらわそうとしたものだと考えるのである。

その場合、内面の真実性ともいうべき「生活の実感」は、教育活動の具体化にあたってそれぞれの科学の特性（教科の分野）との関係において追求されなければならないものであろう。

例えば生活綴方の場合には、私たちは、現実をありのままに表現することによって客観化することができるものとして生活の実感を把えようとしているのである。だから「生活の実感」それ自体は、必ずしも科学的といえない場合もあれば、異なった立場を含んでいる場合もあり得るが、その人間の生活経験の総和としての人間的真実性を含んでいるという点では、人間の内面における主体的な学習の基礎として極めて重視されるべき内容を伴っているものだと思うのである。

私たちは、教育のうえで、科学的ということでどれだけ人間的なものを否認され、人間性ということでいかほど科学性を否定されたかわからない苦い経験をもっている。また、春田先生のいわれるように、認識と行動とが分離することに対し一向におかしみも感じない科学と人間の不統一にもなやまされてきた。

真の科学的認識は、同時に立ち上がらねばならない根強い要求をともなう人間的行動の内容となるべきものである。それだけに、科学的認識の基本を、ほんとうに生きた子どものものとして身につけさせなければならないが故に、泥くさく、もたもたしていても私たちは「生活の実感」に固執するのである。

そして私たちの教育実践にとって、「生活の実感」は、科学と道徳の統一とか、子どものつかみなおしとか、教育と実生活の結合とかの問題を含めて、ある意味では、戦後の総括的な到達点ともいえるのかもしれない。それだけに、今後の実践的課題であることの方が多いのである。

そこで問題となるのは、いまの子どもたちの「生活の実感」をどのようにひきだし、どのようにつかむのか、――その「生活の実感」とは具体的にはどのような性質のものとして実践的に明らかにすべきかということである。けれど、実際には、「実感」というべきものすらはっきりしない子どもに対峙することが、しばしばだという事実にまた直面しているのである。

よく整理できぬまま、思いつくままに走り書きしたので、不明の点ばかりかもしれない。いろいろ教えていただきたい。

〈追記〉

昨日の討議でいえば、中野光先生が「恵那でいう生活の実感とは、生活綴方の教育でいうリアリズムの精神と方法の今日的具体化ではないのか」という意味のことを話されたが、私の感じでいえば、中野先生の解説が適合しているような気もする。

また、坂元先生の「直感」云々は、「実感」と「直感」とが科学的認識という点から根本的な差異をもつものかどうか、私の不勉強でよくわからない。

＊収録にあたって、「『生活に根づき生活を変革する人間』をつくりだす教育」（国民教育研究所編『教育権と国民教育運動』一九七一年二月、鳩の森書房）を基本にしたが、原資料を参考にして補訂した。「一『わたしたちの教育方針』づくりへ」は、中津川市西小学校「わたしの教育方針――真実の学校教育を考えるため――」（一九六八年七月）から採録したもの。「二　子どもに本心をもたせること」は、『岐阜県教育の現状と民主教育への展望』（一九六八年七月）の該当部分をもとに、見出しなどを補訂し

たうえ、ですます調の文体を鳩の森版にあわせてなおした。「三　生活実感をだいじにする実践の研究」は、日本生活教育連盟の中津川集会における「速報」（一九七〇年八月七日）の石田原稿「遅ればせの記、「生活実感」を考えるために」をもとに、さらに石田自身の「追記」を加えた。鳩の森版の編集部の注には若干の誤りがある。『恵那の教育』資料集』第二巻に収録。

◆論文19（一九七〇年）

生活に根ざし生活を変革する教育の創造——東濃の地域にて

一、「教育改革」の先取り——要請される「無理と無駄とムラのない教育」

七〇年代の教育支配の横想は、中教審の教育改革にかんする基本構想試案という形で具体化されているが、すでにそれは六〇年代に岐阜県でも先取りをされてきている。それは全国的にいえば、香川県、富山県、茨城県、福島県という名前があがってくるように、県単位の規模で露骨に進められているところもあると同時に、県単位として表面立って、七・三体制にするとか、あるいは、全面的な教育機器の導入を強制的に行ってくるという形はとらなかったけれど、やはり、岐阜県のなかでも徐々に進められてきたといえると思う。

岐阜県で今日、教育効率という言葉や、創造性、協調性ということが教育研究の中心的な課題とされてきていることのなかにも現れてきている。東濃の地域、わけても恵那の地域の学校では、校長さんが、全く企業のＺＤ（注・無欠点）運動と同じ言葉でもって教育研究の問題を提起している、という例をいくつか聞く。それは、教育機器の導入と結びついたものであって、教育において、無理と無駄とむらをなくすることが教育効率を高めることだから、無理と無駄とむらを教育のなかから取り除くこと、それが、今日の教育革新の中心だと言ってきているのであるが、まちがいなく教育改革の先取り、あるいは教育改革の具体的な現われであるように思う。

その場合、岐阜県の特徴としては、実験学校という形で進めているところは別として、ごく普通の学校に問題が集中して出てくるのでなしに、この十年間位、特殊教育、僻地教育という形で、何か教育の上で陽の当たらない存在のようになっておったところへもってきて、そこで実験的に開拓が進められてきているということだ。無学年制という形で教育改革が先取りされているのが、特殊教育。そこでは無学年制が現実に存在している。それから、教育効率を高めるための教育機器の導入ということでは、まず僻地にシンクロファックスを備え、オーバーヘッドプロジェクターを備えていくという、そういう形で、いわば僻地の側からやってきている。非常に遅れた地域、あるいは、めぐまれない条件を何とか引きあげなければならないから、という言い方で進められている。一般の人びとの間では、なかなか目につきにくい形で押し進められてきた。そういうめぐまれない、特殊なところなら自然だろうというふうにうけとらせるやり方できている。さらにそういう所へ向って、中堅教師の派遣ということが制度的に行なわれてきている。個々の中堅教師がいいとか悪いとかいう問題ではない。制度としての中堅教師派遣制度の問題である。そこでいう中堅教師とは、まさに、教育改革でいう一段高い教師、川上君の言葉をかりていえば「りこうな先生」のことだ。向う側の制度改革の先取りが、僻地だとか特殊教育の分野にまずあらわれてきているというところに、岐阜県でのやり方の隠微さを感じざるをえない。

また、たとえば恵那市でいえば、五ヵ年計画、「昭和五十年の恵那市」という理想都市実現のビジョンのなかに教育のビジョンも出されているのだが、「二十一世紀に生きる人間としての教育」といういい方が先に出され、「生涯教育としての社会教育の樹立」、「市民の健康増進のための保健体育の振興」、「能力開発教育の充実」この四つが教育・文化のビジョンとされている。この言葉はまったく中教審の教育改革のなかに出てきていることと変らない。このように、ビジョンの上でも、先取り的に恵那市においては具体化されてきている。

しかも、それにもとづいて学校がどうなるかといえば、まずこのあいだまでは僻地、僻地といって大事にされた僻地校の統廃合。中学校では三つの学校にする。小学校の数も少なくしていく。小・中学校の統合というところが一番中心になっているわけだ。そういう形で、ビジョンは具体化されている。教育効率を高めるということが、実は、昔ながらの教育圏というもの、昔ながらあるところの土着の教育思想というもの、あるいは、住民の教育の権利というものをまったく剝奪することにほかならない。教育改革は、そういう性質を伴なわざるをえない。

恵那市の場合については、具体的にはいろいろ検討する余地があると思うけれど、実際に出されてきているビジョンが、「教育改革」でいわれている基本構想のビジョンと寸分たがわないといってもいいほどのものとなっているということが問題だと思う。

「教育改革」は、当然、教育実践の問題を伴いながら、具体化されてくるが、同時に新しい教科書においても、改革は具体化されている。すぐ間に合う労働力の形成と、軍国主義思想の地ならし、そういう形で「国民的まとまり」をつけていくというねらいは、自主性だとか、創造性という名前の教育の内容として出されてきているが、きのう教科書の問題はいろいろ問題になっておったので、ここではぶきたいと思う。

二、六〇年代の民主的教育実践の総括

今日、七〇年代の教育支配がそのように進められてきているなかで、七〇年代の民主教育を展望するために、われわれは六〇年代においてどういう教育を追求してきたのかをあらためて振り返ってみる必要があると思う。六〇年代にわれわれが追求した民主教育をはっきりさせないで七〇年代の展望を語るわけにはいかないだろう。

六〇年代における学テ政策、「教育正常化」政策の浸透は、結局人間の破壊という形で具体化されざるを得なかった。それは、教育における人間的破壊であった。人間が根本から破壊されてしまって、一般的動物に変化したということでなく、どこかに人間はあったけれど、教育の上では人間が存在しないような形で進められてきたが、それが「教育正常化」だったし、学テ政策だった。無気力、無関心、無感動といわれる三無主義、そういう人間をつくり出したことは間違いない。まさに、〝学校は砂漠　子どもはミイラ〟といわれる状態を六〇年代の前半の政策は作り出してきたと思う。

(1) 教育のルネッサンス――「地肌の教育」の提唱

そういうなかで、教育に人間を取りもどさなければいけない、教育の中心に人間をすえこまなければならないということが、六〇年代の前半から後半にかけてわれわれが民主教育を取り戻そうとしたさいの中心だったと思う。それは、人間の荒廃から、人間の復活という、大げさに言えばルネッサンスのようないきおいだった。基本的にいえば、憲法や教育基本法をどのように具体化するかという立場をつらぬいて、人間の回復に集中するということだったが、それを、この地域に生きるわれわれが共通に理解しうる言葉として、「地肌の教育」というふうに表現し、単に人間というだけでなく、もっと地肌が出てくる教育、人間の本性が出てくるような教育、人間の内面を重視するような教育という願いをこの地域全体

に広げてきた。そして、学校のなかで、子どもは三無主義になっているけれど、現実の生活のなかでは、人間として生きている、その人間を発見し、教育実践の中心にすえるという仕事から運動をはじめた。それを「教育調査（子どものつかみなおし）」というい方でよんだ。

教育の上からいえば、野放しになっているが、雑草の如くに生い茂っている子どもたちの真の人間性や自主性をどのように発見して、どのようにそれを教室の中に引きずりこんでくるか、教育の舞台にどうすえこむかという問題が、「地肌の教育」のはじまりであったと思う。「教育調査」という形で、われわれは子どもの人間のあかしを現実の生活のなかに見いだそうと努力したわけである。教室では見られない子どもたちの姿が調査からはたくさん出てきて、多く教師を感動させるという事態も生まれた。この子にこんないい面があったのか、こんなにいきいきとした部分がこの子どもにもあったのかと、何ともならん三無主義の典型のような子どものなかに、実は、人間的な部分があったんだ、という喜びと感動を多くの教師が味わったのである。

(2)「表現」と「集団」の重視

そういうなかで「表現の教育」という問題に研究と実践は発展していった。「表現」を重視することが、人間を人間として回復させるわれわれの方法となったのである。

子どもが自己の「表現」を通して生活への目を開き、子ども自身が現実を認識し、より人間的な目を獲得していくこと、そういうことを「表現」という形でわれわれは追求してきた。

真の人間としての生きている目だとか、あるいは生きている魂を持った人間、それを教室へすえこむために「表現」という手段でもって、その人間をあらわにしていく、そういう「表現」活動を重視すると同時に、それが子どもたちの自主的な活動、集団的な組織活動になっていくという「集団」活動の教育に発展せざるをえないし、じっさい「表現」活動は「集団」組織活動を伴っていた。「表現」と「集団」という形で「地肌」というものを追求しはじめたのである。

いろんなクラブ活動とか、「豆学校・豆先生」の運動とか、その当時、子どもたちの自発的で自主的な新しい集団活動が方々で芽生えた。それらはすべて、何とかして「地肌」というものを、芽としても確かにすると同時に、行動としてはっきりさせていくという教育の営みであった。

「地肌の教育」という主張がきちんとした理論になっていたわけではなかった。理論化するとすればどういうふうに言い表わせるかが、その頃から追求されはじめ、そうして「生活に根ざし、生活を変革する教育」というふうに目標を設定すれば、われわれが「地肌の教育」と言ってきたことが、もう少しはっきりするんではないか、というふうに考えられてきた。生活に根づくということのなかには、地肌としての真の人間性だとか、あるいは自主性を、生活に具体化させること、真に人間的であるものを、真に現実のものにさせなければならないということがふくまれよう。生活自体が借り物の生活でない、人間としての生活ということを意味するわけで、生活が変わることは人間が変わることであり、同時に自分自身の人間を変えることが生活を変えることになる。自己の人間自体の目、あるいは、見方・考え方が変化するという問題を含めて、その生活が変わるというふうにつかんで、そういう意味での人間の自主性だとか、人間性というものが、生活として具現化するということと、同時に科学が実生活と結合する、教育と実生活と結合するということとを含めて、生活に根ざし、生活を変革する教育として「地肌の出る教育」をいくらか定式化してきたと言えると思う。

そのように定式化された、「生活に根ざし、生活を変革する教育」がどのように発展し、追求されてきたか。

(3) 地肌の質を磨く——「立場」への着眼

まず人間の持っている地肌をさらけ出させる、人間の本性をさらけ出させるということは、そのまま、その人間の質の追求をともなう。いつまでたっても地肌のままでいいというわけでなく、地肌自体が磨かれなければならない、地肌の質が高まらなければならない、ということから、人間の質の追求という問題があり、同時にそれは、地肌がある部分、ある種の表現、ある種の集団活動のところだけで地肌が出るのでなく、あらゆる活動のなかで地肌が出されるように、地肌自体が量として拡大しなければならない。自分の生活する場面全体で、あるいは学校で行なうすべての教育分野において地肌が表われてくるように、地肌を量として追求するということが問題となった。地肌がもっと磨かれていくという、質としての追求という問題は、むしろそこから始まっていったと思う。

質の追求といっている。地肌の質とは何であるかというと、たとえば、その場合（六〇年代の追求のなかで）問題になってきたことは、「立場」ということであった。

レーニンが「青年同盟の任務」のなかで〝われわれには棒暗記は必要でないが、基本的な諸事情にかんする知識によってあらゆる学習者の記憶を発達させ完成させることが必要である〟といっている。そして、えられた知識のすべてが彼らの意識のなかでつくりかえられ、知識が学習者の頭をゆたかにするようなやり方で、習得されていかなければならないといっている。何か知識を知識として受け取って、頭に詰め込むだけで自分の意識の中でつくりかえることをしなかったら、知識が頭に百科辞典のようにならんでいるだけでそれは結局ガラクタの知識にすぎない。豊富な知識を自分の意識のなかでつくりかえることの必要をのべながら、レーニンは、人間の知識の総和を取り入れる能力（それは自らが考えぬいたものだといっているが）、そういう能力が、古い詰め込み学問、古い棒暗記にとって代わらなければならない、とのべている。

生きているなかで、あるいは生活としてさまざまの経験をする、あるいは学校で学習していく、そういうなかで得られたさまざまの知識が、すべて自分の意識のなかでつくりかえられていく、自分で考えぬかれて自分のものになっていくという、そういうものとして知識が自分のものに転化していく、それが質の発展ということだろうと思う。

地肌のままでなく、地肌に対して新しい知識があたえられ、それが吸収されて、その吸収が地肌に磨きをかけるという形で燃焼し、そこでほんとうに自分のものになって、生きる力となって発展していく時に地肌自体が発展する。

その場合何が必要かというと、それは、あたえられたさまざまな知識を自分の意識のなかでつくりかえるという、その自分の意識であって、それがはっきりしなければ作りかえることもできないだろう。自分の意識というのは教育の上で言えば何か。それは立場であろう。自分が物事に対して立場をもつ、ある物事に対して自己の見解を持つ、意見をもつということ、自分が立場を持つということは、実は、さまざまにあたえられたものを自分の意識の中で作り変えることを可能にするものである。そういうことから、地肌を磨くという問題のなかでは、立場を子どもに持たせる必要がある。立場がなかったら「地がね」になって、表現させてはみてもあっちでもこっちでも何ともならない地金ばかりが出てくるわけで、立場をはっきりさせることによって、地肌を質的に高めていかなければならないのではないかというふうに追求されてきた。具体的な実践例をあげて話す時間がないのではぶかざるをえないが、理屈でいうとそのようなことだったと思う。

地肌を量として追求する問題はどういうふうに発展していったか。

たとえば「表現」という活動だけで立場が強められるのでなしに、あらゆる教科の活動のなかにおいても、自分の立場を持って教科の問題をとりくんでいく、という形で、知識を自分のものにしていくというふうに教育活動が広がっていくことが、実は地肌の量としての発展であるわけだが、それは六〇年代の教育実践の成果として、今ここで具体的に例示する余ゆうがないが、ただ教育活動の上でどこに重点がおかれたかといえば、単に「表現」と「集団」ということだけでなく、「労働」と「教科」の活動という形で、われわれの地肌の教育追求はすすんできた。

教育の全分野において地肌を追求するという場合、しかし「表現」というものの持っていた役割は非常に大きかったと思う。表現活動で深められていく地肌の発展が、他の分野での地肌の開発につながっているからである。たとえば、私たちは、表現活動として生活綴方を取りあげると同時に、教科の分野におけるさまざまな活動と綴り方を相互に関連させながら発展させていくという形をとった。クループスカヤが「表現は思想をかたちづくり、感情をふかめてくれます」といっているように、表現によって、子どもたちの思想を形づくり感情を深めさせることは、同時に他の問題に接した時にそれへの働きかけの豊かさを生み出し、その感情の豊かさが逆に表現に帰ってきて、それを豊かにするという、相互の関係を持っていると考えたからである。「人間は自己を表現しながら成長していきます」ともクループスカヤは言っている。自己を表現させるということは、同時にそこの成長の度合が他の分野での新しい成長と相互に結びついていく、という形で、質と量との相互関連の深化によって、子どもの人間としての発達に深くかかわっていたと考える。

このように、私たちはある時期まで、表現、集団、労働、教科という分野で「地肌の教育」を追求してきたが立場の問題の検討をへて、さらに「地肌の教育」の追求は、新しい段階へと発展してきている。そのことをわれわれはつぎにはっきりさせなければならないと思う。

(4)「生活の実感」と真実の追求

実践の上でも、理論の上でも「地肌の教育」の追求は発展してきている。たとえば、人間の地肌の質に類する問題でいえば、立場というだけでは矛盾がでてくる。子どもは、教育のなかでは先生の意見に合わせた立場をとってくることがある。その場その場の立場になる。一貫した立場でないという問題もでてくる。真の知識、科学で検証されたり、武装されたりしない、そういう弱点を持つ立場は当然そうだろう。もっと立場というものをはっきりさせなければならない。単に立場を持っていればいいというのでなく、一貫した人間の質の問題として「地肌の教育」が追求されてくると、立場を持っただけではすまなくなる。それを、われわれは、この地域にあったコトバとして「本心をひんむく」という言葉でいうようになった。人間の本心をさらけださせる教育でなければならない、生活の実感をひきだすことが大切なのだという自覚である。生活実感というのは、その場に合わせるという形では生まれてこないものだから、生活の実感として自己の内面の統一した生活の実感を追求させていく必要があるだろう。そこのところをはっきりさせ、発展させない限り、地肌というものがはっきりしないのではないか。われわれが地肌といってきたものは、今日、六〇年代の後半、ないしは七〇年代の初頭に立って言えば、生活の実感なのだということ、生活の実感で価値判断するというが、実は人間が地肌として自主的に判断することになるのだ、と考えるわけである。

しかしながら、生活の実感というものは、それがいつだって間違いのないものだというわけではない。実感自体がこんにち間違っている場合がたくさんある。科学で検証されない実感はたくさんある。なんとなく把んでいる実感というのは、必ずしもそれが、科学的に言えば正しい立場を持った実感と言いきれない、そういう弱さもあるだろうと思う。だから、そういう実感をもっと深めていく必要はあるけれど、少なくとも、今日、地肌といっているものをわれわれが追求する場合には、生活の実感という形で把んでいく必要があるのではなかろうか。

量の面でいえば、生活の実感に見合うような量的な活動ということになっていくわけで、それは当然、科学的な知識をあたえるということにとどまらない、それぞれの教科活動の追求ということになる。きのう大槻先生が「事実をいくつか並べても真実になることはない。教科書のなかで事実は出てくる、けれど、事実がいくつか並べられたから、それで真実になるというわけのものではない」というふうに言われた。科学的知識を知識としていくつか羅列したから、それが真理になるという性質のものではないという問題だと思う。

そういう点でいって、生活の実感にみあうような科学的な知識の教育、いってみれば、真実という立場で、あらゆる問題が追求されるということ、すべての教科の活動のなかで、真実が追求されていくという、そういう形で教育が科学化されないで、科学知識を切り売りするような形では、実感に見合う教育だというふうにはならないのではないかと思う。

世界教員組合連盟のポール・ドラヌーが、かつて『教師と国際労働者階級運動』という本のなかの「教室における教師の自由」という節でこう言っている。

「ところで、われわれが強調しなければならないのは、あたえられる知識とは関係なしに、われわれはたえまなく発展している科学の生き生きした性質について、正しい観念をあたえることもできるし、また、正しくない観念をあたえることもできるという事実である。ある人びとは科学的真理をその実際的な効果という関係からだけ見ている。他の人びとは（われわれはそれに属する）、それとは反対に、科学は世界についての価値ある適切なる説明をわれわれに供給すると考えている。われわれの意見によれば、子どもには、実際的効用を理解することと同時に、科学によって行なわれる進歩が自然の諸力を人類に奉仕させることをわれわれに可能にしてくれるという感じ方と、科学的進歩はますます大きくなる道徳的責任を創りだすという信念とが、あたえられねばならないのである。

社会科学・人文科学にかんするばあいは、問題がずっとこみいっている。

一般にそう考えられているように、教師は生徒の将来の社会的行動にひびいてゆく強い永続的な影響をかれにあたえることができるのである。いいかえると、じぶんの国にたいし、他の国ぐににたいし、社会の諸階級にたいし、とくに労働者階扱にたいし、また、戦争と平和という重大な問題、貧困にたいするたたかい、その他の問題にかんする生徒の態度に影響をあたえることができるのである。」（竹内良知編『国際民主教育論集・教育実践と基本理論』青木書店刊、一五六頁）

科学の教育において科学を実際的な効用という面からだけわれわれがとらえていたのでは駄目なのではないか。生活の実感というものをふまえて、教科の教育に取り組まねばならない。そうでなければ、科学はただいたずらに科学の実際的知識ではあるけれど、便宜的な知識にしかならない。そういう点で、生活の実感にみあう教科の活動という問題を正しく追求していかないと何か教科のところだけは科学という名前で、これは科学的真理だ、科学的事実だといってやっていても、子どもの内面の側でそれが統一的に受け取られないだろう。単なる実際的効用としての知識でしかないことになる。子ども自身の将来をも決定し、子どもが社会を変えていくような、そういう子どもの将来に影響をあたえるような科学にはなっていない。科学についての正しい観念をあたえることも正しくない観念をあたえることも、同じ科学的事実によってできるということがある。科学的事実だから、その事実だけを教えればいいんだという、その教えるということ自体のなかに、正しい観念と誤った観念とを私たちは、同時に教えることができる、という問題を考えてみざるを得ない。

そのようにして、われわれのめざす教育において、生活の実感ということが問題にされてくるに及んで、それにみあう各教科の教育が、真に科学としての体系を持つだけでなく、子どもの内面において真に生きてはたらく、そういうものになければならないというふうに考えられ、それをわれわれのところでは「学習改善運動」という形で発展させてきたと思う。

(5)「学習改善運動」への発展

真実の追求ということで一貫する教育、子どもの人間を変えさせることによって、子どもの行動を変えさせていく教育、そのような教育がおこなわれていくように今の学校を変えていく、その一番基礎になるところは「学習を改善する」というところにあると思う。生活実感を引き出し、実感で判断させながら、同時に、各教科の教育で、ほんとうのことを知る喜びにみちた学習を追求させることで、子どもたちの学習権を保障していくということである。

子どもたちの学習権が保障された時には、子どもたちはほんとうのことを知る喜びに満ちておるわけで、そういう喜びのある学習でないといけない。それは同時に教育自体が科学的でなければならないということであろう。

科学的な教育とは何かといえば、それは、子どもたちにとってよくわかる、真実を追求するという意味でよくわかる、同時に子どもたちが自らの学習において、受動的でなく能動的な学習になるわけだから、楽しい学習になる、よくわかって楽しい学習はおもしろい。おもしろい学習が、実は科学的な学習なのだと思う。

だから、科学的な学習は、教育機器を導入したり、あるいは、教育効率を高めるために五分きざみで授業を流したりするようなつまらないものではないはずだ。便宜的なものでなく、真に心からおもしろい学習でなければいけない。それが科学的な学習だとわれわれは考えている。

そういう点で、「学習改善運動」は、おもしろい学習を追求していく形をとるけれど、その「学習改善」の内容として教師の側で何をはっきりさせるか、という問題は、教育課程の自主編成ともいうべき問題だろう。われわれの側で教える内容を明確にすること、教科とか、さまざまの教育分野の内容について、われわれの側での観点をはっきりさせるということ、そのことがつぎの課題として意識されてきた。

どのような観点を一貫してつらぬいた場合に、学習はおもしろくなるのか、真実が追求されていくのかという点についての吟味を、教科や、各分野に即して明確にし、しかもわれわれの言葉として定式化するという活動が昨年は進んだ。

(6) 教師の教育実感の追求

もう一つは、教師の教育実感を追求するということがある。教師自身が教育実感を持てないような条件のなかで、なおかつ、われわれが、教育実感を豊かにするということが、実は、教育実践の追求であろう。毎日くる日もくる日も教室へ行っているから実践しているとはいえないだろう。動物的な実践ということはあっても、人間的な実践はないという例が、僕にはたくさんある。自分が実践したといいきれるような、そういう実感をどうわれわれが味わうかという問題として、おもしろい教師生活、教師の生きがいを追求するため、「教育ノート」を記録する運動をわれわれは提唱してきた。

毎日毎日学校へ行ってるけど、実感として〝きょうは教育をした〟といいきれる日はないというのが、みんなの共通点だった。そんなことではいけないということから、単に教育記録を丹念にとるということではなく、教師の心からの教育実感を教育実践のなかで発見していくということとして「教育ノート」の運動が提唱された。学習改善運動はじつは、そのように教師に実践への迫り方を提起してきたと思う。

以上のようなことが六〇年代のわれわれの追求であったと思う。「地肌の教育」といういい方で、人間の復興を、あるいは人間の回復を手がけはじめてから今日まで、なんだかだといわれてきたが、実際は今のべてきたようなことが、六〇年代のわれわれの追求の内容ではなかったか。まだ民主教育の全貌が明らかになったわけでもなく、実践的に確信があるわけでもないけれど、そういう過程をたどり、そういう方向をたどって民主教育を追求し今日にいたっている。

三、七〇年代におけるわれわれの教育実践の課題

七〇年代におけるわれわれの実践はどうあったらいいか。それは、きのうの話に出た杉本判決にもあるように、国民の教育主権を実際に具体化していくようなそういう実践として、われわれは七〇年代の教育実践を考えなければならない。少なくとも六〇年代の成果を発展させるということを抜いて、七〇年代になったから違うことを思いつくというわけにはいかない。やはり、「生活に根ざし、生活を変革する教育」を創造していくというのが、われわれの基本的な使命なのだと考える。

(1) 「学習改善運動」の具体化

内容として何かというと、「学習改善運動」をもっと具体化することが、当面している課題ではなかろうか。

われわれは、昨（一九六九）年度の研究活動において、「生活に根づき、生活を変革する人間」をつくりだす教育の立場から、教育内容を精選・整理する「四つの観点と二つの視点」を明らかにした。

それはつぎのようなものだった。

教育内容を精選・整理するというばあい、その内容（教材）は、

第一に、その基礎として、

1 教師が意欲的にとりくむことができる

2 子どもがよくわかる（共感できる）

ものであることが決定的に重要である。

第二に、その教育性として、

1 現実を正しくつかむことができる

2 人間的な生き方を考えることができる

3 生活を拓き変える力になることができる

4 人間の全面発達をめざすことができる

ものでなければならない。

そして、この「教育内容精選・整理」の四つの観点を、さらに具体化し、教室で真に役立つ視点をつくりだすために、

①四つの観点のそれぞれの内容を、具体的な事例・教材（教科書）・自主教材等のなかで明らかにしながら、その民主的な教育性を理論的に明確にする。

②四つの観点を、各教科・各分野で具体化するために、それぞれの教材・分野の特性に応じて、民主的な教育の本質（四つの観点）を基本的（具体的で一般的）に示すことができる視点を明確にする。

の二つの視点をあげた。

そうして、この二つの視点を、各教科、各分野に即して具体化する「基本的観点」の試案をつぎつぎとだしてきた。

例えば、「生活綴方」についていえば、「現実をありのまま表現することによって、生活の実感を客観化させる」ことが「生活綴方の基本的観点」であるし、「数学教育の基本的観点」は、「現実＝生活の量や図形を極めることによって、実生活に根をおく数理をわからせる。」というのを「試案」とした。各教科・各分野の特性に即して、そのような観点を明確にすることを昨年度はやってきたのである。

それは、六〇年代のわれわれの民主的な教育実践の集約としての観点であったわけで、七〇年代には、それらの観点を、さらに実践によって確かめ、実践を理論化し、その理論でさらに実践を深めていくことにとりくまなければならないと思う。

そこで、どう深めていくか、深めていこうとしているか、ということについて、ひとつだけ例をあげてみると、たとえば、国語科のばあい、われわれが試案として出している「国語科の基本的観点」は「生活の真実をあらわすすぐれた言語活動によって、日本語を正しくつかませること」というのであった。いわゆる言語教育といわれているものを、どういうふうに実際的な方法として具体化するかといえば、生活の真実を表わすすぐれた言語活動というものを抜きにして、言語を言語として切りはなし、言語の体系的・知識的教育をやっていくことは間違いだろう。まさに民族教育であり、すべての基礎的な教育であるといわれる言語教育の場合に、その点がはっきりしなければならないと考えるのである。その点では、みんなで討議をしてみると、〝そんなような気がする〟というのであるが、毎日の授業となると、伝統的、保守的な授業展開がなされている。先日も民主教育研究会の事務局で話し合ってみると、実際には授業方法としては、非常に技術的でパターン化された伝統的な方法で授業がおこなわれているのが実態なのである。それぞれみんなのパターンがあるなかで、ある人は、漢字を教えてやる、中心の語句を見つける、語意について教える、新出文字をまず教える、熟語を教える、共感や反発を探し出す、文段のくぎりをつかます、まとめとしては新しく勉強したことをまとめさせる、等々それぞれのパターンがある。これらのパターンはひどく伝統的なパターンだ。われわれがいうのは、こういうことがみな悪いというのではない。新しいことが一つも工夫されていない。生活に根ざすという問題を、ここでは生活に根ざす読み方とか、生活に根ざす国語ということで追求していったらどうなんだろう、生活への根づき方の所に実はこつがある。立場をもって読むといってもいいし、生活実感をもって読むといってもいいわけだが、読みとる側の主体をはっきりさせていかなければいけない。今日の段階では、何が中心かというと、生活の真実をあらわすというところが一番問題になるだろう。日本語自体、真実という形をとおしてあらわれてくるかどうかということ。その場合、子どもの直接的な感覚を重視していく必要があると思う。

この文句は何で好きなのか、ここのところはなぜ嫌いなのか、それはどこが、どうしてか、というそこのところが実際は子どもたちがもっている感覚だとか判断だとか、その根拠をその文章に則してはっきりさせていくやり方をわれわれはもっととっていく必要がある。伝統的なパターンに依然として終始しているのでなく、直感的な感覚、判断の根拠が実は文章のなかにある。それを文章に則してはっきりさせていくことのなかで、真実であるのか、ないのかということから、言語という問題がはっきりしてくる。

生活に根ざす教育方法を教科の特性に応じて明らかにしなければならない。国語の場合、生活に根ざすということは、こういう観点が基本になって方法が具体化される。そういう点で、今日われわれが追求しなければならない問題は、生活に根ざすということを、教科の特性に応じてはっきりさせることだろうと思う。子どもの生活から生まれている直感的な感覚や判断をぬきにして、生活の実感をまたどこかで拾い出してくるというわけにはいかないだろう。もっとそこのところを深めていくという仕事を重視していかないと、われわれは全然別の次元で、どこかに生活の実感がないかとさがしたり、生活の実感がないといってほっておくわけにはいかない。真実を追求するということが、実は学習だろう。そうなってくれば、ＺＤではだめで、無理、むら、無駄があってはいけないというより、教育というものには、無理とむらと無駄があるもので、それがとれたら教育にはならないというふうに考えなければならない。

いつも例でいうが、恋愛となれば誰にだって、無理とむらと無駄がある。あれがなかったら恋愛などはなり立たない。心の問題について、無理とむらと無駄がないはずがない。だから魂を育てる教育には、無理とむらと無駄があるはず。そこのところをわれわれが、無理とむらと無駄をどう自覚させながら進めていくかということだ。教育には反復作用というものがある。水道方式の提唱者である遠山啓氏も、学者として教育の問題にはじめてとりくまれた時に、感想としてもらされたことで、「僕は学者としてだけ考えておったことと、教育とはずいぶん違いますね」と話して、「教育ということには反復練習ができるということが特性ですね」といわれたことをいまも思い出すが、一度一年生で習ったことを二年生でも習ったり、なんども似たようなことを繰り返す反復練習で、実は無理、無駄をしてやっている。

反復作用が学校教育の特性なんだというふうにいうとすれば、無理、むらがあってしかるべきだ。基本的な事実がわかるまで、生活に根ざすという点でわれわれの教育が、もっと実践的に具体化されていく必要があるのではないか、ということが一つ。

(2) 「生活の実感」をひきだし、表現させる

もう一つは、表現活動を通しながら生活の実感というものを客観化させていくという仕事。生活綴方の重視ということがそこから生じてくると思うのだが、これもクループスカヤが言っていたことだが、「自己を知れという昔からの格言は、自己探究ではなくて、表現過程における自己認識を指していたとわたしには思われます。」といっている。子どもたちが表現をするということは、自己を知るということ、自己を知るということは他を知るということ、自分がわからない者は、他をわかるわけがない、自分が強い情緒というか、そういうものを体験したことがなかったり、あるいは自分で考えるということのない者は、他の人を理解することはできない、だから自己を知るということは、他を理解し人間を知るという問題にもなる、その点では集団の基礎だし、生活実感を客観化させるといういい方は理屈めいているが、自己を表現させるということは、子どもに自己を認識させる仕事になるだけでなく、他の人びとを認識する能力をつけることになる。他の人びとがわかるということは、他といっしょになってもの事が進められる、みんなで仲間づくりができるということだ。自己を知るという内面の側から、他の内面がわかってくるという時に集団というのは根づよい、そのような意味でわれわれは「表現」の問題を重視しなければいけないと思う。

(3) 子どもを生活の主体者として、生活の変革にたちむかわせる

三つめの問題は、子どもの内面をつかみながら、子どもを生活の主体者として、生活の変革に立ち向かわせるということ。きのう大槻先生は、子どもを大きいへいいのなかへ囲ってしまって、大事に育てれば、ええ子になる

という意味のことを言われた。それはそうだと思う。けれど、現実のなかで子どもが生活に立ち向かうということをぬきにして、水槽のなかの熱帯魚のようにしていたのではいけない。社会の退廃と自らたたかう子ども、もっと自分の問題について自分から立ち上っていくような子ども、そういうふうに子どもたちを組織していく必要がある。

別の言葉でいえば、児童憲章を子どもたちの力で守らせていく必要があると思う。あれは大人のやっているとで、子どもは知らないことというのではなく〝児童は人として尊ばれる〟〝児童は社会の一員として重んぜられる〟〝児童は良い環境の中で育てられる〟という児童憲章の総則にもとづけば、児童が社会の一員として、社会の退廃とたたかうということは、当然なわけだ。

現実におきている問題のなかで、今生きている生き方に立ち向かわせていくということをぬきにして、教室のなかでの教育をよくするというふうにはいかないだろう。一つの例で言えば、新しい貧困というもの、全くいまの子どもたちは教育的な家庭環境というものをほとんど持ち合わせていない状態だ。中津川市の古い調査であるが、昭和四三年度における中津川東小学校の調査で、生徒一〇一八人いるなかで、一七六人が母親が家にいるだけ、一六％の子の母が常住しているだけであとのおかあさんは働いている。八四％の母は働きに出ているか働いているわけで、とにかく子どもの面倒をみてやれる母親はいない。働いている親の一番心配なことは何かというと、子どものことが、六一％。親は泣く泣く子どものことを心配して働き、子どもは八十何％が母のいない生活をしている。けれど、そこで子どもは生きている。生きているけど、正しく生きているかというと正しく生きているわけではないことがずいぶんある。まことに、今日の社会の退廃のなかで堕落させられている。家へ帰れば、ただテレビを見ている。そういう状態のなかで子どもたちが家にいる。家にいるなどということは生きておるということになっておらない状態。そういうことでは、新しい貧困が生み出したなかから、子どもたちに対する学童保育という問題がでてきている。そして、あちら、こちらで政策として学童保育の問題がとりあげられてきている。学校の先生の熱意をかってやってもらわなければならない、といってもってくる。学校では先生はこんなに忙しいのにそんな子どもの世話まで余計にできない、といって、親と教師が批判しあうような学童保育が問題ではないわけで、子どもが自分で家を守るという自治的な組織を作らせていく必要がある。安心して親が子どもにまかせておけるように、子どもは家で集団的に自分たちの家なり部落なりを守っていけるような子どもの集団づくりとして学童保育を問題として追求していく必要があるのではないか。そういうようなことが学校の教育として取り上げられていくということも含めて、子どもの内面をつかみながら、社会変化の実態に応じて子どもが生活の主体者として社会変革に立ち向かって行く。高校進学の問題でもそうだと思う。もう何年か後に、おそらく子どもたちが一人の社会人として、そして日本の国民としてわれわれと共に行動をするという日が来るに決まっている。沖縄の子どもは現にやっている。国民と同じ問題で子どもたちが苦しめられている。そういう点で、今、子どもたちが自分の生活を変えるという問題に取り組まざるを得ない。

(4) 教育実感としても教育理論としても、納得できる実践の追求

四つめの問題は、教育実感の追求だ。もっと子どもがつかみきれる実践をわれわれはやらなければならない。内面がつかめる実践といえば、相当の取り組みが必要だろう。われわれのなかに非常に楽天的な無責任論のようなものがあるのではないか。〝困った、困った、子どもはつかめていないし、子どもは悪いし何とかせんならん〟という。そこまではいい、みんな問題意識があるから。しかし、〝まあそやけど何とかなるさ〟とここで楽天的になる。〝そうあせったってかんかない（しようがない）〟と、ずーといつまでたっても楽天的になっている。そこで止まってしまう。そこをとことん自分ではっきりさせなければならないのに止まってしまう。教師自身が自ら実践的に納得するまで追求するということが必要だと思う。それも感情的に納得するだけでなく、教育実感として納得できるように、同時に教育実感を支える教育理論として納得できるように、われわれはこれから勉強したい、私はそう思う。

教育実感として、しかもそれを支える教育理論としても納得できるように、そういう実践的追求をサークル活動等において進めていかなければならない。だから学級というもの、教育の場というものは、自己の教育を具現する場に、そういう点で教育の自治権というものをそこに確立することから、われわれはもういちど取り組んでいく必要がある。

新しい教育改革によれば、ほんとうの意味での学級というものが変質させられる内容が含まれている。われわれは、ほんとうの意味での学級というものをもう一度作

りあげなければならないだろう。そこに、教育の自治権と自主権というものをさんぜんと輝かせるということ。それは何も学級王国というふうなことを意味するのではない。当然学級というものは、自主、民主、公開の三原則をいつもとらなければならない。そういう点でわれわれが教育実践をもう一つ追求していく必要がある。

そのための自主的、民主的な教育研究体制というものが問題だが、時間がないので、一つだけいうと、われわれの立場からの新しい教育研究を推進していくには、民主教育研究会へ結集する形で、われわれの力を強めていきたい。民主教育研究会をもっと広範に組織するという意味で、幼稚園から高等学校に至るまでわれわれの共通のサークルとして民主教育研究会を組織していきたい。それから組織する実際の場所は、各職場を根城にする学校班という形で、組織したい。実際的な活動という形では、今年度は市町村単位に幼稚園から高等学校までを含めて、民主教育研究会というものを強化し、われわれの新しい共同の体制をつくりあげていきたいと考える。

＊国民教育研究所編『子どもと教育実践』鳩の森書房、一九七一年一月。この時点で、石田は恵那の教育を「生活に根ざし、生活を変革する教育」と明確に規定した。本稿は、一九七〇年夏、東濃民主教育研究会で、石田和男がおこなった画期をなす基調報告である。

◆論文20（一九九一年）

【夜学講座】恵那教科研から東濃民教研への歩みと西小学校づくり

(1) 恵那教科研の問題点

　恵那の教育というようなことを総じて考えますと、いくつかの特徴的なことがあると思うのです。先ほどの映画にもありましたけれど、あの「日本の中で恵那の教育を考える」という集会のときに、私も、報告者として恵那の教育を報告しなきゃならんということでしたので、その特徴をいくつかにわたって申し上げたことがあるのです。その中に一つに、非常にある意味で大事な特徴だと思うのですけれど、ここまでの人が新しい人、ここから古い人とかというような意味での教師の間の人間の断絶を図らないというか、戦後それまでの恵那の教育の中心的役割を果してきたような方には、例えば、先ほどの映画にもありましたが、西尾彦朗さんなり三宅武夫さんといったような人々、あるいは玉置忠良さん、堀忠義さん、そのほかさまざまな戦前からの方もあったわけです。戦後民主主義の教育になったんだからということで、例えば、教員組合が結成されるに及んでそういう人たちは断絶してしまって、その人たちと敵対的関係をとってやってくるというようなやり方をとらなかったことが、恵那ではいろんな内容を持つわけです。人間の和といいますか、人間のつながりというものを強めながら、教育の基盤をみずからで大きくする作用になってきたと思うのです。そのことは、例えば戦前と戦後ということでもありますし、戦後、特に正常化というような時期を迎えてからでも、組合員と非組合員とか、あるいは管理職と一般とかいうようなものを明確に区分けしてしまって、人間の関係を教育の上で断絶してしまうというようなことをやっていないところが、いまも恵那の教育の中で非常に大きな一つの力になっておるだろうと思うのです。

教育研究所の中でも、わけても資料室という部門が退職の教師の方を中心にしてできておるわけですが、その先生たちが中心になってずっとこの二、三年努力してくださった一つに、もうご承知の方もあると思うのですけれど、きょうの集中講座資料のいちばんおしまいを見ていただきますと、「恵那路」というのをお読みですかという広告的資料がありますが、これがいわばこれからの教師の断絶を図らない、例えば退職者と現職者とを結びつけていく非常に大きな力になってくる機関紙のつもりでおるわけです。

きょうは、いわゆる民教研というふうに言い始めたころの運動をもういっぺん振り返りながら、なぜ民教研になったのか、そして、民教研とは一体何をある時期まで考えてきたのかというようなことを振り返ってみたいというふうに思うのです。しかも、それは単に恵那の中で民教研という形で運動を進めるというだけでなくて、地域的な連帯を全国的にどのように求めてこの運動を進めようとしてきたのかということにかかわって、年代でいえば六〇年代の中・後半から七〇年代の中期という一〇年間くらいのことをお話ししてみたいと思うのです。

レジメには「質の高い教育と恵那教科研」というふうに大きな題を書いておるわけです。戦後、恵那綴方の会をつくってから、その綴方の精神に立って全部の教育の中で運動を発展させていくには、教育科学研究会というところに結集した運動になっていくことがいいだろう、それがいわゆる本物の教育というようなものをきちんと体系づけてつくり上げていくいちばん中心になるだろうというふうに考えて、第一回の作文教育全国協議会のときでも、恵那の側からは日作のところへ、戦後生まれてきた生活綴方運動は教科研運動に結集するような形で発展していこうじゃないかというような方向を提起したこともあって、この恵那の地域では、生活綴方運動から教科研の運動へと、当時でいえば恵那教科研という名前になっておったのですけれども、発展をしてきたわけです。

その教科研の時代を最も特徴づけるようなスローガンというものは、質の高い教育という問題だったと思うのです。その質の高い教育とは一体何なのかということが、これからいろんな問題を含めてお話ししてみたいと思うことです。

当時、正常化より少し前になるのですが、勤評、学テ、正常化というようなふうに支配的な攻撃が進んでくる中で、「学校は砂漠、子どもはミイラ」というような言葉が恵那の中では言われ始める、これは教科研の側で言った言葉になるわけです。本当に学校にみずみずしさがなくなってくる、そして子どもがミイラのような枯渇した、人間を学校の中では全くあらわさない状況が生まれてくる、砂漠の中のオアシスというようなものをどのように生み出して、そういう形で民主教育というものをどうつくっていくかというふうなことが大変問題になるわけです。

そんなころの子どもの様子について、どんなふうな状況であったのかということなのですが、ここに一九五九年の恵那東中学二年生の子どもの詩があります。

『数学の時間／「三角定規忘れたもん、手挙げてみよ」／先生の怒った強い声／ドキン、胸が鳴った／それから、トクットクッ、トコットコッ、素早く打ち出した／私は忘れたのだ／どうしよう／顔がブルブル動き出した／先生の怒った顔が私の横を通った／そしていきなり／「今度忘れたら後ろに立たせるぞ」／またぎくっとした』

いまでもそういう状況はいろいろあるのかと思うのですけれど、子どもたちが非常に百科事典的な子どもになって、いろんなことについて知識として薄っぺらく知っておるけれど、実際に人間の生き方としてどういうふうに生きたらいいのかというような問題についてはわからないといったような状況、そういうものが非常に強く生まれてきたということだと思うのです。

教科研はそういう状況に対応して何とかしなきゃならんというふうで、結局、生活綴方から全面発達へというような言葉が教育の上で言われ始めたのはそんなころになると思うのですけれども、生活綴方の運動から全面発達の教育の運動へ発展させなきゃならんというようなことを恵那の教科研では言いながら、一つの新しい教育スタイルというものを打ち出そうとしました。その中心になるのが、「すべての子どもに未来を担う実力を」というスローガンだったと思うのです。

質の高い教育ということは、実はすべての子どもに未来を担う実力をつけてやるという、この実力という、この問題に非常に引っかかりを持ってきたわけです。実力というものをどういうふうにとらえていくかという問題があったわけでして、それは全面発達する実力ということにも当然なるわけですけれども、全面発達の内容というのは、未来を担う実力なんだというふうにして、当時、攻撃としても学力攻撃が中心になるわけですから、そういう中で、実力というようなものについての考え方がなかなか一定にならないという問題があったと思うのです。

それで、当時の恵那教科研では、一九六二年の八月に合宿研究会を坂下の小中学校を会場にしてやっておりますが、名古屋大学の大橋精夫という先生に、未来を担う子どもの学力とは何かというような問題で講演を願いながら、教科研としては「教科指導をいまどう進めるか」という基調提案をしているわけです。つまり、すべての子どもに未来を担う実力をという場合に、その実力の内容ということは、実際には、教科指導をどう進めるかというところに集約された問題として取り上げられておったのがそのころの運動の一つの特徴のように思うのです。

前提としては、教育の要求は未来の要求の性質を持っている。例えば、社会生活の変化だとか国民運動の成長の中で見る限り、教育要求というのは現在の社会そのものにうまく適合していくというだけでなくて、未来をどう切り拓いていくか、未来の社会をどうつくっていくかというふうな願いとして教育要求というものはあるのだというとらえ方です。教育の問題は、確かに未来を展望するものであるし、未来へのたたかいであるわけですけれども、そこの問題というのは、未来への要求を絶えず持ちながらも、現実どうするかというところに教育要求の根というものがあると思うのです。いっぺんに未来への要求なんだと取りあげておって、そこが十分な論議の中でとらえ切れなかった問題があるのじゃないかと思います。

別の言葉で言いますと、ずっと先のところを楽観するという意味で、遠望楽観という言葉があります。同時に現実直視という言葉もあります。この現実を直視するということの中に遠望が楽観されなきゃならんという関係の問題が、ともすると、教育運動の中でも、現実を直視するという部分の困難さから、未来を楽観するという側で、未来へのたたかいなんだ、現実をどう切り拓くかというたたかいよりも教育は未来へのたたかいなんだというとらえ方になっていく問題があったんじゃなかろうかというふうに、いまになって私は当時の教科研の動きの中でそういう問題を考えるわけです。

いくつかの部分で非常にすぐれた部分はたくさんあるけれども、テーマのとらえ方ということの中では、教育の要求は未来の要求、だからすべての子どもに未来を担う実力をというような言い方にまとめてしまうときには、やはり現実の中に切り拓いていく人間的視点というようなものが非常に希薄になっておったんじゃなかろうかという問題です。

だから、教科指導というものは、すべての子どもに未来を担う実力をどのようにつけるかになるということで、その原則といいますか、中心は、教科指導の鍵というものは、正しい知識の獲得なんだ、それは科学的な世界観の基礎をつくるという意味で、正しい知識を獲得させることと、科学的な思考と行動様式とをはぐくむという意味で、知識を獲得する方法の獲得が必要なんだという理屈になってくるわけです。

この知識を獲得する方法の獲得というのは、たしか第三回世界教員会議の中で、ソビエトの教育学者なんかが言い出した言葉だと思うのです。単に知識を獲得するということだけが教育の任務ではない、これだけ社会が急速に変化し、科学が進歩しておる中では、単に現在ある知識を獲得するというだけでは人間の教育としては足らんのだ、現在の知識を獲得するだけでなくて、新しい知識を獲得する方法を獲得しなきゃならんという問題が言われたと思うのです。

そんな言葉がいろんな形で反映しておったと思うのですけれど、知識を獲得する方法の獲得ということが教科指導の中心なんだというようなこととして、実際には教科指導の内容が細かく知識として整備されていきました。そのことは、八〇年代あたりのことを少し考えていただくとおわかりかと思うのですけれど、例えば、その後到達度という問題が出てきたのです。学習の到達目標をはっきりさせて、どこまで到達させるのか、到達度を明確にすることが教科指導の内容なんだというような問題が、八〇年代には重視されたことがあると思うのです。そして、全国的にも到達度評価研究委員会だとかいろいろな問題が出てきました。この到達度に近い考え方というようなものが、実は五〇年代の後半から六〇年の初めにかけての恵那の教科研には強くあったように思うのです。

だから、先ほど言った恵那教科研の合宿研究会で出された、当時の事務局からの基調提案の教科指導の重点ということを見ますと、例えば国語の場合、一、二年生では『話し言葉を中心にした言語活動を盛んにする。そして基本的な語彙と語法を押さえて作文による表現指導へ進む』、そして三、四年生へ行けば『国語は書き言葉を中心にした言語活動を盛んにし、語彙と文字、漢字の習得を確実、豊富にする。実験、観察、調査、見学などを総合したさまざまな文筆活動を促す。演劇をもとにした表現活動を盛んにする。辞書の使い方、読書の仕方をわからせる』、それから五、六年生になると『読解力と表現力とを確かなものとする。語彙の拡充と文法の基礎ためをする。そして、文字教育と読書教育を重視する』と、こういうような目標になっています。数学なら数学もそういうような意味で、学年別の目標になります。その学年の中をまた詳しく区切っていくというような形で、実力の内容というものをそういうふうなものとして位置づけながら、現実には到達度の目標として設定するというようなことになったと思うのです。

これは後にまた触れるかもわかりませんけれど、そういう方向での実験的な集積の結果生まれたのが、中津の西小学校における通知表のあり方だったと思うのです。それは到達目標方式による通知表になっていったわけです。今日ですと、一・二・三・四とか、よいとか悪いとか書いて、丸を一つ打つというようなのが一般的です。そうじゃなくて、それをもっと細かく分類して、例えば、国語なら国語の一学期に到達すべき目標が、一年生は一年生の指導要領に沿ったような形でいくつか選定されて、それがどこまでできたのかという到達度が、例えばよいとか悪いとかややよいとかというふうにしても、あるいは一・二・三にしても、とにかくそういう細かい到達目標へ向けての評価の様式になってきたことで、実際にはどういうことが起きてくるかといいますと、先生は到達度へ向けて評価をする仕事が中心になってしまうわけです。例えば、体育で運動場へ出ていって鉄棒なら鉄棒にぶら下がって何かやっておっても、先生はいつもその子のさかあがりがどこまで行っておるというようなことばかり調べておらなきゃならんのです。いうなれば、いつも到達度へ向けてのテストということが教師の仕事になるという問題に実際にはなっていったと思うのです。そればかりやっておるというわけじゃないのですけれども、未来を担う実力というものをどうつけていくかということは、未来を担う実力を教科の枠に限定してしまった場合には、実際には、先生がどう評価するかという、教科主義とでもいえるような教育活動にならざるを得ない矛盾があったように思うのです。

例えば、「生活に根ざし生活を変革する」というふうに今日民教研が言っておることと、「すべての子どもに未来を担う実力を」というふうに言うときの問題のとらえ方の違いみたいなもの、もちろんとらえ方の違いがあるから言葉が違うのですけれども、現実の子どもの生活に根ざしながら変革していくというのと、その現実というところをある意味でスポイルして、未来の実力というところへ中心を置いてしまうとらえ方の違い、だから、現実の問題に対応するのに非常にうまくいかないという問題がいくつかあらわれたように思うのです。

例えば、そのころ丹羽惟夫先生は国語教育等における熱心な研究者、実践者でした。教科研の合宿研究会でも、当時付知南小学校におられた丹羽先生が、授業方法上の問題ということで国語の要綱を提案しておられたりして、この時期非常に熱心にやられて、提案だけ見ると非常にしっかりした提案なのです。けれども、ずっと教育全体を通してしまって、退職した結果言われる話の中で、「教科にのぼせて教科だけやっておったときの子どもほど何にもつながりのない子どもはない。おれの教育の中でいちばん寂しいときはあのときやった」というふうに言われるわけです。そういうふうに丹羽先生が述懐されるような意味の問題が、現実の子どもの中にどうするというよりも、未来を担う実力というような言い方の中へスパッと飛んでしまったのです。そういうテーマの取り上げ方の中には、やっぱりあったのではないだろうかというふうな問題を感じるわけです。

そのことを少し違った角度から申し上げてみると、実際には教科の科学性と系統性ということを非常に重視するということです。このことを無視するわけじゃないです。当時ですと、教育の現代化という問題がもう一つ出てくるわけです。教育科学の現代化といいますか、教育の現代化というような形で、科学性が単に古い意味の科学性という問題だけでなくして、現代の科学に適応した内容を持たなきゃならんということが、全国的な教科研などでも提唱されたわけですが、そういうことが実際には教科の科学性と系統性を重視するという問題に全部収斂《れん》されたといってもいいほど、問題がそこへ集中したように思うのです。したがって、いくつかの部分でそういう矛盾が出てきたように思います。

自分がその当時県教組の専従をしていて現場におらんという問題なので、ここのところをかいつまんで言ってしまうので非常に無責任になると思うのですけれども、そこで苦労されたいろんな問題というのは、恵那の教育研究史の中でいえば、もっといろんな角度から研究してみなきゃならんし、それから、成果は成果として十分に学び合わなきゃならんということは承知はしますけれど、いま言ったような問題がやっぱりあったのではなかろうかと思います。だから、教科指導と生活指導というものが実際には矛盾するという状況がいっぱいあったように思うのです。それは当時の『恵那の教師』という会報を読んでみたって出てきますし、いろんな形であらわれておったと思うのです。

例えば、教科研の内部では、そういう矛盾がいろんな形で出るわけです。片方では国語の体系化とか水道方式だとかというような意味で、現代化だの近代化だのという問題が実力の内容として論議されてくるわけですけれど、現実に、そういう教師の視点だけでは解決できん、本当に子どもがまるごととらえられるというような点から見た子どもの問題というものがいっぱいあるわけです。それは、生活指導の対象としてとらえられておったことだろうと思うのです。生活指導には現代化だの近代化だのあるいは系統性だのという視点はないわけですから、生活指導の視点と、教科で数学なり何なりをやるときの科学性だとか体系化だとかいうときの視点とは教師は違うわけですから、子どももそこは違うわけですから、どうしたってある意味で矛盾が起きます。

(2) 当時の生活綴方と「誤りの少ない」教育の総括

そういう中で、その時期、教科研としては、それ以前の生活綴方についての総括をすることがあるのです。一体、それ以前の生活綴方運動というものは何であったのか、そこから学ぶべきことは何なのかというようなことをいろんな形で論議することがあるのですけれど、そのときの総括の仕方に弱さがあったんじゃないのだろうかというのが、今日私が考えておる、当時の恵那の教科研の持つ一つの弱点の問題のような気がします。そのことが民教研へどうしても変わらざるを得ん内実であったと思うのです。教科研それ自体を否定するわけではないのですけれど、教科研から民教研へと発展的に解消せざるを得ないことの一つに、生活綴方から教科研へという場合の生活綴方の運動の総括の仕方の弱点があったというふうに思うのです。

恵那の教科研では、生活綴方から何を学ぶべきかという総括論議を提唱して、そこでは現実認識と生活姿勢というふうに問題をとらえて、生活綴方の総括を現実認識と生活姿勢という視点から始めるわけです。そして、事実を正しくつかませることの必要をある意味では強調するけれど、片方は生活姿勢というとらえ方になるわけですから、今日、生き方というふうに言うことと少しとらえ方が違うと思うのです。例えば、子どもたちに生き方をきちんととらえさせるというのと、生活姿勢を正させるというのは、皆さんでも感じとして違うと思われるように、現実を認識させて生活姿勢をしゃんとさせるということが綴方であったのかどうかという問題になるわけです。

今後でも、皆さんが綴方に取り組んでいかれるときに、現実を認識させるということ、それは非常に重要な綴方の一つの内容です。けれども、それは生活姿勢を正させるというところに問題があるのだというふうなことになると、例えば、生き方をそこで考えさせるとか、生き方をきちんとさせるというのと少し違うと思うのです。言葉のあや的論議という意味でなくて、そこのところを今後も皆さんで詰めていただけばいいことですけれど、現実認識と生活姿勢というような視点での教訓のくみ取り方の中には弱点があったのじゃないだろうかというふうに私は思うわけです。

例えばもし現実認識といえば、それは教科のことなのです。生活姿勢といえば、それは生活指導のことなのです。そういうふうに、生活綴方の運動を一つの仕事としてとらえないという問題があるのです。現実を認識させるというか、事実を事実としてありのままにつかませるということと、生活の生き方をしゃんとさせていくということは混合された一つの問題であって、現実認識と生活姿勢というような二つの視点から見るべき問題ではないもっと一つのことなんだというふうに私はとらえておるのですけれども、そこのところが分離した形になるから、どうしても教科指導と生活指導との統一ということが現実的な課題になるわけです。教科研の集会などでは「未来をつくる実力」となるのですけれども、実際の活動の中でいえば、教科指導と生活指導との矛盾をどうするかという問題が中心になって、そしてそれを結合するという問題がいつも具体的なみんなの討議の中心にはなったのです。その場合、事実を正しくつかまえさせることが、子どもの内面で統一的にきちんととらえられていない限り、現実認識というような言い方で知識を与えることと、生活姿勢というようなことで行動の仕方、規範をきちんと示してそれに従わせるというようなことを、子どもの内面のところで統一的にやらないという問題になると思うのです。だから、そこのところはどうしたっていつも矛盾になってきます。

当時の教科研は、前進的な、肯定的な部分もいっぱい持っておるわけですけど、きょうは最大弱点として持っておったのは一体何であったかという視点から申し上げておるので、否定的な側面だけ言って悪いわけですけれども、子どもをつかむというふうな意味でいうと、生活指導と教科指導というふうにそこが二元的に矛盾しながら存在するわけですから、子どもをつかむという意味では、本当につかみ切れんという問題があったと思うのです。

それでどういうことが教科研の中では問題になったかというと、例えば、教科で子どもをつかもうとする限り、そういう傾向は、当時の機関誌『恵那の教師』の例えばNo.37というようなものにあらわれておる限り、誤りの少ないという消極性になるわけです。それを見ると実に愉快なのですけれど、例えば「誤りの少ない国語教育を進めるために」とか、「誤りの少ない数学教育を進めるために」とか、そういうふうに教科の問題を立てるわけです。

皆さん、いま民主的な教育の実践の課題の中で、誤りの少ない国語教育を進めるためなどというふうに、じくじたるものがあって、自分としては誤りの何もないことをしたいと思うけど、せめてちょっとでも誤りが少ないようになればいいという思いは個々でいえばあるかもしれませんけれども、運動する団体が、民主的な教育の実践の課題で、誤りの少ない国語教育を進めるとか、誤りの少ない数学教育だとか、誤りの少ない社会科教育などと、とにかく誤りが少ないということを前置詞にしたような研究課題にしていくということの中に、実は非常に消極的になっておるわけですけれども、それは何か矛盾がみずからあったのだろうというふうに思うのです。だから、その当時、誤りのない国語教育というものをどういうふうに考えたのか、誤りの少ない社会科教育というものを一体どういうものとして受け取っておったのか、もっともっと詳しく研究してみる必要があると思うのですが、教科で子どもをつかむという視点が中心になるわけですから、どこまでも授業で勝負ということにしかなってこないのです。そこのところで、授業にあらわれてくる子どもだけが子どもの対象になるわけですから、それ以外の子どもというところがなかなか総体として見えなくなってきておるという問題だったろうと思うのです。だから、教科でそういうふうになっておる傾向は、当然、生活指導というところでも同じような傾向を持つだろうと思います。

それで、その同じ号では、「誤りの少ない生活指導」と、こう言っておるわけです。教科も生活指導も全部誤りの少ない教科指導、誤りの少ない生活指導などというふうにとらえるときは一体どういうことが起きてくるのか、そのときの状況を生の形で証言していただきながら、みんなで勉強してみる必要があると思うのですが、それは、何よりもまず現在ある子どもたちの物の見方や考え方から出発しなくてはならないという立場を当時でもとるわけです。そして、その当時の子どものたちの状況について、混乱は、『現実の子どもの思考を無視し、教師の主観による一方的な押しつけを子どもたちに接ぎ木しようとするあせりが生み出したものだ』というふうに認識しておるわけです。そういう誤りの少ないというふうになっていくことのもとには、現実の子ども、現在ある子どもたちの物の見方や考え方から出発しなきゃならんと思いながらも、そういうふうにならずに、教師の主観による押しつけで子どもたちに何かを接ぎ木しようとするあせりが生み出したものだと言って、『子どもは歴史の中で生活する。彼らは既に家庭を中心にした社会の矛盾の中で生活を意識する』『だから、子どもたちの一つの思考と一つの行為は社会全体の矛盾の反映だ』、そういうふうにまで片方では言うわけです。子どもたちのさまざまな考え方だとか、あるいは一つの行動というものは社会の矛盾の反映なのだというふうに言うけれど、教育実践の側へ来ると、そこのところが統一した視点でとらえられないという問題が随分あった、というふうに当時の機関誌では書いておるわけです。

そこらの詳しいことをあまり言っておれんわけですけれど、そこで、子どもたちの認識の系統案というような問題で、子どもたちの認識到達度へ向けてどういうふうな認識をさせていくかというような科学的な系統案をつくる仕事が、教師の教育研究の非常に重要な仕事になってきます。

それはどちらにしろ子どもを深くつかむという点で弱さを持っておったと思うのです。それは、先ほど申し上げたような、恵那の運動から何を学ぶかという総括の仕方というか、教訓の学び方の中の弱さということにもなるわけです。例えば、六一年の『恵那の教師』のNo.40では、『生活綴方での認識は感性的なもので、理性的な認識は各教科での質の高い知識としての科学的認識でなければならぬ』という規定をしております。そこらの問題が当時あったということです。

これは毛沢東の『実践論』や『矛盾論』が出てくるに及んでよけいその問題は広がって、例えば国分一太郎氏などでもある意味そういうことを言っておられたことがあると思うのですけれども、戦後の問題の中には、生活綴方の認識は感性的認識であって、理性的認識というようなものは生活綴方の中では生まれんのだから、教科の指導で科学的な体系をつけなきゃいかんというふうな問題があったのです。

生活綴方の認識は感性的な認識であることは事実だと思います。理性的な認識の結果が出てくるわけじゃないのです。けれども、その感性的な認識というふうに言っておるところに根のない理性的認識というものが認識であるのかどうなのかということが問題になります。そこのつなぎの問題が実は切れて、その間に、例えば小川太郎さんなどが言われた悟性的認識だとか、いろんな認識論について科学の見地からいくつか分類されて論議されたような教育論の問題は当時あったと思うのですけれども、生活綴方の認識は感性的認識なんだというふうに言い切ってしまって、そして未来を担う実力は理性的認識でなければならん、まして、理性的認識ぐらいじゃない、新しい知識を獲得する方法まで獲得させるというようなものだというわけですから、どうしたって、そこのところの教育というものは、子どもをまるごとつかむというか、例えば生活綴方で言うような意味の現実直視を大事にしたいというふうに口では言いながらも、実際は生活と知識を結びつけるというふうにはなかなかならなかったという問題がありました。ここは教育論の側からの問題もいくつかあると思うのです。そして、その矛盾はいつも生活指導と教科指導との結合というところに問題が流れ込んできます。そういう意味では、結合しなきゃならんという意図は積極的であったわけですけれども、それは、さっきも言ったように、現実認識と生活姿勢の結合という形をとるわけですから、矛盾するわけです。

　これは以後の民教研の運動の中心から考えてもらってもいいと思うのです。民教研の見地は、生活綴方における内面的な統一としての現実直視ということは、認識は教科で姿勢は生活指導というようにして結合されるものではないという見地なのです。現実認識は同時に生活認識でもあります。生活の事実をありのままに見つめると言っておるときの生活を認識するということは、同時にそれは現実を認識するということでもあるわけです。その認識こそ、認識活動としての学習へも、生活を変えていく主体的な行動へも統一的に立ち向かう姿勢の基本なんだというとらえ方なのです。生活綴方でいえば、事実をありのままにつかむ、生活の事実をありのままにとらえるということは、それはそのまま知識としての矛盾、そこから科学的な知識をきちんと学びとっていくいちばんの萌芽というか、基礎にもなるし、同時に生活を変えていくということの基礎にもなっていく、そういう現実認識なのだ、生活認識なのだというとらえ方、これは八〇年代以降の民教研の綴方の考え方だと思うのです。それと教科研がとらえた綴方との違いはあったのだという問題。だから、生活指導と教科指導との結合という問題が絶えず教科研の運動の中では実践的な課題であったというか、問題になっておったという問題です。

　それは、まとめて言うと、子どもをまるごととらえるということと同時に、いまの現実の社会というか、現実の教育の矛盾を正確にとらえることの中に未来をどう展望するかということとが外れた形で、教育は現実のたたかいでなくて未来へのたたかいなんだというふうな観点が、教育における未来の実力を担うというふうなことにすっとなっていった問題とがいろいろ複合して絡み合った結果の問題ではなかっただろうかと思うのです。だから、子どもをまるごとつかむというような意味で非常にいつも矛盾がありました。そのことが、先ほども言ったように、丹羽惟夫先生をしていわしむれば、「あのころのおれの教育実践の中でいちばん痛恨に思うことは、子どもがちっともつかめなんだというか、子どもがかわいいといつもかかも思えなんだ。教科の窓からしか子どもというものを見ることができなかった」という言葉になってあらわれておるのだと思います。

だから、ある意味で教科のある到達度というものは進んだのかもしれないけれども、子どもをまるごとつかむというような意味での、教育のもう一つの主要な内面というものは欠けてきたのです。そこの問題が、実際にいえば、あの攻撃の中で中津川の西小学校が当時生み出した到達度通知表を、これが本物の教育だといって支配の側がほめたというものなので、そのぐらい向こうにとっても都合がよかったので、県事務所（今の教育事務所）が推奨をして、当時の金で、推奨費というか、研究費を一万円か出したというらいわくつきのものなのです。教科研で研究した結果を向こうが利用しちゃいかんということを言うわけでもないし、ほめちゃいかんというわけではないけれども、実際の先生たちにとっては、体操をやったって何やったって、いつも子どもの到達度ばっかり評価しておらなきゃならんというような先生の姿勢となっておるような矛盾になって当時あらわれておったのではなかろうかと思うのです。

教科指導と生活指導の矛盾というような言い方の中で、非常に否定的な面だけをいま言っておるわけですけれど、質の高い教育というときに、実際には、教科主義とでも言った方がもっと手っとり早いかと思うのですが、そういうふうなところに非常に視点が強く行く、だから、いろんな理屈は理屈としてあるけれども、実際にやっていくときは、子どもたちをまるごとつかむというような教育になかなかならないことがあったのです。

(3) 子どもをまるごとつかむ
——教育調査と豆学校

これはいま皆さんが行われておる教育の中にも随分あると思うのです。そのことは何も不思議はないのです。いまの教育というのはそういうのが一般的なわけですから、どこの学校にもいっぱいそういう状況はあると思うのですけれども、恵那の中でいえばそういうような歴史が現実にありました。

そういう中で、とてもあかんじゃないかという問題が、全体としてみんなの実感になってきます。こういう教育だけじゃとても子どもがつかみ切れん、子どもは学校がおもしろくなくなる、先生も学校は全くおもしろくないということで始まった仕事、あるいは提唱したのが教育調査という仕事なのです。

そういうことのもとになったのは、例えばエンゲルスが一八〇〇年代のイギリスの労働者階級のことについて書いた文章などです。貧困な労働者階級は資本家の搾取の中で子どもを見てやる時間も何もないので、子どもは本当に野放しにされ、雑草のように育っているけれども、子どもは人間としての健康さを持っておるという意味のことをエンゲルスが書いております。言葉としていえば、そんなことが学習するときの一つの引き金にもなったかと思うのです。

三無主義とか八無主義とかという言葉が出るのはそんなころになるわけです。本当に学校へ来れば全く無気力、無関心で、学校の中で教科というようなところで見ておる限り、全く人間らしさが見られないような子どもになっております。だから先生はしからなきゃなりません。さっきの詩のように、「数学の宿題を忘れたら立たせるぞ」というようなことで、ドキドキッとしておるというような子どもになっていきます。それではどうも教育ではないということを片方感じる中で、子どもたちは、いまみたいに塾だの何だのがある時期じゃないわけですから、本当に学校の中で勉強がわからんようになり、おもしろくないという子どもは、家へ行ってどこかで勉強するということではないわけです。家は家で、いわゆる安保体制に合わせた支配の中で、教育に見合ったように、また山林が収奪され、農業が収奪されていくというような状況にあるわけですから、家庭の中でも放かられております。そういう野放しにされ雑草のように育っておる子どもだけれど、その子どもの中にある自主性と人間性というものをもういっぺんわれわれは探り取らなきゃならんのではないか、もういっぺん子どもをそういう意味できちんと見つめ直してみる必要があるんじゃないかということを、教育調査という名前で提唱したわけです。

その教育調査を提唱する能力はもう教科研には当時なかったと思うのです。だから、教員組合運動サイドから問題が出るわけです。教科研は教科研の動きとしてあるわけですけど、そこで同時に教育調査の活動が始まったのです。

それで、例えば「K子の言い分」と資料にあるのは、坂下中学校の高津昇平先生が、もういっぺん子どもの見直しをしてみたら、K子の言い分をきちんと聞いてみなきゃいかんということがわかったということとして出された、子どものつかみ直しのための教育調査の結果としての文章です。これはまた折りがあったらゆっくり読んでみていただきたいのですが、いまの子どもをも含めて、子どもの言い分の中にはどんなに正しさがあるのかということを、やっぱり教師がもういっぺんとらえ直してみる必要があると思うのです。このK子という子どもはきっと大変な子どもだっただろうと思うのです。けれども、おまえみたいな者は辞めてしまえとか、教員みたいなものはいちばん楽しておるやないかとか、月給泥棒やないかなどと、一時間も二時間も言われながら、そうか、そうかと静かにその子の言い分を聞いていくうちに、K子の言い分には納得すべきものがあると、ここで教師が一つ言い分を書いてみたということです。

その当時の教育調査の典型的な例が、一九六四年の一〇月ころの県教組の『教育時評』に載っておるわけです。これが教育調査という場合の非常にきっかけになった典型だったと思うのですが、もう一度子どもを見直そう、つかみ直そうという運動が先生の間で始まっておって、付知でこういうことがあったという例です。山野三郎（これは仮名です）という六年生の男の子の家が、調べてみたら本当にひどかったということがわかります。この子は学校ではどちらかというと暗い子で、思ったことはなかなか言わない子です。まして、到達度へ向けていく教科中心の勉強の体制の中でいえば、この子が頑張れる場所はないわけです。ときどき健康で素直な面をのぞかせることもあるが、成績としてはクラスの中でいえば中の下という子どもで、家族は父が四六歳、母が四三歳、おじいさんが七〇歳で、兄が中三と中二におって、そして本人がおって、弟が四年生で、妹が七歳という家族構成。それで、主な家の生産手段は、水田が二反五畝、畑が一反、山林（雑木林）が九反、そして和牛が一頭、それからニワトリが二羽、アンゴラウサギが四羽おる、それだけが家の中の生産状況になっているわけです。教育調査というのは、その子どもの様子だけじゃなしに、その家の経済状況が一体どうなっておるのかということを徹底的に調べることから始まった調査になるわけですから、先生は何回も何回もこの家へ聞きにいって、基礎になる数字を全部聞き出してくるわけです。

それで、一年間のこの家の収支決算は、収入が農業収入で一〇万八〇〇円、農業外収入が一九万四五〇〇円、これはおやじさんが山へ働きにいくという形です。それで、二九万五三〇〇円が年間の収入です。それに対して支出は、農業への支出が四万四六八〇円、それから公租公課、いわゆる税金その他赤い羽やら何やらまで含めて、とにかく取られるものが一万二三六〇円、生活費が二四万九六〇円、合計して二九万八〇〇〇円、差引一年トータルして二七〇〇円の赤字という家なのです。しかも、この家は、それより前に起きた伊勢湾台風で母屋が雨漏りしたために、借金をして修理費に三万円支出をしておる。そのうち二万円はまだ借りたままで返してないという状況でした。一年トータルして二七〇〇円赤字になるわけですから、伊勢湾台風で母屋が雨漏りをしたうちの二万円というものはいつ返せるめどもありません。二万円の借金は背負って、なおかつ二七〇〇円という赤字を持った家の子どもなのだという問題がまず基礎にあるわけです。

そこで、『育ち盛りの子どもを含めた八人家族は年間一〇石の米が必要だから、わずかな土地の百姓だけではとても食っていけない。農業の支出だけでも五万五〇〇〇円にもなるから、農業だけではやれない。だから、父は百姓を母や子どもに任せて、山仕事に年間一七五日間出かける。去年はこの山仕事が一日平均一一〇〇円ぐらいになって、年間一九万四五〇〇円ほどの収入になり、やっと暮らしてきた。それでも農業の収入と合わせて二九万五三〇〇円で、先ほどの二七〇〇円ほどの赤字が出る。これでは伊勢湾台風の借金も返せない。おかげで去年は病人が一人も出ていないので医者代が一銭も要らなかったが、これで病人でも出れば大変なことになる。』

そういう家庭の状況に三郎が置かれております。このような生活状態は教師にとって初めてわかったし、想像もつかなかったことだったと、こういうことなのです。調べてみて、三郎がどういう家の中でどういう暮らしをしておるかということのまず第一に、この経済状況で先生はびっくりしました。

それから、そういう家だからどういうことが起きるかというと、『三郎の家にはテレビもラジオも新聞もない。雑誌もとっていない。町役場までは一里も離れているのに、去年は父も母もバスに乗った記憶はたった一回だけだと言う。あとは雨の日も風の日もバス代を節約するためにてくてく歩いているわけだ。手紙を出したことももらったことも一年間一回もない。衣類も、去年一年間に、下着とはき物のほかは、父のズボン一着、母のエプロン一枚を買っただけだ。そこには酒もタバコも飲まず、激しい労働に耐えて子どもの成長に期待をかけて生活に苦悩する貧しい一家の姿が胸に迫ってくる。三郎がそんな家庭で育っていることを、恥ずかしいけれど、初めて知った。』教師はそういうふうに思うわけです。

そこで三郎のことをいろいろ家の中で聞いてみると、『三郎は朝五時に起きて雨戸を開け、顔を洗う。ブラシも買えないので、歯はみがかない。洗面器もない。手拭いはみんなながまで使う。洗面の後、三郎は五つの弁当をそろえて詰める。このことなど、教師にとっては全く知らない三郎の生活の一面だった（学校では何もやらん全く無気力な子だと思っていた三郎が、毎朝起きて、家中の人の弁当を詰めてやっているという自主性だとか人間性は、調べてみるまで全然わからなかったという問題です）。それから、三郎は家が貧しいからカバンも昔のままのかけカバンで汚れて汚い。服も粗末だ。ただ、三郎は学校が嫌いではない。学校が好きだと言っているが、それは先生が三郎を差別しないことを知っており、両親もその点で先生を信頼しているからだと思われる。それにもう一つ学校が好きだということは、家には何もないけれども、学校にはいろんなものがあるからだ。三郎は勉強はあまりできないが、スポーツは得意で、ソフトではクラスの中心になっている。だから三郎は運動靴を大切にし、古いつくろった運動靴を家へ帰ると大事にしまって、わらぞうりにはきかえている。三郎は山や川で遊んだり、春にはワラビ採りやヨモギ摘み、秋にはキノコ採りなどもする。このごろは、捨ててあった乳母車の傷んだ輪を拾ってきて、それに妹や弟を乗せたりして遊んでいる。四年生ごろの三郎は仕事を言いつけられても遊びに逃げていくことが多かったけれど、このごろ父に言いつけられた田んぼ掘りなどをやる。その違いは、三郎が仕事をやるときに、「おれがこんだけやれば、それだけおかあちゃんが楽になるでな」、という言葉の中にあらわれている。夜は早い。夜は八時ごろまでに寝る。四年生の弟と同じ布団で寝るが、このとき布団の中で借りてきた漫画、教科書、本などを読む。いわば弟とひとつ布団の中でのこの時間が三郎にとっては勉強時間。そして一日の疲れが三郎を夢の中に誘い込んでいく。この本は学校の図書館から三郎や弟が借りてきたものが多い。学校の図書係の先生も、三郎兄弟は本をよく借り出していくと語っていた。』

あまりにも三郎の生活をみんな知らなかったというふうな中で、この三郎の教育を一体どうしたらいいのかというところへ突き当たるわけです。「質の高い教育を」「未来を切り拓く力を」などと言っても、現実、学校で無気力、無関心な表情を示して、勉強はあまり進まないこの三郎も、家へ行って調べてみると人間らしさも自主性もあります。じゃあ学校でこの三郎をどうするのかという問題が出始めてきたのが、実は教育調査ということになると思うのです。

大きくいえば教科研という民主的な運動の側を私はあえて批判した形でいま問題提起をしたけれども、本当はそっちに中心があるわけじゃなしに、正常化以降の攻撃の側に問題はあると思うのです。けれども、それを切り拓いていくというような意味で、なかなかうまく切り開けなかった困難さを申し上げただけで、そういうことから、教育調査をしてみると、これではあかんのやないか、ますます三郎たちは学校から去っていかざるを得ない、学校とは一体どういうものかという問題がもういっぺん教師の中で検討され始めたのです。

そこで、三郎の学校の場合は、三郎の家のことや、知らなかったことについて学校の先生たちでいろいろ話し合ってみました。そして、まず先生は、もういっぺん三郎を調べたように一人ひとりの子どもを見直してみなきゃいかんのじゃないか、そして、三郎たちのような教育というものはどうあらねばならんか、三郎たちが底抜けに笑い、生き生きと活躍する授業、そういう教育をどうつくり出すかという課題に取り組まねばならんというふうになるわけです。こういう子が学校へ来て本当に生き生きと笑い、底抜けに明るく、底抜けに楽しく勉強するような、そういう学校をどうつくっていくのかというふうな問題として、教師の深刻な反省が始まるということがあるわけです。

その時期、とにかく人間性と子どもの自主性を引き出すようなことを、教育の体系を全部変えてやらなきゃならんということを言っておったって何もできんので、どこかひとこと突き破っていって、教室の中に人間らしさを取り戻す仕事をやらなきゃならんのじゃないかといって、一点突破で人間の教育を生み出さなきゃいかんということを教員組合を中心にして言うわけです。そして、一点突破という言葉だけはやるけれど、なかなか実践的に一点突破ができないというような時期に、一つは神《み》坂《さか》で豆学校の実践が生まれるのです。これは小出先生だとか斉藤先生だとかがおられた時期で、小出先生は教科研の中心的なメンバーであったけれど、教科研が提唱する教育の中だけでは、どうしても神坂で生き生きとさせることができんというような問題にまたぶつかっていくために、何が始まったかというと、あそこでは豆学校が始まったわけです。その後ずっと続いて豆学校とか、地域子ども会とかという名前になって残るわけですけれど、部落に豆学校という名前で子どもたちの生活の場をつくらせていきます。豆学校という名前で、とにかく部落に学校をつくれと。子どもだけの学校をつくって、そして自分たちの生活をとにかく生き生きさせて、それを学校へ持ち込ませるという仕事にし始めました。特にあそこは、それ以前、越県合併という問題があったりして非常に複雑な地域ですから、いくら田舎の子でもなかなかのんきにはなれずに、学校で非常にかたくなな姿勢をとっておった子が、豆学校の活動を始めたことによってうんと変わってくるのです。

その当時の豆学校の子どもの活躍ぶりというか、生き生きした状況をあらわす有名な言葉がいくつかあるけれども、豆学校から出てきたといって評判になったのが、「夏の友　友でないのに　友という」という川柳です。夏の友を先生が配ったら、豆学校へ行っておったときに、子どもが川柳づくりをやって、無理に友やなんて押しつけられてむちゃくちゃやという意味のことを川柳に書きました。学校の教室の中だけで見ておる限りはそんな子は出てこんけれども、豆学校で自分たちで勝手に学校を開いて、地域の子ども会をやっておったら、本当に子どもの本音がうまく出てきたといって、豆学校の活動の成果のように広がった川柳です。

そんな神坂の問題もあって、一点突破ということを当時の教科研の中でもまた取り上げざるを得んようになって、例えば、東海教科研ではこの問題を特別報告してもらうというようなことがあったと思うのです。そして、教科研としても、科学化、系統化というふうに言っておった部分だけではどうにもならんという問題が、逆にいえば、一点突破というような中でさまざま生み出されてきて、そちらの側に人間の教育というものがあるんじゃないのかという問題がもっと広がってくるわけです。

(4) 民教研結成へ――表現による一点突破

そんなころから、もういっぺん、人間回復の教育というようなものをつくり出さなきゃならんということで、恵那教科研というようなものではもうイメージも固まってしまっておるし、活動の形態も非常に一定化してきておるから、教科研というものだけが民主教育と思っておるような人だけでなしに、もっとうんと広く、校長やなんかも含めて、いろんな人がいろんな形で加わって地域の民主的な教育を進めていけるような研究団体として、民主教育研究会というものを新しくつくって、前の教科研を発展的に解消したらどうなのかということで準備活動が始まるわけです。これが一九六五年、六六年ころになるのですが、そういう形で民教研の準備会というものをつくりながら、片方は教科研も存在していって、そして、この資料にありますように、一九六七年の八月に、「人間性豊かな教育を」ということで第一回の民主教育研究会が開かれることになるわけです。資料にあるのは、浅野信一先生が、民主教育の発足に当たって、会長としての所懐を述べておられるそのころの機関紙です。

そんなころ、人間の回復という問題をもう少しここの地言葉風にしながら、人間教育というようなものを具体的に実践する一つの指針となるような意味の問題として提起したいというようなことで、いろいろ検討した結果、地肌の出る教育という言葉が出るわけです。教育というものは本当に人間の地肌をみがいていくものなんだ、いまの教育はいろんな衣を着せて地肌を隠してしまって、違った人間にしていく、そういうのが支配の教育なんだと。それに対して、民主教育というのは、本当に持って生まれた人間の地肌というものを大事にして、それをみがいて地肌の質を高めていくというものなのだという意味で、地肌の教育というような言い方で提唱したわけです。

そのとき民教研の機関紙へ問題提起をしたのが、「『地肌の出る教育』を考えるために」(本巻論文14)という文章です。当時はもっと簡単に言えばいいことをこむずかしく言っておったし、何とも自分でもわからんということです。じゃあいまなら簡単にいえるかといったってわからんけれど、当時の方がもっとわからんから、いろんな言い回しで模索しておるということになるわけですが、民教研は人間ということをまず地肌の教育という言い方でとらえる中で発足していって、以後ずっと広げていったと思うのです。

それが教育調査以降の民教研へ移ってくる動きです。だから、教科研と対立して民教研が生まれたというわけじゃなしに、当時の教科研の事務局の人たちも民教研の事務局へ入ってずっと進めてきたというふうな意味でいえば、ここではクーデターだの何だのに近いようなことは何も起きずに、一切うまくうまく進んできております。これは最初に申し上げたような人間の関係を断絶化しないで大事にしておる証拠です。

ちょうど正常化が終わる一九六五年、私は県教組から中津川西小学校へまた帰ってきて、五年生の子どもの受持ちになるわけですが、本当にこのときに私は支配がもたらした正常化教育のひどさというものを実感できたわけです。いろんなことがあったわけですが、本当に人形さんなのです。教室の中では無気力、無関心といえば、まさにそうなのです。教室の中では一見行儀はいい。それで、私が何かしゃべって黒板へ字を書けば、それを写すだけです。黒板へ書きさえしなきゃ何も書かんのです。書きさえすれば、ばかみたいなことを書いたってそれは写します。自分でノートを取るということができんのです。それで、当時、五年生の国語科の教科書に詩か何かで「人形」という教材があったので、「おまえらは人形や。人形やのうて人間になれ」と言って、前の黒板の横に「人形でなく人間に」と書いては、ほれ見よ、ほれ見よと三ヵ月ぐらいやったりもしておったのです。

そのうちに大変強く思ったのは到達度体制のひどさということで、国語か何かで一課目学習を終えて、昔のつもりで、「あしたはテストするでな。いっぺんどのぐらいみんなが勉強したか」と言ったまではよかったですが、自分なりのテストの問題をつくって朝教室へ行ったら、その日に限って、昔私が中学校におったころよりももっとひどいというか、朝勉をやっておられるわけです。いまの高等学校の生徒と似たようなもんだと思うけれども、それまで何もやりもせんものを、あわてて本を読んでみたり、何かを写してみたり、一生懸命でテストに備えるような勉強していたのでびっくりしたのです。それまで何もせずに人形になっておったやつが、テストのときにそんな態度を示すとは夢思わなんだからです。あまり積極的ではないけれども、嫌だななどというような顔で平気でおるかしらんと思ったら、その日に限って、猫もしゃくしも本を読んで朝勉をやっておるので、本当にあのときは頭へ来たということになるかと思うのですが、ものすごい勢いで怒るわけにもいかんので、こんなものは仕方ないと思って、「もうおれはおまえらにテストをやらん。問題をつくってきたけど、こんなばかなことがあるか。テストをやると言いさえすれば、その日の朝だけやる。人形とはまさにそれやないか」と言って、テストをビリッと破って捨ててしまったというようなことがありました。

これが実はそれ以前の到達度体制の一つのあらわれだったというふうに私は感じました。当時の学校でいえば、そのことは同時に、学年なら学年で違ったことが何もできん体制をつくっておるということです。先生が勝手に自由にいろんなことができんのです。例えば、私のような心臓の強い者が、いまでいう学級通信をすぐ出そうと思ったら、そんなやつを出してもらっちゃ困るという話になるのです。三つクラスがあって、三クラスの先生が「おまえんたあも出しゃええやないか」と言ったら、そんなものを出しゃよけいいろいろ複雑になって困るとか、何とかかんとか言われます。だから、ひと月かかってああだこうだ、ああだこうだ言って、とにかくおれはおれで出さなもうあかん、そうでなければ自分の教育にはならん、そろったようなことをいくらやっておったってしょうがないじゃないかということで、本当にひと月目ぐらいにみんなに了承うけて、簡単な通信ですけど、「みつばち」第一号を四月三〇日にとにかく出しました。私が学校へ行って、私のような心臓の強い者でも四月三〇日まで一生懸命こらえておったというか、一生懸命で工作してもできなんだというぐらい体制というものはかたかったということです。

そして、子どもの生《なま》の生活を教室の中心に据え込まなきゃこれは崩れようがない、ただ教科の学習を捨てたというわけじゃない、そんなことは毎日やっておるに決まっておるけれども、何とか人間の事実、子どもたちの生活の事実を教室の中心に据え込むような学級をつくらなんだら、人間の温かみのある教室なんかになりっこないというふうに考えて、生活の事実を教室へ持ち込むということに大変苦労しました。それより前に、私は生活綴方をやっておったことがあるので、綴方を書かせようと思って、綴方という言葉が当時あったどうかわかりませんが、とにかく、きのうあったこととか、おもしろかったこととか、悔しかったこととか書けというわけです。

そうすると、子どもは教科書にある作文風の文しか書けんのです。何といってもその概念が崩れんわけです。ものすごく観念的、概念的にしかとらえられんのです。これもまた大変なことで、結局は、私は二年間その子たちとつき合ったけど、最後まで綴方というものは書けなんだほど頭ががちがちでした。書かせることはいろいろ書かせたけれど、綴方というものにはなりませんでした。だから、初めは本当に何ともならんような文章しか書いてきません。これは、綴方はあかんというようなことから、いろいろ思って、一つは昔もやったことがあった「私の新聞」をつくらせることを始めたわけです。ああだったこうだったという自分の生活を、私の新聞ということで一週間に一回ずつつくれ、新聞には主張欄もあるから、私の主張も書けというようなことで、私の新聞づくりというようなことをまずは始めて、とにかく新聞をつくらせるということに非常に力を入れたものです。そうすると、子どもたちは少しずつ自分の生活を書き始めたけれども、なかなか自分の生活にはならないのです。

もう一つは、新聞の中に漫画とか川柳とかを書かせました。前にもお話ししたことがあるかどうかわかりませんけれど、五〇年代の生活綴方の運動のころに勝田守一先生がみえて教育調査をされたときに、いろんなことを言っていた中で、子どもたちに版画を彫らせると、さっき『夜明けの子ら』の版画の表紙が出ておったのですが、大変感動的な版画を彫るけれど、色を塗った普通の絵を描かせると、少しもああいうキュッとした感動が出んというような問題があったときに、勝田先生の意識した言葉であるかどうかわかりませんが、当時、綴方に絡んで概念づくりとか、概念砕きとかというような言葉があった時代ですので、「概念づくりというか、概念を構成するのは具体から抽象へということなんでしょうけれど、概念を砕いていくのは、抽象から具体ということなんでしょうかね」と言われたことがあるのです。あの方はひとり言みたいにふっと言われて、私は学者というものはすごいことを整理するもんだと思って感心したことがあるのです。本当にふっと言われただけでしたから、勝田論文集にそういう意味の論文があるのかどうかわからんのですけれども、私の頭にはひどく立派な教育論として残ったわけです。

一種の哲学です。概念をつくっていくのは具体物から抽象へと進んでいくけれど、でき上がった概念を砕いていくという場合は、抽象化されたものから具体的なものへ進んでいくというときに本当はうまく崩れていくんでしょうかという意味なのです。それは教育原理としていろいろに考えてみればまた別なのですけれども、教育方法上でいうとわかりやすいのです。例えば、作文というか、綴方を書けというとちっとも具体的に書けんけれども、川柳をつくれというとものすごく本質をついた川柳ができるわけです。川柳というものは抽象的なものです。だから、さっきの神坂の子でもそうでしたし、私の場合でもいくつかそういうことはあったわけです。最初のころ、私の新聞づくりと一緒に川柳なんかをつくらせてみると、「西校は　おぞいかわりに　元気な子」とか、「学校は　桜だけが　美しい」とか、「ねえちゃんに　勉強習うと　すぐ怒る」とか、初めはこんなもんですけれども、何べんもつくっておるうちに、例えば、「子ども会子どもやらずに　大人やる」というような官制子ども会への批判をしゅっとそういうことでは言うのです。けれども、そういうものを綴方みたいなものに書かせようと思うと、いつの日の子ども会に、僕たちがこういうことをやろうと思って楽しみにしていたら、どこやしらんのおじさんがこんなような顔をして出てきて、こんなようなことをやって、本当にあんな嫌なおもしろくないことはなかったというようなことを書く根気というか、そういうふうに物を具体的につかんでいく綴方にはならんけれども、「子ども会　子どもやらずに　大人やる」というような言い方でいえばしゅっととらえていくのです。そういう抽象化された視点から、自分の現実というものを見直してみるという意味でいうと、川柳とか漫画というのはものすごく子どもは巧みなのです。漫画で物を表現させたら実に生き生きと子どもが出てきます。けれども、漫画を言葉で綴方にさせようと思うとなかなかならんというような問題があったりしました。生活の事実を教室へ持ち込むということは、新聞づくりをまず手始めに、いろんな形で生活の事実をとにかく教室の中心に据えてきて、こういうことがあった、あんなことがあったとみんなで交流したり、そのことを話題にして話し合ったり、あるいは、ときにはそんなことが中心になって学習の主題になるということもあったと思うのです。

そのころでいうと、民教研の組織としては、一点突破の実践の一つの広げ方として、生活をもういっぺん教室の中心に据え込んでくるような教育活動にするために、どこの学級でもいっぺん子どもたちに新聞をつくらせてみたらどうかということで、新聞づくりの研究会みたいなものを新聞教室として長島小で行ったり、ブロック別に開いたりしたようなこともあったと思うのですけれども、私も現場へ帰ったときにそんなことから始めざるを得なかったのです。

(5)　西小学校「みつばち」学級での実践

それから、この新聞を種にした話でいいますと、次の、「学習と自分の立場」というのもそうなのです。いま中央道ができて、その中央道の近所に私は住んでおるのですけれども、私が「みつばち」学級の子と学習しておったのは、中央道ができる少し前なのです。それで、中央道がいよいよ手賀野にできるという問題が具体化してきて、新聞に子どもが書き出したわけです。中央道が今度できると、私の家は立ち退かなきゃならん、私はあそこから立ち退きたくないし、家の人も反対しておるが、中央道のおかげで立ち退かんならんということになると困りますという、「私のお願い」という記事がここにあります。『私たちの方に中央道路が通る。私の家も引っ越していかんなん。私の家はどこへ引っ越すかわからない。山の奥へ行きたいが、おとうさんの会社が遠くなる。私たちの学校も遠くなる。どうやっても困る。中央道路さえ通らなければいいけど、私たちがいくら頑張っても、市が言ってくれない。高い道路は立ち退き料が高いけれど、安い道路は立ち退き料も安い。中央道路が憎らしいと思う。いま手賀野にはそこらへんに中央道路反対と書いてある。みんなも考えてください。（山鳩新聞）』と、中村厚子という子が私の新聞に書いてきておりました。

ちょうどそのころ、六年生になってからでしたけれど、社会科の学習で明治の文明開化のころを扱っておって、馬車馬を引いておった人が、鉄道が敷けて失職するというような東京新橋の話なんかもあったりしたので、私はふっと思いついて、この中村さんの意見も一種のいまの時代の文明開化の中央道路だけれども、厚チャンはこれで家を引っ越したくないけど引っ越さんならんで困るというが、一体文明開化ということを含めて、科学や文化が発展するためにはどうしても犠牲はやむを得ないものかという問題を出したわけです。いうなれば中央道路賛成か反対かというだけの問題じゃなくて、少し文化の質の問題に変えたわけです。それで、そのことについてみんなに討論させて書かせたわけです。とにかく賛成か反対かどれでもいい、科学と文化が発展するためにはどうしても犠牲はやむを得ないという者と、犠牲があってはならんという者と、どちらかわからないという者と、いうなればそれだけですが、大人だっていろいろな考え方があるわけですから、子どもの中に意見としてあるのは当たり前です。

書かせてみたら、出るわ出るわ、子どもの立場というのは非常に明確なのです。それを全部子どもに発表させて、それを聞いておいて、もういっぺんそれについて書けといって書かせると、だれだれ君の賛成の意見はおかしいとか、だれだれ君は犠牲が要るというけどその論旨はおかしいとか、だれだれは犠牲なんか要らんと言うけど、そんな甘いもんじゃないというようなことを二へん目に書きました。それをまた発表させて、三べん、四へんとやったのです。

そのうちにだんだん、三回目くらいになると、要るというのと要らんというのとが鮮明になってくるのです。例えば、題でいうと、第二回目は、「科学を進歩させるための犠牲はしょうがない」とか、「文化が進むには」という題でどっちの立場もとらんとか、「わが輩はこう思う」などという気負ったものから、「犠牲があれば平和が来る」とか、「何といっても犠牲が要る」というような意見も出てきます。

そこらで私は結論を出して、「先生の意見はこっちだし、みんなも討論してこっちになりなさい」などと言うわけでも何でもないのです。要するに、そういうことに対して自分の立場を持つか持たんかということが決定的に重要なので、子どもに自分の立場としてきちんと意見をつくる仕事をさせることが教育の仕事であって、例えば中央道について反対だという決議をするとか、賛成だという決議をさせるのが教育の仕事じゃないというようなことを思って、一定のところでけりをつけていったわけですけれども、その当時の子どもの二つの意見、これはいまでもなかなかおもしろいと思うのですけれども、ちょっと紹介してみます。

「何といっても犠牲は要るのだ」というのは宮沢明という男の子です。『みんなの意見を聞いてみると、一つの方向に偏っていて、両方の意見を聞こうとしないのが多かった。例えば、会社や学校が遠くなることや、家がつぶされるから道路はつくらなくてもいいとか、仕方がないからどいた方がいいという意見に傾いている。それではいけない。ダムや道路、もっとほかのことでは、ガンの研究や病気の治療のためにも使うモルモットでも、やっぱり人のためになる犠牲だ。だけど、それが人間が犠牲になるということになれば、これは犠牲になる人のことを考えなくてはならない。ある人は、犠牲の要る文化なら、いまでなくても、もっと国民のためになるものをつくったらどうだという意見を言った。それについていえば、要るんだからつくるんであって、絶対人のためにならないということはないと思う。そりゃ大臣やお金持ちには都合のいい道路や汽車だが、わからないところでみんなの役に立っている。もし道路なら、魚や野菜を積んでトラックで運ぶということもある。だから、つくらなくてもいいという人でも、何年かたてば絶対に、「ああ、あの道路があったればこそ」と言うに違いない。犠牲が要るならつくらない方がいいという意見は、ガンやほかの病気の研究をしなくてもいいというのではないのだろうか。犠牲の要った科学や文化で、犠牲の要らないこれからの文化や科学を進めるというのが本当ではないのか。犠牲が要らないで進むまで待っていたら、いつまでたってもできないのじゃないだろうか。文化が全然進まないのだからできるわけがない。エアカーをつくるようにしたらという意見もあったが、それをつくるにしても犠牲が要るのではないか。例えば地上を走る車が全然売れなくなる。エアカーは地上を走る車と違って高いだろう。だから、小さいタクシー会社は上がったり。空を飛ぶ車はスピードも出るし、交通戦争もない。だから、絶対エアカーに人々は乗るに違いない。そのために小さいタクシー会社は犠牲になる。いつの世の中にでも、どんなことをしても、人が犠牲にならなくては本当に文化とかいうものは進まないのだ。だから、犠牲が要るとか要らないとかいっても何にもならない。ただ、どうやって犠牲を少なくして、人々のためになる文化を進めていったらいいのだという問題を考えるのがいいのではないか。どんな小さなことでもどこかで犠牲があるのに違いない。例えば警官が泥棒をつかまえる。それはいいのだが、泥棒の気持ち、その兄弟や両親たちの気持ちはやっぱり悲しいだろう。そういうことでも犠牲だ。いいことをしても、片一方では困る。困っている方を助けたら、いい方が困る。どんなことをしても、だれが何といっても犠牲は出る』、こういうのが一つ目です。

それから今度は「文化の進歩の犠牲について」、これは安藤紀子という女の子です。『先生はきのう、文化が進むために犠牲が要るかという問題についてみんなが書いた紙上討論を読んでくれた。みんなの意見を聞くと、大体、犠牲になる人がかわいそうだ、あまり犠牲を出さないようにと書いてある。または自分は関係がない、わからないと書いた人もあった。でもそういうのは私はとても無責任だと思う。文化が進むにはよく犠牲が出た。私はそんな犠牲が出るときは文化は進んでいないのだと書いた。私はそんな知らん顔している人はいちばんつまらないと思う。もちろん自分勝手に道をつくった人も悪い。でも、そういうことには一いち反対があった。犠牲が出たからだ。中村の厚チャンたちのところでももう前から反対はしている。だけど、そういう反対はいままではみんな通されなかった。安保条約のときでも通されなかった。私はそれは日本の人が何かに反対だと思っていても、知らん顔をしてそれをあらわさなくて、みんなの力が集まらなかったのだと思う。だから、もっと日本の人が力を合わせ、わかり合っていかなければいけないのだ。人々は抵抗力を持ち、利口になってそういうことに抗議をすべきだと思う。それから、仕方がないというのもあった。それも同じことだ。よく大人の人の言うことを聞くと、仕方がない、仕方がないと言っている。物価値上げでも、怒っていながら、仕方がない、しょうがないと一人でブツブツ言っている人が大勢だと思う。だから、そういうことでこういう犠牲はなかなか消えないのだと思う。また、厚チャンの意見に立ち退き料が安いと書いてあった。そうすると、いまの時代は土地を買うのにものすごくお金が要るというから、家を移るのも大変だと思う。だから、金子さんが言ったとおり、喜んでもとの家を引き下がれるように、移るとき後ろを振り返らなくてもいいように、いま一人ひとりが気を楽にしているようなことがないようになりたい。それから、国は高速道路なんかつくらなくてもいいから、歩道橋のようなものをたくさんつくってくれるといい。そういうことが国のためだ。国のためといって危ない道路をつくるのはいけない。国は私たちの集まりであり、金持ちのためのものではない。それに、ロケットなど飛んだりしている五〇年ぐらい後のことを想像している子もいたけれど、そしていくら犠牲が出たって、後になればいいと言っているが、その間に戦争があったら、それは何も取り返せない犠牲になってしまう。だから、絶対にそういうことは直さなければならないと思う。』

こんなあたりが代表的な意見だろうと思うのですけれども、こういうふうに、中央道の厚チャンに同情するとかせんとかというだけのことでなくて、生活の事実を文化の問題にして、もっと抽象化された形で自分たちの人間の課題というものを考えて、そして自分の意見を持っていくというような意味で、生活べったりというか、生活のことさえ語っておればそれが生活の教育であり民主的な教育だとか、人間の教育だということではないだろうというふうに思うわけですし、当時はそんなことから学習をしながら、自分の立場をきちんと持っていくということを大事にしておったということもあったのです。

それから、そのころの子どもは川柳だとか漫画だとかのほかに、かえ歌なんかをつくることが非常に好きで、自分で新聞の中へ書いてきたりしております。例えば、「五万節」のかえ歌で「五千節」というのは、『生まれて出てから十二年、今じゃ学校の五年生／新聞、新聞の明け暮れで、変な新聞五千節。／生まれ出てから十二年、今じゃ学校の五年生／まずいミルクに悩まされ、残したミルクが五千本』とか、あるいは、「友情の歌」というのは、「大根の歌」といって『一本でもいい、でっかい大根であれば。／でっかい大根であれば金を持って飛んでいく。／苦しくてもいい、大根一本あれば。／大根一本あれば一日二日はもつだろう。一本ぎしの大根さ』とか、あるいは「バラが咲いた」という歌は「穴があいた」というかえ歌で、『穴があいた／穴があいた、でっかい穴が／新しかった僕の靴に穴があいた／たった一つあいた穴でっかい穴で／新しかった僕の靴がボロくなった／穴よ穴よでっかい穴よ／いつまでもそこにあいてておくれ／穴があいた、穴があいた、でっかい穴が／新しかった僕の靴がはけなくなった』というふうで、大変おもしろいものです。生活綴方を書くということはようしなかった子ですけど、詩だとか童話だとかいろんな意見だとかを書きながら、この子たちは終わったのですけれども、活動としては非常に愉快なことはやっておるのです。ここに子どもたちがつくった『みつばち』という学級雑誌があるのです。これは、月刊誌としてつくるといって、気負って自分たちで学級雑誌をつくりだして、ろくなことも書いてないということもあったし、五回か六回しか続かなかったようですけれども、修学旅行のときにもつくったり、詩だとか川柳だとか鉛筆対談だとか、思ったこととか、工作コーナーだとか、料理コーナーだとか、お菓子の作り方とか、工作の作り方だとか、妙な懸賞だとか、童話「一羽の仲間」とか「やかましい」というのを書いておるのです。数学の問題だというのも載せておったり、そんな雑誌をつくってみたりしております。それから、子どもたちに好きな学級の部をつくらせたら、体操クラブというのができて、学級体操をつくるといって、そのころおそ松の「シェー」というのがはやっていて、これを入れた体操を考えたり、運動会のときにも、途中で「シェー」という格好をやるような「シェー競技」というのをつくってそれをやるとか、そういうような意味で大変自主的に集団的な活動は進めておったということはあるわけです。そんなことが、民教研の初期に、人間をもっと教室の中へ取り戻すということでやった、私のささやかな実践の一つになるわけです。

(6)　生活と知識の結合
――教材選定の四つの観点

そんな中で、「地肌の教育」などといくら言ったって、恵那言葉の地肌では日本中の人がだれもわかるわけじゃない。そのうちに、「地金ばっかり出てくるだけで、ちょっとも地肌やないやないか」とか、「おれのところは地金しか子どもはよう出さん、ちょっとも地肌になってこん」というような話もあって、地肌といったことを、いろんな実践も含めながら整理したら一体どういうことになるのかということで、少し整理した形で目標化したのが、「生活に根ざし、生活を変革する教育」ということなのです。それが民教研でいえば今日まで続いておる中心のテーマだということになると思うのです。民教研ができて二、三年のうちだったと思うのですけれども、地肌と言っていること、あるいは人間の教育とかということを今日風に、そしてわれわれに最も理解しやすい形でいえばどういうことだというので言ったのが、「生活に根ざし、生活を変革する」ということになります。地肌というのは、実はそういう人間を育てることを地肌の教育というふうに言ったのだということになるのです。

その中で一つ重要にしてきたことは、生活の事実をありのままにとらえるということが、その後の生活綴方の運動というか、教育実践の問題になってくるのです。

それからもう一つは、生活と知識を結合させる、知識は知識で生活と切り離されて詰め込まれるものでなくて、生活に根ざしたものとして知識を獲得するということになれば、それは生活と知識を結合するという問題ですけれども、民教研の運動の中でいえば、実際にはどういう課題としてその後問題にしてきたかというと、「私の教育課程づくり」という問題だと思うのです。「私の教育課程づくり」というのは、実は生活と知識をいかに結合させるかという点での教師の努力、教師の苦労というものを言おうとしたものであるわけです。

それから、当時でいえば、地域に生活をつくり出す、いうなれば、子どもに生活そのものをつくらせていく場合、特に子どもが生活する根拠である地域に子どもが生活をみずからつくるということで、地域子ども会の活動というふうなことが、民教研の初期のころ強調してきたことですし、それがある意味いろんな過程を経ながら進んできたことだと思うのです。

その中の一つで、完成をしたというふうになかなかならなかったわけですけれど、努力した問題を報告してみたいと思うのです。

例えば、生活と知識を結合するという場合、「私の教育課程」をつくっていく仕事において、それぞれの教科が持っておる本質というか、本質的視点というものをどういうふうにとらえたらいいかということを論議したわけです。なぜわざわざそんなことを少し申し上げるかといいますと、さっきの教科研のところで、教科の視点というふうに言ったところと、例えば国語の例で私は申し上げたと思うのですが、一、二年の場合、三、四年の場合ということと、もっと総合された民教研の視点というものは、やっぱり少し違った視点になっておるのです。

当時、民教研の事務局会議で一つの視点を検討するのに、夕方から明け方の三時ぐらいまでわんわんわんわんいろいろなことを言いながらやって、やっと最後に、「じゃあ、こういうふうにまとめていいんやろうか」というようなことで、「まあしょうがない。眠たいでそのくらいにしておこまい（やめよう）」ということで、一つ出すのに何時間かかったともわからんほどです。そうやって整理したものを、パンフレットにして、みんなで総合的に検討したいと思っておったけれど、なかなかそこまで行かんうちに、これもいろんな状況の中で挫折したというか、棒を折っちゃったということになるわけですが、六九年の一〇月くらいからそういうことを始めておるのです。

その年に学習改善運動ということを言い出すわけです。学習をわかるという立場で徹底して改善していかなきゃいかんということで、本当にわかる学習というようなものをつくっていくために、教育内容を検討しなきゃならんということで、生活に根ざした、生活を変革をさせる立場から、教育内容を精選整理する場合、その教材というものはどういうものでなきゃならんのかということで、二つの大きい基礎を出したわけです。

論議のいろいろは省きますが、まず教材の選定という問題でいうと、私たちが本当に生活に根ざして生活を変革する教育を進めるための教材だというふうに言うならば、教育内容として、第一には教師が意欲的に取り組むことができる教材でなきゃなりません。先生が嫌でかなわんなどという教材では、絶対にいい教育の教材にならんということです。それからもう一つは、子どもがよくわかる、子どもが共感できる教材、それが決定的に重要ではないのではなかろうか。例えば民教研で教材を今後検討する場合に、第一には教師が意欲的に取り組むし、子どもも共感できる教材がまず基礎だけれども、それには四つの教育性というものを持たなきゃならんのじゃないかということで、一つ目には、その教材は子どもにとって現実が正しく把握されるような方向をきちんと持ったもの。二つ目には、人間的な生き方を考えることができるような内容の教材。それから三つ目には、いまの生活を切り拓いて変える力になることができるような教材。それから四つ目には、人間の全面的発達というものを目指す。部分でなく全面発達を目指すことができるような教材でなきゃならんということで、さっきの二つを基礎にして、いまの四つを教育性とでもいうならば、「二つの基礎と四つの教育性」というものを共通的視点として、学習改善運動をもっと進めなきゃならんのじゃないかと考えたのです。

そこで、もうちょっと例としていいますと、じゃあいま言った二つの基礎と四つの観点の、その四つの観点をいろんな分野で具体的にする中心の視点というものは一体何かというようなことで、これもまた何時間も何時間もかかって論議して、簡単に整理したものを読みますと、『四つの観点のそれぞれの内容を具体的な事例だとか教材、あるいは教科書、あるいは自主教材等の中で明らかにしながら、その民主的な教育性を理論的に明確にするということが大事だ』、それから、『四つの観点を各教科、各分野で具体化するために、それぞれの教科や分野の特性に応じて、民主的な教育の本質を基本的に示すことができる視点』、つまりその教科の最も本質を示すような視点というものをわれわれの中でつくらなきゃならんのじゃないかというようなことです。そのころ綴方についてだけは比較的共通的な視点として言えた問題があります。それは何かというと、『生活綴方というものは、現実をありのままに表現することによって、子どもが持っておる生活実感を客観化させる』ことが、その四つの観点から考えた生活綴方の本質と言えるのではないだろうかというようなことでは、割に早く一致しました。

けれども、さてあとの教科ということになると、もう喧々がくがくになってくるわけです。それでいままでの教育実践や研究の成果や、科学的な教育論に学びながらどんどん論議していかなきゃいかんというようなことで、次に国語ということで考えてみると、国語科の一般的目標とか独自的な目標とか、あるいは国語科の内容になる知識と方法としての教材における基本的な特性とか、四つの観点というさっき言ったようなことを引き合いにしていろいろ論議した結果、国語科では、日本語、いってみれば言語それ自体を正しくつかむことの中に民族性や科学性の基本があるが、その言語はすぐれた教材、いってみれば言語活動、すぐれた教材としての言語活動、読み、書き、話す、聞くなどのそういう形態はとるけれども、すぐれた教材というのは、言語活動としての表現の中でのみ可能である点が明らかになりました。したがって、言語、いわゆる語彙だとか語法、文字などだけを切り離して科学性や系統性を追求したり、教材（文章）だけを文学的観点や政治的視点だけから追求したりするのではなく、子どもたちの現実生活として存在するさまざまな言語活動を基礎に、すぐれた文章とともに正しい言語をつかませることが必要だと結論づけたのです。文学教育といわれる分野も、外国語も基本的にはこの視点の中に含めて考えることが可能であろう。以上の観点を国語科での観点としてまとめると、『生活の真実をあらわすすぐれた言語活動によって、日本語を正しくつかませること』、これが国語科の本質ではなかろうかというのが、当時のいってみれば「私の教育課程づくり」のための民教研事務局等における論議の質をあらわすものです。

いまから思って、これでいいのか、もっと変えるべきことがあるのか、発展させなきゃならんのかということ等は、今後の民教研活動の中で十分また練り上げていただきたいというふうに思うのですが、そういうようなことをいろいろいろいろ論議した結論だけを申し上げますと、数学という場合、『現実（生活）の量や図形を見極めることによって、実生活に根を置く数理をわからせる』、そこに中心があるんじゃないのかというようなまとめ方です。

あるいは他の教科にもご興味があるとすれば、若干のことを言いますと、社会科は『現実の中に生活実感とのかかわりで矛盾を発見することによって、社会現象（いわゆる歴史、地理、政治経済、文化等々）における労働と生産の関係、発展の法則を正しくつかませる』、これはいまそう言えるかどうかということはありますが、子ども自身が現実の中に生活実感とのかかわりで矛盾を発見することによって、社会現象としての歴史や地理や政治や経済、文化における労働と生産の関係、発展の法則を正しくつかむということが、社会科の中心的視点として考えられなきゃならんのじゃないかというふうに当時考えたことです。

理科は、『自然の事物、現象への疑問を、五体を駆使した自然への積極的な働きかけの中でつかませ、自然科学の成果と正しい物質観、自然観を学ばせる』、そして、そのことによって自然科学の成果と正しい物質観と自然観を子どもたちに得させていく、学ばせていくというところに中心が置かれなきゃならんのではないのだろうかみたいなあたりまで論議をして、あと、家庭科はどうするの芸術ではどうするの、体育でどうのというようなことをやりながら、まとまらずに済んでしまったということがあるわけです。

そんな時期、例えば、いま言ったような「私の教育課程」をつくっていくという場合の、私たちの真に人間的で科学的な教育の視点というようなものを明確にする必要があるだろうというふうに当時論議したことです。ただ、うんと全組織の討議にもならんし、その後それが深められたというわけではないので、どこかの本を探してきて、それを引き写してよしとするだけでなしに、われわれの実践だとか、みんなのいま持っている実感だとかを出し合いながら、今後の民教研活動の中でそれを修正するなり、あるいはもっと発展させるなり、足らざるところを補うなりして、みんなでもっと理論的にもうんと深めてもらうようなことをぜひやっていただきたいというふうに思うわけです。

(7)　少年少女生活学校の試み

レジメの「民教研の三つの仕事」のところの具体的な事実は飛ばしますが、生活綴方だとか、私の教育課程づくりだとか、地域子ども会だとかの教育を進めていく基本的な立場は、「わかる学習」ということでした。できるというところに中心を置くのじゃない、わかるというところに徹底して中心を置こうとしたのです。教育の上でできるということはいつだって評価の中心になるし、できるという問題を全く無視するわけじゃないけれども、わかるとやる気の二つが相乗される関係の問題を考えてみると、何よりも大事な問題はわかるということ、おもしろいということは本当はそうだと思うのです。やる気とわかるということとの相乗の関係でおもしろいということは出てきておると思います。だから、このごろでいえばおもしろさの追求というようなことを言いますけれども、そういうことの根底には、わかるという問題をきちんと据え込まなきゃならんと思うのです。

そのわかるということを哲学の上とか、あるいは教育論の上でどういうふうに理解するのかということはともあれ、実践的に、本当に自分の体験も通して、わかるということの持つ意味というようなものをもっともっとみんなではっきりさせる必要はあると思うわけですが、当時、学習改善運動という問題はわかるというふうな立場というものをいちばん中心にしておりました。だから、三つの活動のまとまりというのは、別の言い方をすれば、わかる学習の追求という言い方であったと思うのです。

民教研でもわかる学習をもう少しいろんな部門で実験してみようというようなことで、ある時期から四、五年続きましたが、少年少女の生活教室というのを組織したことがあります。いまみたいに学校を貸さんなどということもなかったので、学校を借りて、先生が勝手に任意な子どもを集めたりするとまた大変難しい時代でしたので、少年少女生活学校参加申し込みということで保護者にきちんと印を押して申し込んでもらってやったことですが、月に一回ぐらいの日曜日に一日かけて一年間通してやったというようなことになるわけです。小学校の五、六年生を初級、中学校の一、二年生を中級、それから中学三年生から高等学校の二年生までぐらいの子どもを上級として、その初級、中級、上級に一〇人とか二〇人子どもが入ってきたわけです。そこに生活科と製作科という二つの科を置いて、午前中はいろいろ生活を考える学習、午後は製作ということで、各学級にベテランの先生がついて一緒に学習するわけです。

では生活科というところでは一体どんなことを学習する内容にしておったかということを最初の年の例で申し上げますと、初級の生活科では、生活とは一体何かという問題を考える。そして、午後になると、そのときの製作科は紙つくりです。二回ずつ同じことをやるわけですが、その次の月は差別ということの学習と、それから製作の方は土つくり、粘土です。それから、次のときは、男と女という題で性ということについて生活科で学習し、製作科は木工をやる。中級では、生活科では「仲間」というテーマで、仲間とは一体何かを考えました。午後の製作科は金工です。それから、次のときは生活科で「学校」、製作科は「焼き物」、その次は、「思春期」というのが生活科の課題で、製作科はわら細工。上級の方では、生活科は「家族とは何か」「能力とは何か」「愛と性」という三つを六ヵ月にわたって学習して、製作科の方では「糸（糸を織る）」、「土」「竹細工」。

そのほか、夏の集いでキャンプをやったり、入学の集いだとか、新春の集いということで土でつくったものを野焼きにしたり、卒業の集いということをやったりしました。学級担任もおり、最初の年でいえば、初級は古屋、野呂、西尾、中級が梶田、渡辺、柳河瀬、上級が橋田、安藤、岩田というような先生が学級担任で、大変おもしろい学校になっていました。

こんなようなことを二年か三年、いろんな格好でやってみたわけです。この学校へは希望者が来たわけですけれども、ある意味民教研の実験学校でありました。そして、本当にわかる学習とかというものはどうやったらいいのかということをそこで実験的にやってみて、このことが根になって、それ以降、子どもの交流会というようなものになって広がっていくわけです。東濃地区の子どもの交流会とか、国際児童年ができたときには、もっと大きい地域の交流会だとか、あるいは、その前に「大空の集い」といって、第二中学校で、明智のみこしまで持ってきて練り歩くような形の恵那地域全体での大きい交流会ができるような子どもの交流会が、これが根になってだんだん進んできて、七〇年代のおしまいぐらいまでは続いたと思うのです。そういった生活に根ざし生活を変革するということをもっと実験的にもはっきりさせるような学習活動というものを、こういう形で組織してやったのです。

これには恵那全地域から参加者が集まったわけですけれど、中津でやるだけじゃなしに、もっと地域に根ざして、各ブロックや各町村にいっぱいつくっていこうという構想だったわけですけれど、なかなか教育攻撃はそういうことに対して厳しくて、私たちの思うようにはさせてくれなんだということになるわけです。

(8) 西小学校づくり——私の教育方針

そこで、学校の中で、民教研班が軸になりながらどのようにそういう方針にもとづいた学校をつくり出していったかという例として、中津川の西小学校での生活綴方を推進する体制を生み出す学校づくりを進めてきたお話をしてみたいと思います。これは西小学校だけが先へ進んでいったというわけでは決してないわけですけれども、西小学校での最も先進的な動きというものが、付知の方だとか、恵那市だかと、あちこちでさまざまな動きをまた生み出して、恵那地域の七〇年代の綴方運動というようなものになり得るような芽を面として生み出しておったというふうになるわけです。そこで、西小学校が当時どんなふうであったか、一九六八年くらいのことからお話ししてみたいというふうに思うのです。

『さくら教科書』が登場してくるころ、教育正常化が片方では学校を非常に混乱させてくると同時に、西小学校の場合、教科主義とでもいえるような、質の高い学力というふうな問題が到達目標に対する教育実践というような形での問題になる。テストが非常に強く横行するとかいろんな問題があって、そして通知表が細かく細分されてくるといったような矛盾がいくつか生まれておった。必ずしも自分でそうしたいと思ったわけではないけれども、結果として、教育の体制でいえばどれだけか点数主義的にならざるを得んような状況にあったわけです。

一九六八年、ちょうど私が一年間だけの専従を辞めて帰ってきた年ですけれども、学校でいろんな方針が立っておるけれども、本当の意味では一人ひとりの方針になってはおらんので、みんなの方針からつくり直さなきゃいかんのじゃないか。学校の方針をみんなが具体化するというようなことより、みんなの方針をもっと集め合って、そして学校の方針というものをもういっぺんつくり変えてみる必要があるんじゃないかという問題を提起しながら、〈私の教育方針〉というようなものをみんなで書き合って、それを「真実の学校教育を考えるために」という冊子にまとめてみんなで検討し合ったことがあるのです。それが一九六八年の七月です。少しかたい文章ですけれども、読んでみますと、『真理と正義を愛し、個人の価値をたっとび、勤労と責任を重んじ、自主的精神に充ちた心身ともに健康な国民の育成を期することが、教育基本法の教育目的に明記されている。そして、わが校では、一九六〇年以来、教育基本法の精神をその状況下で具体化した教育目標、児童像として、「よく考え正しく見る子」「じょうぶな体で働く子」「仲よく助け合う子」を掲げてきた。一九六三年に始められた教育正常化以来、期待される人間像、教育課程の改訂、教育現代化、国防教育、教科書改訂、指導要領改訂等の教育施策は、いつしか教育基本法と異質な教育を現場に定着させるまでに浸透してきた。教育基本法本来の平和で民主的な人間を育成する教育と今日の施策にもとづく教育との矛盾は、いま子どもの上にも教師の上にも深刻な内容を含んであらわれ、学校の役割と教育の機能を十分に果たし得ない現状を生み出している。そのため、教育現場にあって直接に教育を担当する私たち教師個々の偽りない教育方針を基礎に、今日の現状において教育基本法の精神にもとづいて、間違いなく学校の役割を果たし得る、調和のとれた統一的な学校教育方針を生み出すことを目指してこの冊子を編んだ。』というようなまえがきで始まって、一人ひとりの方針が載っているわけです。それで、それをもとにみんなで討議し合って、学校としての調和のとれた統一方針とは一体何かということを探っていくわけです。

そのころの先生の〈私の教育方針〉の題を読んでみますと、「生活に根をおろしたたくましい子」「主張のできる子に」「民主的な学級集団」「自力で生き抜く人間の教育を」「健康で明るく豊かな感情の人間を」「人間を愛して愛し抜く子」「問題をみんなのものに広げる子」「自分の言葉で語り実行できる子に」「どこまでも学校目標を柱として、平和を愛し民主的な生活を望む子に」「誤った概念を打ち砕くことから、人間として生きるためにうんと役立つ学習を」「人間的な結びつきを基礎にして、権威からの解放と過去からの解放を」「人間の権利を自覚する子どもに」「子どもの生活を変えることができる教育を」「現実に根ざしたたくましい人間の育成」「進んで仲よく協力してやる気持ちを」「本当に賢い人間を」「みずからの生活を価値判断できる子」「自分自身の意見を持つことを」「さくら教科書の意図をくじくこと」「人間らしい人間の教育を」「勉強のできる子より勉強する子を」、これがそのときの校長以下全職員の〈私の教育方針〉ですが、このときの校長は「勉強のできる子より勉強する子を」というのを出しましたが、校長だからといって特別に変わったことはないわけです。そして、中身もこれにふさわしいものを一生懸命で書いて、研究会を開いてそれをみんなで読み合って、どうしてこう書いたかということを提案してもらって、みんながああでもないこうでもないと意見を言い合って、どうしてあの人がああいうことを書いたのかということを理解し合ったわけです。

私は当時学級担任じゃなくてフリーだったわけです。そういう立場もあったりして、直接自分の学級の子どもにかかわっての悩みということよりも、別の形で気安く問題が出せたのかもわかりませんけれども、「さくら教科書の意図をくじくこと」という私の方針を出したわけです（本巻論文18参照）。

そして学校文集や生活綴方教育というようなものに取り組んでいくわけですけれども、こんなことから簡単に綴方になるわけじゃないので、そこらのことを少し丁寧に申し上げてみたいと思うのです。

その次の年の一九六九年度、前の年にもとづいて、もういっぺん、一九六九年度に向けての教育方針や研究方針をみんなで検討して学校でつくりましょうということになってつくっていくわけですけれども、こんなことから始まるのです。その年は昭和四四年になるわけですが、「教育方針と研究主題設定のために」というアンケートを刷って、これもいまのテンポなら三月という話だけれども、四月二一日にご提出くださいということで、四月に入ってからみんなに配るわけです。問題は何かというと、「一．あなたの学級経営の基本は（目標やねらい）二．その基本を貫くための重点は（特に心がけること）三．あなたの個人研究のテーマは（教科名だけでなく、具体的な内容を）四．全校で共同して研究したい問題は　五．各教科、教科外、その他の部会で特に研究したいとか、してほしい問題は　六．学校の教育方針や研究方針を立てるために特に留意すべきことは」、こういうものをみんなに出してもらって、それが全部組み込めるようなものをつくっていくわけです。

四月にそのアンケートをもとに「西小学校の教育方針、研究方針検討のために」として出した案はどういうのかというと、教育目標は教育基本法のとおり『真理と正義を愛し、個人の価値をたっとび、勤労と責任を重んじ、自主的精神に充ちた心身ともに健康な国民（教育基本法第一条）』を育てるということだけれども、具体的な学校の目標としては、「生活に根ざして本物を考え、みんなと一緒に値打ちある生活をつくり出す子ども」。この目標の言葉の内容はどうかというと、これが実は先生方が出してきた学級経営の基本目標を生かした形になるわけです。例えば、「生活に根ざして」というのは、「現実を見つめる」「生活のわかる子」「要求がある子ども」「生活で考える」とかというふうに先生が書いていることです。「本物を考え」というのは、「生活を考える」とか、「なぜと考える」とか、「賢くなる」とか言っておる教師の表現を「本物を考え」、そして「みんなと一緒に」というのは、「仲間とともに」とか、「みんなで話し合う」とか、「みんなで助け合う」ということ。「値打ちある生活」というのは、「真理と正義」とか、「健康で明るい」とか、「平和」とか、「人間性」とか、「差別がない」というふうに教師個々が言っておる問題。それから「つくり出す子ども」というのは、「生き生きした生活」「自主性」「労働する」「丈夫な」とか、「しっかりやる」「抵抗力ある」とか、「自分から進んで」とか、「生活をつくる」とか、個々の先生たちがこういうふうに表現しておる問題をいろんな形でまとめて全部それを入れていくと、「生活に根ざして本物を考え、みんなと一緒に値打ちある生活をつくり出す子ども」と、こういうふうになるのじゃないか、これでどうですかというような討議になるわけです。

そういう教育目標にもとづく教育方針は、これも教育基本法の第二条のとおりなのです。『学問の自由を尊重し、実際生活に即し、自発的精神を養い、自他の敬愛と協力によって、文化の創造と発展に貢献する』ということが教育方針だけれど、それを西校で具体化した方針ということになると、「一人ひとりの人間を大事にし、伸び伸びとしながらしっかり学習し、仲間づくりを進める」というのが教育方針になる。その「一人ひとりの人間を大事にし」というのは、先生が〈基本を貫くための重点〉で例えば「差別がない」とか、「大切にする」とか、「人間の結びつきを重視する」とか、「人間らしくさせる」とか、「尊重」だとか、「平等」だとか、「温かい」とか、「人間感情をあらわにする」とか、「生活実感に即す」とか、「子どもの実態に合う」とか、「自他の尊重を図る」とかと言うようなことが「一人ひとの人間を大事にし」という西校流の内容になる。「伸び伸びとしながら」といえば、「自由に」とか、「何でも言える」とか、「子どもたちを保障する」とか、「素朴で率直」だとか、「本当のことが言える」とか、「楽に発言する」とか、「どんどん言う」とか、「元気に」とか、「おもしろく」とか、「楽しく」とかという内容なのだというようなことで、先生たちの今年こうやりたいああやりたいと言っておるものをとにかく全部その中身に含めて、「一人ひとりの人間を大事にし、伸び伸びとしながらしっかり学習し、仲間づくりを進める」というような西校の教育方針案をつくって、それをまた討議していく。そして、みんながこれならいいと言うものにしていくということを、〈私の教育方針づくり〉の次の年にはやっていくわけです。

(9) 校内誌を軸に交流を強める

そして、校内研究も、当然そういうことから生まれてくるものは、個々の教師のやりたいということが中心になるわけです。研究主題としては、「値打ちある生活をつくりだす本物の人間を育てるために」ということなのですけれども、研究の重点としては、「生活を見つめ、生活を考えさせるため」「確かな知識を身につけさせるため」「豊かな情操を養うため」「丈夫な体を育てるため」「仲間と一緒に行動するため」「楽しい学校生活をつくるため」という六つを挙げておるわけです。

それで、研究の方法と態度ということでは、『個人研究を基本として、各教科、教科外の部会、学年会、全校研究会を共通の研究の組織の場として研究を進める。子どもの実態と教育実践の現実から研究を進める。研究の結果が子どもと実践の改善に役立つ研究を求める。具体的な事実、記録、作品などを素材としながら、一般的な理論、計画、教材としても具現するよう研究を深める。研究の成果、障害を全体のものとして広げながら、研究を組織的に発展させる。』

そして、研究の具体化としては、『各自各部の研究テーマは別表のとおり』ということで、定例研究会を、『月二回以上の研究日を設け、うち一回以上を全校研究会の日とする。個人、部、全校の研究テーマにもとづき、研究内容、方法、計画をそれぞれ立案し具体化する。学年度の中間と年度末には研究結果をまとめ、共通の財産として広げる検討をする』というような方針で、実際には、「全校研究の計画」ということで、先生の一人ひとりの案をもとに、五月から三月までテーマと問題と提案者と方法を決めていくわけです。

例えば五月は「生活を見つめるため」というテーマで問題は「生活綴方の意味・綴方教育の手はじめ」、六月は「本物の人間を育てるために」「子どもの生きた姿・綴方と値打ち」、それから七月は「生活を考えるために」と「綴方とありのまま・教科における生活とのかかわり」、八月は「本当の教育を探るために」「教育政策と政治性・民主教育の原理」などというようなことで、先生が出してきた〈私の今年の研究テーマ〉に学校流の題をつけたのを毎月のテーマというふうに設定して、例えば、当時のことですので構えたことはないと思うのですけれども、七月の「生活を考えるために」というテーマで校内研究をやるときは、「綴方とありのまま」についでは、問題提起者は安田君と大野君になっておるわけです。それから「教科における生活とのかかわり」というのは、加藤峰子さんと依田和子さんというようなことで、ずっと割り振っても、自分で出したものなのでだれも文句を言わんわけです。

それでその『提起の方法は、口頭、レポート、授業、その他最も適切な方法とする。ただし一人一〇分以上の時間を使用する』、一分間で、私はもうこれだけで何もないですなどというようなやり方ではいかんというだけの条件で、西校には有名な屋根裏というところがあったのですけれども、何ともわけのわからん屋根裏の部屋でこんなようなことを毎月やっていった。

例えば研究ということだけを中心にして言いますと、そんなようなことがずっと一年間続けられていく中で、みんなが納得し合って、自分たちで自分たちの学校をつくっていくというか、お互いに自由な雰囲気というようなものを生み出していくということになっていったわけです。その中で、おまえの言っておることはあかんといって削除された者は一人もおらんのです。討議の中で反論したりなんかはあるけれども、全部生かされてしまう。本当にいまでも学校で自分たちのやりたいことがみんな認められればいいわけです。そういうふうな意味でいえば、おまえが思いついたことはだめなどというふうなやり方というものは全く非民主的なことですが、いまはもう思いつかせもせんわけです。一人ひとりが思いつくことすらもう認めんというようなことなのですけれども、逆に考えてみれば、みんなが思いついたことさえ大事にしておけば、本当にみんな生き生きと張り切ってやるようになるということは間違いない。子どももそうなのです。

西小学校が生活綴方の研究会というのを実際にやったのは一九七一年の二月でしたから、一九七〇年度のおしまいですけれども、一九六九年度のときには、綴方を研究するという人も自由にいっぱいすればいいし、そうでない、私は体力づくりをやるとか、基礎学力をやるという人もそれはそれでいいと言って、お互いにみんなやりたいことはどんどんやってきただけで、別に学校中が綴方をやるなどというふうには全然なっておらんわけです。いまのように、三年も前から研究会を決めて、研究会をやるなどというたわけたことをやっても、本当の意味で研究にはならんだろうと思うのです。それで西校の場合を言うわけです。あの綴方の研究会は非常に感激的な研究会であったけれども、一九六九年度にはまだ研究会なということは一つも出ておらん。それから、学校で綴方が中心だということにもなっておらんのです。

一九七〇年度も私はフリーだったので、フリーとしてのことを勝手に思いついてやっておったのですが、この年には「西の教育」という校内報を出しておりました。これには職員会の議題でも何でも全部載っていたのですけれども、四月二〇日の校内報によりますと、「西の職場に生きる仲間たち」という特集で、『知人という名の知らない人／知っているようで案外知らないのが同じ職場に働く同僚ではなかろうか。民主主義をより大切にするなら、それを形式の上にとどめておくのでなく、内面に立ち入らねばならない。この自己紹介は、お互いの内面を知り合う上でそれ相応の役割を果してくれるに違いあるまい。得と読みなされ』ということで、校長以下全部に、自分の生まれた場所と、自己紹介を一言と、ことしの重点だとか夢というようなものを簡単に書いてくれということで、とにかく無理なことを言わずに書いてもらって載せました。例えば、そのときの用務員の勝さんというおばさんは、中津川市駒場で生まれて、『自己紹介の一言／西校の女子プロレスチャンピオン』、そういえば大変がっしりしたお体の人だったけれども、『私の希望と夢／職員室にある私の大事な商売道具、ほうき、バケツ、はたき、雑巾をどこかへ持ってゆかぬよう気をつけたいものです』、先生が勝手にどこかへ持っていってしまって困るということを言っておられるわけです。また、加藤正和という当時の教頭先生は、恵那市長島町正家で生まれて、『自己紹介の一言／夜道を帰宅するとき詩人のような気持ちになることがときどきあるが、詩になったことはいっぺんもない。今年の重点・夢／研修、研究、実践運動が児童の豊かな糧となって開花し、結実するように。タクラマカンの砂漠へ行きたい』、二つの夢を持っておられたわけです。

そういうようなことをやったら、「あれ、あの人あんなとこで生まれた人か」とか、「あれ、あんなことを思っておる人か」とか、知っておるようで知らなんだというようなことがいろいろわかってくるわけです。

四月にはそんなような教師がお互いに同僚を知り合うこともやったりして、時間割だとか校務分掌やらは決まるけれども、各研究の分野のことなどは四月二、三日ぐらいからだんだんみんなで検討するというぐらいのテンポでした。学校なんてことはそれでどうもない。三月には全部県事務所に出しておかなきゃ四月から学校が動かんなどということは何もなくて、西校はこれで結構動いていったわけです。四月二、三日ごろに各部門や研究の責任者が決まって、教科研究部会の課題などがここで決められたり、教科外部会の計画ができたりする中で、今度は、校内の民主主義を深めることをねらいにした全職員共通の広場、交流の場として、『西の教育』という学校誌――わら半紙に刷った三、四〇ページの雑誌になりましたが――を発行しよう。内容としては、個人、学年、部、係などあらゆる分野の実践や研究、提言、記録、作品、反論、紹介、連絡など極めて自由なもので、印刷はそれぞれで分担してやりましょうというようなことを提案するのです。それと同時に、ＰＴＡへ向けて、「西のたより」という学校だよりをきちんと出していこうというような提案をしたりした程度で四月もおしまいです。

そして、四月三〇日には定例職員会が開かれて、初めて本年度の教育方針だとか諸活動の全般的計画とか研究方針というものを検討して、五月四日に教育方針検討のための特別職員会が開かれて、学校目標と今年度方針の重点を決めるという程度のテンポです。そこで出された方針は、去年に引き続いたようなことになると思うのですけれども、「生活に根ざして本物を考え、みんなと一緒に値打ちある生活をつくり出す子ども」、そして「学ぶことの楽しさ、働くことの楽しさ、みんなとの生活の楽しさをわからせる」ということで、方針を具体化するということから、〈本年度の研究の主題〉ということで「自発的な生活を生み出す本物の学習を創造する」、そして〈研究の重点〉では「生活を見つめ、生活を考える」、それから「教科活動を真に充実する」「本当の仲間づくりを進める」ということを重点にして研究を組織する。そして、〈私の研究題目と全校教育計画〉ということで「確かな物の見方を育てるには」「生活を自分の目でとらえる子どもにするためには」とか、各先生から出してもらったものを整理すると、「生活を見つめ生活を考える」という第一主題、第二主題が「教科活動を真に充実する」ということになる中身、第三主題が「本当の仲間づくりを進める」という三つの主題ができると、発想がそういうことなのです。三つのものにだれか入りなさいということじゃなしに、みんなが私はこうやってやりたいというものをまとめると三つの問題になってくるということなのです。そして、前年と同じように、定例研究会を月一回以上持って、各自の研究問題を提起する当番を決めてやっていくというのが一般研究です。

⑽　生活綴方教育と研究発表会

その年には、綴方ということの主題も多くなってくるので、一般研究のほかに特別研究というのを設けて、特別研究の中で綴方教育の研究会をやることにしたわけです。指導主事が来るというようなものも特別研究です。特別研究会の当初の計画がどのくらいあったかというと、六月に綴方教育の研究会をやる、七月は指導主事が訪問して図工がある、八月に綴方教育の研究をやる、一〇月に綴方教育研究会をやる、一二月に綴方教育研究会をやる、二月には指導主事が訪問して図工をやる、三月に綴方教育研究会をやるという程度で学校研究というものを始めていったのです。

そして、特別研究については生活綴方研究推進計画というものを設けて、〈生活綴方特別研究のねらいと重点〉ということで「生活綴方の実践研究を深めることによって、現実直視の態度、方法を身につけさせ、自発的な生活と本物の学習をつくり出す」、〈主題〉としては「鋭いまなこで豊かにあらわす力を」、〈重点一〉は「素直に見つめて思いのままをあらわす」、〈重点二〉は「詳しく見つめてありのままにあらわす」、〈重点三〉は「値打ちを見つめて真実をあらわす」、そして〈特別研究推進方策〉として「学級の実態に即して重点を具体化した実践課題を明らかにし、探究の計画を立てる」というようなことでやっていくわけです。

例えば、六月は、「綴方――このよきもの」「素直に見つめる」「概念砕きの方法」として、たしか大野好秋君が「クワガタ」という授業をやったと思うのですが、そんなふうにして、民教研の会員が多いということもあって、綴方が必要だというみんなの声が強くなって、一般研究と同時に綴方研究というものをやっていきましょうというようなことで事は始まったわけです。

五月一八日にこれを決定して、五月二二日には普通の職員会をやるわけですから、学校ではある意味のんびりと、あわてていえば自分の好きな分だけあわててやっていって、夏休みが過ぎ、秋が過ぎ、綴方が大変おもしろいというふうにだんだんなってくる中で、十二月になって初めて、綴方教育の研究発表会をやったらどうかというのが案として出始めるわけです。いまの学校の発表会というようなものとちょっと比べてもらうといいと思いますが、四月に綴方は特別研究にしようといって、六月、八月、一〇月とやっていって、十二月のみんなの研究会が終わったころに、もっとよその学校へ呼びかけて発表会をやろうかねというようなことになるのがその程度で進んでいくということで、例えば、十一月二五日の定例職員会の議題に、「綴方教育研究発表会」というのがあるわけです。そのときは、「鋭く豊かに」という主題で、「綴方さまざま」という授業を学年一名の人がやって、発表は連学（連合学年会）で一名やる。日時と方法はまた追って考えましょうという問題を提起しておる程度なのです。

そして、十二月のおしまいになって、これについての案をつくりましょうということになって、冬休み中の一二月二八日の午後一時から綴方委員会を開いて、綴方教育研究発表計画と文集編集とその発行計画案を立てるということになったわけです。そして、一月十二日、新学期の始まった日に臨時職員会を開いて、綴方教育研究発表会の開催計画案を提案するわけです。そして発表のときを二月十八日と決める。一月十二日に提案して、二月の十八日にはもう発表会になってしまうので、あとひと月と六日あるだけです。それで、研究会の準備計画というものを立てて、それに従ってそれから忙しかったのどうのということはありますけれども、そういうふうにやってきたというのが当時の学校だったと思う。本当にみんなが盛り上がって自分たちでやるということなら、そんなことができる。そういうようなものとして生まれていくものがある意味本物になっていくのじゃないか。だから、綴方の発表会というものがどうであったかということを言わんので、やった者だけがのぼせ上がって、「ああ、よかった、よかった」ということになっておるけれども、実はあれは七〇年代の生活綴方をこの地域にガッと根づかせる上での一つの大きな節目になったことは間違いないし、内容としても、決して程度の悪い、やにぐった（適当に作った）というようなものでもなかったと思うのです。それからもう一つ大きな意味では、官製的なものでなく、全く自主的に下から自由な交流の場としてそういうものを生み出していった研究会であったということです。

綴方の研究会の中身のことを言わずにおかしいですけれども、言いたいことは何かというと、例でいえば六八年から言っておるわけですが、六八年度の〈私の教育方針〉にもとづいて全校教育計画をつくり、その中で、もっと意図的にみんなで綴方、綴方といって出して特別研究に持ち込んでいく。その特別研究をやっていく中で、さらにまた思いついて研究発表会までやっていけるというような、しかも、その当時一緒にやった先生たちは、あのときが大変懐かしかったとおっしゃるわけです。それは本当に一生懸命で自分たちの仕事というか、やらされた仕事でなく動いたわけですから、一緒に生きてきたという意味で、非常にそこの部分が懐かしさを伴うことは当然だろうというふうに思うのです。

⑾　西小学校の教訓から

そういうふうに、学校をつくっていく仕事というのは、先に計画があって、そういう計画が入れられなかったでもうだめだとか、こんなふうやでだめだとかあんなふうやでだめやなどとそうあわてて結論を出さずに、いま西校の例で言ったわけですけれど、いちばん最初申し上げたように、革新市政というようなものが生まれる一つの中での躍進的ムードが政治的にもあったということはあるわけですけれども、それでも、ねらうということは何をねらえば本当のものをねらえるのかということをうんと考えてもらいたい。基本的には民主主義だと思うのです。学校の中に、一人ひとりが生かされる民主主義というものがいろいろな意味で具体化されてきたときに、自由というものが出てくる。本当に必要なのは自由だと思う。けれども、自由が保障されていくというのは、ある意味では民主主義というふうなものが具体化されなきゃだめだという点では、特に教師が研究の場で民主主義を保障されていくような学校というか、そのときに教師が自由になれるのだということを言いたかったわけです。こういう研究主題をいま取り上げてどうしてもやらせなきゃならんということを先にあまり考えんでもいい。みんなが自由に民主的に動き始めていくときに、本当にねらうものがねらえていく。だから、民教研で生活綴方が重要なんだというふうに提唱しながら、それを学校のものにしていくために、いちばん初めにだれかが演説して、「きょうからは綴方でなければ何の意味もない。ほかのとろい（おかしな）ことを考えたってあかん」などといってしかりつけたりしておればもうおしまいだということです。本当にやりたいことをだれもがやる。だから綴方をやりたい人の自由が保障されなきゃいかんし、同時に、おれは教科だといってやっておる人の自由も保障していくということが徹底して行われていく中で、ある意味の自由競争になるわけです。そして、子どもとの関係で本当に子どもをしっかりつかむものだけが多数の意見になってくるというか、多くの要求になってきて、綴方を学校中で取り組むということが当たり前になっていくわけです。

いまの皆さんの学校というものは、いちばん肝心な自由と民主主義が全部剥奪されていくわけですから、本当に苦しいところだと思う。けれども、逆にいえばそこでねらえることはいくらでもある。この時期のこの方法をとるということはできんにしても、いまならいまの状況の中で、学校がもういっぺん民主的に再生するというような道をとってもらうために、こういう動きの中からも学び取ることがあるならば、いろんな意味で学んでいただきたいというふうに思うのです。

――略――

正常化の破壊から立ち直っていく西校を私は一つの例として話しましたけれども、ここの地域の民教研を軸にした教員組合の反撃というものは、こういう中で真に生きてきた。そして、最初に申し上げたような親との集会というものも本当に大きな規模でできるような状況というようなものができてきておったというのが当時の姿であったと思うのです。

そこに至るまでいろんな苦労はあったと思うわけです。子どもたちも含めて、綴方の西校だというふうになるまでに、そういった新しい学校をつくるためのさまざまな先生たちの苦闘というものがあるわけです。生活に根ざし生活を変革する教育をつくってくる上での、これは学校を単位とした民教研の活動であったわけですけれど、そういうものも、また追っていろいろ必要な折りには研究の対象として学んでいただきたいと思うわけです。

(12) まとめ

そんな中で、とにかく井の中の蛙になってはだめだということで、恵那は戦後いろんな形でよそとの交流は大事にしてきましたけれど、この民教研の時代に入ってから、より積極的にこの地域が他の地域から学ばない限り、東濃民教研という単一の組織しかないわけなので、教科研の東濃支部でもなければ、日作の支部でもなければ、全生研の支部でもない、東濃民教研というものの中に、日作の人や教科研の人やいろいろおるかもしれんけれども、私たちの活動が東濃民教研という一つの単位だとすると、そこの中だけでいい顔をしておって何でもわかるというわけにはいかんから、積極的によその地域と交流を進めることで、もっと生き生きしたものをわれわれは学ばなきゃならんという問題が当然出てくるわけです。

そこで、他地域への教育見学というようなことを民教研の時代になってから組織的に始めるわけです。最初は、教育見学ということで、すぐ隣の三重県の員弁へ大型バスいっぱいの人が行きました。その次の年は、今度は京都の与謝海の養護学校へ見学に行きました。きょうの話の年代ではそのあたりまでですが、そんなことを軸にしながら、だんだん大きくなって、それよりもっと後になると、北海道へ百何十人行くとか、それから沖縄へ大挙交流に行くとか、国内は済んでしまって、とうとうオーストラリアへ綴方の交流だといって行くとか、どっと方々へ押しかけていって、迷惑かけたということの方が多いかもわからんけれども、交流ということで学んでくることをやるようになったのと同時に、今度はよその団体も恵那へ来て学んでくれるというのか、恵那へ来ていろいろ教えてくれるというのか、例えば、教科研が教科研の中間集会を中津川でやるとか、あるいは日生連（日本生活教育連盟）が中津川で夏季集会を私たちと共催でやるとか、あるいは心科研（心理科学研究会）が中津川でこれも民教研と共催した形で研究会を持つとかというようなふうで、他団体の方が恵那へ来て交流してくださるというようなこともだんだん出てきました。

それと同時に、民教研の結成一〇周年を記念して、全国交流集会をこちらが今度は呼びかけて参加をお願いしたところ、本当にたくさんの人が来てくださって、大変いい会になって、それがいわばきっかけになって今日の地域民教の全国交流研究会というものができたし、『現代と教育』という雑誌ができて、そして交流が組織化し、日常化してきたというような意味で、非常にありがたかったというようなこともあるわけです。

このときに、この時期までを振り返って、子どもをつかむという問題で整理したことがあったので、そのことを最後に申し上げて終わろうと思ったけれど、もう時間がなくなりましたのでやめますが、結局、恵那の教育のいろんな動きはあったけれど、中心は子どもをつかむというところにあったんだろうと思います。それでは、子どもをつかむとは一体何なのか、簡単にいえば、みずからで方針を持って動くことができるような子どもにするという問題が、本当につかめたという問題だろうと思うのです。単にある局部を理解した、あるいは子どもの心が少しわかった、子どもが本当のことをちょっと私に言ったという程度で子どもをつかんだというようなふうに安易に考えるべき性質のものじゃないだろう、子どもがいかに、ひとり立ちして自主的に生きていく力を持ち、そういう生活をするようになったか、そういう学習ができるようになったのかという問題として、子どもをつかむという問題をもういっぺん高い質で整理してみなきゃいかんのじゃないかと思うわけです。恵那の教育ともし言うならば、言葉はいろいろあったけれども、それは一貫して子どもをつかむというふうな問題が中心の課題であったというふうに思うわけです。

だから、一〇周年のそのときにもそういう問題で整理しましたが、それから後でも、子どもをつかむという問題での教育の課題というものを正確にしておかんと、いろんな誤りがやっぱり起きてくるだろうと思います。教育技術主義、教科技術主義というようなふうに陥ってくると、子どもをつかむというふうな点で弱くなってきます。そういうことになると、子どもをまるごとつかむというような言い方をもっとわれわれは大事に考えてみなきゃならんだろうし、そのまるごとつかむというような言い方の中心に、いままでの実践でいえば、生活綴方というものを置いてきたということの中から、生活綴方の持つ子どもをつかむことに関する意味というものをもっと深くとらえてみる必要があると思うわけです。

＊ここでは二つの講座を合成して、中見出しを修正したり新たに加えて他資料との重複をさけるために再編集した。前半は一九九一年八月三日の集中講座「恵那の民教研運動を考える」の記録から、後半(9)〜(12)は夜学第二三夜、九月一〇日「教育正常化の破壊と混乱からの民主的再生」から、その前半を割愛したうえ「西小学校の学校づくり」以下を採録した。「まとめ」は、「恵那の民教研運動を考える」の最後の部分にもどった。

解説

解説1　勤評反対闘争と石田和男の教育認識、民主主義観の発展
——恵那勤評反対闘争と教員組合運動の展開にそくして
佐貫　浩

解説2　恵那教科研から東濃民教研の結成と「地肌の教育」の展開
——「生活に根ざし生活を変革する教育」の形成過程
森田道雄

解説1　勤評反対闘争と石田和男の教育認識、民主主義観の発展
――恵那勤評反対闘争と教員組合運動の展開にそくして

佐貫　浩

石田和男と恵那の教育運動の考え方、とらえ方に対して、恵那勤評反対闘争は、決定的ともいうべき個性的特質を与えるものとなった。恵那勤評闘争が展開したのは一九五七年からであった。

石田ら、恵那の教育運動のリーダーたちは、これから展開するであろう勤評闘争は、日本の保守・反動権力が総力をかけて挑んでくるたたかいであり、容易なことではそれを打ち破ることができないものであると考えた。同時に、このたたかいは、保守勢力と日本の民主的変革を進めようとする進歩勢力との正面からのたたかいの一環であり、どうしてもこの中で、民主教育の新たな砦を切り拓かなければならないと見定めた。

恵那の勤評闘争は、特筆すべきものであった。なぜか。その特質について、仮説的に次の点を挙げておこう。

第一に、恵那の地に展開された戦後教育運動の基本的軸は、組合運動と教研活動の統一という観点であった。そして教研活動においては、生活綴方教育運動がこの地域に深く展開されていった。勤評闘争に臨むにあたって、恵那の教師たちはその教研活動、教師の自由によってつくり出された豊かな成果をいかに守り発展させるかという視点から、この勤評闘争の基本的性格を、単なる教師の権利のたたかいではなく、教育の自由、教師の教育の自由を守り、拡大するたたかいだという基本的観点を据えて取り組んだ。

第二に、生活綴方教育運動で築かれた、地域に根ざし親の願いに根ざす、そして親とともに教育をつくり出していくという教育観、民主主義観がこの地に根付いていた。その地域観、親との共同のとらえ方が、徹底して親の中に勤評問題の本質を訴えていく行動を生みだし、それがやがて、未曾有の規模で展開される恵

那教育会議をも生み出していった。

第三に、石田達は、徹底した民主主義の実現を目標とした。教員組合運動に「自由論議」という形で組合民主主義を貫こうとし、また教育の民主主義を憲法・教育基本法の民主主義の具体化であるとの認識に到達した。その結果、勤評闘争を通して、その後に提起されていく国民の教育権論の権利構造を自らの運動を貫く基本構造として発見していった。

第四に、恵那の地の勤評闘争をそのような意識的で独創的なたたかいとして展開できた背景には、雑誌『教師の友』などによって、全国的、世界的な民主主義をめぐる経験が論争される舞台が提供されたことがあった。その全国的な視野をもちつつ、たたかいの方針をめぐる闊達な「自由論議」によって、恵那勤評闘争の意義と戦略を、確かな理論認識へと高め、目標を明確に把握することができた。

この解説では、そのような恵那の勤評闘争とその発展としての恵那教育会議運動のあゆみがいかにして形成され、遂行され、展開していったのかを跡づけてみることで、解説にかえたい。

(1) 生活綴方教育運動と新たな民主主義観の獲得

恵那地域においても、戦後民主主義教育は、多様な試行錯誤の中に探究されていった。子ども自治会による学校民主化や要求闘争型民主主義、コアカリキュラム批判と結びついた科学的知識による啓蒙型教育、等々。石田は自治会型民主主義教育の可能性も積極的に追求した。しかし、石田は、当時の自分の教育実践が、子どもの主体的に考える自由を引き出しえていないことへの疑念をぬぐえないでいた。そういう試行錯誤の中で、生活綴方に出会い、大きな衝撃をうけ、それを大衆的な経験として恵那の教師達が蓄積していく中で、この地の民主主義についての考え方が大きく変化した。

民主主義を、人間の内面における理解や了解、内面における自己変革を介して関係が変わること、内面における価値の発見を介して人々の考えや思想が発展し、新しい合意や共同が生まれてくることとしてとらえることが、生活綴方の教育への取り組みの中から、教師自身に獲得されていった。形式的多数意思の強制（多数決民主主義）、あるいは「真理」の教え込みではなく、一人ひとりの内面の真実の作り変えなくして真の共同は生まれないとする思想、何よりも個の尊厳とその自由な意志の尊重、一人ひとりの内面を意識化し主体化することを通して個の成長と自主性を高めることが、一人ひとりが主体となった民主主義を立ち上げるために欠かせないとする考え方である。

石田は戦後、自らの戦争反省として、自主的に考えることの出来なかった自分の学校時代を幾度も振り返っている。戦争反省――考えることを奪われた子ども期の生き様への悔恨と反省――を踏まえ、石田は、子どもたちが自分の頭で考えることが出来る教育の手応えを必死で追求し続けた。そして、生活綴方を通してはじめて、子どもの内面の豊かさ、子どもの内面の真実に触れ、子どもが自分で考え抜く教育実践の確かさを味わった。その歩みは、本著作集にくり返し語られている。

坂元忠芳は恵那の地に根付いている「『子どもをつかむ』とは、まさに『生活綴方の精神』の教育実践的具体化にほかならない」[1]と指摘する。それは、それぞれの内面世界において、一人の人間として自己の真実に依拠して生きようとする子どもを発見することであり、真実に接近していく内面の営みを遂行する主体性を、子どもの尊厳の内実として捉えることであろう。それは他者（教師）が侵すことのできない主体性、尊厳性において子ども個々人を捉えることを意味する。

民主主義を、そういう主体性と尊厳性を持ったもの同士の関係として捉えるとき、民主主義的な組合運動もまた、個々人の内面の真実における了解と共同のプロセスとして捉えるほかなくなる。教員組合運動は、大きな視野からすれば、共通の価値を求めてつながりをつくり合おうとする社会的な実践であるとしても、その価値の一致を前提として、それを組織の多数者の意思として組合員に強制するような形式的で官僚的な民主主義に依拠するならば、その運動は、力を失って行くであろう。常に、個の尊厳と個の意志の自由の地点から「自由論議」を展開し、課題をとらえ直し、最大限の個の自主性と創造性を集めて困難を突破しようとする教育運動が、この歴史的なたたかいを遂行するには不可欠だとする民主主義観が着意され、運動の中に組み込まれていったのである。

父母との関係もまた、恵那の教育の民主主義を貫く重要な構成内容となっている。生活綴方教師は、子どもとともに、子どもが生活する親や家庭の生活を共に見つめる。そしてその課題を親と子どもが担うものとして捉える。教育においては、子どもを育てる共同の営みとして教師と親が協力し理解し合うほかに道はない。三〇〇人以上もの生活綴方教師が核になって取り組む生活綴方は、親との共同という課題の切実さを、教師達の心に実感として刻み込んでいったと思われる。だからこそ、親との共同なしに教育の自由は守れないという教育の自由や教育の民主主義についての感覚が、広く教師の中に蓄積されており、勤評闘争の必死のたたかいの中で、その感覚が磨かれていった。この教師達の感覚なしには恵那の勤評闘争の個性的な展開はありえなかっただろう。

(2) 恵那の勤評闘争方針の基本戦略について

恵那地域における勤評反対闘争は、非常に独創的かつ論争的であった。

当時の勤評闘争戦略においては、共産党系と社会党・日教組系の運動方針が一定の対立を含みつつ展開していった。共産党系とみられた高知県や和歌山県などの勤評反対闘争方針では、労農同盟を核として、日本の民主主義革命を進める政治的な民主主義的統一戦線を形成するという考え方が主流であった。一方社会党や総評、日教組においては、その左翼部分では、労働者階級の全国的統一戦線を構築して、労働組合運動の総力を結集するという基本路線が採用されていった。

しかし恵那の場合は、教育の民主主義を打ち立てることによって勤評闘争をたたかうという方針を自覚的に採用した。その基本的な考えの背景には、勤評は教師の自由を奪うことによって教育の自由、国民の教育の自由を奪い取ろうとするものであるとの認識があった。そして、勤評が教師を孤立させ教師の自由を奪うことによって、親と教師を分断し、上からの統制を強めて親・国民の教育の願いを奪うものであるならば、教師が徹底して親との共同を強め、教師の自由が親の教育要求の実現にとって不可欠であることを明らかにし、教師と親の同盟を基本として教育を進める体制を地域に創り出すことが、勤評を打ち破る基本的な筋道であると考えたのである。もちろん、そのような方針選択の背景には、岐阜県のような保守的な地域においては、労働組合運動を結集するだけでは、勤評闘争に勝利できないというリアルな判断もあったと思われる。

しかしこの考え方、戦略を当時の状況、教育運動の現実やそれを巡る論争状況の中で、より明確な確信と展望につなげるためには、多くの批判と向き合い、新たな理論の展開に挑戦しなければならなかった。

第一に、勤評が、直接には教師という労働者の権利を剝奪するものであるという認識が基本となって教師の権利闘争として展開している大きな流れの中で、その根本に教師の教育の自由の抑圧を通して教育の自由が奪われようとしているという本質を明確に位置づけて、勤評闘争の基本性格を明らかにしなければならなかった。それは愛媛の闘争や日教組中央のたたかいの方針についての明確な批判――勤評が労働者の権利の問題としては捉えられていても、教育の問題、子どもの権利の問題、すなわち国民の教育の願いを押しつぶすものという側面では十分認識されておらず、勤評反対闘争が国民的なたたかいに展開する芽がしっかりと捉えられていないという批判――にたつものであり、そういう方針との論争を必要とした。補足すれば、「勤評は戦争への一里塚」「教え児を再び戦場に送らない」というスローガンは、勤評闘争の教育的意味を捉えようとしたスローガンではあったが、高度成長が開始される中での「学力要求」の高まりに対しては、それだけでは必ずしも十分な説得性をもつものではなくなりつつあった。

第二に、もう一方で、政治的な民主主義的統一戦線の形成の中に勤評闘争を位置づける理論や戦略に対しては、それを一つの勤評闘争のあり方として承認しつつも、教育の仕組みの組み替え――教育の制度、仕組みにおける民主主義の創出――という視角、課題認識をもたないままに、親・住民との共同という視点を独自に位置づけることを欠いてたたかいを進めるならば、国民の教育の自由というものを実質化していく教育世界の独自の仕組み（制度）は立ち上がらず、政治的な力の対抗だけによって民主教育を防衛するということにつながる。それでは不十分だということを明確にしなければならないと恵那は考えた。それは、当時の高知県教組などの勤評闘争方針との一定の論争をも含んだものであった。またその立場からの恵那の闘争戦略は、全国統一闘争における戦術を巡る激しい批判を他地域からもうけることとなった。教育の自由のためのたたかいはどのような性格と戦略を持つものであるかの徹底した論争が不可欠となった。

第三に、また当時の共産党の影響を強く受けた社会変革の戦略において、労農同盟を核として、民主主義的統一戦線を構築していくという考え方が基本となっていた中では、勤評闘争における親と教師の共同、すべての階層の親を含んで教育問題を話し合っていく教育の民主主義が、政治闘争における民主主義的統一戦線とどのような関係を持つべきなのかを、明確に意味づけ、その意義を主張しなければならなかった。それは教育運動の階級性と国民性を巡る論争を引き起こすことになった。

第四に、これらの試行錯誤的なたたかいの進展の中で、石田と恵那は、憲法・教育基本法の民主主義を教育の自由の仕組みとして地域に創り出すことが、教育の自由を破壊する勤評政策への対抗の戦略であると把握することになった。堀尾輝久らによる国民の教育権の理論がそれを鮮やかな姿で明確にしたのは一九六〇年代も後半になってからのことであった。恵那教育会議は、未だそのような国民の教育権論が提起されていない中で、その構造を勤評闘争の戦略として組み込み、その成果として、恵那教育会議を出現させるものとなった。だから、あとで指摘するように、国民の教育権論の一つのモデルは、恵那の勤評闘争と恵那教育会議にあったとみることができる。恵那の勤評闘争は、教育の自由の仕組み、教育の住民自治、教育をめぐる国民の教育の自由の理論と制度を生み出す先駆的な試行錯誤的挑戦となったのである。

(3) 勤評闘争に向けての「転換の方針」

石田和男は、この勤評闘争に、岐阜県教組恵那支部の書記長(一九五七年〜一九五九年)として全面的に関わっていった。

恵那支部は、愛媛勤評闘争の展開を見つめつつ、本格的な勤評闘争をどうたたかうかという構えを、昭和三二年度恵那支部の運動方針(一九五七年六月)として提起した。この方針は、「転換の方針」と呼ばれた。「転換の方針」は、「組合運動をさらに幅広いものとして、運動の質を変えることによって見方の弱点をおぎない、味方の力を拡大し、敵の力を弱める」ために、「子どもと教育を守る課題」を中心において、第一に、父母と結びつくこと、第二に校長と統一できる面を広げ、協力してたたかうこと、第三に一人ひとりの組合員が「本当に納得し、理解した上で自らの行動を大切に」する組合民主主義を実現するために「自由論議」を徹底して行うこと、を提起するものであった。

同じ年の九月、恵那支部の臨時協議員会に「勤評闘争(方針)」が提起される。それは勤評闘争方針の基本戦略を明確な形で提起したものであった。(以下、「方針の転換」と「勤評闘争(方針)」をあわせて、「転換の方針」と記す(本巻論文1、2)。そこには、この勤評反対闘争が未曾有のたたかいとなるであろうとの予測の下に、徹底した組合員の合意を創り出すとともに、恵那の地においていかにこのたたかいに勝ち抜くかという大胆な戦略が構想されていた。その戦略と論理は、以下のような特徴を持っていた。

1 「転換の方針」の基本戦略

愛媛勤評闘争の経過を見ながら、勤評が教師の権利の問題としては捉えられている——従って労働権を守る労働組合の連帯の力でたたかうという闘争方針がそこから出てくる——けれども、父母にも関係した教育の問題としては把握されていない弱さを打ち破らなければ勝利の見通しはないと、石田達は考えた。あわせて教師と校長が分断され、闘争が厳しくなっていく中で、校長が切り崩されていく愛媛県のたたかいの経過を批判的に見ていた。そして徹底して教育の問題としての勤評の本質を明確にし、父母の声を引き出し、また教育の問題として教員組合と校長会とのタイアップを獲得し、親（ＰＴＡ）、教組、校長会で教委に働きかけ、勤評を阻止するという戦略を立てた。

そのような運動の構造を創り出すためには、組合員が、父母の中に入って教育の問題としての勤評の問題を訴えなければならない。そのたたかいを徹底して進めるなら勝利の展望が開ける。しかし今の組合の幹部任せ、上からの方針をタテマエとして議論もなしに決議してしまう組合方針の決定、本音の議論の欠落が続く限り、このたたかいの展望はない。全組合員が、親の中に入って教育の問題としての勤評の本質を明らかにする困難に全力で立ち向かう決意なしにたたかいは進まない。それができる組合のあり方を創り出さなければならない。そういう決意の下に、「転換の方針」が不可避の課題として提起された。

「転換の方針」によって提起された勤評闘争方針の基本戦略は以下の四点にあった。

①教育の問題として教師が父母の中に入り、勤評を巡る父母との合意を生み出す。

②そのためには教組と校長が教育問題の側面で一致して父母に働きかけねばならない。

③父母とともに行動しないかぎり地教委が拒否するという保障はない。

④教委が責任を持って拒否すれば勤評は阻止できる。

この基本的考えが、勤評闘争の戦略となり、結果としては、その戦略構造が制度化されたものが、恵那教育会議となったと見ることができる。

2 「転換の方針」と恵那教育会議

このたたかいの中心にあった石田等が、最初から恵那教育会議のような制度構想を持っていたと見ることはできない。この勤評闘争方針を進めるためには、何よりも突破しなければならない課題は、教師が親の中に入って訴えることであった。恵那支部は、その親の中に入ることを徹底して遂行する。そしてまさにその全力の行動が、親、地域の中に、教育問題で教師と親が話し合うという網の目のような討論の場を創り出していった。その苦闘の過程は、勤評闘争についての石田の集中講座（本巻論文6）で詳細に語られている。

勤評は教師を差別するものであるから教師が反対するという論理では、親の広い支持は得られない。「教師を差別する勤評反対」のスローガンに対して、教師が親の中に入ったとき「良い先生、悪い先生がいる。だから勤評は必要だ」という親の声が吹き出してくる。恵那の教師たちはその声に直面し、自分たちがどういう教育をしようと考えているかを説明する必要に迫られた。またそのためには自分ががんばっているということにとどまらず、教師が集団として親の信頼を得るという必要も強く感じた。

そのやりとりに必死に対応しながら、父母の中に入るという徹底した方針を貫く中で、ようやく教師たちは、どんな教育を親が望んでいるのかに触れ、それに応える教育づくりを徹底して進め、また教師はそれに応えるためにこそ勤評という教育の自由を奪う制度に反対しているというような視点が親にも一定理解され、広く教育問題を議論する場が生み出されていったのである。そのことを恵那教組は、「勤評闘争が父母の中へ入ることによって、『教師の問題』から『教育の問題』に発展した」、「私たちはこのような形で、はじめて勤評闘争における国民的基盤——教育のたたかいの芽——を獲得することができた」と把握した（本巻論文2　22頁）。

校長との連携を強めつつ、親の中への教師の働きかけが展開されていく中で、勤評問題を議論する集会が提起されていく。その構成は必然的に、運動の構造を反映して、教組がイニシャティブを取り、校長会との連携を深め、ＰＴＡなどの親への働きかけが行われ、そこにこの地域で勤評をどうするかを決定しなければならない地教委が参加することとなった。そしてその四者が共にこういう話し合いを継続することを了解する中で、「恵那教育会議」が立ち上がることになった。そういう意味では、勤評闘争を進める教組の運動方針が展開していく中で生まれた集会が、恵那教育会議の構造を立ち上げたと見ることができる。運動の組織論から生まれた構造が、地域の民主主義的な公教育を支える仕組み、教育の住民自治のための制度形態としての教育会議を生み出していったのである。そのプロセスもまた石田の集中講座（本巻論文7）に詳しく語られている。

(4) 組合員の「自由論議」――新しい組合民主主義を生み出す挑戦

しかしこのような勤評闘争における新しい方針を提起し実現する上では、それまでの組合運動の体質を根本的に「転換」しなければならないと、石田達は考えた。「転換の方針」は、同時に、組合運動の体質それ自体の根本的な「転換」をも併わせて提起するものであった。その提起の核心は、以下の「提起」に読みとることが出来る。

「私たちは、今までの職場における組合活動のさまざまな無理をなくして、本当に納得と信頼にみちた明るい職場の活動を進めなくてはならない。……／職場でせっかくの話が出ていても、執行委員会の決定はこうだったというと、もう何もいえなくなる状態は、一体何を示しているのだろうか。あるいは『二言めには「組合意識」といわれるために、もう何もいえなくなってしまう』という組合員のなげきは――。／こうしたさまざまな職場での組合活動の状態は、団結の強化どころか分裂のすきさえ作っているのである。この状態をなくすために、私たちは『何もしゃべらないで決めるより、みんなで話し合って決まらない方がよい』という徹底した組合員の納得と自覚を尊重し、みんなが問題にしないことを強引に決議したりすることをつつしみ、行動については、みんなの意見が一致した問題についてだけ行動し、一致しない問題については、一致した点についてだけ行動するか、一致するまで問題を保留するということにより、いままで職場の中で無理になっていた『仕方がない、どうでもいい』の行動をやめ、本当に納得し、理解したうえでの自らの行動を大切にしなければならない。」（本巻論文1）

そのために、「第一に、会合での問題をみんなの要求にあったものにしなければならない。／第二に、決議することばかりをあせることなく、みんなが納得することこそ大切にしなければならない。／第三に、決議は単純多数決制をやめて、出席者の過半数による多数決制にしなければならない。そのために、過半数の賛成が得られない問題については、継続審議し、さらに討論を深めるようにしなければならない。」という方針を提起したのである。そして、組合役員は「命令主義」を止め、「組合員に学ぶ」姿勢を貫き、「反対の意見が出ることよりも、反対意見も出ないことこそが、分裂の危機に近いものであることを率直に認めよう」と提起し、「自由論議の花を咲かせよう」と打ち出したのである（本巻論文1）。

恵那においても、勤評闘争というような組合員の一人ひとりが権力政治との直接の対決にさらされるたたかい——愛媛のたたかいはまさにそのような様相を呈していた——に臨む経験は初めてのことであった。「自由論議」の呼びかけは、このような未曾有のたたかいを前にして、「強力」な指導部のイニシャティブで組合員を「動かす」というような形では決して勝利することは出来ず、組合員一人ひとりの徹底した自覚によってその創造性を発揮するものになる時、はじめて見通しが切り拓かれるのだと考えたのだった。

(5) 恵那教育会議と憲法・一九四七年教育基本法、国民の教育権論

恵那支部の勤評闘争の最も大きな特質は、〈教育の自由の制度〉、〈教育の住民自治〉、〈親の学校参加〉、〈親と教師の教育（内容）をめぐる合意〉などの基本理念を、運動の基本方針が内在化し、それを高めることをたたかいの目標として設定しており、運動方針が展開されていく中で、それらの視点がまさに運動の新

たな形となって創造的に具体化され、その制度化へと向かっていったことである。

先にも触れたように、恵那の勤評闘争の運動の論理と構造をほとんどそのまま制度化したのが教育会議であった。それは教師、父母、校長会、教委の四者の合意形成のための組織であり、それを立ち上げたのは、教師による徹底的な父母への働きかけであった。恵那教組は、愛媛などの闘争戦略の分析の中で、親への働きかけに弱さがあることを心配し、批判していた。教育問題としての性格を貫くとき、労働者階級の親だからと言うのではなく、憲法の理念によって教育の権利主体であると認定された「親・住民」という資格で教育要求をだし、「親・住民」としての資格で運動に参加するという教育主体組織論、親が「直接性」（一九四七年教基法）において組織され、教師とつながることが教育の自由の基本的土台になるとの認識が貫かれていた。それは、憲法・一九四七年教基法の教育制度における民主主義を具体化することをこの勤評闘争の戦略的な獲得目標であると捉えるようになっていったということを意味している。

恵那勤評闘争時点における憲法・一九四七年教基法のこのような把握は、非常に先駆的といってよい。日本の教育学理論、教育法学においてそういう認識が明確な理論として確立されたのは国民の教育権論によってであるといってよい。堀尾輝久は、一九五八年の勝田守一との共同論文において、恵那勤評闘争に触れているが、それは堀尾の認識において、恵那の勤評闘争と恵那教育会議が、国民の教育権論の一つのモデルとしての位置を持ったことの傍証とみて良いだろう。[2]

その点で、教師の自由は親とのつながり、親の支持と同意なしには成立しないというのが恵那教育会議の基本理念であったことの意味は大きい。なぜならば、もしそうであるとするならば、国民の教育権論は、その発想の出発点において、決して教師の自由を絶対化するものとして構想されたのではないことが、歴史的経過に即しても明確になるだろう。恵那の勤評闘争と教育会議の運動は、教師の自由が親をも含んだ教育の自由、学校教育の自由のなかにとらえかえされない限り、教師の自由も、子どもの権利も守ることができないという考えに立つものであった。教師が親とつながる議論の場、教師の専門性と親の要求の突き合わせをしつつ親自身の要求を巡る合意形成の場を作り上げることこそが教育の自由の保障となるという理念に立つ運動であった。堀尾の理論における「社会的同意の水準」という考えは、「私事の組織化」という概念と共に、恵那の勤評闘争、教育会議のイメージと深く結びついていたと思われる。[3]

また恵那の勤評闘争は、公選制教育委員会の理念を最大限たたかいの戦略の中に生かそうとしたものであった。その点で恵那の勤評闘争方針は、公選制教育委員として大きな役割を果たし、その後も岐阜県と中津川市の教育行政や市政に大きな役割を果たした西尾彦朗の存在と大きく結び付いている。恵那教育会議の議長は西尾彦朗が務めた。一九五六年に公選制が廃止されたが、恵那の地ではその蓄積がまだ暖かいままで保持されていた面があったと言えよう。西尾彦郎は県の公選制教育委員として選出され、活動した経歴をもっている。もし勤評闘争が、公選制教育委員会の下でたたかわれていたならば、非常に豊かな教育の住民自治、地方自治の経験が全国的にも蓄積されたであろうと思われる。その意味では教育委員の任命制化は、まさに勤評を実施するための不可欠の「条件整備」として戦略的に強行実施されたことが見えてくる。

恵那の勤評闘争における父母把握、教育の民主主義を守る統一戦線という発想は、また、以上に述べた意味とは異った文脈においても、当時においては、相当ユニークなものであった。日本の一九五〇年代の共産党系の階級意識を持った運動の基本理念は、労農同盟を核とした民主主義的統一戦線の思想を土台としていた。しかし、恵那の勤評闘争は、憲法・一九四七年教基法の民主主義に依拠した親、住民、教師の教育の自由を守る民主主義を作り出すことを目標としており、その民主主義を労働者階級、組合運動も支えるという方針であった。いわば教育の自由と自治のための国民的な統一戦線論であった。それらは、「公選制教育委員会」、「教育の地方自治論」、さらには「国民の教育権論」への方向性を持っていた。

勤評闘争の中ではその問題は、階級的立場と国民的立場の関係の問題として議論されていた。後の回想的文脈の中で、石田は次のように述べている。

「(『現在は、本当に階級的であるということは、プロレタリア教育を振り回すことではない。現在の情勢のなかで、労働者・農民の要求にだけ密着しておることは、階級的であるとはいえない。そこに問題があると思う。国民各層の願いか、それとも階級的かというのではなく、現在では、国民各層の願いを実現していくことが、すなわち階級的ということではないかと思う』という石田宇三郎の『教師の友』(一九五六年四月号五二頁)の座談会発言を引用しつつ)……国民的なものを追求するということが階級的なのだ。……/……労働者が父母という形でもって階級性を発揮しなければいけないのじゃないかという立場を取ったのが恵那だったわけです。労働者が労働者として階級的に要求するというだけじゃなくて、父母という形で労働者が教育要求を出すという形で教師と連帯を築かなきゃいかんという立場を取ったのが、いわば教育会議の頃の問題になるわけです。[4]」

当時の労働者と農民の階級的同盟を基軸とした民主主義的統一戦線論にあっては、「市民」あるいは「親」が、憲法的権利の行使者としての立ち位置で日本の公教育の民主主義的変革を担うという主体認識、その認識に依拠した闘争形態についての構想は、いまだ一般的なものとはなっていなかったと言えるだろう。[5] その意味では、石田と恵那の認識とたたかいは、教育運動に新たな視野を切り拓いた、先駆的な挑戦であった。

(6) 「自由」の思想と「自由論議」、『教師の友』……

民主主義と自由についての、強いこだわりはどこから来ているのか。それは一つにはすでに指摘してきたような生活綴方の精神とでもいうものに由来していると見ることができる。しかしそれにとどまらず、地域と日本をいかに変革していくのかという運動における恵那地域での試行錯誤が重なっていたことも指摘しておきたい。

レッドパージの頃、恵那地域にも、偏向教育攻撃がかけられそうになった。石田らは、日本の民主主義的変革を根本において支える教育とは、短絡的な政治主義的教育ではなく、子どもを生活に根ざして主体的に考えることのできる子どもに育てることであると考えた。それは石田の戦争反省――戦争の中で、主体的に考えることができなかったということへの悔恨と反省――の中核を占め続けた思いでもあった。そしてその一つの到達点として生活綴方教育運動の高まりをつくり出してきた。そのような教育によって、自由の主体を育てることにおいてこそ、地域に根ざした社会変革、歴史の進歩の主体を育てることができると考えた。

石田等は、そういう民主主義や自由の概念について、この頃必死で学習し、自分たちの運動の理念を明確化しようと努力していた。その際に大きな力となったのは、一つは当時の世界教員連盟（委員長はアンリ・ワロン、書記長はポール・ドラヌー）の考えであり、もう一つは恵那で広く購読された『教師の友』の議論であった。

石田は、その頃の様子について、「このころのこういう問題というものは、日教組の文書にもないし、まして他の教育雑誌、『教育』を含めてなにも出ておらんです。世界教員会議の大きい取り上げ方というのは、本当に『教師の友』の独壇場みたいなものです。[6]」と語っている。

『教師の友』を舞台とした、国際的視野を持った、進歩的研究者も参加する、開かれた自由な議論の場をバックに持つことによって、石田たち恵那の教師は、自分たちの教育運動の理念や方法、戦略を位置づける積極的な理論活動を展開した。そして、国際的視野をもった創造的な教育の自由、教育の民主主義の理論へと接近していった。当時、恵那地域においては、三〇〇人を超える生活綴方に取り組む教師がいたが、『教師の友』の読者も三〇〇人ほど存在したといわれている。石田は、当時の様子について、教育が困難で早くやめたいというような「挨拶」が交わされるとき、「それなら『教師の友』の〇月号を読んだらよい」というような会話が、挨拶代わりに交わされていたと述べている。[7]

『教師の友』の与えた影響について石田は、運動内部の論争とでもいえるものを公然と論争する性格があったことを指摘している。勤評闘争では、いわゆる日教組派、反日教組派、高知や和歌山や恵那などの勤評闘争方針が盛んに議論された。石田は次のように当時の状況をふりかえっている。

「一見内部的ともいえるようなそういう違いの問題、全国的な組合内部の……内部的ともいえるような違いの問題を、このように『教師の友』の誌上で大いに公然と大胆に問題にし合ったところに『教師の友』の自主性と先見性があったという問題だと思います。[8]」

また、国際的な教育運動や理論の紹介が系統的に行われ、石田達は、特に「世界教員連盟」の教員運動論をここから学んだ。勤評闘争の中で、中国革命運動の中での教師の任務の把握として語られたファンミン・テーゼに対し、恵那の場合は明確に、ポール・ドラヌー（世界教員連盟書記長）やアンリ・ワロンの教師論、教育論に学んだ教師の任務規定を意識的に取り入れる。それはヨーロッパの反ファシズム闘争の経験を経て、教師の任務規定として明らかにされたものだった。『教師の友』を窓口にして、恵那はヨーロッパの民主主義の理論に触れることとなった。石田は当時の『教師の友』に対する思いを、「目からうろこがはがれるようによくわかる内容が多かったです。……役立つから本当の意味での指針になっていたのだと思います。／……そのため『教師の友』は非常に待ち遠しかった。……本当に待ち遠しかって、来ればむさぼり読んだというふうなことです。[9]」と述べていた。

石田と恵那の教育運動を丹念に追っていくとき、粘り強く、しかも徹底した「自由論議」の中から自らの納得できる理論を紡ぎ出していく、その執念とも言うべきこだわりに、感動を覚える。しかもその「自由論議」は、恵那という地域の民主主義を探求していく連帯感をもった数百人の教師が意識的に追求する教育実践によって検証される科学性と実践性を伴っている。彼等はまた、日本の教育運動や世界の民主主義教育運動にも深い関心を寄せ、その理論の批判的摂取にも貪欲であった。さらにまた、戦後の教育学研究者との意識的な交流を驚くほど精力的に組織してきた。矢川徳光、勝田守一、国分一太郎、大田堯、竹内良知、堀尾輝久等々。それらの条件が結合された土台の上に展開される「自由論議」の土着的創造性、しかもそれが一九八〇年代にまで及んで継続、展開し続けたことは、日本の地域教育運動においても希有なことであったと言えるだろう。

補足するならば、石田たちに一貫しているのは、地域がどう変化していくべきか、地域の進歩と革新とは何かということに徹底的にこだわったことである。地域の生活の現実において、地域に生きる人々において、自分たちの実践がどう受け止められ評価されるかに、徹底的にこだわったことである。一九五〇年代において、恵那の教育運動のリーダー達の多くは、社会主義へ繋がる日本の民主主義革命を目指していたと思われる。しかし、その変革の道筋は、地域の変革の具体的な姿として明確なイメージを持つものでない限り、地域の人々を動かすことはできないと考え、その具体的な姿を探求することによってこそ、かれらは、教育と社会変革を繋げることができると考えたのである。「地域に根ざし、地域を変革する教育」というスローガンは、そういう模索の中から、民主主義政治と民主主義教育を結合するためにようやく獲得された極めて深く考え抜かれたスローガンであったように思われる。地域をつくり出していくのは一部の先進的リーダーだけの力ではない。教育というのは、地域に生きる全ての子どもの主体性を育て、全ての子どもの可能性を拓くことが目的となる。教育が地域に根ざすとは、地域の全ての子どもの主体性を高めることを不可欠とする。だからそれらの子どもがこれから生きていく地域の見通しを、教師はまた、親や地域と共に切り拓かなければならない。上原専禄による「地域」把握が日本の地域教育運動に与えた影響は大きいが、恵那は、その独自の教育運動の試行錯誤の中から、教育における地域という概念を彫琢してきたとみることができよう。

(7) 教員組合運動におけるストライキのあり方について

恵那勤評闘争は、教員組合運動の闘争のあり方という点でも、その後に継承されていく基本的な考え方を生み出すものであった。その視点はその後の安保闘争や、七〇年代における教員組合の全国的な統一行動において、次のようなものとして具体化されていった。

第一に、教員組合運動は、その戦略と戦術において、常に二つの側面を統一的に実現しなければならないと考えた。すなわち教員組合運動の実力行使（ストライキを含む）においては、「労働者としての権利行使としての側面と、教師としての教育の危機表明の側面」（「教師の生活擁護と教育擁護の両側面」）（本巻論文4）を押さえ、それにふさわしいたたかい方をすること。

第二に、全国的な統一行動への参加の場合においても、「私たちの実力行使の究極の目的が、『教師の正しさに対して大衆の理解を求めることにある』点が、一般的にいう場合の私たちの実力行使の特殊性」であり、「実力行使によって統一が発展する」ようなたたかいの形態が工夫されなければならない。だから「条件を無視した画一的行動の強要については……反対」（本巻論文4）するという立場をとること。

第三に、「教職員ストは子どもを放棄するものだという非難と攻撃に対し、ストの場合は、日常的な教育形態はとらないが、子どもたちへの教育活動を捨てるものではないという立場を主張し、その創造的な実践の具体化に努め」ること（第三巻論文7）。

このような考えについて石田は次のように述べていた。

「教師は単なる生産労働者として物質を生産する労働者ではないのだというその見地が、教師の労働者性とは一体何なのかということにも絡むわけですけれども、だからストライキによって生産をストップさせて資本を痛めつけるという、そういうことが教師のストライキの任務ではないわけです。教師にとって最も重要な問題は、教師の要求の正しさを父母・国民に認めさせて、父母・国民の力によって実現することなのです。教師の要求の持つ教育性というものをはっきりさせていくという問題が、例えば世界教員組合連盟等の非常に大きな教訓になっている。そのことがこの恵那の勤評以降のさまざまな統一行動とかストライキの一つの方針にいろいろな形でなっている。[10]」

その点にも関わって重要なことは、石田が一貫して貫いてきた「政治支配に対して教育的に反撃する」という視点である。石田は次のように述べている。

「政治と教育の関係……。その場合教育の政治的支配に対してどのようにたたかうのかという点で、政治的支配に対しては教育的に反撃することが大事だということを教えてくれたのが『教師の友』であったという風に私は思います。／それは戦後の恵那の教育のある時期からの一番基本になっておった。政治支配に対して教育的に反撃をしていくということが政治の意図をつぶすことなのだというふうに思います。それは教育の持つ国民的な普遍性というのか、政治的中立性というようなこと、そういうものを具現する立場を憲法や教育基本法において堅持するということで政治支配の意図を暴き、国民的反撃の問題として政治的意図を挫折させながら国民教育の内容を発展させることを重視してきたということであると思います。[11]」

政治主義では教育への政治的介入を打ち破れない、徹底的に教育的であることこそが、民主教育を守る最も強力な政治力を生み出す方法であるという信念、そしてその立場を貫くことによって教育を守る自由の基盤が強化されていくのだという一貫した視点が、石田と恵那の教育運動に貫かれていくことになる。

(8) 七〇年代の地域に根ざす教育の展開へ

以上に述べてきた石田と恵那の教育運動の、勤評闘争における民主主義と自由についての感覚は、その後の恵那の教育運動と教育実践に引き継がれていった。

「地域に根ざす」という視点には、子どもの生活を具体化する場としての地域こそが子どもの「生活意識」を形成し、その生活意識の意識化、科学化、新たな生活化という変革の過程に子ども自身が主体的に立ち向かうことにおいてこそ、子どもを地域の主体へと成長させていくことができるという子ども観、教育実践観が組み込まれている。

しかし、勤評闘争で構造化された教育運動と地域の教育の自由の体制の枠組みは、一九六二年からの激しい教育正常化攻撃の中で、切り崩されていく。それに抗して、新たに民主教育を守る会、育てる会、東濃民主教育研究会の発足、そして西尾彦朗革新中津川市政の誕生(一九六八年)、中津川教育市民会議の設置(一九七四年)という新たな恵那の教育運動の構築、その高揚の時期が作り出されていく。

中津川革新市政の実現は、恵那の教育実践と運動にとっては、恵那勤評闘争、そしてそれに続く恵那教育会議の教育の自由の仕組みの発見、創造の成果を、新たな高みにおいて継承していく政治的基盤、地域的基盤の獲得を意味した。その意味では、七〇年代における恵那の教育運動、「地域に根ざし、地域を変革する教育」は、五〇年代における生活綴方教育運動と勤評闘争の精神の新たな発展、展開であると見ることができる。そのような恵那の苦闘の過程を、石田は「負けても勝てるが逃げては勝てない」という印象的なタイトルを付した論文で、深い思いを込めて総括している(第四巻論文15)。

注

1 坂元忠芳「恵那の教育実践」『「恵那の教育」資料集』第一巻、桐書房、二〇〇〇年、八三頁。

2 勝田守一、堀尾輝久「国民教育における『中立性』の問題」、堀尾輝久『現代教育の思想と構造』岩波書店、一九七一年。その論文は、「教師の専門的指導性と教育の私事性（自分たちのもの［権利］であるという意識）との新たな結合の組織が不可欠なのである」、「それなしには、国民一人一人のものとして、『国民全体に直接に奉仕する』国民教育の実質的な成立は不可能である」と述べ、「教育的価値に対する社会的同意の水準」を高めることが「教師と親たちとの結びつきの基本的な条件」であるとしていた（四四四―四四七頁）。

3 同右文献を参照。

4 「夜学講座」11（一九九〇年四月二四日「戦後10年と日本の民主主義教育・運動の総括的問題の提示」二七頁）。

5 上田耕一郎著作集第一巻、参照。上田は、この中で、一九五〇年代前半の共産党の中にあった極左行動に関連して次のように述べていた。

「国民大衆は、新憲法の民主主義的法秩序の外部から支配権力を打倒する闘争ではなくて、その秩序の内部で、それを守り抜き拡大していくことによって、これと矛盾する安保条約を軸にした半占領的・超憲法的秩序や機構とたたかって独立をかちとり、さらに、みずからを支配階級として高めていく闘争を求めていた。当時でもそういう可能性が存在したことは、その可能性が平和的移行の可能性として開花している今日から見れば、明らかであろう。本質的にはこの獲得した民主主義の放棄を求めた点に、あの極左行動の致命的誤謬があったし、強烈な大衆的反発が起きた理由があった。」（一九五八年五月論文、三六頁）。

付け加えれば、日本共産党がこの問題に基本的な決着をつけた第六回全国協議会は、一九五五年七月に開催された。その意味において、共産党においても闘争の性格は民主主義を基本にすえたものであるべきことは明確に把握されていた。

しかし、恵那勤評闘争方針の民主主義認識は、上田がここで記しているような階級的勢力が民主主義に依拠して社会変革を行うという認識に止まらず、教育は、すべての国民・親が、その直接性において公教育の主体になるという教育の制度的民主主義、教育制度がもつべき固有の民主主義、まさに憲法・一九四七年教基法の民主主義の実現をたたかいの直接的な戦略目標としたという点にその先駆性があり、だからこそ国民の教育権論の構造を先取りしたとみることができるのである。だから労農統一戦線型の民主主義把握に対しても、その政治的主体形成論だけで教育の民主主義を実現する戦略に対して、恵那は異議申し立てを行ったとみることができるのである。

6 「夜学講座」9（一九九〇年一月二三日「教師の国際連帯と諸外国からの教訓摂取」一五頁）。
7 「夜学講座」1（一九八九年四月一八日「臨教審路線と『教師の友』」一八―一九頁）。
8 同、二一頁。
9 同、一八頁。
10 同、二四頁。
11 同、二〇頁。

解説2

恵那教科研から東濃民教研の結成と「地肌の教育」の展開

――「生活に根ざし生活を変革する教育」の形成過程

森田道雄

第一巻でみるように、石田はもともと二四歳のとき『夜明けの子ら』出版でその名を知られ、恵那綴方の会、恵那教科研で活動し、大勢の仲間のいる綴方教師の一人であった。佐貫解説が扱っている全国的な勤評反対闘争における恵那教育会議運動の最先端に位置していたが、六〇年代では活動の幅がさらに広がり、県教組幹部として、また現場に戻って一教師（学級担任）として、さらに学校づくりの中心として活動した。この時期には、岐阜県知事が主導する教員組合潰しの「第一次教育正常化」が猛威を振るうなかで、組織防衛だけでなく教育研究運動としては「恵那教科研」の発展的解消による東濃民主教育研究会の結成を推進し、その事務局長としての活動が際立っている。この解説では、この面に焦点を合わせて、石田が創造的で個性的な教育実践、教育研究の新たな地平を切りひらいていった過程を、本著作集に収録できなかった資料も交えてその背景を中心に解説する。

「恵那の教育」は、一九七〇年代にその独特の教育実践が再び全国的な注目を浴びることになった。個々の教師の実践というのではなく、恵那地域の「生活に根ざし生活を変革する教育」そのものが注目されたのだが、六〇年代はその準備期あるいは胎動期で、そういってよければ「手探りの試行」をともなう探求の時期だった。その過程を詳しく見ると、全国的な（ある意味で国際的でもある）実践的、あるいは理論的課題と切り結んだダイナミックな探求の過程であって、そこでは、石田の力が大きな役割をはたした。大人数の恵那の教師集団にあって、石田は絶えず教組や民教研という組織の一員として活動した。二〇〇〇年に恵那の総力を挙げて『「恵那の教育」資料集』全三巻（桐書房）が編集・公刊されるが、まさにそれは集団的とりくみの象徴的事業であり、今日「恵那の教育」を研究する際の最大の拠り所と言える。その『資料集』の収録資料には石田和男の名前が多くみられるのだが、そこに収録漏れした石田の実践、発言、著作をていねいに見ることで、より深く「恵那の教育」の理論的な生成と展開の過程をとらえることができるのである。たしかに数百名の恵那の教師たちの実践、活動の集積がなければ石田の理論活動も成り立たなかったが、石田という「牽引者」がなければ六〇年代以降の「恵那の教育」も存在しなかった。恵那の教育は、両者の共同・協働がかみ合ってなり立ったものということができる。

1．恵那教科研活動の総括と「教育正常化」のもとでの子どもの変化

恵那教科研は「恵那綴方の会」を母体にして、全国教科研の再結成を歓迎する立場で一九五四年に準備会として発足し、（第二期）恵那教科研が五九年二月結成されている。この時まさに恵那教育会議運動の真っただ中にあるが、機関誌『恵那の教師』からも活動の一端はつかむことができる。しかし、この時期の石田は教科研に顔を出している様子はあまりなく、もっぱら組合と教育会議運動で活動していた。教科研は、渡辺春正（のちに中津川市教育長）、近藤武典らによって担われていた。[1]

恵那教科研の活動の困難と子どものつかみ直しの二つの事柄は、ほとんど同じ問題の裏表であった。五〇年代の後半に恵那教科研は「教科主義」的な実践に陥り、子どもの生き生きした活動を引き出すことに難儀していた。教師はまた、全国的な勤評闘争とそれを恵那地域特有の課題に沿って取り組んでいたが、「地域に入り親の信頼を得る」方針を具体化するための苦闘の連続であった。恵那教育会議は、地域住民の「教育のひろば」（大田堯は教育会議運動を「恵那教育コミューン」と呼んだ。『教育の探求』一五二頁）を教育委員会や校長を巻き込んで運動化することにおおきな成果をうんでいたが、任命制地教委が脱退して一つの柱を失い、激しい切り崩しにあって六三年に崩壊させられた。「子どもがつかめない」という悩みは、日本社

会全体の変化、高度成長と地域変貌の表れであると同時に、「学力テスト体制」と「教育正常化」による学校への権力統制の浸透の結果でもあった。「学テ」「正常化」のなかで教師たちは、一部の親からの批判に対する防衛意識のあまり、有効な実践で応えることができず、テストの点数で子どもを追いこむ弊に陥る傾向もあった。これを「理論左翼行動右翼」と当時言ったという。要するに、子どもの実態に肉迫できるだけの実践の方向性のない状態に陥っていた。

「本音のない子ども」「すなおに言うことを聞く子ども」「無気力・無関心の子ども」などという、それまでにない新たな子どもの実態を目の当たりにして、それを克服するための新しい実践的な観点、子ども観、そして親と結んでいける学校づくり、などの課題を統一的に切りひらく実践とは何か、が焦眉の課題になったのである。

恵那教科研が陥った「教科主義」とは、学習を授業などに矮小化し、教科（科学）の知的理解だけが先行することである。子どもの発達を「生きることを正面にすえた全人間の活動、いわば内面の総体としての人格的な成長の問題」ととらえきれなかったことだともいわれる（第三巻論文11）。この時期（と限らないが）子どもがつかめないというのは、教師たちの直観であった。教育理論でもなければ教育政策に従うとか抗うという次元ではなかった。そこが土臭い恵那的な風土とも言えるし、地域に子育ての習俗がしきたり（慣習）やことば（方言）としてまだ残っていた背景があると言えるかもしれない。ともかく、子どもがつかめないという直観は、子どもを教師の固定的な枠からみるという一面性と、地域変貌で子どもの表層がおおきく変化してきたということを意味し、それが子どものどういう本質的変化と言えるのか、目の前にいる子どもを高めるための教師の仕事とは何かを、愚直に問い直そうとしたところが恵那的であった。つまり、たえず子どもの実態から実践を模索すべきという五〇年代の初頭の原点への回帰を意識したのである。

この間に、教科研運動をどう総括し、いかなる新たな方法をつくっていくのかという過程では、当然に教科研運動そのものへの疑念や論争もあった。六〇年代初期の恵那教科研『恵那の教師』では、子どものつかみなおしという言葉はあっても教科指導と生活指導を二元的にとらえる志向が中心であり、教育内容が子ども把握とは別個の問題と押さえられていた。結局、新しい方向は教科研運動の延長線上にではなく、五〇年代の生活綴方運動の教訓を新たにとらえなおす方向で追求されることとなった。この間の事情を、石田は後年、次のように書いている。

私たちは五〇年代の生活綴方教育運動のなかで、子どもをつかむという点で、生活綴方教育そのものともいえる教育の中核の仕事として把握したのですが、生活綴方教育をひろげ発展させる問題をかかえ、教科研活動として、新しい段階で生活綴方教育をいとなむ時期に、一つの論争をおこなって、生活綴方教育の教訓を整理しました。……私たちは、生活綴方そのものの特質は、生活を綴るという方法にあるが、生活綴方教育を他の分野にひろげるという場合には、生活綴方の方法そのものが大切なのでなく、生活綴方教育運動のなかでさかんに叫ばれた「現実直視」の言葉に代表されるリアリズムの精神こそ学ぶべき最大の内容ではなかろうかということで、それを、生活綴方教育の実践のなかで体得した「事実をありのままに見つめることによって生ずる自発性」の原理と結びつけたものとして、私たちなりの用語として『生活綴方の精神』と名づけたということである。[2]

この説明は『教育』誌上の生活綴方の進路と題する特集テーマのもとで書かれたので、生活綴方がメインとなっているが、その説明でこの時期の恵那の移行期における最大の論点が出されていると見てよい。ここで用いられている「生活綴方の精神」とは、リアリズムの精神だというが、この時期では実際に綴り方を書かせるという直線的な実践ではない。子どものつかみ直し＝教育調査、中津川市神坂地区における「豆学校、豆先生」実践（異年齢地域子ども集団）、個人新聞、川柳・マンガなどの表現活動、などの多様な、創意的なとりくみとして展開されたのである。

石田が県教組の書記長を務めた後、一九六五年に現場に復帰し戸惑ったのは、学校での「横並びで揃える」ことで、教師の個人的な創意を許さないことと、到達度評価での「テスト体制」というものをつくりあげていたことであった。担任した子どもたちは、明日テストをやるからと言われて、当日朝必至で暗記に努めていた姿に衝撃を受けるのである。前記したように、正常化の後の学校では、子どもの生気を失った姿、人形のように従順な姿、これを「無気力、無関心」などと呼んでいた（本巻三〇二頁）。

「子どものつかみなおし」で教師たちがつかんだ事例は、毎日新聞の連載を収録した『教育の森』一〇集に見ることができる。端的に「正常化によって子どもが人形のようにおとなしくなった」と指摘する教師、花壇の夏休みの当番が雨の中で水やりに学校に来た、ニワトリを描かせたら四本足だった、テストでは大麦と小麦の区別がつくが農家の子どもが実物での区別ができない、ネギをとってきてと頼まれた子どもが自宅の畑のネギがわからない、などである。他方で、川柳をつくらせると実に子どもらしい視点と表現の作品がでてくる、「先生の態度が変わる参観日」「お母さん人と出会えば長話」「子ども会子どももやらずにおとなする」などなど。まさにこうした事例をもとに、「表現」を重視した実践的課題、方向性や処方箋を模索する営みが続いたのである。それは「新聞づくりの発展のために」（本巻論文12）などにみられるように、非常に具体的な提起をともなっていた。

ところでこの「農村の子どもがネギを知らない」の例は、一九六七年の国民教育研究所の共同研究集会で恵那の教師永井孝雄が発言し、そこで「ネギを教えればいいのか」などと議論され、「ネギを知らない」背景に何があるのか、教育実践はどういう方向性をもつのかなどをテーマにした論争となり、これを「ネギ論争」と称した。子どもに失われつつあるものをどう回復するかの発想の違いによる論争だったと、当時の集会記録にまとめられている。これには何人かの教育学者が言及していて、たとえば藤岡貞彦は教科研に「生活教育論争が必要だ」と論じた（『教育』一九六八年四月号など）し、碓井岑夫は教育実践における生活と科学、科学的認識はどう深まるのか、集団、労働の果たす役割などの観点で論争の意味づけを試みた（『子どもと教育実践』鳩の森書房、一九七一年)。そして、ある意味でのちの坂元忠芳―藤岡信勝の学力論争の先駆けとなった。

「地肌の教育」提唱時の石田の発想を物語る民教研結成前後の資料として、中津川保問研でおこなった二つの講演があるが、本巻末収録の六六年講演から少し紹介しておこう。ここには、のちの民教研の合い言葉の原型が見いだせる。

> 子どもは、学校とは、人間の生きた感覚を持ちこむところではないと思っている。……幼稚園・保育園というわくの中にはいったとたんに子どもたちは、生きた真実を園の中へ持ちこめないと思ってはいって来ている。小学校中学校と、それはもっとひどくなるから、自分の人生上の悩みなど教室で言えるなど思ってはいない。私たちは、その場所を教室でどうやってつくっていくかにある。……(中略)……自分の生きていくことに役立つかどうかということが、自発的になるもとである。人生の上に何も役に立たず迷惑だけ出てくるようなことについて本気になれるはずがない。人生にとって欠くことのできないものとしての学習が出て来たときにはじめて自分でやっていく力をつける。幼児は幼児なりの生きていく上での深刻な問題を持っており、そこに先生がくらいつきさえすれば絶対子どもは離れっこない。そこを、私は「生活に根ざし、生活を変えていく」ことができる方向の人間としての表現だと思う。自分の人間をさらけだすことだと思う。さらけだす為の教育上の方法を今の状況に中で、これが一番よいというわけではないが新聞を書かせてみたり文を書かせてみたりすることでやっている。……(中略)……それを私は、生活の表現ということと、生活の組織化、集団化、仲間づくりと考えるその二つを軸として組み立てていくときに、はじめて今の体制の中の幼稚園、保育園を教育の上では変えることができる……[3]

小中学校でも同じで、指導要領や教科書にそのまま対応したり、あるいは無視するのではなく、眼の前の子どもの実態をふまえ、そこにいちばん人間として必要な養分を与えていくという教育のイメージが、ここで語られている。また、「学校」という概念にしばられている子どもの姿にも注意を払っている。

2. 東濃民教研結成と「地肌の教育」提唱の意義

一九六六年、東濃民教研が発足して「生活に根ざし、生活を変革する教育」への取り組みが始まった。六〇年代の後半期だけに限っても、生活綴方の精神をいわば「再発見」し吟味する独自の動きに対する外部からの注目が徐々に広がっていった。しかしその理論や実践は、独特でありなかなか理解されなかった。このプロセスを石田自身が、前掲『教育』論文で次のように書いている。

「地肌の教育」という提唱は五〇年代の生活綴方運動の教訓ともいうべき、生活綴方の精神による子どものつかみなおしを、六〇年代のなかばに教育調査という形で実践的、組織的に具体化していたからこそ生まれてきた共通理解の言葉であったのです。いわば、「地肌の教育」というい方で、野放しにされ、教育から見捨てられていた子どもたちの雑草のような生活と、そのなかにだけ生きいきと茂っていた子どもたちの人間性や自主性―自発性をとらえなおし、それを教育の場にもちこませ、表現させることによって、いわゆる人間の内実としての地肌をだしきった教育状況をつくろうとしたからなのです。「生活に根ざし、生活を変革する教育」というのは、「地肌の教育」提唱以後、二カ年ほどに、「地肌の教育」といういい方では、何をどうするのかがばくぜんとしているし、地肌をだすという場合に必然的に含まれる、それぞれの生活の結晶としての立場の必要性が、そのまま「立場の教育」というようないい換えで混同されたりした部分があったので、「地肌の教育」をいますこし正確にいいあらわそうということで、みんなでつくりだした共通目標なのです。[4]

「地肌の教育」とは、恵那が独自に提起した新しい教育実践の「合い言葉」であった。この実践は、前記したように国民教育研究所主催の研究集会や、所員深谷鍹作の紹介をとおして徐々に知られることになった。ここに収録した当時の石田の文章でおよそその提起した意図や意味をつかむことができるが、これらは全国的にはほとんど知られることがなかった。それは、教育の現代化とか教科内容の体系的な研究といった主流からはまったく異なる方向性をもっていたからである。しかし、子どもの現状を深くつかみ、子どもの発達課題に真正面から向き合う実践はこれしかないという確信が、石田たちにはあった。ここに収録した六六年の民教研発足時の基調報告の後、六七年の民教研の研究集会では「新しい民主的な子ども像」が提案されたが、それは「一、自分の生活を通して社会の問題に気がつけるか。二、いつも自分の利益を通してみんなの利益を考えるか。三、事柄の中心に対して意見を持てるか。四、労働についての深い関心と理解が持てるか。」である（前掲『教育の森』参照）。石田も強調するように文部省が提起した「期待される人間像」が念頭にあるが、ここでは理念的に、あるいはアプリオリに人間像を対置する手法とはまったく異なり、子どもの状況を見据え、「人間教育」という方向性をもった子ども像の提起であった。したがって、それを具現化するための実践を「表現」「労働」「集団」といったキーワードとして確認し、地域子ども会や学級会活動に力を入れた活動（子どもの能動的で集団的活動の組織）が展開されたのである。ちなみに当時、地域子ども会は、人口二万の中津川市だけでもおよそ五〇〇あったという。

石田の、六五年と翌年、五、六年生を担当した実践もきわめてユニークである。以後、六八年に再び西小学校に戻り、担任なしで「学校づくり」の中心となり、七一年からは南小学校に移り設立された「中津川市教育研究所」の事実上の専任所員となり、八一年閉鎖に至るまで務める。実はここ西小学校で、石田の学級担任としての実践者生活は終わりを告げるのである。

ここでは、この西小学校の学校づくりの中心にいた時の石田を見てみよう。「みつばち」と名づけられた文集をもつので「みつばち学級」と呼ぶが、ここでの石田の実践は、まさに「地肌の教育」の先進的、かつ典型的なものである。

もっとも的確に要約した石田の発言によれば、「どうしても生活綴方にはならない子どもたちに、生活の事実をありのままとまではいかなくても、すこしでも具体的にとらえさせることをだいじにしながら、学級づくりをすすめました。例えば社会科の日本歴史で、明治維新後の『文明開化』の問題では、その頃、中央自動車道の計画のため、家のたちのきを迫られていた子どもの個人新聞に書いた記事から、文明開化の状況を考えあい『文化の発展には犠牲が必要なのか』という主題で、紙上の共同論争を学習として組織し、生活の事実にもとづいた自らの立場を持たせることに努力するなど、生活に根ざした人間の回復のためにどれだけかの試みを具体化し……『地肌の教育』の時期の実践では、子どもをつかむという点で、五〇年代のように『子どもが方針をもつ』というまでには至らなくても『子どもが生活をもつようになった』といえるまでの実感を味あうことができたのです。」（第三巻論文11　一九七頁）ということである。

この学級での石田実践は、ここに収録した「夜学」講座（本巻論文20）において、具体的に知ることができる。ここから読み取れることは、実際の子どもの状況だけでなく、個人新聞や学級新聞づくり、漫画や川柳などの表現活動の奨励、子ども会活動の奨励、そして中央道をめぐる学級討論とそれへの指導の考え方、などである。子どもの意欲、主体性を引き出すための「あの手この手」が語られている。

一つは、表現の多様な促しである。それは、裏を返せば、綴り方が書けないという子どもの実態との格闘だった。鋭い川柳表現はできるし、紙上討論もそれなりに書ける。だからこそ、あの手この手で表現を促すが、ついに綴り方にならなかった。

教室の中ではお人形さん、一見行儀はいい。黒板に何か書けば写すだけ。書かないと何も書かない。自分でノートをとれない。テストを明日やると言って、その朝教室に行ってみると、みんな始まる前からテスト勉強をやっている。今まで何もしない人形だった彼らからすると想像しがたい光景だった、という。「夜学」での述懐の部分は次の通り。

……子どもの生《なま》の生活を教室の中心に据え込まなきゃこれは崩れようがない……何とか人間の事実、子どもたちの生活の事実を教室の中心に据え込むような学級をつくらなんだら、人間の温かみのある教室なんかになりっこない……綴方を書かせようと思って……とにかく、きのうあったこととか、おもしろかったこととか、悔しかったこととか書けというわけです。／そうすると、子どもは教科書にある作文風の文しか書けんのです。何といってもその概念が崩れんわけです。……結局は、私は二年間その子たちとつき合ったけど、最後まで綴方というものは書けなんだほど頭がちがちでした。[5]

いま一つは、討論させるときの「子どもの立場」に対する配慮と、討論で何を考えさせるかという指導方針である。「みつばち学級」の子どもたちの「主張」として注目したいのは、中央道建設によって立ち退きを迫られた子どもの「個人新聞」での訴えに端を発する学級「討論」である。資料では、石田が当時つくった学級文集「みつばち」の記録にある多くの子どもの文章をもとに読み上げて紹介されており、実際の子どもの文を見ることが出来るのだが、中央道建設という実際の問題の意見だけでなく、「文明の発展と犠牲」という抽象的な問題として子どもたちが議論している（本巻三〇五頁以下）。

紙上討論の紹介はかなりの分量でなかなか白熱した議論をうかがわせる内容だが、石田は決して結論を出させようとしているのではない。「自分の立場を持つか持たんかということが決定的に重要なので、子どもに対して自分の立場をきちんと意見をつくる仕事をさせることが教育の仕事」だと、述べている。そのことにもかかわって、生活べったりで、生活を話題にすれば生活の教育だという安易なものではなかったとも述べている。社会発展を学ぶ課題、ここでは地域開発とそれがもたらす負の影響は、子どもや親の、この地域でどう生きていくか、というテーマにかかわる切実な問題である。立場によって考え方も結論も異なる問題を石田はかなり慎重に扱っていたが、この慎重さとは、子どもたちが自分の意見をもつようにすること、それを話すだけでなく書くことで表現させるよう指導している点がここでは重要であろう。

「夜学」講話ではこの後、「生活に根ざし生活を変革する教育」に言及し、「生活と知識を結合させる、知識は知識で生活と切り離されて詰め込まれるものでなくて、生活に根ざしたものとして知識を獲得するということになれば、それは生活と知識を結合するという問題ですけれども、民教研の運動の中でいえば、……『私の教育課程づくり』という問題だと思うのです。『私の教育課程づくり』というのは、実は生活と知識をいかに結合させるかという点での教師の努力、教師の苦労というものを言おうとしたもの」だと述べて、「地肌の教育」が次第に教育実践を全面的に推進するための合い言葉として意識されていく状況を説明している。ただ、この苦労はまっすぐには進まなかった。六〇年代から七〇年代への移行期は、石田は「夜学」で挫折という言葉を使っているが、方向性は確信を持てるが、教科のなかで具体化するための資料づくりや実践そのものが思い通りには進まなかった（本巻三一〇頁以下）。

3. 西小学校での学校づくりと「私の教育方針」

県教組専従を再びピンチヒッターで一年だけ務めて、六八年に西小学校に戻った石田は、「自由主任」という肩書きで学級担任をもたない、今で言うなら「教務主任」「研修主任」を兼務するような形で、学校づくりに邁進する。この様子は、原資料から伺うに凄まじいエネルギーがほとばしる過程であった。その職場の教師一人一人が、「良い先生」になるために自己変革を迫られる過程と言い換えてもよい。そういう先進的な努力が花開き、七一年に生活綴方教育の自主的な公開研究の開催となる。

石田によれば、着任してまずやったのが到達度評価を具体化した通知表の改革であり、その次が「教育方針」をどうつくるか、ということであった。どこの公立学校でも「教育方針」が掲げられているが、それは本当はあまり意識されず、「お題目」になっている。それでいいのか、と石田は全教職員に問うのである。

「個々の教師が本当に責任持って教育する」ということが基本にあるとすれば、個々の教師の方針を集約したものであるはずだ、という論理で「全部の先生が私の教育方針というものをまずとにかくかこまいか（書きましょうか）という提案をするわけですが、それはまたいろいろ抵抗があってなかなか難しかったですが、……ともあれみんなで力を合わせて書き合って、そしてそれについてみんなで意見を言い合ってみるといろいろわかってくるわけです。……おまえの方針は間違っておるとか、この方針ではだめやということでなしに、それぞれの方針を理解し合って、その中で共通的なもの、一致点を学校の方針にしていくというような学校の方針づくりでなければあかんのじゃないかということで、学校の方針をつくった仕事も新しい学校づくりの一つとしてあると思うのです。[6]」

石田は、「私の教育方針」について、教師の個々の教育的営みは、その学校での営みに他ならないが、各学校では個々の教師の総合的な営みとして成り立つという、二つの要素に着目し、教育効果は、個々の教師がその学校目標の具体化として教育方針を持ちつつ、方針作りの作業を通して、共同化し共通の計画をつくり出すことによって発揮できるとの見解を述べ、それを実行している。

学校という組織体が、公教育として子どもや親、地域に責任を持っていけるのは、個々の教師自身が、学校の責任を共同で負うことを意味し、かつそれは、教師が学校という組織のなかに埋没し脱個性化することではなく、教師が共通する方向と個々の「教育方針」を調和的に発揮できるようにする必要がある、という卓見であった。これは口で言うのは易しいが、実際には調和的に共通化できるものではない。したがって、西小学校では、自らの教育方針を交流することについて、相当厳しい葛藤があったに違いないが、それを支えたのは生活綴方の精神そのものというか、本音を出しあうことをいとわない愚直とさえ言える恵那の精神風土にもその背景を求めることができる。

石田は、自身の教育方針「さくら教科書の意図を挫くこと」を紹介している（本巻二五四頁）。そこでは、一年生の教科書の最初のページを一年生に語りかける文体で書いているところがユニークである。しかも、その中味は実に的確に、教科書の意図と真正面から対峙している。それは、高度な政治的見識でありつつも、教育的な立場、子どもの自身から見た立場を貫いており、「教科書批判」の具体例としても新鮮なものであった。（国民教育研究所員だった坂元と深谷は、この時期に登場した新教科書批判の必要性を石田の話から感じたと、述懐している。）

ここの記述は、実は六八年度の西小学校の校内誌の「はじめに」「あとがき」を転載したもので、校内誌全体が個々の教師の「方針」集になっている。教職員二四人全員が書き、題目だけをあげると、「自力で生きぬく人間の教育を」「自分の言葉で語り、実行できる子」「平和を愛し民主的な生活を望む子に」「人間として生きるためにうんと役立つ学習を」「権威からの解放と過去からの解放を」「自らの生活を価値判断できる子」「自分自身の意見をもつことを」など。ちなみに校長は「勉強のできる子より勉強する子」、教頭は「人間らしい人間の教育を」となっている（本巻三一八頁以下）。

石田は、保護者にも働きかけ、「学校への希望・意見」を聞いている。校内紙『西の教育』（七〇年五月六日発行）の資料には、それの集約結果が出ている。教育目標に関しては「断然多い〝明るく・素直に〟」という見出しで「健康」「判断力」「自主性」「責任感」「人間性」「社会性」「たくましさ」が、教育方針に関しては「自主性の中にきびしさを」という見出しで、「自発性」「けじめ」「かたよらない」「基礎・基本」「差別のない・平等」「宿題」がまず挙げられ、「しつけ」「礼儀」「道徳」「テスト」「家庭学習」も少数意見として出ている。恵那教育会議での活動を想起させるものである。さらに、校内研修の「わたしの研究題目」として、生活面と学習面での各教師の題目を紹介したものもある。このように、学校への民衆参加と言うべきか、徹底して親・地域に開かれた学校を追求したのである。

さらには、子どもたちの児童会選挙の「意識調査」などもあり、とにかく、事実に基づいた「調査」というかアンケートの集計結果などを公表しながら、丹念に共通理解をひろげ、深めることに腐心して、学校運営の推進力となっていった。六九年に、子どもの文集『西の子』が、七〇年には校内誌『西の教育』という冊子が、また七一年には親の文集『西の親』が、次々と刊行される。収録を断念したこれらの資料を見ると、石田がめざした「開かれた学校」の校内研修の生活綴方的経営とでもいうべきものが手に取るようにわかる。一部の教師の「抵抗」もあったというが、確かにとてもすんなり受け入れられるものではなかったろう。つまり、教師自身の厳しい自己批判、自己変革をともなう、しかしやりがいのある、子どもや親と正面から向き合える「良い先生」になるためという真摯な取り組みが推進された。校長や教頭には、管理職としてそうした全教職員の自発性を見守る、自由闊達な交流ができるよう環境整備をする仕事が求められ、そして自らも一教師として、その輪の中に入ることに存在意義を見出したというべきだろうか。一九七一年一月、生活綴方教育の実践を公開研究会の場で問うところまで、西小学校の学校づくりは進展した。こうして「やっと探しあてた生活綴方」（第三巻論文1）のところまで進展することになる。これは恵那地域の風土的特徴だけでは説明できない、教師集団の組織力、つまり組合と民教研によるところ大である。

この経過は本巻論文20で詳しく生き生きと語られているので、是非、参照願いたい。

4.「科学性と道徳性」の統一と生活実感による学習改善運動

石田による「地肌の教育」の中味にかかわる提案の特徴は、その時々の情勢分析と子どもの現実をかならずベースにおいて、しかも自分たちの実践上の成果と課題を提示することにあった。事務局長としての研究集会「基調報告」という形態は、民教研発足後およそ一〇年以上続いて、基調報告の組み立て方は一貫していた。しかも、事務局会議での集約を交えながら、一時間をゆうに超える、ときには二時間近い時間をとっておこなわれた。収録した資料だけでなく、七〇年代の報告も同じ形態をとった。ここには、六六年「当地域における戦後の民主教育運動と現代の課題」、六八年八月「教育反動化のあらたな段階と民主教育」、六九年一月「愛国心教育の探求と新しい学習改善運動」、七〇年一月「生活に根ざし生活を変革する教育の創造のために……科学性と道徳性の統一をめざして」（収録せず）と八月「生活に根ざし生活を変革する教育の創造——東濃の地域に」の四編を収めている。特に七〇年八月報告は、多くの先進校での実践の全面的展開の反映もあり、話しが具体的でそれだけ読んでも理解できるが、六八年と六九年の二編は、独特の言い回しもあってわかりにくい面がある。しかし、過渡的な時期の資料としてこれらは「生活に根ざし生活を変革する教育」の形成過程を知るうえでの不可欠の資料なのである。

さて六〇年代の終盤は、「恵那の教育」の方向性が明確に示されてきたが、まだ生活綴方実践の全面復興には至っていない時期である。つまり、七〇年代には、全国から見ても生活綴方の独自な展開という眼で見がちだが、その実像は教科学習を含めて「地域に根ざす教育」の全面的、総合的な教育実践の見取り図がほぼ固まった時期と言える。後述するが、この時出された「科学性と道徳性の統一」というテーマは、単に教科学習と道徳教育を統一するというものではない。「地肌の教育」以来追求してきた実践の基礎にある「生活」概念が、この「統一の環」として自覚されてきたところに注目すべきである。「環」とは、鎖のもっともかなめの部分を意味し、ここでは「生活の実感」が重要である。それは、六八年報告の「人の価値判断にゆだねないで自分が自分の生活の実感で価値判断をすることが自主性の一番のもと」（本巻二二五頁）というい方での着目とか、六九年報告の、学習改善における「生活の実感の追求を基礎に置く」とかいうあたりから重視されてきたものである（本巻二四八頁）。

ところで、「生活実感を科学的真理と思考で検証」することとは、「生活実感で科学を学ばせる」のではないにもかかわらず、これを経験主義として批判する者がいた。しかし、普通に読めばそれはまったくの誤解であり、科学を学ぶ必要性や意欲を耕す意味であったことは明瞭である。

日本生活教育連盟が七〇年八月中津川市で全国集会を持ったとき、「生活実感」はなかなか理解しがたいものであったらしく、それは集会速報にも記録されている。そこでは、科学的認識の基本を、子どもの内面における真実性と結合させるための言葉だと説明されているが、これは確かに抽象的で難しい説明になっている。「内面における真実性」とは生活綴方で切りひらかれるべきものであり、他方、科学の特性（教科の分野）と子どもの実感というものが結合するとは、「科学と道徳の統一」という言い方でこの時の説明がされているが、それは「いまの子どもたちの『生活の実感』をどのようにひきだし、どのようにつかむのか」などをあげて今後の実践的課題だとも言っている（本巻二六二頁）。

七〇年代は、まさにこの教科学習と生活主体を育てることを統一させる実践の環として生活綴方が取り組まれていくことになる。本著作集の第二巻、第三巻に収録した資料の多くからは、そういう基本を確認しつつ、それを担う生活綴方への確信がどのように進んだのかが見えてくる。生活綴方は文章表現指導を超えた次元で、教師の生き方をも問いかける、ある意味で厳しい実践的課題であり、またある意味で子どもがここまで育つのかを実感させてくれる取り組みがいのある実践的課題でもあった。

それが、「前史」として六〇年代後半にどのように切りひらかれたかを示すキーワードがこの「科学性と道徳性の統一」である。このテーマは、生活綴方復興を土台にしつつ「真実を追求する教育」を意味したが、同時に、その背景には組合が行った「愛国心」調査をめぐる地域からの攻撃があったことは見逃せない。

この統一という課題は、教師によってその立場を貫けるかどうかが問われると石田は厳しい言い方で激励する一方、子どもにとっては「わかって楽しい学習」でなければならない、と言う。じつは、教育運動の切迫した状況が背景にありつつも、教育実践の新しい地平を切りひらこうとしていたのである。

基本的には真実を追求するという点での、教師のきびしい眼、きびしい態度が人間的に伝わっていく。いってみれば、機械ではできん教師の仕事です。今、人間教師として私たちがはっきりしておくことは、子どもたちとの関係において、私たちが真実を貫く立場を貫けるかどうか、……そういう点で、学習改善の問題を教師の問題として、私たちは追求しなければならない。[7]

学習改善運動とは「学習をおもしろくする運動」であり、「楽しい学習とは自主的なのだ」とか、「わかって楽しいということは、真実が追求されながら自主的になっているということ」とか、「わかることと楽しいということを統一させる原理は、おもしろいという状況だろう」などと述べている。「子どもとともに運動にしながら、教室に民主教育をとりもどす」とも、述べている（二五〇頁）。

七〇年一月基調報告、サブタイトルが「科学性と道徳性の統一」では、学習改善運動を全面的に提起する内容になっており、「わかる学習」への追究がいよいよ本格化する直前の時期である。この段階では、学習の核になる「教科」の独自性を教科の体系性だけを強調する方向を戒めながら、しかし教科内容への新たな斬り込みを提起しようとしているところに特徴がある。言い換えると、新学習指導要領の実施段階で、「教育の現代化論」との対決を意識しながら、われわれが「子どもの生き方自体に影響を与えることができない」弱さを自覚し、子どもは本当は真剣に生きようとしているし、その点をわれわれがはっきり見なければならない、と述べたうえで、「学習改善運動」の特徴を二つ、挙げている。「真実追求を軸とした学習の質を変える」ことと、「それを学校教育全体を変える中で追求」するという二点である。この二点は、全体テーマからすると「生活」という視点と「学習」という視点と、そのふたつを「統一」するというふうに理解できるが、まだ抽象的な説明になっていた。

この一月の基調報告をうけて、七〇年八月の基調報告では、その後に本格的に展開されていく「生活に根ざし生活を変革する教育」の姿がはっきりした形で登場してきた。この基調報告は、様々なテーマ・論点を引き出すことが出来る画期をなす報告だが、内容的には第三巻において全面展開されていくものなので、それへの過渡的な資料として位置づけるものとしてあとの詳しい説明は割愛したい。

まとめて言えば、六〇年代の教育実践は「教育正常化」における子どもの変化を目の当たりにして、子どものつかみ直しから学習改善運動が提起され、新指導要領と教科書批判をとおして「わからない学習」を克服するために、「わかる学習」をそれに対置する一方、教師自身の「教育方針」を意識化し学校の教育力の再構築を進めていった、という過程であった。「わかる学習」と「私の教育方針」は、七〇年代には「私の教育課程」の大きな取り組みへと展開されていったのである。

なおここで強調したいことは、六〇年代初頭の恵那教科研での内部論議を経ながら切りひらかれた恵那の教育の方向は、日本の民間教育研究運動においてきわめて独創的で、かつ現在においてより深く吟味検討されるべき実践と理論をふくんでいるということである。その源泉は、①戦後の恵那で取り組まれた生活綴方教師集団の存在であり、②父母・地域の信頼に応える「ほんものの教育」を彼らと共につくり出そうとした努力である。また、③全国教科研や『教師の友』誌とそれにつながる国際的な教育運動と理論からの旺盛な摂取、国民教育研究所との共同研究などを挙げることができよう。

5. 「生活に根ざし生活を変革する」の「生活」とは何か

東濃民教研のもっとも基本的な教育目標を表現する「生活に根ざし生活を変革する教育」という合い言葉は、六〇年代半ばに意識され始め、七〇年代初頭に東濃民教研の合い言葉として以後ずっと使われていくのだが、それが意味するものはたえず実践のなかでゆたかにされていった。

ところで、この「生活」概念とは何か。「生活」がつく教育用語は、生活綴方をはじめ、生活教育、生活指導、生活経験学習、生活学習などたくさんあり、九二年からは「生活科」もできた。理論命題として「教育と生活の結合」というのもある。しかし、恵那の「生活」は、通常使われるものとは異なる独特の意味内容をともなっていた。ほんの一時「地肌の教育」が提唱される前に「生活教育」が使われたものの定着しなかった。「生活」がつく教育用語を通常の意味で理解すると恵那を誤解することになるし、現に誤解されてきた。では、恵那の教育の「生活」とはいかなる概念か。

たとえば、石田は、日本生活教育連盟全国研究集会を開いたとき、「生活の実感」が何かを説明していることは前にもふれた。そこでは「実感」のほうを説明しているが「生活」は自明なこととして特には言及していない。そこで、この独特の生活概念の説明を試みてみたい。

石田が六六年民教研発足時の基調報告で次のように述べているところがある。

「教育という問題は、現実の生活を直視する、あるいは現実の生活とのかかわり合いの中から、そういうものに立脚してこそ初めて教育ということが可能になるのだ。いってみれば、生活を直視することと生活を切り拓いていくこと、そういう問題の中で、生活との結合というか、生活とのかかわりの中にこそ生きた教育があるのだとわれわれが感じた」（本巻一八五頁）というもので、ここでは生活という用語に特別な意味が与えられているわけではない。ただここでは、生活を切りひらいていくことにおける「自主性」の問題を強調する文脈のなかで語られている。そこでは「値打ちのある生活」（同一八七頁）をつくり、値うちのある人間に育てる、ということで「人間」という概念とセットになっていることがわかる。こうした「人間教育」の理念のなかでの「生活」概念が、恵那の教育の大きな特徴であるし、民教研活動の中心概念として正しく理解される必要がある。その上で科学的な検討がおこなわれるべきであろう。

さらに、第三巻にある七三年「ありのままの教育と生活綴方」講演では、生活ということを「単に動物的に二四時間生きている」ということではなくて「意識的に生きていくこと」だと説明しているところがある。「問題をもって生きていくことを〝生活〟というとすれば、ある意志を持って現実とふれあっていく、現実との闘いといってもいい。……自然や社会に対して能動的に意志を持って働きかけていく、その働きかけを、又、そこからうけてくる影響を〝生活〟とよぶわけだと思います」と言っている。そして、生活そのものを自覚させていく作用を促すのが生活綴方である、という説明が続く（第三巻論文6。引用文は『資料集』2による）。しかもそこで意識化するという場合には〝生活が意識を規定する〟という前提認識がある。だからこそ、生活をつくりだすこととは、空虚な生活、観念でつくりだされた「生活」ではなく、子ども自身がそこで「生きている」という実感をつくりだすことであり、「地肌の教育」以来、「豆学校・豆先生」や地域の子ども組織を重視し、子どもらしい生活を取り戻させることがなにより重要だと共通理解されていた。詰まるところ「生活を見ることが実は考えること」という石田の初心が深められていったものと言えるだろう。

　このように、恵那の「生活」概念は、暮らしという次元だけでなく、文字どおり「活きいきと生きている」という意味の「生活」であり、英語のライフが意味するような「生き方」「人生」「いのち」などを包含する中味、まさに「人間」そのものが共通理解されていた。その意味で恵那が生活を重視して科学を軽視するとか、経験主義でしかないという批判はまったく当たらないというべきである。「教科の中に生活をくぐらせる」とか「生活の中に学問としての科学や芸術をきちんと見出す」（第三巻論文6）という場合の生活は、通常の生活概念で理解できるものだが、学習という場面で「生活を自覚する」「生活の事実を見つめる」という場合は通常の意味のほかに生き方とか立場、能動性ということが含まれるし、〝生活とは意識や実感の源泉でありそれらを規定するもの〟とも言えるだろう。さらに「ありのまま」という生活綴方におけるリアリズムは、経験主義とは対極にある哲学的認識論だといえる。

　「生活を変革する」とは、やや大胆に言い換えてみるに、世界を変える（わかる）、まわりを変える（仲間や環境に働きかける）、自分を変える（自分づくり）、という「三重の変革」を意味しているとも言える。七〇年代に「わかることと生きる力」との関係が議論されたが、「生きる力」の提唱は恵那の実践を契機として生まれたと言える。このように、「生活」概念は時を追って意味する内容に独自の深まりが見られるのであり、そこに留意して理解するべきである。のちに恵那では、〝生活の事実をありのままにとらえることによって生ずる生活認識こそ、すべての知識を、自らの意識の中でつくりかえることのできる基礎である〟と定式化される。石田の「生活」にこめた意味や概念は、たとえば、戦前の生活綴方の「生活台」など[8]、さらには東井義雄の「教科の論理」と「生活の論理」、岩手県共同研究者集団『腕の中の技術と生活学力』、山形県国民教育研究所『教科構造と生活認識の思想』や、さらにヴィゴツキーの科学的概念と生活的概念などとの対比を思い浮かべるが、それらのどれとも違う独特なものがある。これの理論的吟味はこの解説の範囲を超える大きなテーマであり、研究的課題の一つである。

最後に少し次元の異なる問題をここで注釈しておく。

「生活」は子ども一人ひとりみんな違う。人間そのものが表れているものだが、経済格差も色濃く反映する。六〇年代は高度成長の時期であり、おしなべて生活水準が向上したが、そこで平等化が進んだというわけではない。恵那では、恵まれない家庭の子どもに特に注意を払ってきたし「子どものつかみなおし」で重視されたのは、教科の成績が芳しくない子どもたちであった。そういう意味で、恵那の教師たちの子ども観はそういう社会的な視野を持っていたことも忘れてはならない。

ありのままの生活を書く綴り方では、家庭のプライバシーに否が応でもふれないわけにはいかない。生活綴方の実践が本格化するのは七〇年代だが、六〇年代においてもこうしたプライバシーの問題には注意を払ってきたと言える。今からすればプライバシーという用語自体が普及しておらず、おおらかな時代であったことも考慮しておくべきであろう。同時にまた、書くことは表現の権利であり、人が安心してものが言える、書けるという環境がどれほど人間発達にとってかけがえのないものかを教えてくれている。

おわりに

第二巻後半の中心的なトピックである「地肌の教育」は、その基本原則の提唱では「制度における無差別」「内容における生活と人間」「形態における楽しさ」と言われた。「教育の現代化」「教科の現代化」という流れとは異なり、それぞれの教科や領域ごとではなく、学校での教育をいわばまるごと「転換」する方向性が打ち出されたのであるが、それは恵那・石田独自の発想によるものであった。その前には、教組運動における自由論議を基調とする方針「転換」もあった。この時期は二つの重要な「転換」を果たし、それらが基礎となって七〇年代の実践と運動の全面展開が進んでいった。まだ粗削りな部分を持ちながらも、着実に、しかもさまざまな障害をのりこえながらこのあとの充実した時期につながっていくことになる。今日、格段に状況が厳しいなかで、ここで展開された模索とそれを支えた理論や実践集団のあり方は、汲めども尽きぬ財産である。

注

1 恵那教科研事務局長だった近藤武典が『教育』一九六二年一二月号に「大津で会った友へ」で近藤の言葉で教科研の十年の総括を書いており、(イ)教育内容の科学的研究をすすめて〃教材に精通し〃(ロ)指導過程の分析に基づいて〃指導方法に創意工夫をこらし〃(ハ)歴史的展望のもとに〃子どもの実態をつかむ〃の三つを今後の展望の鍵としてあげている。これにしたがって教科の指導過程の詳細な方針化という方向が打ち出されており、これに石田は対決せざるを得なかったものと見られる(『近藤武典集』七八頁 自費出版、一九七七年)。

2 「生活綴方をどうつかんだらよいか」『教育』一九七五年九月号、一七頁。

3 「子どもの現状とつかみなおし――子どもの魂に影響を与える教育を大胆に創造しよう」中津川保問研、一九六六年、五一頁。

4 前掲『教育』一五頁。

5 本巻論文20「恵那教科研から東濃民教研への歩みと西小学校づくり」三〇三頁。

6 集中講座「恵那教科研から東濃民教研への歩み」未収録部分から抜粋 原資料三四―五頁 ( ) は引用者で方言の意味説明。同趣旨は本巻論文16、二二九頁にも見える。

7 本巻論文17「愛国心教育の探求と新しい学習改善運動」二四九頁。

8 中内『生活綴方成立史研究』の序説によれば、小砂丘らの『綴方生活』誌のなかにある文章表現の目的論の基本語彙を次のように列挙している。抜粋すると、生活性、生活真実、生活知性、生活感情、生活技術、生活意欲、生活姿勢、生活設計、生活組織、生活統制、等々。生活概念は確かに戦前生活綴方実践から重視されてきたものだが、戦後の恵那の生活綴方における「生活実感」は、生活綴方研究としても独特な位置を占めると言える。中内敏夫『生活綴方成立史研究』明治図書、一九七〇年、二二三―四頁。

石田和男教育著作集　第二巻「運動方針の転換」

2017年5月25日　　初版第1刷発行

編者 ―― 石田和男教育著作集編集委員会
発行者 ― 平田　勝
発行 ―― 花伝社
発売 ―― 共栄書房
〒101-0065　東京都千代田区西神田2-5-11出版輸送ビル2F
電話　03-3263-3813
FAX　03-3239-8272
E-mail　kadensha@muf.biglobe.ne.jp
URL　http://kadensha.net
振替 ―― 00140-6-59661
装幀 ―― 三田村邦亮
印刷・製本 ― 中央精版印刷株式会社

ISBN978-4-7634-0808-2　C3037